T0255425

Mobile Computing

Doga Arinir

Mobile Computing

Mobile Webanwendungen, Hybride-, Native- und
CrossPlattform-AppEntwicklung – ein praxisnaher Überblick

 Springer Vieweg

Doga Arinir
Informatik & Naturwissenschaften
Fachhochschule Südwestfalen
Iserlohn, Deutschland

ISBN 978-3-662-67412-3   ISBN 978-3-662-67413-0   (eBook)
https://doi.org/10.1007/978-3-662-67413-0

Die Deutsche Nationalbibliothek verzeichnet diese Publikation in der Deutschen Nationalbibliografie;
detaillierte bibliografische Daten sind im Internet über ▶ http://dnb.d-nb.de abrufbar.

Planung/Lektorat: Leonardo Milla
Springer Vieweg ist ein Imprint der eingetragenen Gesellschaft Springer-Verlag GmbH, DE und ist ein
Teil von Springer Nature.
Die Anschrift der Gesellschaft ist: Heidelberger Platz 3, 14197 Berlin, Germany

Das Papier dieses Produkts ist recyclebar.

Vorwort

Das Lehrbuch *Mobile Computing* widmet sich innerhalb der Grundlagenausbildung für angehende Softwareingenieurinnen und -ingenieure der Vermittlung von Basistechniken für die Entwicklung von mobilen Anwendungen. Durch den Siegeszug des Personal Computing in den 1970er-und 1980er-Jahren und mit der Verbreitung des Internets in den 1990er-Jahren, welches in dem sogenannten Connected Computing mündete, wurde der Weg für das Mobile Computing geebnet. In der heutigen Zeit nutzen über 90 % der Anwender in der Altersgruppe der 18- bis 39-Jährigen mobile Endgeräte für das Surfen im Internet. Bei den älteren Personen liegt der Wert immerhin noch bei über 70 %, und damit favorisiert auch diese Altersgruppe mobile Endgeräte vor den Desktop-PCs. Mit der Einführung der Gerätekategorie der Smartphones ist um dieses Thema ein Ökosystem entstanden. Dabei geht es nicht nur um technische Aspekte, beispielsweise der zunehmenden Miniaturisierung der Geräte und der Entwicklung von Software, sondern auch um Marktzugänge, Vertriebswege, digitale Geschäftsmodelle u. v. m.

Zwei Hersteller, die amerikanischen Firmen Apple und Google, mit zum Teil unterschiedlichen Strategien und Vertriebsansätzen, dominieren den weltweiten Markt. Der damalige CEO der Firma Apple, Steven Jobs, revolutionierte mit der Zusammenführung mehrerer Geräte und dem Verzicht auf gängige Ausstattungsmerkmale, wie zum Beispiel einer mechanischen Tastatur, den Markt für Mobiltelefone und setzte damit das Fundament für Smartphones. Neben den offensichtlichen, technischen Neuerungen, die das damalige iPhone bot, war vielen Teilnehmern der Macworld Conference & Expo in San Francisco während der Vorstellung im Jahr 2007 nicht bewusst, wie revolutionär die Integration des Apple Appstores für den Vertrieb oder die Beschaffung digitaler Produkte ist. Diese Integration erlaubt dem Unternehmen zudem die Festigung der eigenen Marktposition. Lediglich Google erkannte frühzeitig, dass der Zugang zu den Endkunden und damit ihrer Gepflogenheiten und Interessen durch mobile Endgeräte gewährleistet ist, sodass das Unternehmen durch Zukäufe bereits ein Jahr nach der Vorstellung des iPhones ein eigenes Ökosystem mit der Einführung des kostenlosen mobilen Betriebssystems Android vorstellen konnte. Um sich einen schnellen Marktzugang zu sichern, stellte Google sein Betriebssystem anderen Hardwareherstellern über die Lizenzen Apache 2.0 oder GPL v2 zur Verfügung. Rückblickend ist diese Strategie aufgegangen, denn heute dominiert Google mit über 74 % den Markt für mobile Endgeräte. Die im Kontext des Mobile Computing freigesetzten Marktkräfte und Innovationsgeschwindigkeiten sind beachtlich. Binnen eines Jahrzehnts sind dominante Marktteilnehmer, wie das Unternehmen Nokia, verdrängt bzw. »überrollt« worden und spielen heute nur noch in Nischen eine Rolle.

Ende 2020 konnte man über den Apple Appstore mehr als 4,3 Mio. mobile Anwendungen herunterladen. Die Einsatzmöglichkeiten bzw. Anwendungsszenarien sind vielfältig, und die Bandbreite bewegt sich von komplexen Computerspielen bis hin zu Geschäftsanwendungen für den Zugriff auf ERP- oder

CRM-Systeme (und selbstverständlich noch weitere Systeme). Daher wurden in den vergangenen Jahren unterschiedliche Entwicklungsparadigmen bereitgestellt, die hinsichtlich verschiedener Aspekte wie zum Beispiel Plattformunabhängigkeit, Performanz, Kosten sowie Zugriff auf gerätespezifische, native Funktionen sowohl Vor- als auch Nachteile besitzen. Es kann daher für ein bestimmtes mobiles Betriebssystem nicht pauschal immer ein Entwicklungsparadigma empfohlen werden. Vielmehr muss anwendungsspezifisch gemäß sachlichen Kriterien eine Entscheidung fallen. Dieses Lehrbuch richtet sich an Studentinnen und Studenten, die bereits mit einer objektorientierten Programmiersprache vertraut sind und wesentliche Aspekte der Programmierung kennen und einen Einblick in das Mobile Computing erlangen möchten. Daher geht es didaktisch in die Breite und stellt unterschiedliche Entwicklungsparadigmen vor dem Hintergrund einer zentralen Fallstudie gegenüber. Es werden Techniken zur Entwicklung von mobilen Webanwendungen, hybriden Anwendungen, nativen Anwendungen für Android sowie Cross-Plattform-Anwendungen vorgestellt, ohne innerhalb eines Paradigmas zu sehr in die Tiefe zu gehen. Eine Ausnahme bildet das von Google bereitgestellte Flutter-Framework. Es handelt sich um einen Vertreter des Cross-Plattform-Entwicklungsansatzes und bildet einen Schwerpunkt dieses Moduls, da es sowohl die Entwicklung auf Android- als auch iOS-Geräten unterstützt.

Die Softwareentwicklung mobiler Anwendungen stellt neue Herausforderungen an die Softwareingenieurinnen und -ingenieure. Mit dem Bedeutungsgewinn mobiler Endgeräte in unserem Alltagsleben ist es wichtig geworden, die entsprechenden Fach- und Methodenkompetenzen zur Programmierung dieser Geräteklasse im Rahmen des Informatikstudiums zu erlangen. Vor diesem Hintergrund wünsche ich Ihnen viel Erfolg und viel Spaß bei der Bearbeitung dieses Moduls. Auch möchte ich mich an dieser Stelle bei Herrn Stefan Falk Naujoks für die Umsetzung der zentralen Fallstudie in allen wesentlichen Entwicklungsparadigmen bedanken. Durch dieses umfangreichere Beispiel haben Sie, liebe Leserinnen und Leser, die Möglichkeit, die verschiedenen Techniken miteinander zu vergleichen und Erfahrungen zu sammeln.

Erlauben Sie mir zum Schluss noch einen Hinweis. Aus Gründen der besseren Lesbarkeit wird in diesem Buch überwiegend das generische Maskulinum verwendet. Dies impliziert immer beide Formen, schließt also die weibliche Form mit ein.

Ihr

Doga Arinir

Inhaltsverzeichnis

Einführung in das Wissensgebiet »Mobile Computing«

Inhaltsverzeichnis

D. Arinir, *Mobile Computing*,
https://doi.org/10.1007/978-3-662-67413-0_1

1

Lernziele

- Den Begriff »Mobile Computing« definieren und historisch einordnen können
- Die Herausforderungen bei der Entwicklung von mobilen Anwendungen kennen
- Die Vor- und Nachteile der verschiedenen Entwicklungsparadigmen verstehen und je nach Anwendungskontext die richtige Auswahl treffen können
- Die grundlegende Plattformarchitektur von Android und iOS kennen
- Gängige Entwicklungsframeworks und -umgebungen für Web-Apps, hybride Apps, Cross-Plattform-Apps und native Apps kennen

Kurzfassung

In diesem Kapitel lernen Sie die grundlegenden Begriffe und Entwicklungsparadigmen kennen, die für die Implementierung von mobilen Anwendungen von Bedeutung sind. Jedes Entwicklungsparadigma besitzt sowohl Vor- als auch Nachteile unter bestimmten Rahmenbedingungen, sodass eine Gegenüberstellung dieser Ansätze erfolgt und eine Entscheidungstabelle für eine ingenieursmäßige Softwareentwicklung bereitgestellt wird.

Als im Juni 1996 die Arbeiten an dem zu der damaligen Zeit fortschrittlichsten Supercomputer der Universität Tokio abgeschlossen waren und ihre Transistoren zum ersten Mal ihren Dienst antraten, erfüllte sich für viele Wissenschaftler und Mitarbeiter der Universität Tokio ein ganz besonderer Traum. Der Hitachi SR2201 mit seinen 1024 Prozessoren und seinem verteilten Speichermodell erwies sich mit der Rechenleistung von 376 **GFLOPS** (Giga Floating Point Operations Per Second) als wahrer Zahlenjongleur und überholte den vorausgegangenen Platzhirsch, den Intel Paragon XP/S 140 der Sandia National Laboratories aus den Vereinigten Staaten von Amerika, mit Leichtigkeit. Die Inbetriebnahme des Supercomputers Hitachi SR2201 hatte eine Strahlkraft, welche um die ganze Welt reichte.

Knapp 25 Jahre später stellte die Firma Apple im Oktober 2021 das neueste Modell ihres Mobiltelefons vor, in dessen Zentrum der Apple A15 Bionic mit einer Rechenleistung von 1500 GFLOPS im **System-on-a-Chip**-Design für die schnelle Ausführung von Apps verantwortlich ist. Damit ist die **Mainframe**-Rechenleistung aus den 1990er-Jahren nunmehr in unseren Hosen- und Handtaschen angekommen, und die Möglichkeiten scheinen unbegrenzt zu sein. Heute ist das **Mobile Computing** ein inhärenter Teil unseres Alltagslebens geworden. Wir buchen Kinotickets und Flüge über unsere **Smartphones,** bestellen bequem auf dem heimischen Sofa internationale kulinarische Leckereien und müssen uns auch nicht zu Weihnachten in überfüllte Warenhäuser begeben, um unsere Einkaufsliste abzuarbeiten. Diese rasante Entwicklung hätte sich vor 30 Jahren keiner – eventuell bis auf einige wenige Visionäre – in dieser Form ausdenken können.

Bei dem **Mobile Computing** handelt es sich um die vierte Evolutionsstufe von Rechneranlagen, die mit der Entwicklung von sehr teuren Mainframes begann, in den 1970er- und 1980er-Jahren durch die industrielle Fertigung und der damit einhergehenden deutlichen Preisreduktion zum **Personal Computing** führte, welches in den 1990er-Jahren mit der Verbreitung des Internets in dem **Connected Computing** mündete. Mobile Computing subsummiert das Personal und das Connected Computing. In der Regel ist daher mit dem Begriff des Mobile Computing ein persönlicher, heutzutage mit dem Internet verbundener Computer gemeint, der nicht stationär und so weit miniaturisiert ist, dass er von einer Person mitgeführt werden kann. Die nachfolgende Definition aus Bollmann und Zeppenfeld (2015) fasst diese Eigenschaften zusammen und nimmt Bezug auf die über das Internet erreichbaren Dienste.

> **Mobile Computing** = Personal Computing + Connected Computing + Miniaturisierung

» *»Mobile Computing bezeichnet dabei die Gesamtheit von Geräten, Systemen und Anwendungen, die einen mobilen Benutzer mit den auf seinen Standort und seine Situation bezogenen sinnvollen Informationen und Diensten versorgt.«*

Definition Mobile Computing

Diese zum Teil auch als Location-based Services bezeichneten Dienste, die den aktuellen Standort des Anwenders verwenden, um bestimmte Informationen einzublenden, eröffnen vielfältige Anwendungsgebiete. Dabei kann es sich beispielsweise um Navigationsinformationen eines Reise- oder Restaurantführers handeln. Auch Social-Media-Angebote greifen auf Standortinformationen zu, um die Interessen eines Anwenders mit den lokal verfügbaren Begebenheiten abzugleichen und ihm anschließend passende Vorschläge zu unterbreiten.

1

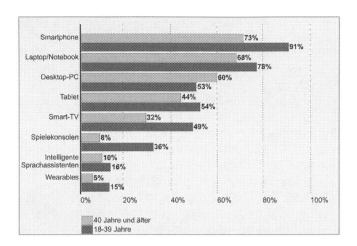

☑ **Abb. 1.1**   Internetnutzung nach Endgeräten. (Vgl. Statista III, 2021)

Bedeutung mobiler
Endgeräte

☑ Abb. 1.1 schlüsselt die Internetnutzung nach Endgeräten gruppiert nach den Altersklassen der 18- bis 39-Jährigen sowie der über 40-Jährigen auf. In beiden Altersgruppen liegt das Smartphone mittlerweile auf Platz eins. Die Webseitenbetreiber, allen voran die Onlineshop-Seitenbetreiber, haben dieses Potenzial vor Jahren erkannt und entwickeln ihre Webseiten nach dem **Mobile-First**-Ansatz. Dabei wird die Webseite für das mobile Endgerät optimiert, sodass die dargestellten Inhalte bestmöglich auf kleineren Bildschirmen aufgenommen bzw. betrachtet werden können. Die Fortführung dieses Ansatzes brachte eine Programmiertechnik hervor, bei der die Methoden der Webprogrammierung verwendet werden, um Anwendungen für ein mobiles Endgerät, auch **Apps** genannt, bereitzustellen (▶ Abschn. 1.3.1).

Neben den Webseitenbetreibern haben diverse weitere Unternehmen in dem vergangenen Jahrzehnt in die Entwicklung einer Vielzahl an Apps für unterschiedliche Endgeräte investiert. In Googles Playstore und Apples Appstore ist die Anzahl der verfügbaren Anwendungen für mobile Endgeräte daher zunächst exponentiell und anschließend linear gestiegen. Heute stehen auf beiden Plattformen jeweils ca. 4 Mio. Apps zum Download bereit (☑ Abb. 1.2).

Vor diesem Hintergrund sind auch die Bestrebungen der beiden Hauptkontrahenten für **mobile Ökosysteme**, Apple und Google, nach eigenen Bezahldiensten nachvollziehbar.

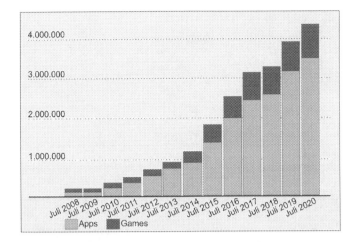

◘ Abb. 1.2 Anzahl der Apps im Apple Appstore. (Vgl. Statista I, 2021)

Das mobile Endgerät ist die zentrale Schnittstelle zum Online-(Kauf-)Erlebnis geworden. Integrierte Bezahlfunktionen erleichtern das Einkaufen und machen die Nutzererfahrung noch komfortabler und angenehmer.

Die zunehmende Rechenleistung, die technischen Fortschritte in der Miniaturisierung sowie die schnelle Anbindung mobiler Endgeräte an das Internet über Mobilfunkstandards wie 5G legen die Annahme nahe, dass keine technischen Grenzen für eine Vielzahl von Anwendungen sowohl für Privatanwender als auch für geschäftliche Applikationen existieren. Die Herausforderung besteht darin, diese technischen Möglichkeiten in einem reproduzierbaren, industriellen Softwareerstellungsprozess je nach Anwendungsfall sinnvoll einzusetzen. Dabei sind auch gewisse Restriktionen zu beachten. Besondere Aufmerksamkeit muss daher beispielsweise auf die **Usability** und die **User Experience** während der Definitionsphase gelegt werden, um den Anwender bei der Verarbeitung der angezeigten Informationen nicht zu überfordern.

In diesem Kapitel werden einleitend zunächst die verschiedenen Geräteklassen mobiler Endgeräte vorgestellt. ▶ Abschn. 1.2 fasst die Herausforderungen und Restriktionen bei der Entwicklung von Anwendungen für mobile Endgeräte zusammen. Die Informatik hat in den vergangenen Jahren unterschiedliche Programmiertechniken bereitgestellt, die je nach Anwendungskontext Vor- und

Herausforderungen

1

Nachteile haben. In ▶ Abschn. 1.3 werden diese Programmiertechniken gegenübergestellt. ▶ Abschn. 1.4 stellt eine aktuelle Übersicht vorhandener Frameworks und Werkzeuge für die Entwicklung von Anwendungen im Kontext des Mobile Computing auf.

1.1 Mobile Endgeräte

Mobile Endgeräte lassen sich in drei übergeordnete Geräteklassen zuordnen. ◘ Abb. 1.3 verdeutlicht die Ähnlichkeiten der verschiedenen Geräteklassen. Bei den Kreisen handelt es sich um Gerätetypen, die zu Geräteklassen (in der Abbildung als grau hinterlegte Rechtecke dargestellt)

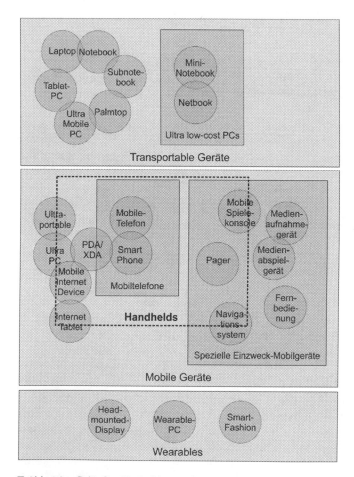

◘ **Abb. 1.3**   Geläufige Geräteklassen. (Vgl. Krannich, 2010)

zusammengefasst wurden. Einige Gerätetypen werden heute nicht mehr hergestellt. Dieses Buch widmet sich lediglich den Methoden, Techniken und Konzepten der Programmierung von Smartphones, Tablet-PCs und speziellen Wearables zu und klammert alle weiteren Gerätetypen aus.

Seit der Einführung des ersten iPhones im Jahr 2007 verdrängen die Smartphones nach und nach die klassischen Mobiltelefone. Smartphones sind deutlich leistungsfähiger, setzen auf ein elaboriertes Betriebssystem, das über eine komplexe API (Application Programming Interface) die Entwicklung von Anwendungen erleichtert und in der Regel an ein digitales Ökosystem angebunden ist. Das digitale Ökosystem regelt den Zugang von Marktteilnehmern, zum Beispiel App-Herstellern und Kunden, gibt die Spielregeln vor, wie diese miteinander interagieren können, und kontrolliert unter Umständen auch die zur Verfügung stehenden Zahlungsmethoden.

◘ Abb. 1.4 stellt den in den vergangenen zwölf Jahren stattgefundenen Verdrängungswettbewerb zwischen den mobilen Betriebssystemen dar. Sogar große, namhafte IT-Unternehmen wie die Firma Microsoft haben es in diesem Markt schwer, Fuß zu fassen und erfolgreich zu sein. Heute dominieren die Firmen Apple und Google

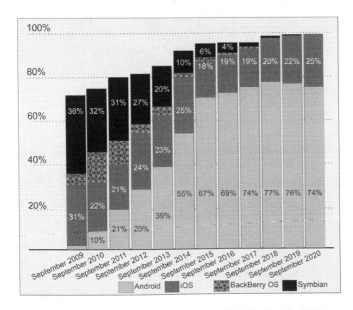

◘ Abb. 1.4   Anteil mobiler Betriebssysteme. (Vgl. Statista II, 2021)

1

den Markt der mobilen Betriebssysteme. Diese Unternehmen haben frühzeitig erkannt, dass es wichtig ist, viele Entwickler an sich zu binden, die eine Vielzahl hilfreicher Apps für diese Plattformen entwickeln. Betriebssysteme für mobile Endgeräte besitzen eine ausgeprägte lokale Standardfunktionalität und greifen auch auf cloudbasierte Dienste zurück, um beispielsweise die Spracheingabe möglich zu machen. Möchte ein Unternehmen ein neues mobiles Betriebssystem entwickeln, ist die zu überspringende Hürde heute beachtlich. Auf Basis des Betriebssystems Linux versucht die Open-Source-Gemeinde, ein freies Betriebssystem für Smartphones zu entwickeln. Mit dem Librem 5 ist auch bereits ein entsprechendes Gerät im Markt erhältlich. Jedoch bleibt der Marktanteil dieser Ansätze weiterhin marginal.

Wie ◘ Abb. 1.4 zu entnehmen ist, dominiert Google mit dem freien Betriebssystem Android den Markt mit einem Marktanteil von schätzungsweise 74 %.

1.1.1 Bestandteile mobiler Endgeräte

Das System-on-a-Chip-Design hat in den vergangenen Jahren zu einer einzigartig integrierten Hardwareausstattung von mobilen Endgeräten geführt. Dieses Entwurfsprinzip garantiert bei geringeren Stückkosten eine höhere Funktionsvielfalt, da neben der CPU auch alle weiteren wichtigen Hardwarekomponenten Bestandteil des Systems sind. Dazu gehören beispielsweise

- die Kommunikationsmodule für GSM, UMTS, LTE, 5G, Bluetooth oder WLAN,
- die Steuerungskomponenten für die Ein- und Ausgabe,
- die spezifischen Chips für die Grafikbeschleunigung (GPU),
- zusätzliche Sensoren und Aktoren sowie
- der integrierte Hauptspeicher und nichtflüchtige Speicher.

◘ Abb. 1.5 zeigt die typischen Module eines mobilen Endgerätes. Sowohl die zentrale Recheneinheit (CPU) als auch die dedizierte GPU (Graphics Processing Unit) sind für den mobilen Einsatz konzipiert, indem sie hinsichtlich der erbrachten Verarbeitungsleistung je aufgenommene Energiemenge optimiert sind. In der Regel kommen

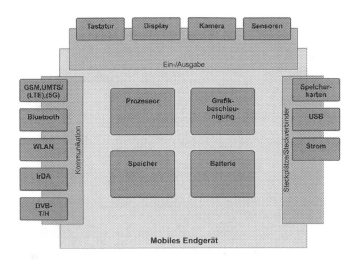

◘ Abb. 1.5 Komponenten eines mobilen Endgerätes. (Vgl. Bollmann & Zeppenfeld, 2015, S. 41)

daher keine Hardwarearchitekturen zum Einsatz, die beispielsweise aus dem Desktop-PC-Bereich bekannt sind. Unternehmen wie die 1990 gegründete Firma ARM Ltd. liefern mit anderen Architekturansätzen die geforderten Leistungsmerkmale.

Die gleichnamige ARM-Architektur gilt heute als Industriestandard bei mobilen Endgeräten. Es handelt sich um eine sogenannte RISC-Architektur (Reduced Instruction Set Computing), bei der deutlich weniger Halbleiter zum Einsatz kommen und somit weniger Energieabnehmer vorhanden sind. Die Firma ARM Ltd. stellt dabei keine eigenen Prozessoren her, sondern lizensiert ihre Architektur an Kunden, die auf dieser Basis eigene Prozessoren entwickeln und vertreiben.

RISC-Architektur

Zwar können die Prozessoren mobiler Endgeräte hinsichtlich der absoluten Leistung nicht mit den Prozessoren von Desktop-PCs mithalten. Dennoch handelt es sich um sehr leistungsfähige Komponenten, die in der Regel über mindestens vier Kerne verfügen und mehrere Gigabyte an Arbeitsspeicher besitzen. Damit weisen sie die Leistungsdaten früherer Supercomputer auf, wie es oben bereits erwähnt wurde.

1.1.1.1 Multitouch-Display und Kamera

Die Hersteller mobiler Endgeräte und insbesondere von Smartphones versuchen, sich gegenseitig unter anderem

1

durch eine hochauflösende Kamera und ein Display mit ebenfalls einer hohen Auflösung Konkurrenz zu machen, da es sich bei beiden um direkt durch den Verbraucher wahrnehmbare, kaufentscheidende Faktoren handelt. Da die meisten Smartphones heutzutage ohne mechanische Tastatur ausgeliefert werden, handelt es sich bei dem Display sowohl um ein Ausgabegerät als auch um ein sogenanntes Multitouch-Eingabegerät. Man unterscheidet zwischen kapazitativen und resistiven Displays, wobei die resistiven mit einem Eingabestift arbeiten und die kapazitativen mit dem Finger bedient werden können.

Gestensteuerung

Multitouch bedeutet, dass das Gerät in der Lage ist, mehr als eine Druckstelle zu registrieren. Daraus ist in den letzten Jahren eine Fülle von Gesten entstanden, über die sich ein Smartphone steuern lässt:

- **Touch:** Vergleichbar mit einem Klick mit der Maus, berührt der Anwender kurz den Bildschirm und löst damit ein Ereignis aus.
- **Long Touch:** Der Anwender hält seinen Finger eine längere Zeit an einem Punkt. In der Regel lassen sich dadurch Kontextmenüs öffnen. Daher ist der Long Touch mit der rechten Maustaste vergleichbar.
- **Swipe:** Der Finger berührt nicht nur eine Stelle, sondern wird über den Bildschirm bewegt. Je nach Swipe-Richtung können unterschiedliche Funktionen ausgelöst werden. In einem E-Mail-Programm lassen sich beispielsweise die Einträge nach oben oder unten scrollen. Das Schieben eines Elementes nach rechts erlaubt seine Markierung zur Nachverfolgung, das Schieben nach links leitet seine Löschung ein. Es handelt sich aber lediglich um mögliche Beispiele, sodass innerhalb einer mobilen Anwendung andere Bedienmöglichkeiten vorgesehen werden können.
- **Tap:** Ähnlich wie die Touch-Gestik tippt der Anwender einmal kurz auf das Display.
- **Double Tap:** Es wird zweimal auf das Display getippt. Bei manchen Android-Smartphones lässt sich dadurch ein Bildschirmfoto von dem aktuellen Bildschirminhalt machen.
- **Drag:** Der Anwender berührt das Display an einer Stelle und zieht seinen Finger anschließend über das Display.
- **Multitouch:** Das Display wird an mehreren Stellen gleichzeitig mit den Fingern berührt.
- **Pinch open:** Der Anwender legt zwei Finger auf den Bildschirm und zieht sie anschließend auseinander.

Dadurch wird in der Regel der aktuelle Bildschirminhalt vergrößert.

- **Pinch close:** Ähnlich wie die Pinch-open-Gestik, jedoch mit dem Unterschied, dass die Finger zusammengezogen werden. Der aktuelle Bildschirminhalt wird durch diese Gestik herausgezoomt.
- **Rotate:** Der Anwender berührt mit zwei Fingern den Bildschirm und dreht sie anschließend. Dabei können die Finger auch aufeinander zu bewegt oder voneinander entfernt werden, sodass sich diese Gestik mit den beiden oberen kombinieren lässt. Wie der Name vermuten lässt, wird der Bildschirminhalt dadurch rotiert.

1.1.1.2 Weitere Sensoren

Mobile Endgeräte verfügen darüber hinaus noch über eine Fülle weiterer Sensoren. Neben der Kamera ist zumindest bei Smartphones und Tablets selbstverständlich auch ein Mikrofon vorhanden. Da die Mobilität zudem eine wesentliche Eigenschaft dieser Geräteklasse darstellt, kommen häufig auch ortsgebundene Dienste zum Einsatz. Dafür besitzt das Endgerät in der Regel einen GPS-Sensor (Global Positioning System), über den die aktuelle Position des Benutzers mit einer Auflösung von ca. 1 m bestimmt werden kann. Über die empfangenen Daten von Mobilfunkmasten sowie weitere Informationen, zum Beispiel über die WLAN-Access-Points, lässt sich das zwar weiter verbessern, für gängige Anwendungen reichen aber die durch GPS angebotene Positionsbestimmung und Auflösung aus.

Neben den Sensoren besitzen Smartphones auch einen Aktor, der das mobile Endgerät vibrieren lässt. Dieser Vibrationsalarm wird verwendet, um ein Smartphone stummzuschalten. Bei einem ankommenden Anruf vibriert das Telefon, anstelle zu klingeln.

Vibrationsaktor

Beschleunigungssensor

Bei dem Beschleunigungssensor handelt es sich – wie bei vielen anderen Sensoren auch – um ein mikroelektromechanisches System (MEMS). Das Messprinzip basiert auf der Messung der Änderung einer Kapazität, die daraus resultiert, dass eine elastisch aufgehängte Masse durch die Bewegung des Gerätes in Schwingung versetzt wird. Werden mehrere dieser Sensoren für die verschiedenen Achsen des dreidimensionalen Raumes angebracht,

1

können mit Bezug auf die zum Boden gerichtete Gravitation Beschleunigungen im Raum abgeleitet werden. Bei mikroelektromechanischen Systemen ist eine integrierte Schaltung für die Auswertung dieser kontinuierlichen Messungen verantwortlich, die auch die Abbildung dieser Messwerte in die gewünschte Beschleunigung übernimmt.

Magnetometer

Der Magnetfeldsensor ist ein digitaler Kompass, der in der Regel so ausgestattet wird, dass er die Ausrichtung des Magnetfeldes im dreidimensionalen Raum messen kann. Es gibt verschiedene physikalische Effekte (galvanomagnetische, magnetoresistive sowie magnetooptische Effekte), die man zur Messung ausnutzt. Die Hall-Sensoren arbeiten beispielsweise mithilfe des galvanomagnetischen Effektes. Magnetometer sind für mobile Endgeräte wichtig, da man für die Navigation die Orientierung des Benutzers kennen muss.

Gyroskop bzw. Rotationssensor

Das Gyroskop nutzt in der Regel die Corioliskraft, um die Drehrate entlang der drei Achsen (Längsachse, Querachse und Hochachse) im dreidimensionalen Raum zu messen. Häufig werden der Beschleunigungssensor und das Gyroskop in einem MEMS hergestellt und auch in Anwendungen kombiniert. Mobile Anwendungen benutzen das Gyroskop beispielsweise zum Steuern in Spielen. Mithilfe dieser beiden Sensoren können auch softwarebasierte Bildstabilisatoren entwickelt werden, die die Aufnahmequalität von Videos verbessern.

Annäherungssensor

Dieser Sensor nutzt einen Infrarotstrahl, um anhand der Reflexion der ausgesendeten Lichtimpulse die Nähe zu anderen Objekten zu bestimmen. Hält der Anwender das Mobiltelefon zum Telefonieren an sein Ohr, kann mithilfe dieses Sensors der Bildschirm ausgeschaltet werden.

1.1.2 Google Android

Android wurde ursprünglich von einem Start-up-Unternehmen aus Palo Alto entwickelt, welches von Andy Rubin gegründet wurde. Google kaufte dieses Unternehmen im Jahr 2005. Zwei Jahre später gab das Unternehmen schließlich bekannt, mit einem Konsortium aus 33 Firmen aus der Mobilkommunikationsindustrie ein neues Betriebssystem für mobile Endgeräte entwickeln zu wollen. Die erste Version dieses Betriebssystems wurde am 21. Oktober 2008 unter der Apache-Lizenz veröffentlicht. Die ersten Geräte auf dieser Basis erschienen bereits Ende 2008.

Wie auch das iPhone werden Android-Geräte ohne eine mechanische Tastatur ausgeliefert. Android unterstützt daher die sogenannte **Gestensteuerung**. Anwender können durch Hand- und Fingerbewegungen mit dem mobilen Endgerät interagieren.

Das Fundament des Android-Betriebssystems basiert auf einem Linux-Kernel, welches auf die Bedürfnisse von Smartphones zugeschnitten wurde. Dieser Linux-Kernel ist für die Energieverwaltung sowie die Hardwareanbindung über Treiber verantwortlich. Die Hardwareabstraktionsschicht *(Hardware Abstraction Layer, HAL)* bietet eine standardisierte Softwareschnittstelle an, um höheren Betriebssystemschichten einen einheitlichen Zugriff auf Hardwarekomponenten wie zum Beispiel die Kamera, die Sensoren und Kommunikationskomponenten zu gewähren. Die Android Runtime (ART) ist für die Ausführung von Apps verantwortlich, die als DEX-Dateien[1] vorliegen. Die ART besitzt einen Ahead-of-Time- sowie einen Just-in-Time-Compiler, welche die als Bytecode vorliegende Anwendung in die Zielarchitektur übersetzen. Ein optimierter Garbage Collector innerhalb der ART ist für die Speicherverwaltung verantwortlich.

Linux-Kernel als Grundlage

Die gesamte Funktionsvielfalt des Android-Betriebssystems wird den Anwendungen über ein Java-API-Framework bereitgestellt, die daher in der Regel in Java entwickelt werden. Diese Android-Java-API besitzt eine Schnittmenge zu der Standard-Java-API, wobei jedoch spezielle Pakete entfernt wurden. Die folgende Liste enthält einen Ausschnitt der Pakete, die durch die Android-Java-API nicht unterstützt werden (◖ Abb. 1.6):

- java.applet
- java.awt
- java.beans
- java.rmi
- javax.accessibility

---

1 Dabei handelt es sich um ein besonderes Bytecode-Format, in welches die konventionellen Java-Class-Dateien konvertiert warden.

1

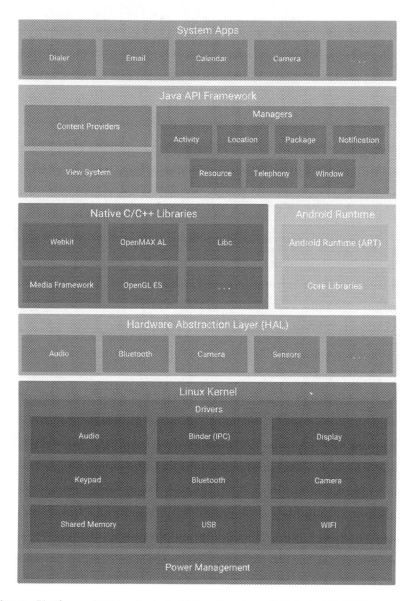

■ **Abb. 1.6**   Plattformarchitektur des Android-Betriebssystems. (Vgl. Android I, 2021)

- javax.naming
- javax.print
- javax.rmi
- javax.security.auth.kerberos
- javax.security.auth.spi
- javax.swing
- javax.transaction

Sollen besonders performante Anwendungen bereitgestellt werden, können diese aber auch direkt mit den nativen C/C++-Bibliotheken arbeiten, ohne den Umweg
über die Android-Java-API zu gehen. Häufig machen insbesondere Hersteller von Spielen von diesen Bibliotheken
Gebrauch.

Android wird von vielen Herstellern von Smartphones eingesetzt. Daraus ist über die letzten Jahre eine
hohe Fragmentierung der Gerätelandschaft entstanden.
Für Softwareentwickler stellt es trotz aller Bemühungen durch Google und das Betriebssystem eine Schwie-
rigkeit dar, alle Geräte zu unterstützen. Da jeder Hersteller in der Regel eine leicht angepasste Version des Betriebssystems ausliefert, werden sicherheitsrelevante
Updates an dem Betriebssystem nur zeitverzögert integriert.

Herausforderungen
durch die
Fragmentierung

1.1.3 Apple iOS

Apple hat im Jahr 2007 mit der Entwicklung des iPhones den Markt für Smartphones mit einigen technischen
Verbesserungen und dem Verzicht auf gängige Standards, wie beispielsweise eine mechanische Tastatur, in
Bewegung gebracht. Durch die Integration eines digitalen Ökosystems über den Apple Appstore hat es das Unternehmen geschafft, den Vertrieb von Anwendungen für
mobile Endgeräte zu revolutionieren und andere Softwarehersteller an Bord zu holen.

Während Google sein Android-Betriebssystem auch
anderen Hardwareherstellern bereitstellt und keinerlei
Vorgaben hinsichtlich der hardwaretechnischen Ausstat-
tungen macht, um so eine hohe Marktdurchdringung zu
erreichen, bietet Apple alles aus einer Hand und positioniert seine Produkte zusätzlich in einem höheren Preisseg-
ment. Infolgedessen sind die im Markt befindlichen Ap-
ple-Smartphones technisch weniger fragmentiert. Das
erleichtert die Entwicklung von Anwendungen, da die
Kompatibilität leichter sicherzustellen ist. Apples Betriebssystem für mobile Endgeräte, das sogenannte iOS,
basiert ursprünglich auf dem MacOS, bei dem es sich um
ein Unix-Derivat handelt. Das Betriebssystem ist nur in
Kombination mit einer Hardware aus dem Hause Apple erhältlich und kann daher nicht eigenständig lizenziert werden. Der Startschuss für die Entwicklung des Betriebssystems erfolge im Jahr 2005 mit der Idee, eine

1

Basis für neue Tablet-Computer zu entwickeln. Die erste Version wurde schließlich gemeinsam mit dem iPhone am 9. Januar 2007 auf der Macworld Conference & Expo veröffentlicht. Mit der Vorstellung der Apple Watch am 24. April 2015 hat das Unternehmen auch ein gesondertes, neues Betriebssystem für die Gerätekategorie der Wearables, das sogenannte watchOS, vorgestellt.

Auf der Worldwide Developers Conference am 3. Juni 2019 kündigte Apple zudem an, auch für das iPad ein dediziertes, eigenes Betriebssystem mit dem Namen iPadOS zu entwickeln und damit das Konzept eines einheitlichen Betriebssystems für mobile Endgeräte aufzugeben. Sowohl das watchOS als auch das iPadOS besitzen einen gemeinsamen iOS-Kern. Sie erweitern aber die Basisfunktionen des Betriebssystems gerätespezifisch.

In ❏ Abb. 1.7 sind die vier wesentlichen Schichten des iOS abgebildet. Die Basis bildet die Kernel-Umgebung, welche auf dem Mach-Microkernel (vgl. Wikipedia I, 2021) aufsetzt. Das Core OS besteht aus den Modulen »Accelerate« für die Datenparallelisierung, »Disk Arbitration« für das Mounten von Speichermedien, »OpenCL« für die parallele Verarbeitung über verfügbare GPUs des mobilen Endgerätes, »Directory Services« für die Verwaltung des lokalen und entfernten Dateisystems sowie »System Configuration« für die Konfiguration von Netzwerken. Die »CoreServices« bieten zentrale Dienste an, auf die auch andere Anwendungen zugreifen können. Beispielsweise wird das interne Adressbuch innerhalb dieser Schicht bereitgestellt. Die »Media Layer« ist für die Verarbeitung von 2-D- und 3-D-Grafiken, für Animationen und für die Audioausgabe verantwortlich.

Die Cocoa-Touch-Schicht übernimmt die Darstellung der Anwendungen. Es handelt sich primär um ein UI-Framework, bietet aber über die eigene API auch einen Zugriff auf Funktionen und Dienste aus den tieferen Schichten des Betriebssystems an.

1.2   Herausforderungen und Besonderheiten bei der Softwareentwicklung

Sowohl die hardware- als auch die softwaretechnischen Fortschritte der letzten Jahre machen den Einstieg in die Programmierung mobiler Anwendungen sehr leicht. Für eine industrielle Softwareentwicklung müssen jedoch gewisse Besonderheiten und Restriktionen beachtet werden.

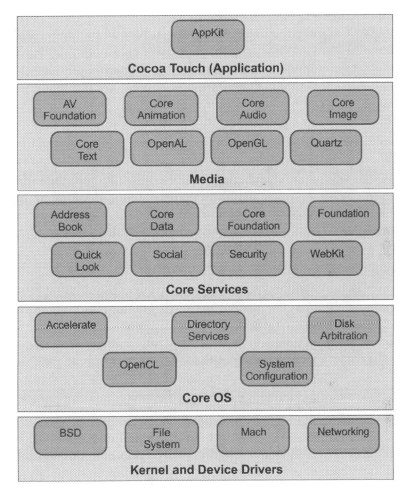

□ Abb. 1.7 Plattformarchitektur des iOS-Betriebssystems

In diesem Abschnitt werden zwei besondere Aspekte näher erläutert.

1.2.1 Berücksichtigung der Usability und der User Experience

Da die Endgeräte über eine geringere Bildschirmgröße verfügen, kommt dem Bereich der User Experience und der Usability eine hohe Bedeutung zu. Komplexe Informationen können nicht so eingeblendet werden, wie es bei Desktopanwendungen üblich ist. Neben der Bildschirmgröße entsteht auch durch die Art der Interaktion über die Gestensteuerung eine weitere Restriktion. Den Anwendern stehen weder eine Maus noch eine Tastatur zur Verfügung, sodass mobile Anwendungen nach Möglichkeit mit einem Finger bedient werden müssen.

Die Erwartungshaltung hat zudem durch die vielen, infolge eines starken Wettbewerbsdruckes entstandenen, einfach zu bedienenden mobilen Anwendungen zugenommen. Mobile Unternehmensanwendungen sollen sich genauso einfach und schnell bedienen lassen wie die Social-Media- oder Onlineshop-Apps, die man privat intuitiv einsetzt, ohne dass ein Handbuch herangezogen oder eine Schulung besucht werden muss.

Nutzerorientierte Gestaltung

Softwareunternehmen bedienen sich der Technik der nutzerorientierten Gestaltung, um diesen Ansprüchen gerecht zu werden. Das verfolgte Ziel dabei ist es, Softwaresysteme entlang den Wünschen, den Aufgaben und den Eigenschaften der zukünftigen Benutzer zu entwerfen. Die Anwender werden während der Definitionsphase in den Mittelpunkt gestellt. Bei dieser Herangehensweise stellen die Softwareergonomie und die Gebrauchstauglichkeit Usability wichtige Aspekte dar. Seit den Anfängen des Personal Computing beschäftigt sich das Fach- und Forschungsgebiet der Mensch-Maschine-Interaktion (Human Computer Interface) mit der Entwicklung von Konventionen und Regeln, die die Grundlagen der Gestaltung von Benutzungsoberflächen sind. In der DIN EN ISO 9241-11 und DIN EN ISO 9241-210 werden dabei auch die Begriffe Usability und User Experience definiert. Aus der DIN 9241 gehen die Leitsätze für eine gute Gebrauchstauglichkeit hervor, nach denen ein interaktives System leicht zu erlernen und intuitiv zu benutzen sein sollte sowie eine geringe Fehlerrate bei der Eingabe ermöglichen und damit die Zufriedenheit des Anwenders sicherstellen muss. Daraus lassen sich auch die sieben Grundsätze der Dialoggestaltung ableiten:

- **Aufgabenangemessenheit:** Wie bereits bei der nutzerorientierten Gestaltung zum Ausdruck gebracht wurde, steht der Anwender mit seinem Problem im Mittelpunkt. Bei mobilen Anwendungen im Kontext von Unternehmenslösungen bestehen typische Problem- und Aufgabenstellungen beispielsweise in der Suche nach bestimmten Datensätzen, Dokumenten, Orten u. v. m. sowie der Bearbeitung von Daten und selbstverständlich der Authentifizierung der Personen.

Bereits während der Definitionsphase müssen die Anforderungen an mobile Anwendungen im Hinblick auf die Effektivität und Effizienz so gestaltet werden, dass der Anwender mit einem optimalen Einsatz von Zeit, Geduld sowie einer Gedächtnis- und Transferleistung seine Aufgaben bewältigen kann.

▪ **Selbstbeschreibungsfähigkeit:** Um eine intuitive Benutzerführung und -interaktion zu ermöglichen, muss eine mobile Anwendung dem Benutzer zu jeder Zeit gestatten, folgende Fragen zu beantworten:
  – Wo komme ich her?
  – Wo bin ich?
  – Wo kann ich von hier aus hin?

Zur Beantwortung dieser Fragen muss eine Anwendung eine Orientierung bieten und anhand der Navigationselemente erkennen lassen, wo diese hinführen. Bei der Gestensteuerung ist es zudem üblich und zwingend erforderlich, dass die Anwender dauerhaft Feedback durch die Benutzungsoberfläche erhalten. Das schafft ein Gefühl der Sicherheit und der Kontrolle. Das von Google eingeführte Material Design zielt beispielsweise auf kontinuierliche Rückmeldungen durch Animationen. Sollen etwa Einträge aus einer Liste gelöscht werden, darf das nicht durch einen einzigen Klick ausgelöst werden. Stattdessen bietet die Gestensteuerung die Möglichkeit an, das Löschen durch ein Ziehen des Elementes nach rechts oder links einzuleiten. Während dieser in der Regel als Wischvorgang (swiping) bezeichneten Interaktion, wird der Anwender zusätzlich durch eine Einblendung darüber in Kenntnis gesetzt, dass dadurch die Löschung vollzogen wird. Der Anwender hat somit die Kontrolle, den Vorgang jederzeit wieder abzubrechen.[2]

▪ **Erwartungskonformität:** Die Erwartungskonformität spielt bei mobilen Anwendungen eine sehr wichtige Rolle, da sie ebenfalls die intuitive Benutzung einer Anwendung unterstützt. Das menschliche Gehirn arbeitet bei der Wahrnehmung mit Mustererkennung. Zusammenhänge und Abläufe werden daher umso schneller erfasst, mit je weniger Variationen die Anwender konfrontiert werden. Die Art der Navigation oder generell die Interaktion mit der Anwendung

---

2 Diese für uns alle selbstverständlich gewordenen Benutzungsmöglichkeiten basieren auf jahrelanger Forschung im Bereich der Mensch-Maschine-Interaktion.

1

sollte daher strikt eingehalten werden. Die Plattformhersteller Google (Android) und Apple (iOS) haben daher umfangreiche GUI-Guidelines und Styleguides herausgebracht, an die man sich halten muss. Bei einer Freigabe einer Anwendung nehmen sich diese Unternehmen das Recht heraus, die Aufnahme in den Playstore oder Appstore zu verweigern, wenn eine Anwendung nicht den Vorgaben entspricht. Eine mobile Anwendung muss konsistent die Richtlinien der jeweiligen Plattform unterstützen, um eine hohe Erwartungskonformität sicherzustellen.

- **Fehlertoleranz:** Durch eine hohe Aufgabenangemessenheit, Selbstbeschreibungsfähigkeit sowie die Erwartungskonformität wird in der Regel die Fehlerrate deutlich reduziert. Werden dennoch Fehler gemacht, muss der Korrekturaufwand eines Fehlers gering sein. Mobile Anwendungen werden zum Teil für sehr spezielle Aufgaben bereitgestellt und adressieren somit Gelegenheitsnutzer. Für diese Personengruppe ist es von großer Bedeutung, dass die Interaktion fehlertolerant stattfinden und das beabsichtigte Ergebnis trotz Fehlereingaben mit keinem oder minimalem Korrekturaufwand erzielt werden kann.

- **Steuerbarkeit:** Die Steuerbarkeit soll dem Benutzer in die Lage versetzen, den Ablauf der Interaktion mit einer mobilen Anwendung zu beeinflussen. Dabei sind sowohl die angebotene Funktionalität der Steuerbarkeit sowie die »gefühlte« oder wahrnehmbare Steuerbarkeit gemeint. Wenn sich bestimmte Funktionen der Benutzerinteraktion hinter Menüeinträgen verstecken und nicht unmittelbar für die Anwender ersichtlich sind, dann sind die Bemühungen vergebens.

- **Individualisierbarkeit:** Die DIN EN ISO 9241 macht Vorgaben hinsichtlich der Individualisierbarkeit einer Benutzungsoberfläche, die sich in Grundzügen auch auf mobile Anwendungen übertragen lassen. Beispielsweise müssen Webseiten eine Möglichkeit bieten, den Kontrast für farbenblinde Anwender zu erhöhen. Es sind aber auch weitere Einstellungsmöglichkeiten denkbar, um die individuellen Bedürfnisse der Anwender zu unterstützen. Aspekte wie die oben erwähnte Kontrastanpassung werden zum Teil bereits durch die mobilen Betriebssysteme berücksichtigt.

- **Lernförderlichkeit:** Mobile Anwendungen müssen mit dem Ziel entwickelt werden, dass sie ohne den Einsatz von Schulungen oder die Bearbeitung eines

Handbuches bedient werden können. Diese intuitive Bedienbarkeit wird durch eine hohe Erwartungskonformität sowie die Lernförderlichkeit realisiert. Die Benutzungsoberfläche einer mobilen Anwendung sollte logisch aufgebaut sein und nachvollziehbare Abläufe besitzen. Je wenige die Anwender nachdenken müssen, desto effizienter können sie ihre Aufgaben verrichten.

Vor diesem Hintergrund muss bei der Softwareentwicklung mobiler Anwendungen besondere Aufmerksamkeit darauf gerichtet werden, die Bedürfnisse der Benutzer zu verstehen und die Benutzungsoberfläche optimal auszurichten.

1.2.2 Berücksichtigung verschiedener Plattformen und Endgeräte

Wie aus ◘ Abb. 1.4 hervorgeht, existieren im Markt zwar lediglich zwei nennenswerte Anbieter mobiler Plattformen, aber die hardware- und softwareseitige Fragmentierung stellen dennoch eine Herausforderung bei der Entwicklung dar (vgl. Wasserman, 2010). Aufgrund der freien Zugänglichkeit des Android-Betriebssystems sind unterschiedliche Versionen im Umlauf (◘ Abb. 1.8), die von verschiedenen Herstellern in ihren Geräten eingesetzt werden. Die mobilen Endgeräte variieren zudem hinsichtlich ihrer Hardwarekomponenten (► Abschn. 1.1.1).

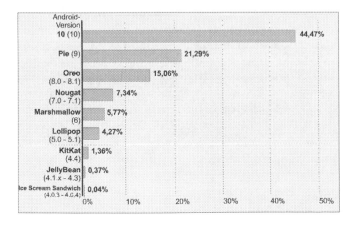

◘ **Abb. 1.8**   Anteile der Android-Versionen. (Vgl. Statista IV, 2021)

1

Das betrifft beispielsweise die Displaygrößen, aber auch die verbauten CPUs und GPUs sowie die Sensoren. Soll eine mobile Anwendung für den Massenmarkt entwickelt werden, können daraus hohe Anpassungs- und Testaufwände resultieren, damit eine nennenswerte Anzahl von Geräten und damit die Marktdurchdringung gewährleistet sind. Mobile Anwendungen im Kontext von Unternehmensanwendungen haben im Vergleich zum Massenmarkt in der Regel geringere Kompatibilitätsanforderungen, da diese zwischen Auftraggeber und Auftragnehmer einvernehmlich auf die im Unternehmen im Einsatz befindlichen Geräte eingeschränkt werden.

Cloudbasiertes Testen
mobiler Anwendungen

Kleinere Softwareunternehmen können mit der Forderung nach massenmarktkompatiblen Anwendungen schnell überfordert sein, da eine hinreichende Menge an verschiedenen Geräten meistens nicht vorliegt. Cloudbasierte Testumgebungen bieten hier Abhilfe, da sie die Ausführung und Verteilung der mobilen Anwendungen auf Hunderten Endgeräten vollautomatisiert anbieten. Beispiele für diese Testumgebungen sind das von dem Unternehmen Amazon bereitgestellte AWS Device Farm oder das von Microsoft unter dem App Center vermarktete Angebot.

1.3 Paradigmen für die Entwicklung mobiler Endgeräte

Aufgrund der verschiedenen Anwendungsszenarien, in denen mobile Anwendungen zum Einsatz kommen, existieren unterschiedliche Entwicklungsparadigmen, die kontextbezogen Vor- und Nachteile besitzen. Im Folgenden werden diese Entwicklungsansätze vorgestellt und anhand mehrerer Kriterien wie zum Beispiel der geforderten Performanz, der Plattformunabhängigkeit und des Zugriffes auf native Funktionen der jeweiligen Plattform miteinander verglichen.

1.3.1 Mobile Webanwendungen

Die mobilen Webanwendungen, kurz Web-Apps genannt, stellen die portabelste Variante der mobilen Anwendungsentwicklung dar. Sie werden mithilfe gängiger Webtechniken wie HTML5, CSS3 und TypeScript bzw.

JavaScript entwickelt und innerhalb eines Webbrowsers ausgeführt. Sowohl Android als auch iOS können die Navigationsleiste ihrer Browser ausblenden. Dadurch füllt der Browser den ganzen Bildschirm aus. Durch eine geeignete Definition von Cascading Style Sheets (CSS) und durch Verwendung bestimmter Frameworks lässt sich das Look & Feel dieser Webanwendung so gestalten, dass sie sich kaum von einer Anwendung unterscheidet, die mit nativen Mitteln in der jeweiligen Plattform entwickelt wurde. Die Frameworks ermitteln über JavaScript-API-Funktionen, in welchem Browser die Anwendung ausgeführt wird. Anschließend lassen sich über sogenannte Browser-Weichen unterschiedliche CSS-Einstellungen für Android und iOS laden.

Da bereits bekannte Programmiertechniken zum Einsatz kommen, ist der Einstieg für Webentwickler besonders einfach. Außerdem kommen die großen plattformspezifischen Unterschiede zwischen Android und iOS nicht zum Tragen, da die durch die Browser (Safari auf iOS und Chrome für Android) zur Verfügung gestellt Laufzeitumgebung nahezu identisch ist. Dadurch werden die Entwicklungskosten erheblich reduziert.

Diese Klasse der mobilen Anwendungen werden nicht klassisch über den Appstore bzw. Playstore installiert. Stattdessen muss der Anwender zu einer Webseite navigieren, die die mobile Webanwendung bereitstellt. Sofern die Metadaten der Webanwendung korrekt gesetzt sind, kann anschließend über eine integrierte Funktion eine Referenz auf diese Anwendung auf dem Homescreen des mobilen Endgerätes platziert werden. Die Abfolge ist in ◨ Abb. 1.9 dargestellt. Öffnet man die mobile Webanwendung anschließend über die Referenz auf dem Homescreen, so wird die Navigationsleiste des Webbrowsers ausgeblendet. Die Anwendung füllt den gesamten Bildschirminhalt aus und unterscheidet sich fortan nicht mehr von einer klassischen Anwendung. Durch die Vermeidung des klassischen Vertriebsweges werden weitere Kosten vermieden, die durch die zeitaufwendigen Test-, Freigabe- und Veröffentlichungsprozesse ansonsten entstehen.

Installation

Da die mobile Webanwendung immer von einem Webserver geladen werden muss, benötigten Web-Apps in der Regel einen Netzwerkzugang, um korrekt arbeiten zu können. Die unter dem Begriff der Progressive Web-Apps (PWAs) bekannten Techniken erlauben zwar rudimentäre Offline-Fähigkeiten. Dennoch können diese nicht

1

□ Abb. 1.9   Das Hinzufügen einer mobilen Webanwendung auf den Homescreen

mit einer klassischen nativen Entwicklung mithalten. PWAs wurden im Jahr 2015 als Reaktion auf die zunehmende Benutzung von mobilen Endgeräten im Internet eingeführt, um weitere Aspekte dieser Geräteklasse zu unterstützen (■ Abb. 1.1). Webbrowser, die diesen Standard implementieren, stellen beispielsweise eine JavaScript-API (auch Device API genannt) bereit, um auf bestimmte Hardwareressourcen zuzugreifen, wie zum Beispiel die Sensoren (► Abschn. 1.1.1.2).

Da HTML und CSS deklarative Beschreibungssprachen für Oberflächen sind, müssen sie zeitintensiv interpretiert werden. Dies geht in der Regel zu Lasten der Performanz. Selbstverständlich werden auch hier die technischen Grenzen von Jahr zu Jahr verschoben, da moderne Webbrowser den Zugriff auf den Grafikprozessor erlauben und damit auch komplexe 3-D-Grafik möglich machen. Dennoch sind die Anforderungen in manchen Anwendungsszenarien (z. B. Computerspielen) mit diesen Mitteln nicht zu erfüllen. ■ Abb. 1.10 stellt das Schichtenmodell der Softwarearchitektur dar.

Nachteil

1.3.2 Hybride Entwicklung

Bei den hybriden mobilen Anwendungen handelt es sich ebenfalls um mobile Web-Apps, die als Laufzeitumgebung jedoch nicht den auf der Plattform gängigen Standardwebbrowser verwenden, sondern einen exklusiven, eigenen Container mitbringen. Dabei handelt es sich um eine native Anwendung, die die sogenannte WebWiew verwendet, um die Weboberfläche darzustellen. Diese

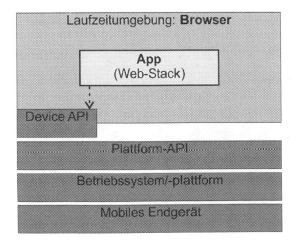

■ **Abb. 1.10** Architekturübersicht mobiler Webanwendungen

1

native Anwendung wird anschließend mit allen Ressourcen der Webanwendung verpackt und über die klassischen Vertriebskanäle (Appstore und Playstore) vertrieben. Im Gegensatz zu den mobilen Webanwendungen müssen diese Ressourcen demnach nicht von einem Webserver geladen werden, sondern sind beim Ausführen der mobilen Anwendung auf dem Endgerät vorhanden.

Das Besondere an dieser Kategorie der mobilen Anwendungen ist es, dass weiterhin bekannte Webtechniken für die Darstellung der Benutzungsoberfläche zum Einsatz kommen. Über die Device API des PWA-Standards kann die mobile Anwendung zudem auf bestimmte Hardwarefunktionen zugreifen. Da jedoch der Container exklusiv für diese Anwendung bereitgestellt wird, können aufwendige Berechnungen der Anwendungslogik auch mit nativen Mitteln umgesetzt werden. Über die sogenannte Native Bridge kann die Webanwendung diese Funktionen anschließend aufrufen (Abb. 1.11).

Apache Cordova

Um die Herstellkosten einer nativen App zu vermeiden, können bei hybriden Webanwendungen auch existierende Frameworks verwendet werden. Das Apache Cordova ist eines der bekanntesten Frameworks für

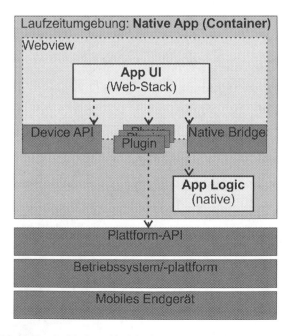

 Abb. 1.11   Architekturübersicht hybrider, mobiler Webanwendungen

hybride Anwendungen. Es wurde im Jahr 2009 veröffentlicht und kann auf Basis der Lizenz Apache 2.0 in eigene Anwendungen integriert werden.

Stehen bestimmte Gerätefunktionen über die Device API nicht zur Verfügung, können bei Apache Cordova zusätzliche Plugins geladen werden, die die Aufgabe der Native Bridge übernehmen. Plugins dienen demnach dazu, die durch die Plattform-API angebotene Funktionstiefe den hybriden Anwendungen über eine zusätzliche JavaScript-API zugänglich zu machen. `Plugins`

Hybride Apps kombinieren die Vorteile nativer Entwicklungen mit mobilen Webanwendungen. Dadurch werden aber auch die Nachteile beider Welten kombiniert. Zwar sind die Entwicklungskosten der Benutzungsoberfläche durch die Verwendung von Webtechniken im Vergleich zu einer nativen Entwicklung weiterhin geringer, aber die hybride App muss weiterhin den komplexen Freigabeprozess der Plattformanbieter (Apple und Google) durchlaufen. Wird zudem die Anwendungslogik aus Laufzeitgründen auf die native Seite übertragen, muss die Logik in der Regel doppelt implementiert werden. Dadurch sind die Entwicklungskosten einer hybriden App teurer als bei mobilen Web-Apps. `Nachteile`

1.3.3 Native Entwicklung

Native Apps werden auf Basis eines mobilen Betriebssystems und unter Zugriff auf plattformspezifische APIs entwickelt. Dabei kommen auch spezielle Programmiersprachen zum Einsatz. Google hat mit der Einführung der Android-Plattform einen Schwerpunkt auf die Programmiersprache Java gesetzt. Native Apps werden auf dieser Plattform zum größten Teil in Java entwickelt. Um den Einstieg für Entwickler so gering wie möglich zu gestalten, hat das Unternehmen eine kostenfreie Entwicklungsumgebung, das Android Studio[3], im Jahr 2013 veröffentlicht. Da der Android-Kernel in C/C++ entwickelt wurde, steht es den Entwickle rn frei, besonders in Bezug auf die Laufzeit anspruchsvolle Funktionen ebenfalls in diesen Programmiersprachen zu implementieren.

---

3   Android Studio basiert auf der Community-Version der kostenpflichtigen IntelliJ-Entwicklungsumgebung der Firma Jetbrains.

1

In iOS können Entwickler ihre Apps ebenfalls in C/C++ programmieren. iOS wurde aber in Objective-C implementiert, sodass auch für laufzeitkritische Anwendungen diese Programmiersprache präferiert werden sollte. Seit der Veröffentlichung der Programmiersprache Swift im Jahr 2014 wechseln immer mehr Entwickler von Objective-C zu Swift. Dennoch sind die meisten Apps für iOS in Objective-C realisiert. Sofern man einen Mac besitzt, kann man die kostenfreie Entwicklungsumgebung Xcode verwenden, um entsprechende native Apps für iOS zu entwickeln. Eine Entwicklung auf Windows-Systemen ist vorgesehen.

Plattformspezifische
Software Development
Kit (SDK)

Neben einer Entwicklungsumgebung benötigen Softwareentwickler für den Zugriff auf die plattformspezifischen Funktionen ein Software Development Kit (SDK). Beide Plattformen stellen daher SDKs kostenlos bereit. Native Apps haben vollen Zugriff auf alle öffentlich zugänglichen Betriebssystemfunktionen und können in der Regel auch alle Hardwareressourcen ausschöpfen. Das betrifft sowohl Grafikfunktionen als auch gerätespezifische Sensoren. Native Apps werden daher bei laufzeitkritischen Anwendungen oder bei speziellen Anwendungsszenarien eingesetzt, bei denen die Steuerung sowie der Zugriff auf bestimmte Hardwarekomponenten von Bedeutung sind. Da eine native App für iOS nicht automatisiert in eine vergleichbare Android-App konvertiert werden kann, erfordert die Bereitstellung einer mobilen Anwendung auf beiden Plattformen häufig den doppelten Implementierungsaufwand. Das ist nicht gleichzusetzen mit der Verdoppelung der gesamten Herstellungskosten, da die Aufwände in den vorgelagerten Entwicklungsphasen (Spezifikation und Entwurf) nicht erneut anfallen. Für ein kleines Softwareunternehmen oder eine kleine Entwicklungsabteilung kann das Vorhalten von spezialisierten Softwareentwicklern für beide Plattformen aus wirtschaftlichen Gründen nicht tragfähig sein (◘ Abb. 1.12).

1.3.4 Cross-Plattform-Entwicklung

Eine spezielle Form der nativen Entwicklung mobiler Anwendungen stellen die Cross-Plattform-Apps dar. Cross-Plattform-Apps werden mithilfe eines Frameworks entwickelt und dann auf dem mobilen Endgerät nativ

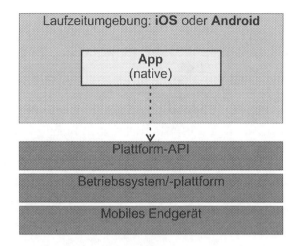

◘ Abb. 1.12 Architekturübersicht nativer Anwendungen

ausgeführt. Man unterscheidet zwei verschiedene Vorgehensweisen. Die erste Kategorie von Ansätzen stellt das
Framework sowie das SDK für die Cross-Plattform-Entwicklung zur Kompilierungszeit bereit. Eine solche Cross-
Plattform-App wird während des Kompilierungsvorganges in die native App der Zielplattform kompiliert. Dabei
werden die eingesetzten API-Funktionen des Cross-Plattform-Frameworks auf entsprechende API-Funktionen
der Zielplattform konvertiert. Die zweite Kategorie kompiliert eine Cross-Plattform-App in eine plattformunabhängige Zwischensprache und setzt auf eine spezielle
Laufzeitumgebung, die eine Konvertierung der API-Auf-
rufe des Cross-Plattform-Frameworks auf die Funktionen der Zielplattform zur Laufzeit durchführt.

Es existiert eine Reihe von Ansätzen, die die native,
plattformübergreifende Entwicklung von Apps ermöglichen. Die prominentesten Vertreter sind aktuell Flutter,
Xamarin und React Native.

Flutter wird in diesem Lehrbuch ausführlich in
► Kap. 2 diskutiert. Es handelt sich um einen Ansatz, der
in die erste Kategorie gemäß der obigen Einteilung ein-
zuordnen ist. Xamarin wurde von den Entwicklern des
Mono-Projektes, einer quelloffenen Implementierung
des Net-Frameworks, mit dem Ziel entwickelt, mobile
Cross-Plattform-Apps auf Basis von C# und der Mo-
no-Laufzeitumgebung zu realisieren. Xamarin stellt daher einen Ansatz der zweiten Kategorie dar.

1

Nachteil

Alle Cross-Plattform-Frameworks abstrahieren die native API der spezifischen Plattform und stellen den Anwendungsentwicklern daher eine eigenständige SDK zur Verfügung. Da die Hersteller mobiler Betriebssysteme mit jeder aktuellen Version neue Betriebssystemfunktionen integrieren, sind bei einer Cross-Plattform-Entwicklung diese neuen Funktionen nicht erreichbar, sofern die SDKs nicht überarbeitet wurden. Durch die zusätzliche Abstraktion geht bisweilen auch zusätzliche Laufzeit verloren, sodass die Cross-Plattform-Apps zwar deutlich bessere Antwortzeiten besitzen, aber dennoch nicht an das Leistungsprofil nativer Anwendungen herankommen.

1.3.5 Gegenüberstellung

In ◘ Abb. 1.13 sind die verschiedenen Entwicklungsparadigmen hinsichtlich verschiedener Kriterien gegenübergestellt. Je nachdem, welches Kriterium für ein konkretes Entwicklungsszenario von Bedeutung ist, kann anhand dieser Gegenüberstellung eine bestimmte Entwicklungstechnik ausgewählt werden.

Kriterien

Die industrielle Softwareentwicklung ist von Wirtschaftlichkeit geprägt. Obwohl die nativen Apps

Kriterien	Web-Apps	Hybride Apps	Cross-Plattform-Apps	Native Apps
Performanz	−	+	+ +	+ +
Offline- Nutzbarkeit	O	+	+ +	+ +
Native Funktionen	−	O +	+	+ +
Natives Look & Feel	−	−	+	+ +
Installation	+ +	+	+	+
Erreichbarkeit	+	O	O	O
Kosten	+ +	+	+	−
Wartung und Updates	+	O	O	O
Plattformunabhängigkeit	+ +	+	+	−
Wearables	− −	−	+	+ +

Legende: − schlecht + gut O neutral + + sehr gut

◘ **Abb. 1.13** Gegenüberstellung der Entwicklungsparadigmen

zahlreiche Vorteile gegenüber anderen Entwicklungsansätzen bieten, sollte man nicht den Fehler machen, in jedem Projekt immer »auf dasselbe Pferd« zu setzen, denn unter Kostengesichtspunkten sind die Web-Apps nicht zu schlagen. Werden demnach keine hohen Anforderungen in Bezug auf die Antwortzeiten oder den Zugriff auf die Sensorik gestellt, kann man mithilfe dieses Entwicklungsparadigmas wirtschaftlich solide Lösungen kreieren.

- **Performanz:** Native Apps sind im Hinblick auf die Performanz die beste Wahl. Da die Cross-Plattform-Apps aber ebenfalls nativ ausgeführt werden, sind sie in dieser Übersicht gleichgestellt. Da die hybriden Apps aufgrund der Native Bridge zeitkritische Funktionen nativ implementieren können, sind sie wesentlich schneller als mobile Webanwendungen.

- **Offline-Nutzbarkeit:** Die nativen und hybriden Apps sind problemlos offline nutzbar. Bei den Web-Apps unterstützt zwar das Browser-Caching den Offline-Modus. Die Kapazitäten und Möglichkeiten sind dennoch stark eingeschränkt.

- **Zugriff auf native Funktionen:** Wie bereits oben erwähnt, bedingen Anforderungen, die einen engen Zugriff auf hardwarenahe Funktionen des mobilen Endgerätes verlangen, eine native Entwicklung. Obwohl die Web-Apps über die Device API auf Funktionen des Betriebssystems und des Endgerätes zugreifen können, ist der Umfang kaum mit nativen Apps vergleichbar. Native Apps können hingegen im vollen Umfang auf die Funktionen des Betriebssystems zugreifen. Dazu zählen beispielsweise das GPS, die Kamera, die Kontaktdaten, Gesten und Benachrichtigungen. Hybride Apps können über Plugins sowie die Native Bridge auf alle Funktionen zugreifen. In der Praxis gestaltet sich die Fehlersuche bei Problemen aber schwierig.

- **Natives Look & Feel:** Mobile Webanwendungen und hybride Apps emulieren mit Frameworks und CSS-Einstellungen das native Look-And-Feel der Zielplattform. Für viele Anwendungen ist die Emulation ausreichend. Dennoch kann diese Art der Darstellung nicht mit einer direkten, plattformspezifischen Ausführung der Benutzungsoberfläche mithalten. Sogar die Cross-Plattform-Apps haben zwar geringe, aber erkennbare Unterschiede zur nativen Darstellung.

1

- **Installation:** Da mobile Webanwendungen nicht über den Appstore und Playstore installiert werden müssen, sind sie am besten und einfachsten zu installieren, aber auch zu aktualisieren. Andererseits haben sich alle Anwender an diesen Vertriebs- und Installationsweg für Apps gewöhnt. Die Hersteller von mobilen Betriebssystemen haben sich größte Mühe gemacht, diesen Installationsweg für die Anwender so einfach wie möglich zu gestalten. Für Gelegenheitsanwender erscheint daher der Installationsweg einer Web-App vermeintlich als zu komplex. Aus technischer Sicht ist dieser Weg aber für die Softwareentwickler am einfachsten.
- **Erreichbarkeit:** Web-Apps sind aufgrund der Suchmaschinen einfacher zu finden und zu benutzen, sodass sie eine größere Erreichbarkeit besitzen. Wenn man nach Informationen sucht oder eine bestimmte Aufgabe erledigen möchte, ist es wahrscheinlicher, dass man zuerst im Internet sucht und fündig wird. Da Web-Apps zudem nicht installiert werden müssen, lassen sie sich einfacher ausprobieren. Sowohl Google als auch Apple haben selbstverständlich ein großes Interesse daran, dass die auf diesen Plattformen angebotenen Apps gefunden und installiert werden. Daher investieren sie Aufwand darin, ihre Appstores und Playstores suchmaschinentauglich zu machen.
- **Kosten:** Soll eine App für ein breites Publikum, eventuell sogar für den Massenmarkt, entwickelt werden, verdoppeln sich bei einer nativen Entwicklung die Implementierungskosten. Daher ist es in den meisten Fällen günstiger, entweder eine Cross-Plattform-App, eine hybride App oder eine Web-App zu realisieren. Steht aber die Zielplattform aufgrund organisatorischer und technischer Vorgaben fest, sind native Entwicklungen durchaus auch aus Kostensicht wettbewerbsfähig.
- **Wartung und Updates:** Es gelten die gleichen Argumente wie bei der Installation. Da aber der Freigabeprozess über die konventionellen Vertriebswege der Plattformhersteller komplexer ist, sind native Anwendungen nachteiliger als Web-Apps.
- **Plattformunabhängigkeit:** Die Plattformunabhängigkeit ist bei einer klassischen nativen Entwicklung nicht gegeben. Daher müssen Softwareentwickler eine App für Android und iOS komplett manuell entwickeln.

Selbstverständlich teilen sich beide Apps dieselben Anforderungen und Konzepte. Dennoch ist die App unter Berücksichtigung der plattformspezifischen Funktionen jeweils separat zu entwickeln. Aufgrund der einheitlichen Laufzeitumgebung bieten Web-Apps auch hier Vorteile:

— **Wearables:** Unter Wearables werden intelligente Geräte verstanden, die man am Körper trägt. Das können beispielsweise Brillen oder Uhren sein. Da die Hardwareausstattung dieser Geräte bei Weitem nicht mit der Ausstattung eines Smartphones mithalten kann, sind aufgrund dieser technischen Restriktionen lediglich die Entwicklung von Cross-Plattform-Apps oder nativen Apps möglich.

1.4 Frameworks

Aufgrund des hohen Bedarfs für mobile Anwendungen und den verschiedenen Entwicklungsparadigmen ist ein sich kontinuierlich ändernder Markt für Frameworks und Entwicklungsumgebungen entstanden. Einen vollständigen Überblick über alle im Markt befindlichen Frameworks kann dieses Lehrbuch nicht geben. In ◘ Abb. 1.14

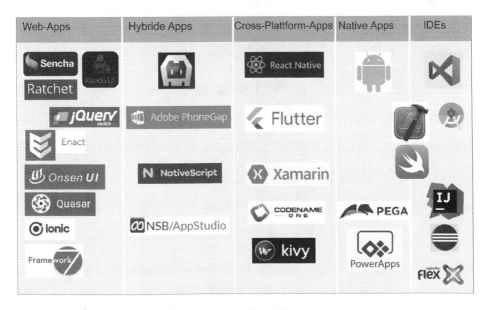

◘ **Abb. 1.14** Übersicht gängiger Frameworks und Entwicklungsumgebungen

▫ Abb. 1.15 Darstellungsbeispiel des Frameworks Onsen UI. (Vgl. OnsenUI, 2021)

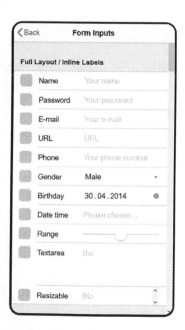

▫ Abb. 1.16 Darstellungsbeispiel des Framework7. (Vgl. Framework7, 2021)

sind dennoch einige gängige Frameworks kategorisiert worden. Die Frameworks, die sich in der Kategorie der mobilen Web-Apps befinden, können selbstverständlich auch für die Benutzungsoberfläche hybrider Apps verwendet werden. Hybride Entwicklungsframeworks dienen der Entwicklung des nativen Containers (◘ Abb. 1.11) aus Ausführungsumgebung und erlauben es, besonders laufzeitkritische Funktionen unter Zugriff nativer Operationen umzusetzen (► Abschn. 1.3.2 und ◘ Abb. 1.11).

Die Hersteller bzw. Entwickler dieser Frameworks legen aus Gründen der hohen Innovationsgeschwindigkeit den Quellcode häufig offen, sodass eine Vielzahl der abgebildeten Frameworks Open Source sind. Bei den von der Firma Apple angebotenen SDKs für die App-Entwicklung auf iOS-Endgeräten konnte keine exakte Einordnung stattfinden, da das SDK nicht separat, also unabhängig von einer bestimmten Entwicklungsumgebung, bezogen und installiert werden kann. Daher befinden sich sowohl die Entwicklungsumgebung Xcode als auch die Programmiersprache und Laufzeitumgebung Swift zwischen den beiden letzten Spalten.

Der Einsatz von verfügbaren Frameworks zur mobilen Entwicklung sollte bei Web-Apps immer bevorzugt werden, bevor eine eigene Entwicklung auf Basis von gängigen Web-Frameworks aufgenommen wird, da der Reifegrad und das Look & Feel dieser Ansätze sehr weit fortgeschritten sind. Die beiden Beispiele in Abb. 1.15 und 1.16 zeigen eine webbasierte Oberfläche, welche mithilfe der Frameworks Onsen UI und Framework7 realisiert wurden .

Beispiel

1.5 Übungsaufgaben

- **Übungsaufgabe 1.1**
a) Erläutern Sie die wesentlichen Hardwarekomponenten heutiger mobiler Endgeräte. Welchen beiden Komponenten kommt eine große Bedeutung im Hinblick auf die Kaufentscheidung zu?
b) Welche wesentlichen Gemeinsamkeiten, aber auch Unterschiede besitzen die beiden mobilen Betriebssysteme bzw. Plattformen?
c) Welche Unterschiede zur klassischen desktopbasierten Softwareentwicklung sind bei der mobilen Anwendungsentwicklung zu beachten?

1

d) Welche Möglichkeiten stehen Ihnen zur Verfügung, um eine hohe Usability und User Experience zu gewährleisten?

e) Beschreiben Sie mit eigenen Worten den Unterschied zwischen den hybriden Apps und den Web-Apps sowie den Cross-Plattform-Apps und den nativen Apps.

f) Wann müssen Sie Ihre mobile Anwendung als native App realisieren?

g) Sie möchten eine Schrittzähler-App implementieren. Auf welchen Sensor müssen Sie zugreifen, und wie würden Sie einen Schritt registrieren?

h) Ihr Auftraggeber möchte von Ihnen einen Auftrag für die Implementierung einer App geben, die bei der Warenannahme zum Scannen von Barcodes eingesetzt werden soll. Der Auftraggeber wird von einem technischen Berater betreut, der Ihnen rät, aus Kostengründen entweder eine mobile Web-App oder eine hybride App zu entwickeln. Halten Sie dieses Vorgehen für sinnvoll?

- **Übungsaufgabe 1.2**

Ihr Unternehmen soll eine App entwickeln, welche Touristen ortsgebundene Points of Interest, also beispielsweise interessante Sehenswürdigkeiten in der unmittelbaren Umgebung, empfehlen soll. Die Auftraggeberin hat keine hohen Ansprüche an die Benutzungsoberfläche, möchte aber auf der Startseite der App eine Kartenansicht eingeblendet haben. In Zukunft soll die App kontinuierlich weiterentwickelt werden. Die Auftraggeberin denkt bereits über Augmented-Reality-Funktionen nach, über die man beispielsweise Informationen zu Ausstellungsstücken in Museen erhalten kann. Diese Ausbaustufen sind aber derzeit nicht geplant. Die Auftraggeberin ist sich sicher, das zusätzliche Budget für die Weiterentwicklungen bei einem Erfolg der App genehmigt zu bekommen.

Ihre Kolleginnen und Kollegen aus der Entwicklung haben unter Berücksichtigung des Lastenheftes eine Aufwandsindikation ermittelt, wonach die Realisierung als Web-App ca. 100.000,00 EUR kosten würde. Aufgrund der besprochenen Weiterentwicklungsmöglichkeiten und der eigenen Vorlieben für die nativen Apps plädiert Ihre Entwicklung aber, der Auftraggeberin ein Angebot über eine native App vorzulegen, die lediglich 34.000,00 EUR mehr kosten soll, da viele Aspekte wiederverwendet und somit gleichzeitig auf der iOS- und Android-Plattform bereitgestellt werden können.

Aus Ihrer Erfahrung wissen Sie, dass bei Projekten ähnlicher Größenordnung die Phasen folgende Anteile an den Gesamtkosten einer Entwicklung hatten:

- **Definitionsphase:** ca. 30 %
- **Entwurfsphase:** ca. 10 %
- **Implementierungsphase:** ca. 40 %
- **Testphase:** ca. 15 %
- **Inbetriebnahme:** ca. 5 %

a) Überlegen Sie, welche Phasen keinen zusätzlichen Aufwand bei einer nativen Parallelentwicklung für Android und iOS generieren.
b) Argumentieren Sie, welche Aufwände in welchen Phasen bei einer Parallelentwicklung aufgrund einer konzeptionellen Wiederverwendung reduziert werden müssten.
c) Ist die Kalkulation Ihrer Kolleginnen und Kollegen für die native App realistisch? Argumentieren Sie unter der Annahme, dass eine konzeptionelle Wiederverwendung im besten Fall lediglich 25 % der Aufwände reduziert.

Fallstudie: Die Stadträder-App für den Fahrradverleih der Stadt Monheim am Rhein

Inhaltsverzeichnis

© Der/die Autor(en), exklusiv lizenziert an Springer-Verlag GmbH, DE, ein Teil von
Springer Nature 2023
D. Arinir, *Mobile Computing*,
https://doi.org/10.1007/978-3-662-67413-0_2

2

Lernziele

- Wichtige Aspekte der Anforderungsdefinition im Kontext der Entwicklung mobiler Anwendungen kennen
- Anwendungsfälle *(use cases)* über die standardisierte UML-Notation spezifizieren können
- Zustandsautomaten für die Definition des Interaktionsdesigns einsetzen können
- Den Begriff »Personas« kennen und die Methodik für die Spezifikation von Zielgruppen einsetzen können
- Das Fachkonzeptmodell einer App erstellen und daraus die Client-/Serverkommunikation ableiten können
- Den inhaltlichen Aufbau der Stadträder-App kennen, da es als Referenzprojekt in den nachfolgenden Kapiteln in den verschiedenen Entwicklungsparadigmen implementiert wird

Kurzfassung

Dieses Kapitel führt die zentrale Fallstudie dieses Lehrbuches ein, welche in den verschiedenen Entwicklungsparadigmen prototypisch implementiert wird. Dadurch stellt dieses Beispiel eine Vergleichbarkeit her. Gleichzeitig werden einige wichtige Methoden der Anforderungsdefinition im Kontext mobiler Anwendungen vorgestellt, wie zum Beispiel die Spezifikation von Personas, die Definition des Fachkonzeptmodells sowie des Interaktionsdesigns durch Zustandsdiagramme.

Softwareentwicklung und damit auch die Entwicklung mobiler Apps beginnt damit, die Anforderungen der Auftraggeberin zu verstehen, zu strukturieren und in softwaretechnische Artefakte zu überführen. In diesem Kapitel sollen die wichtigsten Methoden zur Anforderungsanalyse und zum Entwurf mobiler Anwendungen vorgestellt werden. Da dieses Lehrbuch sich auf die Vermittlung der Techniken zur Programmierung von mobilen Anwendungen konzentriert, wird bewusst in Kauf genommen, dass dieses Kapitel die entsprechenden Methoden und Techniken lediglich oberflächlich erläutert.

Fallstudie aus der Industrie

Die Stadt Monheim am Rhein hat auf ihrem Stadtgebiet zahlreiche Fahrradverleihstationen installiert. Mithilfe einer speziellen App möchte sie ihren

Anwohnern, Touristen und Austauschschülern die Ausleihe von Fahrrädern anbieten. Insgesamt stehen vier unterschiedliche Fahrradtypen zur Auswahl: Citybike, E-Bike, Jugendrad und Lastenrad. ◘ Abb. 2.1 zeigt die Kartenansicht dieser mobilen Anwendung, welche auch als primäre Startseite fungiert.

Der Anwender erhält auf der Startseite einen Überblick über die verfügbaren Fahrradverleihstationen. Die

◘ **Abb. 2.1** Kartenansicht der Stadträder-App

2

Stadträder-App verarbeitet dabei die aktuelle Geoposition des Anwenders und wählt den dargestellten Kartenausschnitt so, dass der Benutzer die nächsten Stationen in seiner unmittelbaren Umgebung erkennt. Um den Bedienkomfort zu erhöhen, ist die Anzahl der innerhalb einer Fahrradverleihstation verfügbaren Stadträder auf ihrer Stecknadel abgebildet. Dadurch nimmt der Anwender auf einen Blick wahr, ob in dieser Station noch Fahrräder existieren, ohne dass er zunächst die Detailseite aufrufen muss.

2.1 Auswahl des Entwicklungsparadigmas

Da die Zielgruppe der Stadträder-App sowohl die Bürger der Stadt Monheim am Rhein als auch Touristen und Austauschschüler umfasst, muss die App auf beiden mobilen Betriebssystemen, Android und iOS, betrieben werden können und auf gängigen mobilen Endgeräten laufen. Mit Bezug auf ◘ Abb. 1.13 ist zwischen der Auftraggeberin und dem Auftragnehmer die in Tab. 2.1 dargestellte Einordnung gemäß dem Kriterienkatalog getroffen worden.

Erläuterungen

Die Stadträder-App muss weder große Datenmengen verarbeiten noch eine komplexe Benutzungsoberfläche, zum Beispiel bestehend aus einer 3-D-Szenerie, besitzen. Daher werden keine hohen Erwartungen an die **Performanz** gestellt.

◘ **Tab. 2.1** Einordnung der Anforderungen der Stadträder-App gemäß den allgemeinen Kriterien (◘ Abb. 1.13)

Kriterien	Einordnung bzw. Anforderungen
Performanz	Gering
Offline-Nutzbarkeit	Mittel
Native Funktionen	Gering (GPS und evtl. Kamera)
Natives Look & Feel	Gering
Installation	**Hoch**
Kosten	**Hoch**
Wartung und Updates	Mittel
Plattformunabhängigkeit	**Hoch**
Wearables	Keine

Die Stadt Monheim am Rhein bietet allen Personen auf dem gesamten Stadtgebiet einen kostenlosen WLAN-Zugang an, sodass in der Regel jedes Mobiltelefon einen garantierten Zugang zum Internet besitzt. Das reduziert die Offline-Nutzbarkeit der App. Auch wird die App nur benötigt, um den Ausleihprozess zu initiieren. Da hierfür zwangsläufig mit der Bike-Rental-Software kommuniziert werden muss, ist ein Internetzugang bei der Verwendung der App zwingend erforderlich. Die **Offline-Nutzbarkeit** ist daher mittel.

Die App greift kontinuierlich auf die Geoposition des Handys zu. Das ist nicht nur für die Auswahl der nächsten Fahrradverleihstation wichtig, sondern auch dann, wenn der Anwender über seine App ein zuvor geparktes Fahrrad wieder entsperren möchte. Dabei muss der Abstand zwischen dem Handy und dem Fahrrad gering sein, damit nicht aus Versehen ein Entsperren des Fahrrades erfolgt, während der Anwender weit von seinem Fahrrad entfernt ist. Auf weitere Sensoren muss hingegen nicht zugegriffen werden. Auch werden keine besonderen Vorgaben nach weiterreichenden nativen Betriebssystemfunktionen gemacht. Daraus leiten sich die geringen Anforderungen für **native Funktionen** ab.

Der Einsatz der App macht nur auf dem Stadtgebiet Sinn. Das schränkt die gesamte Zielgruppe der Anwender deutlich ein, die zwar damit immer noch groß, aber im Vergleich zum Nutzerkreis gängiger Apps unbedeutend klein ist. Das Look & Feel muss daher nicht zwingend und die mobile Plattform angepasst sein. Vielmehr möchte die Stadt Monheim am Rhein ihre Corporate Identity umsetzen und ihren Bürgern eine bessere Orientierung ermöglichen. Aus diesen Gründen ist auch die Anforderung für das **Look & Feel** gering.

Da neben den Bürgern der Stadt auch Touristen in der Lage sein müssen, Fahrräder auszuleihen, muss die Installation der App so schnell wie möglich und ohne hohe Hürden möglich sein. Da Touristen zudem auf ihren mobilen Datenverbrauch achten müssen[1], darf das Installationspaket nicht zu groß sein. Die Anforderungen an die Installierbarkeit sind aus diesen Gründen hoch.

---

1 Obwohl die Stadt zwar ein kostenloses WLAN anbietet, sind nicht alle Touristen darüber informiert.

2

Gründe für eine
Entwicklung als mobile
Web-App

Aufgrund eines engen Zeitfensters für die initiale Bereitstellung der App von zwei Monaten sowie dieser Einordnungen entschieden sich die Auftraggeberin und der Auftragnehmer im Rahmen dieses Industrieprojektes für eine Entwicklung als mobile Web-App. Da zudem die Anforderungen nach einer schnellen Updatefähigkeit und einer hohen Plattformunabhängigkeit bei mobilen Web-Apps erfüllt werden und Wearables keine Bedeutung haben, wurde diese Entscheidung auch nach dem Projektabschluss bestätigt.

2.2 Beteiligte Rollen im Projekt

Im Rahmen der mobilen App-Entwicklung kommen unterschiedliche Rollen mit speziellen Fähigkeiten zum Einsatz (vgl. Vollmer, 2017). In diesem Projekt gab es folgende Rollen:

- Der **Projektleiter** musste gemeinsam mit dem **Anforderungsanalysten** *(requirements engineer)* und dem Kunden den Liefergegenstand spezifizieren und den Entwicklungsplan kontinuierlich mit dem aktuellen Fortschritt vergleichen.
- Der **Softwarearchitekt** war für die Gesamtarchitektur und dabei insbesondere für die Anbindung von Drittsystemen verantwortlich. Er musste sicherstellen, dass die App die Anforderungen nach Wartbarkeit und Performanz erfüllt.
- Der **User-Experience-Designer** war für die UX-Konzepte und die Bedienoberfläche verantwortlich.
- Der **User-Interface-Designer** musste die Piktogramme und sonstige Grafiken entwickeln und die App-Entwickler bei der Umsetzung der Benutzungsoberfläche unterstützen.
- Der **App-Entwickler** musste sowohl die App mit Techniken der mobilen Web-Apps entwickeln als auch das Backend realisieren. Die Softwareentwicklungstätigkeiten umfassten dabei auch die Bereitstellung von Unit Tests, sodass das Softwaresystem langfristig wartbar und erweiterbar bleibt.
- Der **App-Tester** musste die Softwarequalitätssicherung planen und durchführen.

Hinweis

Die obige Liste enthält insgesamt sieben verschiedene Rollen. An dem Projekt waren jedoch lediglich vier Personen beteiligt, sodass einzelne Personen mehrere Rollen eingenommen haben. Dieses Vorgehen kommt in der Praxis häufig vor. In dem besagten Szenario war eine Person für die Projektleitung, das Requirements Engineering sowie die Softwarearchitektur gesamtverantwortlich.

2.3 Aspekte des Anforderungsanalyse *(requirements engineering)* für mobile Anwendungen

In ▶ Abschn. 1.2 wurden die zu berücksichtigenden Aspekte und Herausforderungen im Kontext der Entwicklung mobiler Anwendungen diskutiert. In diesem Kapitel werden die funktionalen und nichtfunktionalen Anforderungen der Fallstudie spezifiziert.

2.3.1 System- und Anwendungskontext

Der Systemkontext der Stadträder-App wird wesentlich durch drei Systeme bestimmt, die in ◘ Abb. 2.2 abgebildet sind. Die mobile Anwendung kommuniziert direkt mit ihrem Backend sowie einem zentralen System für die Identitäts- und Rechteverwaltung (Identity and Access Management, IAM), welche auf dem Open-Source-Softwaresystem Keycloak basiert. Keycloak unterstützt die

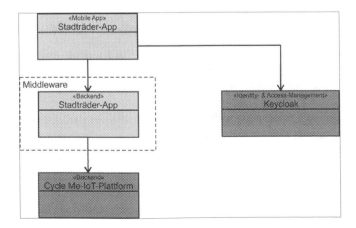

◘ **Abb. 2.2**   Systemkontext der Stadträder-App

2

Hinweis

gängigen State-of-the-Art-Protokolle für die Benutzerauthentifizierung und -autorisierung über OpenID Connect und OAuth 2.0.

In einem vorangegangenen Projekt hat die Stadt für alle ihre Bürger ein digitales Konto angelegt sowie eine Monheim-Pass-Karte ausgestellt, über die man beispielsweise den öffentlichen Nahverkehr kostenlos in Anspruch nehmen kann. Über das digitale Konto können sich die Monheimer Bürger authentifizieren und den Fahrradverleihservice der Stadt bequem ohne zusätzliche Registrierung verwenden. Diese Konten werden im Keycloak-System verwaltet.

Das Backend-System der Stadträder-App stellt zentrale Funktionen, wie zum Beispiel die Verwaltung der Tarife für die einzelnen Fahrradtypen sowie die serverseitige Speicherung der nutzerspezifischen Einstellungen, zur Verfügung. Darüber hinaus dient das Backend-System auch als Middleware und fungiert als Zwischenstation (Relais) beim Zugriff auf weitere Systeme der Stadt. Dadurch wird die Komplexität in der Kommunikation zwischen der App und den beteiligten Systemen deutlich reduziert. Über eine IoT-Plattform (IoT = Internet of Things) kommuniziert die Stadträder-App mit den Fahrradverleihstationen sowie den Fahrrädern. Über die Cycle-Me-IoT-Plattform kann

- die aktuelle Position aller Fahrräder abgefragt werden,
- die Verriegelung einer einzelnen Dockingstation aufgeschlossen werden sowie
- das Hufeisenschloss eines ausgeliehenen Fahrrades entriegelt werden.

Die Kommunikation zwischen der Stadträder-App und der Dockingstation sowie eines Fahrrades läuft daher nicht über eine direkte Verbindung zwischen den Geräten, zum Beispiel über Bluetooth, sondern über das TCP/IP-Protokoll und den indirekten Weg über das Backend-System der Stadträder-App.

2.3.2 **Personas**

Personas fassen archetypische Benutzer eines Softwaresystems mit ihren Zielen und Bedürfnissen zusammen. Durch die Entwicklung entsprechender Personas werden nutzerfreundlichere Produkte entwickelt, da man immer die individuellen Aspekte dieser Benutzergruppe im Blick hat.

Personas können in einer natürlichen Sprache spezifiziert werden. Sie sollten dabei die Probleme und Herausforderungen der Zielgruppe definieren und damit eine Motivation für die Verwendung des Softwaresystems beinhalten. Typische Fragestellung sind dabei:

- Welche Bedürfnisse und Ziele besitzt die Zielgruppe?
- Wie unterstützt das Softwaresystem die Zielgruppe bei der Erreichung der Ziele?
- Welche Geräte bzw. Ausstattung besitzt die Zielgruppe, und wie wird mit dem Softwaresystem interagiert?

Bei der Erstellung einer Persona wird das Profil einer imaginären Person mit ihren persönlichen Daten, zum Beispiel ihrem Alter und Namen, ihrem familiären Hintergrund, ihrem Beruf sowie ihren Hobbys, mit den Zielen dieser Person beim Einsatz der App in Verbindung gebracht. | Vorgehen

Petra M., 28 Jahre alt, ist in Düsseldorf geboren und hat an der dortigen Akademie Kunstwissenschaften studiert. Seit zwei Jahren lebt sie mit ihrem Freund in Monheim und hat ein kleines Atelier mit einem Fotostudio im unmittelbaren Stadtzentrum. Morgens kann sie bequem mit dem Bus bis zu ihrer Arbeit fahren. Da sie auch gerne mit ihrem Mobiltelefon fotografiert, hat sie sich vor Kurzem ein Samsung Galaxy S21 gekauft. In ihrer Mittagspause kann sie in wenigen Minuten zu Fuß eine Fahrradverleihstation erreichen. Wenn es das Wetter zulässt, nutzt sie die Mittagspause gerne aus, um mit einem Citybike an den Rhein zu fahren und den Ausblick und die Luft zu genießen. Dazu muss sie die Stadträder-App öffnen und dort ein passendes Fahrrad auswählen. Mit einem Klick wird das Fahrrad unkompliziert entsperrt und die Ausleihe begonnen. | Beispiel

Durch Personas werden Anforderungsanalysten und Softwareentwickler darauf getrimmt, den Kundennutzen bei der Entwicklung zu berücksichtigen und dabei aus der Kundenperspektive anstelle einer technischen Perspektive zu denken. | Vorteile

Leider existiert derzeit keine Methodik, wie sich gute Personas entwickeln lassen. Daher hängt es im Wesentlichen von der Erfahrung des Anforderungsanalysten | Nachteile

2

Hinweis

ab, welchen Nutzen das Endergebnis besitzt. Dennoch unterstützen Personas bei der **nutzerorientierten Gestaltung** *(user centric design)* von Produkten und Dienstleistungen und sollten insbesondere auch bei mobilen Applikationen immer zur Anwendung kommen.

Bei mobilen Apps sollten maximal drei bis fünf Personas entwickelt werden, da ein zu stark fragmentierter Benutzerkreis die App »verwässert« und dadurch die Usability reduziert.

2.3.3 Anforderungen

Hinweis

Die Erfassung aller Anforderungen an die zu erstellende Software stellt heutzutage eines der kritischsten Tätigkeiten in der Softwareentwicklung dar. Diese Aktivität umfasst die Identifikation aller wesentlichen Stakeholder, bei denen es sich um Quellen potenzieller Anforderungen an ein zu erstellendes System handelt.

Neben einem strukturierten Vorgehen bei der Erfassung der Anforderungen sind die Definition und gemeinsame Abstimmung mit der Auftraggeberin über alle relevanten Stakeholder wichtig. Sie sollten in Projekten immer alle Stakeholder, die interviewt werden sollen, schriftlich festhalten und sich von der Auftraggeberin bestätigen lassen. Auch sollten die geführten Interviews in Protokollen festgehalten und von den einzelnen Stakeholdern und der Auftraggeberin zur Kenntnis genommen werden. Dieses Vorgehen verhindert bei Festpreisprojekten, dass es Diskrepanzen in der Wahrnehmung des zu liefernden Gewerkes zwischen Auftraggeberin und Auftragnehmer bei einer späteren Abnahme gibt.

Das Modell von **Kano**

Im Rahmen des **Stakeholder-Managements** wird in der Regel auch erfasst, welche Bedeutung eine bestimmte Anforderung für die Zufriedenheit des Stakeholders besitzt. Nach dem Modell von Kano (◨ Abb. 2.3) werden Anforderungen aus Sicht eines Stakeholders in drei Kategorien unterteilt:

- **Basismerkmale** werden grundsätzlich für das Softwaresystem benötigt. Es handelt sich auch um sogenannte unterbewusste Anforderungen. Beispielsweise müssen Unternehmensanwendungen in der Regel mehrbenutzerfähig sein und ein Rechtesystem besitzen. Ein Stakeholder wird in der Regel nicht explizit

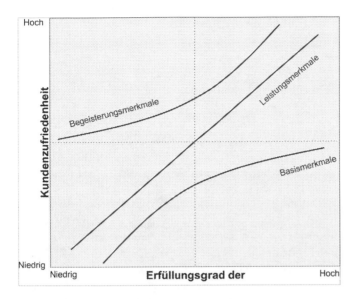

◘ Abb. 2.3 Das Kano-Modell. (Vgl. Kano et al., 1984)

im Detail auf diese Anforderungen eingehen, da er es als natürlich und immanent verfügbar hält.

- **Leistungsmerkmale** sind Merkmale, die bewusst bzw. explizit durch einen Stakeholder gefordert werden. Für die Zufriedenheit eines Stakeholders sind sie von Bedeutung. Sind einige dieser Anforderungen in dem Softwaresystem nicht umgesetzt, so sinkt die Zufriedenheit.
- **Begeisterungsmerkmale** sind Merkmale, deren Werk ein Stakeholder erst erkennt, wenn er die Umsetzung selbst erleben kann. Es handelt sich um »angenehm empfundene Überraschungen«, die eine hohe Zufriedenheit auslösen können.

In der Regel gewöhnen sich Anwender schnell an bestimmte, auch sehr innovative Funktionen eines Produktes. Dadurch werden aus Begeisterungsmerkmalen zunächst Leistungsmerkmale und schließlich im Laufe der Zeit Basismerkmale.

Als die ersten Betriebssysteme über eine Mausbedienung verfügten und auch eine Copy-and-Paste-Funktion bereitstellten, war die Begeisterung sehr groß. Heute handelt es sich um ein Basismerkmal, das alle Anwender von allen Betriebssystemen und Anwendungen erwarten.

Rückblick

2

2.3.3.1 **Anwendungsfälle**

Anwendungsfälle *(use cases)* wurden erstmals 1992 eingeführt, um die Funktionalität eines zu entwickelnden Softwaresystems aus Benutzersicht zu dokumentieren. Sie stellen ein Hilfsmittel zur Verfügung, um den Geschäftsprozess, der zur Erreichung eines bestimmten Zieles notwendig ist, sowie die an diesem Prozess beteiligten Akteure zu modellieren, ohne allzu sehr ins Detail zu gehen. Dadurch lässt sich schnell ein Überblick über ein Softwaresystem gewinnen, und es lassen sich Zusammenhänge in Geschäftsprozessen identifizieren.

Die nachfolgenden Anwendungsfälle *(use cases)* fassen die wesentlichen Abläufe und die Szenarien der Stadträder-App zusammen und strukturieren sie zeitlich in drei Gruppen:

- **Vor der Ausleihe:** Es müssen gewisse Vorbedingungen erfüllt sein, bevor eine Ausleihe möglich ist. Touristen und Austauschschüler müssen sich beispielsweise registrieren, da sie nicht automatisch ein Konto besitzen.
- **Ausleihe:** Fünf wesentliche Anwendungsfälle fassen die Interaktionen der Anwender mit der Stadträder-App zusammen. Es handelt sich um Funktionen, die im Kontext einer Ausleihe aufgerufen werden.
- Kontinuierlich können darüber hinaus noch Schadensmeldungen vorgenommen und Tarifinformationen über die mit einer Ausleihe verbundenen Kosten abgerufen werden.

Damit werden die funktionalen Anforderungen strukturiert und fachlich zusammengefasst (◘ Abb. 2.4).

◘ **Abb. 2.4**   Wichtige Prozesse innerhalb der Stadträder-App

Die UML bietet mit den Anwendungsfalldiagrammen eine Notation an, um die verschiedenen Anwendungsfälle eines Softwaresystems und die beteiligten Akteure zu ordnen. Die **Anwendungsfälle** spezifizieren Anforderungen aus Benutzersicht. Die Interaktionen der Anwender mit der App werden durch Anwendungsfälle bestimmt. Dadurch haben sie einen großen Einfluss auf die User Experience (vgl. Vollmer, 2017, S. 79).

Das Ziel von Anwendungsfalldiagrammen ist es, eine übersichtliche Darstellung aller zu berücksichtigenden Anwendungsfälle »aus der Vogelperspektive« allen Projektbeteiligten sowohl auf der Auftraggeber- als auch auf der Auftragnehmerseite zur Verfügung zu stellen. Daher sollten Anwendungsfalldiagramme nicht unübersichtlich sein und beispielsweise zu viele Varianten und Erweiterungen beinhalten (◘ Abb. 2.5).

Tipp

Durch **Anwendungsfall-Spezifikationsschablonen** können einzelne Anwendungsfälle natürlich sprachlich detailliert werden. Eine solche Schablone beinhaltet beispielsweise das Ziel des Anwendungsfalls, die Vor- und Nachbedingungen, das auslösende Ereignis, mögliche Ausnahmen und Alternativen sowie die Interaktionsschritte im Standardfall (vgl. Balzert, 2013) (◘ Tab. 2.2).

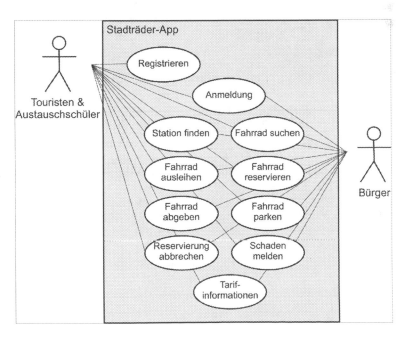

◘ **Abb. 2.5** UML-Anwendungsfalldiagramm

2

◘ **Tab. 2.2**   Spezifikationsschablone des Anwendungsfalls »Registrieren«

Ziel	Registrieren
Kategorie	Primär
Akteure	Touristen, Austauschschüler
Auslösendes Ereignis	Akteure wollen ein Fahrrad ausleihen und haben keinen Account
Vorbedingungen	Akteur hat die App auf seinem Handy installiert
Nachbedingungen Erfolg	Ein Konto ist angelegt und aktiviert
Nachbedingungen Fehlschlag	Ein Konto wurde nicht angelegt, beispielsweise weil die E-Mail-Adresse bereits mit einem anderen Konto verknüpft wurde
Beschreibung (Interaktionsschritte)	1. Akteur ruft die Registrieren-Seite auf. 2. Akteur füllt das Formular mit seinen persönlichen Daten aus und versendet das Formular. 3. Das System schickt zur Überprüfung der E-Mail-Adresse eine E-Mail. 4. Der Akteur bestätigt seine E-Mail-Adresse, indem er einen Link aufruft (Double-Opt-In). 5. Anschließend ist der Account aktiviert. 6. Der Akteur muss zum Bürgerbüro der Stadt gehen und seine Daten per Vorlage des Personalausweises verifizieren. Dadurch soll im Falle von Beschädigungen an einem Fahrrad der Verursacher ermittelt werden können. 7. Die Mitarbeiter der Stadt verifizieren den Account und schalten damit das Konto frei, sodass Fahrräder ausgeliehen werden können.
Alternative	4a. Der Akteur ruft den Link nicht auf und bestätigt den Account nicht. 6a. Der Akteur verifiziert seine personenbezogenen Daten nicht, sodass der Account nicht freigeschaltet wird.
Erweiterungen	Keine

2.3.3.2 Funktionale und nichtfunktionale Anforderungen

Funktionale Anforderungen definieren, welche Funktionen ein Softwaresystem bereitstellen muss. Es handelt sich um unmittelbar von einem Anwender wahrnehmbare und verwendbare Funktionen eines Systems. Nichtfunktionale Anforderungen definieren hingegen Qualitätsmerkmale oder Eigenschaften eines Softwaresystems. Die Zuverlässigkeit, die Sicherheit, die Skalierbarkeit, die Erweiterbarkeit, die Handhabbarkeit, die Wartbarkeit, die Interoperabilität oder die Adaptierbarkeit sind Beispiele für nichtfunktionale Anforderungen.

2.3.3.3 Fachkonzeptmodell erstellen

Bei einem Fachkonzeptmodell eines Softwaresystems handelt es sich um ein konzeptionelles Modell, also ein Modell, welches in einer bestimmten Modellierungssprache erstellt wird und damit von mehreren Personen interpretiert werden kann. Das Fachkonzeptmodell dokumentiert die fachlichen Anforderungen an ein zu erstellendes System. Beispielsweise können mithilfe des **UML-Klassendiagramms** solche Fachkonzeptmodelle erstellt werden.

In der Modellierung von Anforderungen in einem Fachkonzeptmodell werden typischerweise die drei Perspektiven **Struktur**, **Funktionen** und **Verhalten** unterschieden. In der Strukturperspektive wird die sogenannte Statik beschrieben. Das können beispielsweise die verwalteten Daten und ihre Abhängigkeiten zueinander sein. In der Funktionsperspektive müssen die verarbeiteten Informationen, die Datenflüsse und Geschäftsprozesse dokumentiert werden. In der Verhaltensperspektive wird schließlich das Verhalten eines Softwaresystems in Reaktion auf bestimmte Ereignisse zum Ausdruck gebracht.

◻ Abb. 2.6 stellt die Perspektiven dar und gibt eine mögliche Modellierungssprache als Beispiel an. Wie eingangs erwähnt, können Aspekte eines Softwaresystems, die die statische Struktur betreffen, zum Beispiel durch UML-Klassendiagramme dargestellt werden. Für die Funktions- und Verhaltensperspektive bietet die UML die Aktivitätsdiagramme sowie Zustandsdiagramme an. Zudem lassen sich auch BPMN-Diagramme nutzen, um dynamische Aspekte in Softwaresystemen zu dokumentieren.

Bei der Modellierung von Klassen innerhalb eines Fachkonzeptmodells sollte man sich auf die wesentlichen Aspekte der mobilen Anwendung konzentrieren. Ein Fachkonzeptmodell unterscheidet sich von einem objektorientierten Entwurfsmodell dadurch, dass alle technischen Klassen, die für die Umsetzung notwendig sind, ausgeklammert werden. Bei der Detaillierung muss ein Grad gewählt werden, der auch mit den

Fachklasse vs. technische Klasse aus OOP

2

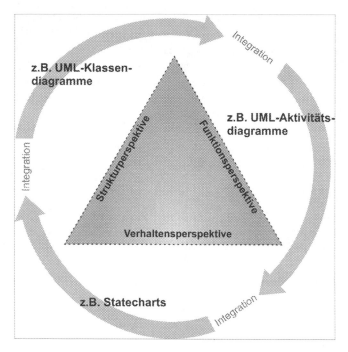

◘ **Abb. 2.6** Drei Perspektiven auf Anforderungen. (Nach Pohl & Rupp, 2015)

Stakeholdern auf der Auftraggeberseite besprochen werden kann. In der Regel sollte die Modellierung eher oberflächlich sein. Spezielle Attribute und konkrete Operationen dürfen nicht in einem Fachkonzeptmodell erscheinen. Technische Operationen wie das Speichern und Laden eines Objektes aus einer Datenquelle dürfen ebenfalls nicht aufgeführt werden, da sie keine Informationen enthalten, die aus fachlicher Sicht relevant sind.

◘ Abb. 2.7 enthält das Fachkonzeptmodell der Stadträder-App. Fahrräder werden über Fahrradverleihstationen bereitgestellt. Sowohl eine Station als auch ein Fahrrad besitzen eine Geoposition. Ein Benutzer kann ein Fahrrad innerhalb einer Fahrradstation ausleihen und anschließend an einer anderen Station abgeben. Um sicherzugehen, dass ein bestimmtes Fahrrad vorhanden ist, wenn die Ausleihe beginnt, steht eine Reservierungsfunktion zur Verfügung. Ein Anwender kann eine Reservierung für einen bestimmten Fahrradtyp innerhalb einer Verleihstation abgeben. Diese Reservierung ist selbstverständlich nur eine bestimmte Zeit lang gültig. Verstreicht die Zeit, ohne dass der Benutzer das Fahrrad ausleiht, wird das Fahrrad wieder freigegeben und kann dann von anderen Anwendern ausgeliehen werden.

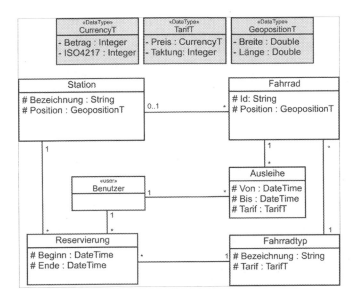

☐ **Abb. 2.7** Fachkonzeptmodell der Stadträder-App

Folgende konstruktive Schritte sollten durchgeführt werden, um ein Klassendiagramm aus einer Anforderungsspezifikation zu erstellen:

Methodik

1. Zunächst müssen potenzielle Klassen identifiziert werden. Dazu sollten alle Substantive markiert werden. Anschließend sollte überprüft werden, ob es sich um Attribute, Assoziationen, Operationen oder Klassen handelt. Der Name einer Klasse muss aussagefähig sein.
2. Liegen Formulare oder Skizzen von Oberflächen, wie zum Beispiel Erfassungsmasken oder Listenansichten, vor, können die Attribute und Assoziationen aus diesen Informationen abgeleitet werden.
3. Die ermittelten Klassen müssen darauf überprüft werden, ob sie redundant sind. In textuellen Spezifikationen werden häufig Synonyme für identische Klassen verwendet, damit die Spezifikation sprachlich ausdrucksvoll und variantenreich ist. Daraus können sich redundante Klassen ableiten, die vermieden werden müssen. Beispiele für Synonyme oder mehrdeutige Begriffe wären:
   a) Rechnung vs. Faktura
   b) Mitarbeiter vs. Anwender
   c) Antrag vs. Anliegen, Vordruck, Formular.

2

4. Anschließend müssen die Assoziationen, Aggregationen bzw. Kompositionen zwischen den Klassen ermittelt werden. Dazu sollten Rollenbezeichnungen, Zustands- sowie Mengenangaben analysiert werden:
   a) Ein Beispiel für eine Mengenangabe wäre: Eine Rechnung besitzt eine oder mehrere Rechnungspositionen.
   b) Ein Beispiel für Zustandsangaben wäre: Eine Prüfung besitzt angemeldete Teilnehmer und zugelassene Teilnehmer. Daraus lässt sich folgern, dass zwischen der Klasse Prüfung und Teilnehmer zwei disjunkte Assoziationen, einmal zu den angemeldeten und einmal zu den zugelassenen Teilnehmern, existieren.
   c) Ein Beispiel für eine Rollenbezeichnung wäre: Ein Urlaubsantrag besitzt einen Antragsteller sowie einen Vorgesetzten. Antragsteller und Vorgesetzter sind Rollen, die eine potenzielle Klasse Person bzw. Mitarbeiter in verschiedenen Szenarien annimmt.

Hinweis

Die Fachklassen werden in späteren Klassen verfeinert, indem weitere Attribute aufgenommen werden und es manchmal auch dazu kommt, dass sie in mehrere Klasse verteilt werden. Durch die Fachklassen werden in der Regel auch die Datentransferobjekte (Data Transfer Objects, DTOs) definiert, die für die Kommunikation mit einem Server erforderlich sind. Ein gut durchdachtes Fachkonzeptmodell reduziert den Aufwand in späteren Phasen der Entwicklung.

2.3.3.4 Interaktionsdesign durch Zustandsdiagramme

Auch einfache mobile Apps können aufgrund der Vielzahl an Interaktionsmöglichkeiten und den damit einhergehenden Varianzen ein komplexes Interaktionsschema besitzen. Das **Interaktionsdesign** spezifiziert die möglichen Übergänge zwischen einzelnen Ansichten innerhalb der Benutzungsoberfläche. Durch den Einsatz der gängigen UML-Zustandsdiagramme, bei denen eine Bildschirmseite bzw. eine beliebige Ansicht innerhalb der App durch einen Zustand repräsentiert wird, lassen sich diese Abfolgen spezifizieren. Die Eingaben der Anwender definieren im Kontext der Zustandsdiagramme demnach Ereignisse, die zu Übergängen (Transitionen) führen.

Definition UML-
Zustandsdiagramme

Durch **Zustandsdiagramme** können die **Zustände** innerhalb eines Softwaresystems sowie die Übergänge, auch **Transitionen** genannt, zwischen diesen Zuständen modelliert werden. Bei Softwaresystemen hängt das Ergebnis einer Verarbeitung nicht nur von der Eingabe ab, sondern auch von dem Zustand, in dem sich das System befindet. Ein System kann daher in Abhängigkeit vom aktuellen Zustand unterschiedlich auf identische Eingaben reagieren.

◘ Abb. 2.8 stellt die möglichen Ansichten und die jeweiligen Übergänge dar. Der Startzustand führt zu-

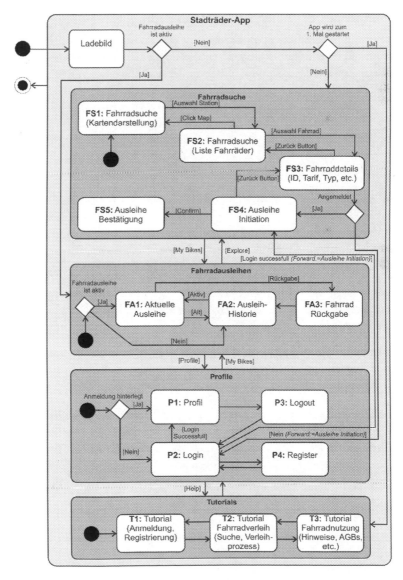

◘ **Abb. 2.8** UML-Zustandsdiagramm des Interaktionsschemas

2

nächst zu einem Ladebildschirm, welcher angezeigt wird, während die wichtigsten Medien für die Darstellung geladen und die Verbindung zum Backend-System aufgebaut wird. Sofern eine aktuelle Fahrradausleihe zum Zeitpunkt des Starts der App aktiv ist, wechselt die Ansicht zu den »Fahrradausleihen«.

Ansonsten öffnet sich die Standardansicht mit der Kartendarstellung. Durch verschiedene Ereignisse kommt es zu einem Wechsel der Ansichten.

Hinweis

UML-Zustandsdiagramme sind nicht immer kundentauglich und sollten durch konkrete Screendesigns flankiert werden.

Mobile Webanwendungen

Inhaltsverzeichnis

3

Lernziele
- Die Grundlagen von Vue.js (Template-Syntax) beherrschen und ein eigenes Projekt anlegen können
- Das Ionic-Framework in Kombination mit Vue.js einsetzen und wichtige Steuerelemente verwenden können
- Formularbasierte Apps mithilfe des Ionic-Frameworks implementieren können
- Eine mobile Webanwendung unter Verwendung des Apache-Cordova-Projektes in eine hybride App umwandeln können

Kurzfassung
Eine der einfachsten Möglichkeiten für die Implementierung von mobilen Anwendungen stellen Webtechniken dar. Durch die Anwendung des Mobile-First-Ansatzes, bei der die Benutzungsoberfläche auf die technischen Gegebenheiten mobiler Endgeräte angepasst wird, können mithilfe moderner Webframeworks umfangreiche mobile Apps umgesetzt werden. Dieses Kapitel stellt das Ionic-Framework vor, mit dessen Hilfe professionelle Apps entwickelt werden können. Durch den Einsatz des Apache-Cordova-Projektes können solche mobilen Webanwendungen mit einer nativen »Hülle« versehen und über den Appstore sowie Playstore vertrieben werden.

Mobile Webanwendungen stellen die einfachste Möglichkeit dar, Apps bereitzustellen. Wie bereits in ▶ Abschn. 1.3.1 erläutert, werden dabei Webtechniken unter Berücksichtigung des Responsive Designs eingesetzt, oder es kommen Frameworks zum Einsatz, die das Look & Feel der jeweiligen Plattform adaptieren bzw. emulieren. Es gibt eine Reihe von Frameworks, die sich auf diese Art der App-Entwicklung spezialisiert haben und die Umsetzung besonders unterstützen (▶ Abschn. 1.4 und ◘ Abb. 1.14).

3.1 Grundlagen des Ionic-Frameworks

Im Rahmen dieses Lehrbuches wird das **Ionic**-Frameworks als ein Vertreter mobiler Webframeworks vorgestellt. Es gibt eine Vielzahl sowohl kommerzieller als auch nichtkommerzieller Frameworks, sodass der Schwerpunkt auch auf andere vergleichbare Webframeworks hätte gelegt werden können. Das Ionic-Framework wurde erstmals im Jahr 2013 vorgestellt und hat eine gewisse Reife in dieser Zeit erlangt. Das Framework steht über die Webseite ▶ https://ionicframework.com auf Basis einer MIT-Lizenz als Open-Source-Framework zur Verfügung.

Daneben stellt die **Firma ionic** ebenfalls eine kommerzielle Version mit zusätzlichen Werkzeugen bereit. Das Angebot des Unternehmens richtet sich vor allen Dingen an andere Softwarehersteller, welche einen Support benötigen.

Hinweis

Das Ionic-Framework konzentriert sich auf die Frontend-Entwicklung, indem es beispielsweise besondere UI-Komponenten besitzt. Außerdem wurde viel Aufwand in die Interaktion mit den Anwendern durch die Unterstützung von Gesten und Animationen investiert, damit die mobilen Webanwendungen nahezu alle Benutzungsmöglichkeiten bieten können, welche ansonsten lediglich nativen oder Cross-Plattform-fähigen Apps vorbehalten sind. Für die Entwicklung der Oberflächen stehen neben reinem HTML, CSS und JavaScript/TypeScript ebenfalls die aus der Webentwicklung bekannten SPA-Frameworks (SPA = Single-Page Application) **Angular**, **React** und **Vue** zur Auswahl.

In Anhang V.VI ist die Installation des Frameworks beschrieben. Auf der Workstation müssen jedoch Node.js und NPM bereits installiert sein. Es gibt keinen Anhang V.VI im Buch. Bitte den Querverweis überprüfenLaut Inhaltsverzeichnis ist dieser Anhang vorhanden. Bitte den Autor darauf hinweisen, dass diese Dateien noch fehlen und die Verweise geprüft werden müssen.

Installation

Das Besondere an Ionic ist, dass es über das Konzept der adaptiven Styles eine Anpassung der Oberfläche an die Betriebsplattformen Android oder iOS erlaubt. Dadurch erscheinen mobile Webanwendungen für die Anwender beinahe wie nativ entwickelte Apps. Dafür setzt das Ionic-Framework die in den jeweiligen Plattformen geltenden UI-Richtlinien und -Standards um oder emuliert diese nach Möglichkeit. Wie in ▶ Abschn. 3.2 erläutert wird, unterstützt Ionic hybride Frameworks wie **Apache Cordova** oder **Capacitor**, um die App in einem nativen Container bereitzustellen.

Mit dem kommerziellen Werkzeug **Appflow** des Unternehmens ionic wird der Prozess zur Assemblierung der App über die Schritte der Kompilierung und der Auslieferung automatisiert.

3

3.1.1 Das Hello-World-Beispiel

Über den Ionic-Kommandozeileninterpreter kann ein neues Projekt erstellt werden. Der in ◘ Abb. 3.1 abgebildete Befehl generiert die notwendigen initialen Projektdateien in dem aktuellen Ordner, sodass der Befehl in einem neuen, leeren Verzeichnis ausgeführt werden sollte. In Quellcode 3.1 wurde das Standard-Template »tabs« gewählt.

```
ionic start meineApp tabs
```

Quellcode 3.1   *Generierung einer neuen Ionic-Anwendung*

Durch den Kommandozeilenbefehl ionic start **--list** können alle verfügbaren Kombinationen ausgegeben werden. Nicht alle SPA-Frameworks unterstützen die möglichen Projektvorlagen, sodass die Ausgabe in Abhängigkeit von einer konkreten Technik erfolgt. Zum Zeitpunkt der

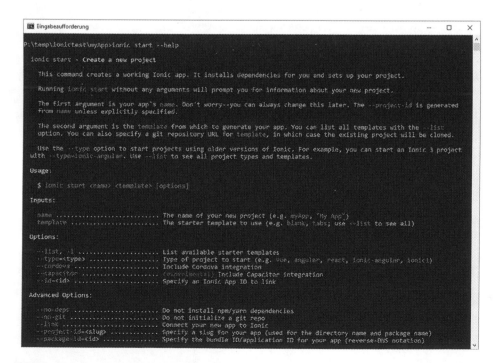

◘ **Abb. 3.1**   Der Ionic-Kommandozeileninterpreter

Erstellung dieses Skriptes sind für die Frameworks React und Angular die meisten Vorlagen vorhanden. Tabel 3.1 zeigt die verfügbaren, wesentlichen Projektvorlagen.

Sobald das Projekt erstellt worden ist, lässt sich die Struktur innerhalb von Visual Studio Code (Anhang V.IV) untersuchen. Über die kostenlose Entwicklungsumgebung Visual Studio Code kann das Projekt zudem kompiliert und gestartet werden (◘ Abb. 3.2).

Über das Terminal der Entwicklungsumgebung wird die App mithilfe des Befehls »ionic serve« gestartet. Zum Testen der App ruft man die Seite innerhalb des Browsers auf. ◘ Abb. 3.3 zeigt die Oberfläche dieser App. Der generierte Prototyp wurde so angepasst, dass die verschiedenen Standorte der FH Südwestfalen abgebildet sind. Ein Link öffnet die jeweilige Startseite des Standortes.

Starten der App

◘ **Tab. 3.1** Verschiedene Ionic-Projektvorlagen

Vorlage	Beschreibung
Tabs	Generiert eine App mit einem Tab-Layout
Sidemenu	Generiert eine App mit einem seitlichen Menü
Blank	Generiert eine leere App

◘ **Abb. 3.2** Generierte Projektstruktur in Visual Studio Code

3

◧ Abb. 3.3   Eine einfache App mit einem Tab-Layout

Hinweis

Um den Quellcode besser nachvollziehen zu können, sind Kenntnisse in Vue nützlich, aber nicht erforderlich. Die Webseite des Vue.js-Projektes stellt eine Dokumentation und ein Tutorial für einen schnellen Einstieg zur Verfügung.

Einstiegspunktmain.ts

```
Die Datei »main.ts« ist das Pendant zur
»static void main«-Operation einer Java-An-
wendung. Neben den wichtigen Import-Direk-
tiven für Vue und Ionic wird auf den letzten
Zeilen die Methode »createApp« aufgerufen,
welche eine Referenz auf die Wurzelkompo-
nente erhält – sie wird in der zweiten Zeile
des Beispiels aus Quellcode 3.2 aus der Datei
»App.vue« importiert.
import { createApp } from 'vue';
```

```
import App from './App.vue';
import router from './router';

import { IonicVue } from '@ionic/vue';

/* Core CSS required for Ionic components to
work properly */
import '@ionic/vue/css/core.css';

/* Basic CSS for apps built with Ionic */
import '@ionic/vue/css/normalize.css';
import '@ionic/vue/css/structure.css';
import '@ionic/vue/css/typography.css';

/* Optional CSS utils that can be commented
out */
import '@ionic/vue/css/padding.css';

import '@ionic/vue/css/float-elements.css';
import '@ionic/vue/css/text-alignment.css';
import '@ionic/vue/css/text-transformation.
css';
import '@ionic/vue/css/flex-utils.css';
import '@ionic/vue/css/display.css';

/* Theme variables */
import './theme/variables.css';

const app = createApp(App)
    .use(IonicVue)
    .use(router);

router.isReady().then(() => {
  app.mount('#app');
});
```

Quellcode 3.2 *Die Datei »main.ts« des Ionic-Projektes*

Im Rahmen der App-Erzeugung werden die beiden **Vue-Plugins** »IonicVue« und »router« an die Vue Laufzeitumgebung übergeben. »IonicVue« ist eine spezielle Komponente, die das Ionic-Framework innerhalb von Vue verfügbar und wiederverwendbar macht.

Sobald die Initialisierung bzw. die Erzeugung der Anwendung erfolgreich abgeschlossen ist, steht der Navigationsservice durch die »router«-Komponente bereit, und die Anwendung wird mit dem Ausgabeelement verbunden (<div id="app"></div> in Quellcode 3.3).

3

```
<!DOCTYPE html>
<html lang="en">
  <head>
    <meta charset="utf-8" />
    <title>Ionic App</title>
    <base href="/" />
        <meta    name="color-scheme"    con-
tent="light dark" />
      <!-- Sorgt dafür, dass der Anwender
nicht per Swipe -->
      <!-- den dargestellten Bereich verklein-
ern kann (Zoom) -->
      <meta
        name="viewport"
        content="viewport-fit=cover, width=de-
vice-width, initial-scale=1.0,  minimum-scale=1.0, ma-
ximum-scale=1.0,  user-scalable=no"
      />
        <meta name="format-detection"  con-
tent="telephone=no" />
        <meta   name="msapplication-tap-high-
light" content="no" />

    <link rel="shortcut icon" type="image/
png"
    href="<%= BASE_URL %>assets/icon/favicon.
png" />

    <!-- add to homescreen für Android -->
        <meta  name="mobile-web-app-capable"
content="yes" />
        <meta   name="application-name"   con-
tent="Ionic App" />

    <!-- add to homescreen für ios -->
      <meta name="apple-mobile-web-app-capa-
ble" content="yes" />
      <meta name="apple-mobile-web-app-title"
content="Ionic App" />
        <meta  name="apple-mobile-web-app-sta-
tus-bar-style"
    content="black" />
  </head>

  <body>
    <div id="app"></div>
  </body>

</html>
```

Quellcode 3.3   *HTML-Grundstruktur der mobilen Webanwendung*

Einige der im Header angegebenen Metaeinstellungen sind für die Darstellung der mobilen Webanwendung von hoher Bedeutung. So ist die Definition des »viewport« dafür verantwortlich, dass der Anwender die im Browser angezeigte App nicht per Swipe-in- und Swipe-out-Gestensteuerung zoomen kann. Die entsprechend kommentierten Einstellungen »mobile-web-app-capable« und »apple-mobile-web-app-capable« schalten die in ▶ Abschn. 1.3.1 und ◨ Abb. 1.9 dargestellte Funktion für das Hinzufügen einer Webseite auf den Homescreen für die Plattformen Android und iOS frei. Dadurch kann die mobile Webanwendung genauso wie nativ installierte Apps gestartet werden.

Quellcode 3.4 enthält die Definition des Wurzelelementes aus der Datei »App.vue«. Da es sich um eine Vue-Komponente handelt, besteht sie aus einem Bereich, in dem das Template – also die Darstellung in der Benutzungsoberfläche – der Komponente spezifiziert wird, und einem Bereich, in dem die Funktionalität implementiert wird. Da es sich um eine einfache Beispielanwendung handelt, besteht die Wurzelkomponente aus einigen wenigen Komponenten. Das Ionic-Framework benötigt für eine App den sogenannten »ion-app«-Container. Eine Instanz dieses Containers stellt aus Sicht des Ionic-Frameworks das Wurzelobjekt dar, welches alle anderen Oberflächenkomponenten beinhalten muss.

Eine Ionic-App darf auf einer Seite nur eine einzige Definition des `<ion-app>`-Tags beinhalten.

Wichtige Metaeinstellungen im Header

Hinweis

```
<template>
  <ion-app>
    <ion-router-outlet />
  </ion-app>
</template>

<script lang="ts">
import { IonApp, IonRouterOutlet } from '@ionic/vue';

import { defineComponent } from 'vue';
export default defineComponent({
  name: 'App',
  components: {
    IonApp,
    IonRouterOutlet
```

```
    }
});
</script>
```

Quellcode 3.4 *Zentrale Wurzelkomponente der Ionic-Anwendung aus der Datei »App.vue«*

Unterhalb des »ion-app«-Containers ist die Komponente »ion-router-outlet« platziert, welche in Kombination mit dem Navigationsservice für die Darstellung der aktuellen View verantwortlich ist.

Hintergrund

In dem Navigationsservice ist hinterlegt, welche URL innerhalb der SPA zu welcher View führt. Es handelt sich um einen Kernservice der Vue-Laufzeitumgebung. In der Regel ist der Navigationsservice innerhalb des Ordners »router« in der Datei »index.ts« definiert.

Das nachfolgende Beispiel eines Navigationsservice (Quellcode 3.5) leitet den Aufruf zu der Basis-URL an die Route »/tabs/tab1« weiter, welche eine sogenannte Unterroute der »/tabs«-Route ist. Die zuletzt genannte Route definiert als View-Komponente das aus der Datei »/views/Tabs.vue« geladene Tab-Control.

Diese Art der View-Referenzierung wird auch **direkte Referenzierung** genannt. Dazu muss die Komponente während der Initialisierung des Navigationsservice geladen sein. Dadurch wird das erstmalige Laden der App verlangsamt, da jede Komponente, die so referenziert wird, beim Starten der App auf der Clientseite und somit innerhalb des JavaScript-Bundles vorliegen muss. Das JavaScript-Bundle wird umso größer, je mehr Views direkt referenziert werden. Hier helfen sogenannte Lazy-Loading-Routen, die über Lambda-Ausdrücke definiert und bei Bedarf aufgerufen werden.

Optimierung der Ladezeiten

Zwar sorgt die direkte Referenzierung dafür, dass das Bundle größer wird und damit die Ladezeiten länger werden, aber im Gegensatz zu den Lazy-Loading-Routen erfolgt die Navigation auch unmittelbar ohne Ladezeiten. Bei sehr großen Apps sollten daher gewisse, nicht häufig benötigte Routen über diese Technik nachgeladen werden. Häufig verwendete oder für die App besonders wichtige Seiten sollten über die direkte Referenzierung in das initiale Bundle aufgenommen werden.

Klickt der Anwender auf ein Tab-Element, so wird die entsprechende Komponente über das Netzwerk nachgeladen, interpretiert und anschließend angezeigt.

```
import { createRouter, createWebHistory }
from '@ionic/vue-router';
import { RouteRecordRaw } from 'vue-router';
import Tabs from '../views/Tabs.vue';

const routes: Array<RouteRecordRaw> = [
  {
    path: '/',
    redirect: '/tabs/tab1'
  },
  {
    path: '/tabs/',
    component: Tabs,
    children: [
      {
        path: '',
        redirect: '/tabs/tab1'
      },
      {
        path: 'tab1',
        component: () => import('@/views/Tab1.vue')
      },
      {
        path: 'tab2',
        component: () => import('@/views/Tab2.vue')
      },
      {
        path: 'tab3',
        component: () => import('@/views/Tab3.vue')
      },
      {
        path: 'tab4',
        component: () => import('@/views/Tab4.vue')
      },
      {
        path: 'tab5',
        component: () => import('@/views/Tab5.vue')
      }
    ]
  }
];

const router = createRouter({
  history: createWebHistory(process.env.
BASE_URL),
```

3

```
    routes
});


export default router;
```

Quellcode 3.5   *Navigationsservice innerhalb der Datei »router/index.ts«*

Hinweis zum @-Symbol

Bei bestimmten `import`-Statements wird das `@`-Symbol verwendet. Es handelt sich um einen Platzhalter, der auf das Wurzelverzeichnis des Quellcodes »`/src`« verweist.

Die für die Grundstruktur der App verantwortliche Seite ist in der Datei »`Tabs.vue`« zu finden. Innerhalb dieser Datei wird die »`ion-tabs`«-Komponente verwendet. Sie ist für das Tab-Layout zuständig (▶ Abschn. 3.1.3.1). Da diese Komponente über keinerlei Benutzungsoberfläche verfügt, wird in diesem Beispiel eine `<ion-tab-bar>` eingebettet, die für die Darstellung der Navigationsleiste verantwortlich ist und über die Eigenschaft »`slot`« im unteren Bereich des umgebenden Containers angebracht wird.

Hinweis<ion-page>

```
Bei   dem   Ionic-Framework   muss   die   Wurzel
jeder  Seite  mit  der  Komponente  <ion-page>
beginnen.  Sie  ist  sowohl  für  die  Transition
zwischen  den  Seiten  bei  einer  Navigation
als  auch  für  Bereitstellung  grundlegender
CSS-Eigenschaften   verantwortlich,   auf   die
alle  anderen  Komponenten  angewiesen  sind.
```

In Quellcode 3.6 ist die Definition des Tab-Layouts zu finden. Jeder einzelne Reiter wird durch eine Instanz der <ion-tab-button>-Komponente dargestellt. In dieser Komponente werden zunächst neben einem eindeutigen Namen für den Reiter die referenzierte URL sowie das Erscheinungsbild für den Benutzer definiert. In diesem Beispiel wird eine Kombination aus einem Icon und einem Label verwendet.

Hinweis

Es ist wichtig zu verstehen, dass die darzustellenden Inhalte, also die Views, nicht an dieser Stelle definiert sind, sondern der Navigationsservice dafür verantwortlich ist, die URL auf eine konkrete View abzubilden. Dadurch entsteht eine Entkopplung zwischen den fachlichen Navigationselementen des Tab-Layouts und der tatsächlichen Darstellung. Tauscht man die Konfiguration in dem Navigationsservice aus, können ohne Anpassungen an dieser Datei andere Oberflächen zur Verfügung gestellt werden.

```ts
<template>
  <ion-page>
    <ion-tabs>
      <ion-tab-bar slot="bottom">
        <ion-tab-button tab="tab1" href="/
tabs/tab1">
          <ion-icon :icon="triangle" />
          <ion-label>Hagen</ion-label>
        </ion-tab-button>

        <ion-tab-button tab="tab2" href="/
tabs/tab2">
          <ion-icon :icon="ellipse" />
          <ion-label>Iserlohn</ion-label>

        </ion-tab-button>
        <ion-tab-button tab="tab3" href="/
tabs/tab3">
          <ion-icon :icon="square" />
          <ion-label>Meschede</ion-label>
        </ion-tab-button>

        <ion-tab-button tab="tab4" href="/
tabs/tab4">
          <ion-icon :icon="square" />
          <ion-label>Soest</ion-label>
        </ion-tab-button>

        <ion-tab-button tab="tab5" href="/
tabs/tab5">
          <ion-icon :icon="square" />
          <ion-label>Lüdenscheid</ion-label>
        </ion-tab-button>
      </ion-tab-bar>
    </ion-tabs>
  </ion-page>
</template>

<script lang="ts">
import { IonTabBar, IonTabButton, IonTabs,
IonLabel, IonIcon, IonPage } from '@ionic/
vue';
import { ellipse, square, triangle } from
'ionicons/icons';

export default {
  name: 'Tabs',
```

3

```
    components: { IonLabel, IonTabs, IonTab-
  Bar, IonTabButton, IonIcon, IonPage },
    setup() {
      return {
        ellipse,
        square,
        triangle,
      }
    }
  }
</script>
```

Quellcode 3.6   *Grundstruktur der App aus der Datei »views/Tabs.vue«*

Wie aus Quellcode 3.5 hervorgeht, sind die Inhalte der
fünf Reiter innerhalb der Dateien »Tab1.vue« bis
»Tab5.vue« definiert. Da sie einen immer gleichen Aufbau besitzen, wird im Folgenden nur der Inhalt der Datei
»Tab1.vue« aufgeführt.

Die hierbei zum Einsatz kommende Layoutgrund-
struktur ist eine einfache Variante bestehend aus einem
Header- und einem Content-Bereich, in welchem die benutzerdefinierte Komponente »ExploreContainer«
eingebettet wird. Benutzerdefinierte Komponenten sollten innerhalb des »src/components«-Verzeichnis-
ses implementiert werden. Es handelt sich um wiederverwendbare Bausteine, sodass sie in der Regel über Eigenschaften und Operationen von außen beeinflusst werden
können. Die »ExploreContainer«-Komponente bietet, wie aus Quellcode 3.7 hervorgeht, lediglich die beiden Eigenschaften »name« und »url« an. Da auf jeder
einzelnen Tab-Seite auf einen anderen Standort verlinkt
wird, lassen sich über diese Eigenschaften sowohl der
Standortname als auch die URL anpassen.

```
<template>
  <ion-page>
    <ion-header>
      <ion-toolbar>
        <ion-title>Hagen</ion-title>
      </ion-toolbar>
    </ion-header>
    <ion-content :fullscreen="true">
      <ion-header collapse="condense">
        <ion-toolbar>
```

```
            <ion-title size="large">Hagen</
ion-title>
        </ion-toolbar>
      </ion-header>
    <ExploreContainer name="Hagen" url="https://www4.fh-
swf.de/de/home/ueber_uns/standorte/ha/potrait/index.php"/>
      </ion-content>
    </ion-page>
</template>

<script lang="ts">
import { IonPage, IonHeader, IonToolbar,
IonTitle, IonContent } from '@ionic/vue';
import ExploreContainer from '@/components/ExploreCont-
ainer.vue';

export default {
  name: 'Tab1',
    components: { ExploreContainer, IonHeader,
IonToolbar, IonTitle, IonContent, IonPage }
}
</script>
```

Quellcode 3.7   *Grundstruktur der App aus der Datei »views/Tabs.vue«*

Komponenten bestehen aus mindestens zwei Teilen: einem Template-Bereich, der die Layoutstruktur der Komponente definiert, sowie der Komponentendeklaration, die in diesem Beispiel als JSON erfolgt und den Namen und die Eigenschaften beinhaltet. Über einen optionalen dritten Teil kann das Aussehen der Komponente durch lokale CSS-Definitionen beeinflusst werden.

Vue.js-Komponenten

```
<template>
  <div id="container">
    <strong>{{ name }}</strong>
            <p>Link  <a    target="_blank"
rel="noopener noreferrer"
                        v-bind:href="url">{{ name }}</
a></p>
  </div>
</template>

<script lang="ts">
export default {
  name: 'ExploreContainer',
  props: {
    name: String,
    url: String
```

3

```
      }
    }
</script>

<style scoped>
#container {
    text-align: center;
    position: absolute;
    left: 0;
    right: 0;
    top: 50%;
    transform: translateY(-50%);
}

#container strong {
    font-size: 20px;
    line-height: 26px;
}

#container p {
    font-size: 16px;
    line-height: 22px;
    color: #8c8c8c;
    margin: 0;
}

#container a {
    text-decoration: none;
}
</style>
```

Quellcode 3.8 *Die wiederverwendbare Komponente »ExploreContainer«*

3.1.2 Einführung von Vue.js

In dem vorangegangenen Abschnitt wurde das
SPA-Framework »Vue« eingeführt. Es handelt sich um
ein Web-Framework für interaktive Benutzungsoberflächen, welche nach dem MVVM-Entwurfsmuster
(MVVM = Model View ViewModel) arbeiten. Änderungen an der Benutzungsoberfläche werden nach diesem
Entwurfsmuster nicht direkt über Eigenschaften und Methoden der verwendeten Controls durchgeführt, sondern
erfolgen über ein ViewModel, also einem Datenobjekt,
welches die Eigenschaften der Benutzungsoberfläche repräsentiert. Vor der Einführung dieses Entwurfsmusters

mussten Entwickler bei einer Änderung explizit entsprechende Methoden aufrufen.

Wenn beispielsweise der dargestellte Text innerhalb eines Textfeldes aktualisiert werden sollte, musste die Operation `setText()` aufgerufen werden. Um die eingegebenen Daten auszulesen, musste wiederum `getText()` zum Einsatz kommen. Bei vielen darzustellenden Attributen bzw. Informationen werden das Aktualisieren der Oberfläche und das Auslesen der Daten schnell unübersichtlich. Das Problem wird zudem größer, wenn ein Attribut nicht nur durch eine Benutzungsoberfläche, sondern durch mehrere repräsentiert wird.

Die Verwendung des ViewModel ist hingegen einfacher, da es automatisch an die Eigenschaften der Controls »gebunden« wird. Ändern sich die Werte des View-Model-Objekts, dann werden diese automatisch an die Benutzungsoberfläche propagiert, ohne dass man als Entwickler explizit etwas machen muss. Das **Binding** des ViewModel sowie die deklarative Art der Gestaltung der Benutzungsoberfläche sind elementare Kernfunktionen von Vue.

Quellcode 3.9 erläutert einige Fähigkeiten der Vue-Laufzeitumgebung. Eine Instanz der Klasse »App« stellt das ViewModel dar und definiert die beiden Eigenschaften »message« und »istEingeblendet«. Der Inhalt des Attributes »message« ist mit einem `div`-Element verbunden. Änderungen an dem Attribut wirken sich damit unmittelbar auch auf die Benutzungsoberfläche aus.

Bidirektionale Bindung

```
<template>
  <div id="app">
    <div>
      {{ message }}
    </div>
    <span v-if="istEingeblendet">
            Dieser Text ist zun&auml;chst
eingeblendet
    </span>
      <button  v-on:click="onButtonClicked-
">Klick mich</button>
  </div>
</template>

<script lang="ts">
    import {Component, Prop, Vue} from
"vue-property-decorator";
  @Component
```

3

```
export default class App extends Vue {

    @Prop
    public message: string;
    @Prop()
    public istEingeblendet: boolean;
    constructor() {
        super();
        this.message = "Hallo Welt";
        this.istEingeblendet = false;
    }
    public onButtonClicked(e: MouseEvent):
void {
            this.message = this.message.
split('').reverse().join('');
            this.istEingeblendet = !this.
istEingeblendet;
    }
}
</script>

<style lang="scss">
</style>
```

Quellcode 3.9   *Grundlagen von Vue.js*

Klickt der Anwender auf die Schaltfläche, dann kehrt sich der Text um. Außerdem wechselt das Attribut »istEingeblendet« seinen Wert. Dies sorgt dafür, dass der konditionale Bereich <span v-if="istEin­geblendet"> ein- oder ausgeblendet wird.

Vue konvertiert einfache JavaScript- bzw. TypeScript-Objekte in beobachtbare Ereignisquellen, um diese Funktionalität der automatischen Bindung zu erreichen. Dies erfolgt während der Erzeugung von Komponenten, weshalb Eigenschaften innerhalb des ViewModel im Vorfeld existieren müssen. Das von der dynamisch typisierten Programmiersprache JavaScript unterstützte Hinzufügen weiterer Eigenschaften zur Laufzeit funktioniert daher nicht.

Hinweis

Sofern das dennoch gewünscht ist, kann folgende Anweisung verwendet werden, um das neu hinzugefügte Attribut dem Vue-Laufzeitsystem bekannt zu machen:

```
Vue.set(object, propertyName, value)
```

Änderungen an den Eigenschaften führen nicht zu unmittelbaren Änderungen an dem Document Object Model (DOM) des Browsers, da das ineffizient wäre. Stattdessen besitzt Vue einen internen Takt, der in regelmäßigen Abständen die Änderungen an den Daten an die Oberfläche weiterleitet. Dadurch werden zwar einige sehr schnelle Wechsel nicht sichtbar, aber in der Regel ist es nicht notwendig, dass der Anwender diese registriert. Die Vue Laufzeitumgebung erlaubt es, eine Callback-Funktion zu definieren, die aufgerufen wird, nachdem die Aktualisierung nach einem Takt abgeschlossen ist:

```
Vue.nextTick(function() {
    // wird nach jedem Takt aufgerufen.
});
```

3.1.2.1 Template-Syntax

Vue verwendet eine an HTML angelehnte Syntax, um das Layout und die Benutzungsoberfläche zu spezifizieren. Dadurch können die standardkonformen Browser die Templates parsen. Jedoch wandelt Vue die Templates während der Initialisierungsphase in Funktionen um, die das virtuelle DOM erzeugen, bei dem es sich um ein Abbild des eigentlichen DOM handelt. Innerhalb des Aktualisierungsprozesses der Benutzungsoberfläche vergleicht die Vue-Laufzeitumgebung die Änderungen an dem virtuellen DOM mit dem DOM des Browsers, um so die Unterschiede zu identifizieren. Dadurch wird die minimale Anzahl an Aktualisierungen an den Browser weitergeleitet, was für eine deutliche Leistungssteigerung sorgt.

Das einfachste Binding stellt die Textinterpolation dar, die bereits weiter oben im Quellcode 3.9 zum Einsatz kam. Dabei wird das ViewModel durch zwei aufeinanderfolgende, sich öffnende und schließende geschweifte Klammern `{{ viewmodel }}` referenziert. Enthält das ViewModel Sonderzeichen, wie zum Beispiel HTML-Code, werden diese so ersetzt, dass sie als Text dargestellt werden. Soll hingegen der HTML-Code aus dem ViewModel interpretiert und zur Darstellung genutzt werden, kann die »v-html«-Direktive eingesetzt werden:

Textinterpolation

```
<span v-html="meinHTMLVMAttribut"></span>
```

3

▪ Tab 3.2 Erläuterung der Event Modifier	
Event Modifier	**Erläuterung**
.stop	Verhindert, dass das Ereignis weiter propagiert wird. Korrespondiert mit: e.stopPropagation()
.prevent	Hält das Standardverhalten des Browsers beim Eintritt des Ereignisses an. Korrespondiert mit: e.preventDefault()
.capture	Verarbeitet das Ereignis in der »Capture«-Phase. Dadurch kann ein Elternelement ein Ereignis, welches an ein Kindelement gerichtet ist, abfangen. Korrespondiert mit: elem.addEventListener(..., {capture: true})
.self	Wird nur verarbeitet, wenn das Element dem Target-Element entspricht. Dadurch wird verhindert, dass das Ereignis auch in der »Bubbling«-Phase eines Ereignisses eines Kindelements durch ein Elternelement verarbeitet wird.
.once	Sorgt dafür, dass das Ereignis nur einmal ausgelöst wird.
.passive	Signalisiert, dass der Ereignisabhörer passiv ist und nicht in die Verarbeitungspipeline des Browsers zum Beispiel durch den Aufruf von e.preventDefault() eingreift.

Direktiven

Vue kennt besondere Direktiven, über die sich das Verhalten der einzelnen Tags in einem Template steuern lassen. Es handelt sich um spezielle Attribute, die mit dem Präfix »v-« beginnen. Sollen beispielsweise die Attribute der DOM-Elemente dynamisch verändert werden, dann kann die »v-bind«-Direktive benutzt werden:

```
<div v-bind:id="meinVMId"></div>
```

Die obige Anweisung sorgt dafür, dass der Wert des ID-Attributes des »div«-DOM-Elementes mit dem Wert aus dem ViewModel belegt wird.

Manche HTML-Klassen besitzen Attribute ohne Werteinhalt, die nur deklariert werden müssen, um eine bestimmte Eigenschaft bzw. ein Verhalten zu aktivieren. Beispielsweise besitzt ein »button« das Attribut »disabled«, über die die Schaltfläche deaktiviert wird. Auch dieses Attribut lässt sich über die »v-bind«-Direktive an ein ViewModel binden:

```
<button    v-bind:disabled="meinVMIstAktivi-
ert"></button>
```

Jedoch ist die Semantik des Wertes innerhalb des View-Model eine andere:
- Sofern der Wert null, undefined oder false ist, wird das »disabled«-Attribut nicht in dem tatsächlichen DOM hinzugefügt.
- Sofern der Wert true ist, wird das »disabled«-Attribut hingegen hinzugefügt.

Steht nicht fest, welches Attribut referenziert wird, kann das Attribut über das ViewModel gesteuert werden. Dazu wird das Attribut, welches auf »v-bind« folgt, in eckigen Klammern über das ViewModel definiert:

Dynamische Argumente

```
<a v-bind:[meinVMAttr]="xyz"></a>
```

In diesem Beispiel wird der Wert in dem ViewModel-Attribut »meinVMAttr« verwendet, um das tatsächliche HTML-Attribut zu bestimmen, dessen Wert auf »xyz« gesetzt werden soll. Wenn das ViewModel-Attribut beispielsweise den Wert »href« besitzt, wäre die Anweisung gleichbedeutend mit:

```
<a v-bind:href="xyz"></a>
```

Bisher wurden die Attribute des ViewModel direkt referenziert, indem beispielsweise der Name des Attributes innerhalb der doppelten geschweiften Klammern definiert wurde:

Hinweis

```
<div> {{ message }} </div>
```

3

Jedoch unterstützt Vue beliebige JavaScript-Anweisungen. Dadurch können auch logische Überprüfungen oder Befehle ausgeführt werden:

```
<div> {{ alter + 10 }} </div>
<div> {{ istAktiv ? 'Ja' : 'Nein' }} </div>
```

Event Handling

Über die bereits in Quellcode 3.9 eingeführte »v-on«-Direktive können Callback-Funktionen des ViewModel mit den Steuerelementen der Benutzungsoberfläche verknüpft oder direkte Anweisungen ausgeführt werden. Während das Event-Objekt dort implizit an die Callback-Funktion übergeben wurde, stellt Quellcode 3.10 eine explizite Variante über die spezielle Kontextvariable $event dar.

```
<template>
  <div id="app">
        <button    v-on:click="onButton-
Clicked('test', $event)">Klick mich</button>
    </div>
</template>

<script lang="ts">
      import {Component, Prop, Vue} from
"vue-property-decorator";
    @Component
    export default class App extends Vue {
       constructor() {
          super();
       }
       public onButtonClicked(msg: string, e:
MouseEvent): void {
       e.preventDefault();
       }
    }
</script>

<style lang="scss">
</style>
```

Quellcode 3.10   *Event Handler*

Event Modifier
   In der Regel wird bei einem Mouse Listener häufig die Operation e.preventDefault() aufgerufen, damit

das Ereignis nicht weiterverarbeitet wird. Obwohl der Aufruf dieser Operation innerhalb der Callback-Operation möglich ist, sollte es dort nicht aufgerufen werden, da es sich um einen technischen und nicht fachlichen Belang handelt. Durch sogenannte Event Modifier lassen sich implizite, technische Behandlungsfunktionen in die Verarbeitungsschlange integrieren. Das nachfolgende Beispiel verwendet den ».prevent«-Event Modifier, der dasselbe Verhalten injiziert wie e.preventDefault().
◘ Tab 3.2 führt die verfügbaren Ereignisse auf und erläutert ihre Bedeutung. Die Verarbeitung von Ereignissen innerhalb von Browsern verläuft in drei Phasen:

1. Die »**Capture**«-Phase: Das Ziel dieser Phase ist es, ausgehend von der Wurzel des DOM das Element zu finden, welches das Ereignis verarbeiten soll. Klickt der Anwender auf eine bestimmte Zelle innerhalb einer Tabelle, geht der Browser von der Tabelle, über die Zeile bis zur Zelle und übergibt diese Instanz an die nächste Phase.

2. Die »**Target**«-Phase: In dieser Phase wird die Nachrichtenverarbeitungsfunktion, zum Beispiel on-Click(), aufgerufen.

3. Die »**Bubbling**«-Phase: Nachdem das Target-Element bestimmt und die Nachrichtenverarbeitungsfunktion aufgerufen wurde, propagiert der Browser das Ereignis an die Elternelemente, bis die Wurzel des DOM wieder erreicht wurde.

```
<button    v-on:click.prevent="onButtonClicke-
d('test', $event)">Klick mich</button>
```

Über die Event Modifier kann dieses intrinsische Verhalten der Browser beeinflusst werden.

Soll die Benutzungsoberfläche auf Tastaturereignisse reagieren, können Key Modifier verwendet werden, um auf bestimmte Tasten zu reagieren. Dadurch muss die konkrete Abfrage nicht innerhalb der Behandlungsroutine erfolgen:

Key Modifier

```
<input v-on:keyup.enter="onEnterPressed('test',
$event)"></input>
Es stehen unterschiedliche Schlüsselwörter
zur Verfügung (.enter, .tab, .delete, .esc,
.space, .up, .down, .left, .right etc.).
```

3.1.2.2 Erweiterte Befehle für das Rendering

Bei den bisherigen Beispielen bestanden die ViewModels ausschließlich aus einem Wert. In manchen Fällen
müssen aber beispielsweise Listen von Wertepaaren ausgegeben werden. Vue bietet mit der »v-for«-Direktive
die Möglichkeit an, für jedes Element in einer Liste ein
bestimmtes Template mehrmals auszuführen.

```ts
<template>
  <ul>
    <li v-for="element in meineVMElemente"
:key="element">
    <span>{{ element }}</span>
    </li>
  </ul>
</template>

<script lang="ts">
    import {Component, Prop, Vue} from
"vue-property-decorator";
    @Component
    export default class App extends Vue {
      @Prop
      public message = "Test";

      @Prop()
          public meinVMElemente = new Ar-
ray<string>();
      constructor() {
        super();
        meineVMElemente.push("Hallo");
        meineVMElemente.push("Welt");
      }
      public onButtonClicked(msg: string, e:
MouseEvent): void {
        e.preventDefault();
      }
    }
</script>
```

Quellcode 3.11   *Die »v-for«-Direktive*

Innerhalb des »v-for«-Blockes kann neben dem konkreten Element der Iteration, also in Quellcode 3.11 die
Variable »element«, noch auf zusätzliche Attribute des
ViewModel zugegriffen werden. Quellcode 3.12 zeigt,
dass eine zweite, implizite Schleifenvariable »index«
definiert werden kann, welche den aktuellen Index der

Iteration enthält. In diesem Beispiel dient diese Variable dazu, eine fortlaufende Nummerierung auszugeben.

Darüber hinaus wird auch das Attribut »message« des ViewModel verwendet, sodass nicht zwangsläufig immer mit der Schleifenvariablen gearbeitet werden muss.

Zwischen der Schleifenvariablen und der Liste kann neben dem Schlüsselwort »in« auch das Schlüsselwort »of« verwendet werden, wie es in der JavaScript-Syntax üblich ist.

Hinweis

```
<template>
  <ul>
     <li v-for="(element, index) of meineV-
MElemente">
     <span>{{ message }}-{{ index + 1 }}  =  {{ element }}</
span>
     </li>
  </ul>
</template>
```

Quellcode 3.12 *Zusätzliche Variablen innerhalb der »v-for«-Direktive*

3.1.2.3 Umgang mit Formularen

Bei Formularen wird das ViewModel über die Direktive »v-model« mit den Steuerelementen bidirektional verbunden. Diese Direktive wählt je nachdem, um welches Steuerelement es sich handelt und welchen Typ das Attribut des ViewModel besitzt, eine passende Bindung aus.

Sofern die »v-model«-Direktive auf einem Element zur Anwendung kommt, werden andere Direktiven, wie zum Beispiel »value«, »checked« oder »selected«, ignoriert.

Hinweis

Im Gegensatz zu der Textinterpolation oder der »v-bind«-Direkte wird durch »v-model« eine bidirektionale Verbindung aufgebaut, sodass nicht nur das ViewModel die Benutzungsoberfläche ändert, sondern sich die Eingaben der Anwender auch unmittelbar in dem ViewModel niederschlagen.

Das Verhalten der »v model«-Direktive kann über verschiedene Modifikatoren manipuliert werden:

Modifikatoren

- ▬ **.lazy:** Standardmäßig wird das ViewModel bei jeder Änderung an der Benutzungsoberfläche aktualisiert. Bei einem Textfeld löst jeder Tastatureinschlag daher eine Veränderung des ViewModel aus, was eine

3

negative Auswirkung auf die Leistung besitzt. Durch diesen Modifikator wird die Aktualisierung hinausgezögert.

▬ **.number:** Für gewöhnlich behandelt Vue ein an ein Textfeld gebundenes Attribut eines ViewModel als Zeichenkette und liefert den Wert als `String`-Objekt zurück. Sollen aber Nummern eingegeben werden, muss die Umwandlung im ViewModel erfolgen. Kombiniert man die »v-model«-Direktive mit diesem Modifikator liefert die Benutzungsoberfläche ein Nummernwertobjekt zurück.

▬ **.trim:** Sofern die Eingabe vorangestellte oder nachfolgende Leerzeichen beinhaltet, werden diese entfernt, bevor der Wert an das ViewModel weitergeleitet wird.

3.1.3 Ionic-Komponentenbibliothek

Ionic-Apps bestehen aus sogenannten Komponenten, welche einfach wiederverwendbare Grundbausteine darstellen, aus denen sich die Benutzungsoberfläche zusammensetzt. Im nächsten Abschnitt werden zunächst die Komponenten vorgestellt, die für das Layout der App zuständig sind. Anschließend werden die wichtigsten Komponenten zur Gestaltung von mobilen Benutzungsoberflächen vorgestellt.

3.1.3.1 Layoutkomponenten

Das Ionic-Framework bietet unterschiedliche Layoutmöglichkeiten durch verschiedene Layout-Controls an, die die Strukturierung der Oberflächenelemente einer App erlauben. Durch eine hierarchische Schachtelung dieser Layout-Controls können beliebig komplexe Benutzungsoberflächen realisiert werden, wobei die Gestaltung selbstverständlich immer so gewählt werden muss, dass die Anwender der mobilen App nicht überfordert werden.

Header- und Footer-Layout

Das einfachste Layout besteht aus einer Kombination der beiden Controls `Header` und `Content` oder aus `Footer` und `Content`. Das `Header`-Control (`<ion-header>`) wird immer oberhalb und das `Footer`-Control (`<ion-footer>`) immer unterhalb des Content-Bereiches dargestellt.

```
<ion-app>
 <ion-page>
 <ion-header>
    <ion-toolbar>
      <ion-title>Header</ion-title>
    </ion-toolbar>
 </ion-header>

 <ion-content>
    <h1>Content</h1>
 </ion-content>
 </ion-page>
</ion-app>
```

Quellcode 3.13 *Layout bestehend aus Header und Content*

Diese beiden Alternativen können selbstverständlich auch gemeinsam innerhalb einer Seite platziert werden.

```
<ion-app>
 <ion-page>
 <ion-content>
    <h1>Content</h1>
 </ion-content>

 <ion-footer>
    <ion-toolbar>
      <ion-title>Header</ion-title>
    </ion-toolbar>
 </ion-footer>
 </ion-page>
</ion-app>
```

Quellcode 3.14 *Layout bestehend aus Footer und Content*

Sowohl der Header- als auch der Footer-Bereich haben eine feste Höhe, sodass in der Grundeinstellung der Content-Bereich in seiner Höhe variiert und damit die gesamte Fläche ausfüllt (◨ Abb. 3.4).

In der Regel werden beide Controls in Verbindung mit einer Toolbar eingesetzt, um bestimmte Navigationselemente zu platzieren. Dadurch werden diese korrekt eingerückt und auch in ihrer Position und Größe angepasst.

Da der Bildschirminhalt mobiler Endgeräte trotz immer größer werdender Bildschirmauflösungen dennoch

3

■ **Abb. 3.4** Kombination aus Header- und Footer-Control

begrenzt ist, sollten nach Möglichkeit nur dann beide
Controls dargestellt werden, wenn zwingende und gute
Gründe vorliegen.

Tab-Layout-Control <ion-tabs>

Bei der `<ion-tabs>`-Komponente handelt es sich um
eine grundlegende Strukturkomponente, die in der Regel direkt unterhalb des Wurzelelementes platziert wird.
Sie dient als Container für untergeordnete `Tab`-Kompo-
nenten. Dabei besitzt diese Komponente über keinerlei
Benutzungsoberfläche. Vielmehr dient sie als »technische
Klammer«, um die Navigation zwischen den »`Tabs`« zu
realisieren.

Für gewöhnlich übernimmt eine `<ion-tab-bar>`
die Darstellung der einzelnen `Tab`-Elemente, sodass der
Anwender zwischen den Tabs hin und her springen kann.
Über die Eigenschaft »`slot`« kann entschieden werden,
ob die Navigationsleiste oben *(top)* oder unten *(bottom)*
angezeigt werden soll. Die Komponente bietet folgende
API   Methoden, Eigenschaften sowie Ereignisse an:

- Methoden
  - **getSelected(): Promise<string>**: Liefert das aktuell selektierte Element zurück. Da es sich um eine asynchrone Operation handelt, wird das Ergebnis über ein Promise-Objekt gekapselt.
  - **getTab(tab: string): Promise<HTMLIonTabElement>**: Liefert die Ionic-Komponenteninstanz zurück, welche über den Namen referenziert wurde.
  - **Select(tab:string): Promise<boolean>**: Selektiert den Reiter, der über den Namen referenziert wurde.
- Eigenschaften
  - **slot**: Definiert über die Werte »top« und »bottom«, ob die Navigationsleiste oben oder unten platziert wird.
- Ereignisse
  - **ionTabsDidChange**: Wird nach Beendigung der Navigation von einem Reiter zu einem anderen gefeuert.
  - **ionTabsWillChange**: Wird vor der eigentlichen Navigation zwischen zwei Reitern gefeuert.

Menu-Layout-Control <ion-menu>

Bei mobilen Apps kommt häufig eine Layoutvariante zum Einsatz, bei der ein Menü durch Betätigen einer Schaltfläche ein- und ausgeblendet werden kann. Diese werden auch als sogenannte **Seitenmenüs** *(side menus)* bezeichnet, da sie in der Regel von Links durch eine entsprechende Animation eingeblendet werden. Seitenmenüs beinhalten eine Liste navigierbarer Seiten. Sie können aber auch dafür eingesetzt werden, beliebige Inhalte anzuzeigen. So könnte beispielsweise eine mobile App ein Menü auch dafür verwenden, Informationen über den aktuell angemeldeten Benutzer oder Statistiken der Internetkommunikation darzustellen. Das bedeutet, dass es sich bei dem <ion-menu> um einen Container handelt, der über die Möglichkeiten des Ionic-Frameworks beliebig gestaltet werden kann.

Quellcode 3.15 zeigt einen häufig vorkommenden Aufbau eines Navigationsmenüs bestehend aus einer Kopfzeile und einem Content-Bereich, welcher über eine Liste von einzelnen Menüpunkten verfügt. In diesem Beispiel beginnt die Liste mit einem Header mit der Inschrift »Navigate«.

3

```
<ion-menu         content-id="main-content"
type="overlay" side="start">
  <ion-header>
    <ion-toolbar color="primary">
      <ion-title>Menu</ion-title>
    </ion-toolbar>
  </ion-header>
  <ion-content>
    <ion-list>
      <ion-list-header>
        Navigate
      </ion-list-header>
      <ion-menu-toggle auto-hide="true">
        <ion-item button href="/">
                    <ion-icon   slot="start"
:icon="home"></ion-icon>
          <ion-label>Home</ion-label>
        </ion-item>
        <ion-item button href="/tabs/tab2">
                    <ion-icon   slot="start"
:icon="home"></ion-icon>
          <ion-label>Settings</ion-label>
        </ion-item>
      </ion-menu-toggle>
    </ion-list>
  </ion-content>
</ion-menu>
```

Quellcode 3.15   *Definition eines Ionic-Menüs*

API

Standardmäßig wird das Seitenmenü von links eingeblendet (◨ Abb. 3.5). Dieses Verhalten kann aber durch ein Überschreiben der Eigenschaft »side« verändert werden. Folgende Konfigurationsmöglichkeiten und Methoden bietet diese Komponente an:

▬ Methoden
  – `close(animated?:boolean):  Promise<-boolean>`: Schließt das Menü. Über den übergebenen Parameter lässt sich steuern, ob das Schließen des Menüs durch eine Animation dargestellt werden soll. Sofern das Menü bereits geschlossen ist oder das Menü aus technischen Gründen nicht geschlossen werden kann, liefert die Methode »false« zurück.
  – `isActive():  Promise<boolean>`: Liefert »true« zurück, wenn das Menü aktiv ist und damit ein- und ausgeblendet werden kann.

◘ Abb. 3.5 Darstellung der Menü-Komponente

- `isOpen():` `Promise<boolean>`: Liefert »`true`« zurück, wenn das Menü eingeblendet ist.
- `open(animated?:boolean):` `Promise<boolean>`: Öffnet das Menü. Wenn das Menü bereits geöffnet ist oder nicht geöffnet werden kann, liefert die Methode »`false`« zurück.
- `toggle(animated?:boolean):` `Promise<boolean>`: Öffnet oder schließt das Menü, je nachdem, ob es bereits geschlossen oder geöffnet ist. Wenn die Methode nicht erfolgreich abgeschlossen werden kann, liefert sie »`false`« zurück.
- Eigenschaften
  - `contentId:` Definiert den Inhaltsbereich der App. In der Regel handelt es sich entweder um eine `<ion-router-outlet>`- oder eine `<ion-page>`-Komponente.
  - `disabled:` Deaktiviert das Menü, sodass es sich beispielsweise nicht mehr einblenden lässt.
  - `maxEdgeStart:` Der Anwender hat auf mobilen Endgeräten die Möglichkeit, das Menü durch

eine Swipe-Geste (▶ Abschn. 1.1.1.1) einzublenden. Dieser Wert bestimmt den maximalen Abstand zum Rand (Standardwert ist 50). Fängt der
Anwender die Swipe-Geste außerhalb dieser Zone
an, wird das Menü nicht eingeblendet.
- **menuId**: Ein eindeutiger Identifier für das Menü,
über den es referenziert werden kann.
- **side**: Kontrolliert die Seite, an der das Menü
platziert werden soll. Es kommen die Werte
»start«, bei dem es sich um den Standardwert
handelt, oder »end« infrage, welches das Menü
rechts einblendet.
- **swipeGesture**: Erlaubt das Einblenden des Menüs über eine Swipe-Gestik.
- **type**: Definiert die Varianten der Einblendung.
Es kommen die Werte »overlay«, »reveal« und
»push« infrage. »overlay« blendet das Menü in
einer gesonderten Ebene oberhalb der Standardansicht der App ein und wirft einen Schatten. »reveal« schiebt die Standardansicht zur Seite und
bringt das Menü dadurch zum Vorschein. »push«
schiebt das Menü von der Seite in den dargestellten
Bereich (*screen*). Dadurch wird die Standardansicht
zum Teil herausgeschoben.
- Ereignisse
- **ionDidClose**: Wird gefeuert, wenn das Menü
geschlossen wurde.
- **ionDidOpen**: Wird gefeuert, wenn das Menü geöffnet wurde.
- **ionWillClose**: Wird gefeuert, bevor das Menü
geschlossen wird.
- **ionWillOpen**: Wird gefeuert, bevor das Menü
geöffnet wird.

Split-Pane-Layout

Das Split-Pane-Layout ist das Pendant zum Responsive Design. Bisweilen wird es auch als Multi-View-Lay-
out bezeichnet. Es erlaubt das automatische Ein- und
Ausblenden von bestimmten Teilbereichen, sofern es die
Bildschirmauflösung und der verfügbare Bereich zulas-
sen. Dieses Layout wird durch die Komponente `<ion-
split-pane>` bereitgestellt. Die Komponente definiert
einen Bereich durch die Angabe der sogenannten »con-
tent-id«, der immer dargestellt werden soll. Es muss
sich um ein Kindelement des `<ion-split-pane>`-Ele-
mentes handeln. Alle anderen Kindelemente werden nur

dann angezeigt, wenn die Bedingung, die über die Eigenschaft »when« spezifiziert ist, erfüllt wird.

Standardmäßig werden die zusätzlichen Bereiche nur dann dargestellt, wenn die Bildschirmbereite größer als 992 Pixel breit ist. ◘ Tab. 3.3 gibt eine Übersicht über die zur Verfügung stehenden Auflösungsgrenzen.

Standardgröße 992 px

Quellcode 3.16 stellt die prinzipielle Funktionsweise der Komponente dar. Das Menü wird permanent nur dann dargestellt, wenn die Bildschirmbreite mindestens 576 Pixel beträgt. Anderenfalls ist das Menü nicht sichtbar.

```
<ion-split-pane    when="sm"    content-id="-
main">
    <ion-menu content-id="main">
      <ion-header>
        <ion-toolbar>
          <ion-title>Menu</ion-title>
        </ion-toolbar>
      </ion-header>
    </ion-menu>
          <ion-router-outlet    id="main"></
ion-router-outlet>
  </ion-split-pane>
```

Quellcode 3.16   *Die Verwendung der Komponente <ion-split-pane>*

Grid-Layout

Die <ion-grid>-Komponente stellt eine sehr flexible Möglichkeit dar, benutzerdefinierte Layouts zu definieren, die sich gemäß der zur Verfügung stehenden

◘ Tab 3.3	Verschiedene Auflösungsgrenzen	
Name	**Minimale Breite**	**Beschreibung**
xs	0px	Zeigt den Bereich immer an.
sm	576px	Zeigt den Bereich an, wenn die Bildschirmbreite 576px ist.
md	768px	Zeigt den Bereich an, wenn die Bildschirmbreite 768px ist.
lg	992px	Zeigt den Bereich an, wenn die Bildschirmbreite 992px ist.
xl	1200px	Zeigt den Bereich an, wenn die Bildschirmbreite 1200px ist.

3

Maximum zwölf
Spalten

Bildschirmauflösung anpassen. Im Web ist diese Layouttechnik auch als **Flexbox-System** bekannt. Die Komponente basiert auf den Unterkomponenten `<ion-row>` und `<ion-col>`.

Eine Zeile des Grids kann über bis zu zwölf Spalten verfügen. Durch eine automatische Breitenanpassung wird versucht, dass alle definierten Spalten innerhalb einer Zeile dargestellt werden. Sofern der Platz jedoch nicht ausreicht, können einzelne Spalten in eine zusätzliche Zeile rutschen. Dies ist Teil des responsiven Verhaltens dieses Grids. ◘ Abb. 3.6 und 3.7 verdeutlichen die automatische Anpassung der Spaltenbreiten.

In ◘ Abb. 3.7 sind die Spaltenbreiten nicht weiter reduzierbar, sodass zwei Spalten in einer zusätzlichen Zeile angezeigt werden.

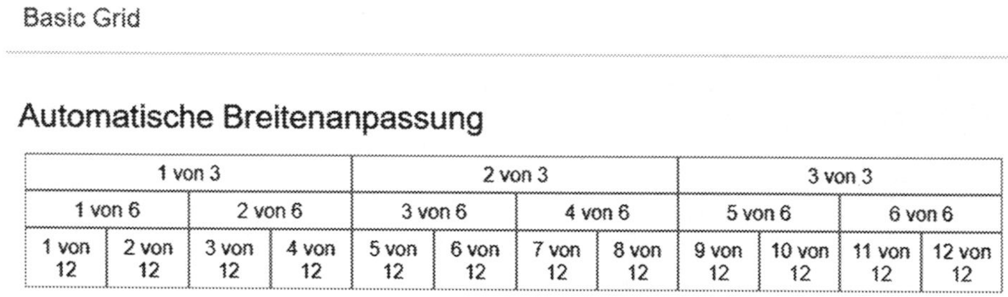

Basic Grid

Automatische Breitenanpassung

1 von 3				2 von 3				3 von 3			
1 von 6		2 von 6		3 von 6		4 von 6		5 von 6		6 von 6	
1 von 12	2 von 12	3 von 12	4 von 12	5 von 12	6 von 12	7 von 12	8 von 12	9 von 12	10 von 12	11 von 12	12 von 12

◘ **Abb. 3.6**   Grid-Darstellung, bei der alle zwölf Spalten in eine Zeile passen

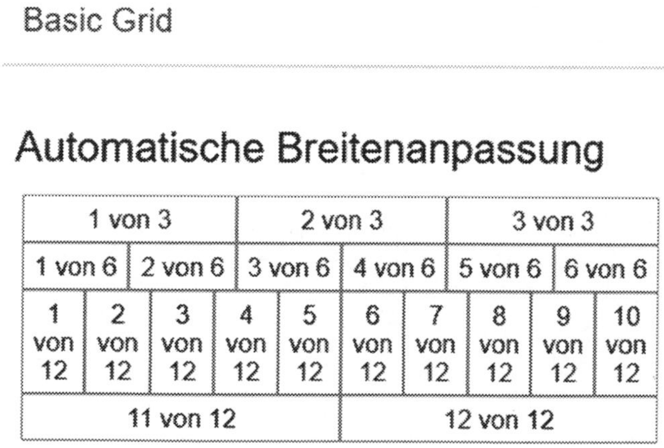

Basic Grid

Automatische Breitenanpassung

1 von 3			2 von 3			3 von 3		
1 von 6	2 von 6	3 von 6	4 von 6	5 von 6	6 von 6			
1 von 12	2 von 12	3 von 12	4 von 12	5 von 12	6 von 12	7 von 12	8 von 12	9 von 12	10 von 12
11 von 12					12 von 12				

◘ **Abb. 3.7**   Grid-Darstellung, bei der die letzten beiden Spalten in die nächste Zeile rutschen

```
<ion-grid>
  <ion-row>
    <ion-col>1 von 3</ion-col>
    <ion-col>2 von 3</ion-col>
    <ion-col>3 von 3</ion-col>
  </ion-row>
  <ion-row>
    <ion-col>1 von 6</ion-col>
    <ion-col>2 von 6</ion-col>
    <ion-col>3 von 6</ion-col>
    <ion-col>4 von 6</ion-col>
    <ion-col>5 von 6</ion-col>
    <ion-col>6 von 6</ion-col>
  </ion-row>
  <ion-row>
    <ion-col>1 von 12</ion-col>
    <ion-col>2 von 12</ion-col>
    <ion-col>3 von 12</ion-col>
    <ion-col>4 von 12</ion-col>
    <ion-col>5 von 12</ion-col>
    <ion-col>6 von 12</ion-col>
    <ion-col>7 von 12</ion-col>
    <ion-col>8 von 12</ion-col>
    <ion-col>9 von 12</ion-col>
    <ion-col>10 von 12</ion-col>
    <ion-col>11 von 12</ion-col>
    <ion-col>12 von 12</ion-col>
  </ion-row>

</ion-grid>
```

Quellcode 3.17   *Definition des Grids für Abb. 3.6 und 3.7*

Die Anordnung und die Breite der Spalten können durch
zwei Eigenschaften der Komponente `<ion-col>` beeinflusst
 werden. Durch die Eigenschaft »offset« legt man fest,
wie viele Spalten übersprungen werden. Durch das Attribut »size« definiert man die Breite der dargestellten
Spalten. Ändert man die erste Zeile aus Quellcode 3.17
wie in Quellcode 3.18 gezeigt, erhält man die Darstellung
in Abb. 3.8. Die erste Spalte wird dabei um zwei Stellen
nach rechts bewegt und nimmt insgesamt drei der in diesem Fall dargestellten zwölf Spalten ein. Bei der zweiten
Spalte wird ebenfalls eine Spalte übersprungen. Da weder die Spalte zwei noch die zweite drei über eine Breiten-
angabe verfügen, organisiert das Grid die beiden Spalten
automatisch so, dass der verbliebene Platz durch beide
gleichverteilt eingenommen wird.

3

Basic Grid

Automatische Breitenanpassung

1 von 3			2 von 3		3 von 3	
1 von 6		2 von 6		3 von 6		
1 von 6	2 von 6		3 von 6	4 von 6	5 von 6	6 von 6
1 von 12	2 von 12	3 von 12	4 von 12	5 von 12	6 von 12	7 von 12	8 von 12	9 von 12	10 von 12	11 von 12	12 von 12

☐ **Abb. 3.8**   Anpassung der Position und Breite einzelner Spalten

```
<ion-grid>
 <ion-row>
   <ion-col offset="2" size="3">1 von 3</
ion-col>
   <ion-col offset="1">2 von 3</ion-col>
   <ion-col>3 von 3</ion-col>
 </ion-row>

</ion-grid>
```

Quellcode 3.18   *Definition des Grids für Abb. 3.6 und 3.7*

3.1.3.2 **Komponenten für die Darstellung**

Komponenten für die Darstellung besitzen sehr geringe oder gar keine Interaktionsmöglichkeiten und dienen ausschließlich bzw. vorrangig der Darstellung von Inhalten.

Badges

Badges[1] stellen besondere Informationen zu einem Element dar. Beispielsweise könnte bei einer E-Mail-App die Anzahl der neuen E-Mails über einem Briefumschlagsymbol gekennzeichnet werden. In ☐ Abb. 3.9 werden Badges verwendet, um die Anzahl der eingeschriebenen Studenten je Standort zu visualisieren.

---

1   Wörtlich übersetzt bedeutet das »Abzeichen«.

Hagen   Iserlohn   Meschede   Soest   Lüdenscheid

◨ Abb. 3.9 Darstellung der eingeschriebenen Studentinnen und Studenten

Badges können innerhalb von `<ion-page>` oder anderen Container-Elementen an beliebigen Stellen definiert und eingesetzt werden. Dabei positioniert sich die Komponente automatisch so, dass eindeutig ist, auf welches Element sie sich bezieht. In Quellcode 3.19 erfolgt die Definition innerhalb einer `<ion-tab-button>`-Komponente.

```
<ion-tab-button    tab="tab1"    href="/tabs/
tab1">
    <ion-icon :icon="triangle" />
    <ion-label>Hagen</ion-label>
    <ion-badge>2605</ion-label>
</ion-tab-button>

<ion-tab-button    tab="tab2"    href="/tabs/
tab2">
    <ion-icon :icon="ellipse" />
    <ion-label>Iserlohn</ion-label>
    <ion-badge>2100</ion-label>
</ion-tab-button>

<ion-tab-button    tab="tab3"    href="/tabs/
tab3">
    <ion-icon :icon="square" />
    <ion-label>Meschede</ion-label>
    <ion-badge>4110</ion-label>
</ion-tab-button>

<ion-tab-button    tab="tab4"    href="/tabs/
tab4">
    <ion-icon :icon="square" />
    <ion-label>Soest</ion-label>
    <ion-badge>3504</ion-label>
</ion-tab-button>

<ion-tab-button    tab="tab5"    href="/tabs/
tab5">
    <ion-icon :icon="square" />
    <ion-label>Lüdenscheid</ion-label>
</ion-tab-button>
```

Quellcode 3.19 *Definition des Grids für Abb. 3.6 und 3.7*

3

Über die Eigenschaft »color« lässt sich die Hintergrundfarbe eines Badges anpassen. Zur Auswahl stehen die in ◘ Tab. 3.4 dargestellten Farbwerte.

Card

Eine `<ion-card>`-Komponente stellt eine häufig benutzte Komponente im Entwurf von Benutzungsoberflächen für das Web dar. Es dient als bisweilen anklickbarer Einstiegspunkt zu detaillierteren Informationen. In der Regel werden auf einer `<ion-card>`-Komponente verschiedene Elemente wie zum Beispiel Bilder, eine Überschrift und ein kurzer Text (*teaser*) angezeigt, sodass für den Anwender erkennbar ist, was sich hinter der Komponente befindet. Um diese verschiedenen Erscheinungsformen abzubilden, wird die Komponente in Subkomponenten heruntergebrochen. Dabei handelt es sich um die folgenden:

- **<ion-card-header>:** Kopfbereich der Card-Komponente.
- **<ion-card-title>:** Zeigt eine Überschrift innerhalb einer Card-Komponente an.
- **<ion-card-subtitle>:** Zeigt eine kleinere, tiefergestellte Überschrift an.
- **<ion-card-content>:** Der Inhaltsbereich der Card-Komponente, in dem in der Regel der Teaser dargestellt ist.

◘ Abb. 3.10 zeigt das Erscheinungsbild einer `<ion-card>`-Instanz bestehend aus einem Bild, einem

◘ **Tab. 3.4** Farbwerte

Name	Hex-Wert	Darstellung
primary	#3880ff	
secondary	#3dc2ff	
tertiary	#5260ff	
success	#2dd36f	
warning	#ffc409	
danger	#eb445a	
dark	#222428	
medium	#92949c	
light	#f4f5f8	

◻ Abb. 3.10 Verwendung der Card-Komponente

Titel mit vorangestelltem Untertitel sowie Inhaltsbereich. Die Card ist klickbar, da das Attribut »button« den Wert »true« besitzt.

```
<ion-card button="true">
   <ion-img src="./assets/hagen.jpg"/>
   <ion-card-header>
        <ion-card-subtitle>Stadtort   Hagen</
ion-card-subtitle>
     <ion-card-title>Hagen</ion-card-title>
   </ion-card-header>
   <ion-card-content>
      Modernität und Tradition Hand in Hand
   - für die Fachhochschule   Südwestfalen und
   gerade für ihren Standort Hagen gilt genau
   diese Devise. Denn zum einen ist die Fach-
   hochschule Südwestfalen mit dem Gründungs-
   jahr 2002 eine junge Hochschule, zum an-
   deren reicht ihre Geschichte bis weit ins
   19. Jahrhundert zurück. Bereits 1824 wurde
   in Hagen die Lehranstalt für Technik gegrün-
   det. Sie war die erste von etlichen Vorgän-
   gereinrichtungen der Fachhochschule Südwest-
```

3

```
falen und damit die Keimzelle unserer Hoch-
schule.
  </ion-card-content>
</ion-card>
```

Quellcode 3.20   *Verwendung von Cards*

Die Komponente kann über die folgenden Eigenschaften auf die Bedürfnisse angepasst werden:

- **button:** Wenn der Wert dieser Eigenschaft »true« ist, besitzt die Card-Komponente ein ähnliches Verhalten wie ein Button (▶ Abschn. 3.1.3.3), wodurch es anklickbar wird. In Kombination mit einem Material Design Theme blendet das Ionic-Framework einen Wassereffekt ein, bei dem sich Wellen von der Klickposition kreisförmig ausbreiten.
- **color:** Die Farbe der Card-Komponente. Es kann eine beliebige Farbe aus ◘ Tab 3.4 verwendet werden.
- **disabled:** Wenn der Wert »true« ist, kann keine Interaktion mit der Komponente erfolgen.
- **download:** Instruiert die Laufzeitumgebung, einen Download zu starten, sofern der Anwender auf die Card-Komponente klickt.
- **href:** Über diese Eigenschaft kann eine Url definiert werden, zu der verlinkt wird. Klickt der Anwender auf die Card-Komponente, dann navigiert die Laufzeitumgebung zu dieser Url.

Slides

Slides stellen unabhängige Inhalte dar, die über die Swipe-Geste eingeblendet werden können. In der Regel erscheinen diese von links oder rechts. Es können aber beliebige andere Bedienkonzepte und Animationen zum Einsatz kommen. Im Web ist diese Komponente auch als Slideshow oder Carousel bekannt. Das Ionic-Framework verwendet zur Realisierung dieser Funktionalität das Swiper.js, bei dem es sich um eine Komponente des Entwicklers Vladimir Kharpidi handelt, welche unter der MIT-Lizenz freigegeben wurde.

```
<template>
  <ion-page>
```

```
          <ion-slides   pager="true"   :op-
tions="slideOpts">
      <ion-slide>
        <h1>Slide 1</h1>
      </ion-slide>
      <ion-slide>
        <h1>Slide 2</h1>
      </ion-slide>
      <ion-slide>
        <h1>Slide 3</h1>
      </ion-slide>
    </ion-slides>
  </ion-page>
</template>


<script lang="ts">
import { IonPage, IonHeader, IonToolbar,
IonTitle, IonContent, IonSlides, IonSlide }
from '@ionic/vue';
import {defineComponent} from 'vue';

export default defineComponent({
  name: 'Slides',
    components: { IonHeader, IonToolbar, Ion-
Title, IonContent,
                                    IonPage,
IonSlides, IonSlide },
  setup() {
    const slideOpts: any = {
      initialSlide: 1,
      spaceBetween: 100,
      direction: 'horizontal',
      loop: true,
      speed: 900
    };
    return {slideOpts};
  }
});
</script>
```

Quellcode 3.21 *Verwendung von Cards*

Folgende Konfigurationsmöglichkeiten und Methoden
bietet diese Komponente an: API
- Methoden
  - **getActiveIndex():**   **Promise<number>:**
    Liefert den Index des aktiven Slides zurück.
  - **getPreviousIndex():**   **Promise<number>:**
    Liefert den Index des letzten Slides zurück.

3

- – `getSwiper():` `Promise<any>`: Liefert die Instanz der darunterliegenden Komponente zurück.[2]
- – `isBeginning():` `Promise<boolean>`: Liefert »`true`« zurück, wenn es sich bei dem aktuellen Slide um den ersten Slide handelt.
- – `isEnd():` `Promise<boolean>`: Liefert »`true`« zurück, wenn es sich bei dem aktuellen Slide um den letzten Slide handelt.
- – `length():` `Promise<number>`: Liefert die Länge des Slides, also die Anzahl der einzelnen Bereiche, zurück.
- – `slideNext(speed?:` `number,` `runCallbacks?:` `boolean):` `Promise<void>`: Wechselt zum nächsten Slide.
- – `slidePrev(speed?:` `number,` `runCallbacks?:` `boolean):` `Promise<void>`: Wechselt zum vorherigen Slide.

- Eigenschaften
  - – **mode:** Erlaubt die Anpassung an die Laufzeitumgebung bzw. Betriebsplattform; »`ios`« oder »`md`« für Android.
  - – `options`: Komplexes Konfigurationsobjekt des Swiper.js.
  - – `pager`: Blendet kleine Kreise unterhalb des Sliders ein, über den sich einzelne Seiten direkt öffnen lassen.
- Ereignisse
  - – `ionDidChanged`: Wird gefeuert, wenn der aktive Slide sich ändert.
  - – `ionSlideDrag`: Wird gefeuert, wenn der Slide per Drag-And-Drop verändert wird.
  - – `ionSlideTap`: Wird gefeuert, wenn der Anwender auf die Komponente klickt.
  - – `ionSlideWillChange`: Wird gefeuert, bevor der aktueller Slide sich ändert.

Toasts

Bei sogenannten Toasts handelt es sich um Benachrichtigungen der Anwender, die für eine bestimmte Zeit entweder am oberen oder unteren Bildschirmrand eingeblendet werden. Anschließend werden sie in der Regel ohne eine

---

2   Die Slides-Komponente basiert auf der Swiper API, die auf der Webseite ▶ https://idangero.us/swiper/api/ gepflegt wird.

Benutzerinteraktion wieder automatisch entfernt. Bei Bedarf können die Benachrichtigungen aber auch vorzeitig durch die Anwender ausgeblendet werden, sofern sie beispielsweise durch Betätigen eines Buttons zur Kenntnis genommen werden.

Toasts können sowohl imperativ im Code als auch deklarativ innerhalb von Templates erzeugt werden. Quellcode 3.22 zeigt zwei alternative Varianten zur Erstellung von Benachrichtigungen an. Im ersten Fall wird die Benachrichtigung ohne Anpassungen eingesetzt. Bei der zweiten Variante werden den Anwendern insgesamt zwei Schaltflächen angeboten. Da keine »duration«-Property definiert ist, verbleibt die Benachrichtigung so lange, bis der Anwender eine der Schaltfläche durch einen Klick bestätigt (siehe ◘ Abb. 3.11).

Bei der innerhalb der Methode »openToast2« implementierten Variante kommt die asynchrone Programmierung zum Einsatz. Da »present()« den erzeugten Toast nicht unmittelbar, sondern über ein Promise-Objekt zurückliefert, sorg die »await«-Anweisung dafür, dass der Teil nach diesem Befehl erst ausgeführt wird, wenn die Operation erfolgreich einen Rückgabewert zurückgegeben hat. Anschließend wird ebenfalls unter Verwendung des »await«-Schlüsselwortes eine Nachrichtenbehandlungsroutine für das »onDidDismiss«-Ereignis registriert.

```
<template>
 <ion-page>
  <ion-header>
   <ion-toolbar>
    <ion-title>Toasts</ion-title>
   </ion-toolbar>
  </ion-header>
  <ion-content :fullscreen="false">
      <ion-button  @click="openToast1">Open
Toast</ion-button><br/>
      <ion-button  @click="openToast2">Open
Toast: Options</ion-button>
  </ion-content>
 </ion-page>
</template>

<script lang="ts">
import { IonPage, IonHeader, IonToolbar,
IonTitle, IonContent, toastController} from
'@ionic/vue';
import {defineComponent} from 'vue';
```

3

```
export default defineComponent({
  name: 'Toasts',
  components: { IonHeader, IonToolbar, Ion-
Title, IonContent,
                                    IonPage },
  methods: {
    async openToast1() {
      const toast = await toastController
        .create({
          message: 'Speichern erfolgreich.',
          duration: 2000
        })
      return toast.present();
    },
    async openToast2() {
      const toast = await toastController
        .create({
          header: 'Überschrift',
          message: 'Speichern erfolgreich',
          position: 'top',
          buttons: [
            {
              side: 'start',
              icon: 'star',
              text: 'Favorite',
              handler: () => {
                      console.log('Favorite
clicked');
              }
            }, {
              text: 'Done',
              role: 'cancel',
              handler: () => {
                      console.log('Cancel
clicked');
              }
            }
          ]
        })
      await toast.present();

      const { role } = await toast.onDid-
Dismiss();
      console.log('onDidDismiss wurde mit
folgender Rolle aufgerufen: ', role);
    },
  }
});
</script>
```

Quellcode 3.22   *Verwendung von Toasts*

Bei manchen Buttons kann eine Rolle definiert werden, die bei diesem Ereignis zurückgeliefert wird. Dadurch lässt sich der Kontrollfluss innerhalb der Operation steuern.

Folgende Konfigurationsmöglichkeiten und Methoden bietet diese Komponente an: API

▰ Methoden
- `dismiss(data?: any, role?: string): Promise<boolean>`: Blendet die Benachrichtigung wieder aus, nachdem sie angezeigt wurde.
- `onDidDismiss(): Promise<OverlayEventDetail>`: Liefert ein Promise-Objekt zurück, welches Informationen darüber enthält, wie die Benachrichtigung ausgeblendet wurde.
- `present(): Promise<void>`: Erzeugt die Benachrichtigung und zeigt sie an.

▰ Eigenschaften
- `animated`: Erlaubt das Verwenden von Animationen während der Ein- und Ausblendung.
- `buttons`: Ein Array von `ToastButton`-Instanzen, die für eine Benutzerinteraktion verwendet werden.
- `color`: Eine Farbe aus ◧ Tab 3.4.
- `duration`: Anzahl der Millisekunden, bis die Benachrichtigung ausgeblendet wird.
- `position`: Die Benachrichtigung kann sowohl am oberen oder unteren Bildschirmrand als auch in der Bildschirmmitte positioniert werden. Mögliche Werte sind daher »`top`«, »`middle`« und »`button`«.

▰ Ereignisse
- `ionTastDidDismiss`: Wird gefeuert, wenn der Toast ausgeblendet wurde.
- `ionToastDidPresent`: Wird gefeuert, wenn der Toast eingeblendet wurde.
- `ionToastWillDismiss`: Wird gefeuert, wenn der Toast ausgeblendet werden soll.
- `ionToastWillPresent`: Wird gefeuert, bevor der Toast eingeblendet wird.

3.1.3.3 Komponenten für die Interaktion

Komponenten für die Interaktion haben vorrangig das Ziel, eine Eingabe von dem Benutzer zu unterstützen. Genauso wie die Komponenten für die Darstellung

3

besitzen sie ebenfalls eine Oberfläche, aber über unterschiedliche Interaktionsmöglichkeiten wird eine Mensch-Maschine-Schnittstelle realisiert.

Button

Die `<ion-button>`-Komponente bietet eine klickbare Schaltfläche an, über die sich Aktionen initiieren lassen. Durch verschiedene Attribute kann das Aussehen der Komponente beeinflusst werden. Da es sich um eine Container-Komponente handelt, lässt sich der Inhalt der Schaltfläche durch Verwendung weiterer Komponenten, wie zum Beispiel das `<ion-icon>`, in gewissen Grenzen an die eigenen Bedürfnisse anpassen.

Farben

Auch diese Komponente verwendet die aus ◘ Tab. 3.4 bekannten Farbwerte. Quellcode 3.23 zeigt den Einsatz mit unterschiedlichen Farben. Durch das Attribut »@click« definiert man einen Event Handler, der beim Klick aufgerufen werden soll.

```
<ion-content :fullscreen="false">
    <ion-button @click="op1" color="prima-
ry">Test</ion-button>
    <ion-button @click="op2" color="dan-
ger">Test</ion-button>

</ion-content>
```

Quellcode 3.23   *Verwendung der Button-Komponente*

API

Folgende Konfigurationsmöglichkeiten und Methoden bietet diese Komponente an:
- Eigenschaften
  - **color:** Eine Farbe aus der ◘ Tab 3.4.
  - **disabled:** Ein Boolean-Wert (`true` oder `false`), der die Komponente deaktiviert, sodass sie sich nicht mehr anklicken lässt.
  - **download:** Die Button-Komponente lässt sich auch für die Navigation innerhalb der App verwenden. Sofern dieses Attribut gesetzt ist, wird aber nicht navigiert, sondern die Datei heruntergeladen.
  - **expand:** Optionales Attribut, das die Werte »block« oder »full« annehmen kann. Bei beiden Werten nimmt die Schaltfläche die gesamte Breite des dargestellten Bildschirmes ein, wobei die

⬛ Abb. 3.11 Darstellung von Toasts

Schaltfläche bei »block« noch einen kleinen Abstand behält und abgerundete Ecken besitzt.

- **fill**: Definiert den Hintergrund sowie die Umrandung der Schaltfläche. Standardmäßig besitzt eine Schaltfläche immer einen nicht transparenten Hintergrund (vgl. »solid«). Mögliche Werte für dieses Attribut sind »clear«, »outline« und »solid«. »clear« definiert eine transparente Schaltfläche und »outline« eine Schaltfläche, die nur über eine Umrandung verfügt.
- **href**: Spezifiziert eine URL, die bei einem Klick auf die Schaltfläche eine Navigation bewirkt. Dieses Attribut ist optional.
- **mode:** Erlaubt die Anpassung an die Laufzeitumgebung bzw. Betriebsplattform; »ios« oder »md« für Android.
- **size**: Über die Werte »default«, »large« und »small« lässt sich die Größe der Schaltfläche anpassen.

3

- **strong**: Ein Boolean-Wert, der die Schriftstärke definiert. Dadurch wird der dargestellte Text innerhalb der Schaltfläche hervorgehoben.
- Ereignisse
  - **click**: Wird gefeuert, wenn der Anwender auf die Schaltfläche klickt.
  - **ionBlur**: Wird gefeuert, wenn die Schaltfläche den Fokus verliert.
  - **ionFocus**: Wird gefeuert, wenn die Schaltfläche den Fokus erhält.

Floating Action Buttons

Eine besondere Form der Schaltflächen werden durch sogenannte »schwimmende« Schaltflächen *(floating buttons)* angeboten. Im Gegensatz zu normalen Schaltflächen, die sich innerhalb eines Containers platzieren, schwimmen diese über dem jeweiligen Container und können sich an bestimmten Stellen anheften. Es stehen folgende Kombinationsmöglichkeiten zur Verfügung:
- Horizontal
  - Links
  - Mitte
  - Rechts
- Vertikal
  - Oben
  - Mitte
  - Unten

Darüber hinaus lässt sich noch über ein zusätzliches Attribut »edge« die genaue Position der Schaltfläche ausrichten, wie das in der nachfolgenden Abbildung bei der rechten, oberen Schaltfläche zu sehen ist.

Floating Action Buttons werden durch die Ionic-Komponente `<ion-fab>` bereitgestellt. Sie stellt die umgebende Hülle für `<ion-fab-button>`-Schaltflächen dar, die beim Klick eingeblendet werden. Dabei werden diese durch eine `<ion-fab-list>` gruppiert, über die sich auch die Einblendrichtung der Schaltflächen über das Attribut »side« steuern lässt. Da eine `<ion-fab>`-Schaltfläche über mehrere `<ion-fab-list>`-Gruppen verfügen kann, lassen sich auch mehrere Gruppen von untergeordneten Schaltflächen einblenden. Der Quellcode 3.24 stellt die notwendigen Anweisungen dar, die für die in der Mitte der ◘ Abb. 3.12 abgebildeten Floating Action Buttons benötigt werden.

■ **Abb. 3.12**   Floating Action Buttons

In diesem Beispiel blendet die Komponente zu allen
Seiten entsprechende, klickbare Schaltflächen ein. In dem
Quellcode sind diese Gruppe fett markiert.

```
<template>
  <ion-page>
    <ion-header>
      <ion-toolbar>
        <ion-title>Floating Action Buttons</
ion-title>
      </ion-toolbar>
    </ion-header>
    <ion-content fullscreen class="ion-pad-
ding">
      <ion-fab horizontal="center" vertical="center" slot="fi-
xed">
        <ion-fab-button color="light">
          <ion-icon :icon="settings"></ion-
icon>
        </ion-fab-button>
        <ion-fab-list side="top">
```

3

```
            <ion-fab-button color="primary">
                <ion-icon :icon="logoVimeo"></
ion-icon>
            </ion-fab-button>
        </ion-fab-list>
    <ion-fab-list side="end">
            <ion-fab-button color="dark">
                <ion-icon :icon="logoTwit-
ter"></ion-icon>
            </ion-fab-button>
        </ion-fab-list>
        <ion-fab-list side="bottom">
                <ion-fab-button color="second-
ary">
                    <ion-icon :icon="logoFace-
book"></ion-icon>
            </ion-fab-button>
        </ion-fab-list>
    <ion-fab-list side="start">
            <ion-fab-button color="light">
                <ion-icon :icon="logoGoogle"></
ion-icon>
            </ion-fab-button>
        </ion-fab-list>
    </ion-fab>
    </ion-content>
    <ion-footer>
    <ion-toolbar>
        <ion-title>Footer</ion-title>
    </ion-toolbar>
    </ion-footer>
    </ion-page>
</template>
```

Quellcode 3.24   *Verwendung der Floating Action Buttons*

Im Gegensatz zu einer Toolbar (vgl. ▶ Abschn. 3.1.3.3)
nehmen Floating Action Buttons nicht so viel Platz ein
und erlauben dabei dennoch eine breitgefächerte Auswahl von Aktionen. Da sie zudem unabhängig von der
restlichen Struktur des Seitenaufbaus platziert werden
können, bieten sie aus Sicht der Ergonomie eine interessante Alternative zur Gestaltung der Benutzungsoberflächen an.

API
Die `<ion-fab>`-Komponente besitzt folgende API:
▰ Eigenschaften
  – **activated**: Gibt an, ob die innerhalb der Floa-
    ting Action Button gruppierten Schaltflächen sicht-
    bar sind. Standardmäßig sind die Komponenten

nicht sichtbar und werden erst dargestellt, wenn die Anwender auf die Schaltfläche klicken.

- **edge**: Ein Boolean-Wert, der bestimmt, ob die Floating Action Buttons entweder auf der Trennlinie zum Header oder zum Footer dargestellt werden.
- **horizontal**: Horizontale Orientierung der Schaltfläche. Mögliche Werte sind: »center«, »end« und »start«.
- **vertical**: Vertikale Orientierung der Schaltfläche. Mögliche Werte sind: »center«, »bottom« und »top«.

▬ Methoden
- **close(): Promise<void>**: Blendet die eingeblendeten Gruppen von untergeordneten Schaltflächen wieder aus.

▬ Eigenschaften
- **activated**: Gibt an, ob die Schaltfläche das sogenannte »close«-Icon anzeigt.
- **closeIcon**: Der Name des Icons, welche eingeblendet wird, wenn die Anwender auf die Schaltfläche klicken. Wie in der ◘ Abb. 3.12 in der Mitte dargestellt, ist ein <ion-fab-button> zunächst für sich allein gestellt. Klickt man auf einen solchen Floating Action Button, ändert die Schaltfläche ihr Aussehen und blendet das Close-Icon ein, um die untergeordneten Schaltflächen wieder ausblenden zu können.
- **color**: Eine Farbe aus der ◘ Tab 3.4.
- **disabled**: Ein Boolean-Wert (true oder false) der die Komponente deaktiviert, sodass sie sich nicht mehr anklicken lässt.
- **download**: Die Button-Komponente lässt sich auch für die Navigation innerhalb der App verwenden. Sofern dieses Attribut gesetzt ist, wird aber nicht navigiert, sondern die Datei heruntergeladen.
- **href**: Spezifiziert eine URL, die bei einem Klick auf die Schaltfläche eine Navigation bewirkt. Dieses Attribut ist optional.
  mode: Erlaubt die Anpassung an die Laufzeitumgebung bzw. Betriebsplattform. »ios« oder »md« für Android.
- **show**: Wenn der Wert »true« ist, werden die untergeordneten Schaltflächen angezeigt.

3

– `size`: Das optionale Attribut kann mit dem Wert »small« versehen werden. Anschließend fällt die Darstellung der Schaltfläche kleiner aus.

Die Komponente `<ion-fab-button>` kann auch außerhalb einer `<ion-fab>` verwendet werden. Dann befindet sie sich aber innerhalb der normalen Seitenaufbaustruktur und bewegt sich damit mit dem restlichen Inhalt auf einer Seite. Scrollt der Anwender beispielsweise nach unten, wird auch diese Schaltfläche gescrollt. Sie verliert damit ihre feste, absolute Position auf einer Seite.

Action Sheets

Action Sheets blenden, wie auch die Floating Action Buttons aus dem vorangegangenen Kapitel, zusätzliche, untergeordnete Schaltflächen ein, über die sich Aktionen der Anwender initiieren lassen. Jedoch sind Action Sheets in der Regel modal und zwingen den Anwender, eine Eingabe zu machen. Beispielsweise kann es sich um die Bestätigung einer Löschaktion handeln.

```
<ion-content>
    <ion-button  @click="setOpen(true)">Show
Action Sheet</ion-button>
  <ion-action-sheet
        :is-open="isOpenRef"
        header="Albums"
        css-class="my-custom-class"
        :buttons="buttonListe"
        @didDismiss="setOpen(false)">
  </ion-action-sheet>
</ion-content>
```

Quellcode 3.25   *Verwendung der Action Sheets*

Die Liste der eingeblendeten Schaltflächen wird programmatisch konfiguriert. Dabei kann auch eine sogenannte Rolle spezifiziert werden, über die sich das Verhalten des Action Sheet kontrollieren und steuern lässt. So besitzt beispielsweise die Rolle »`destructive`« oder »`cancel`« die Semantik, das eingeblendete Schaltflächenmenü wieder auszublenden. Wie in der nachfolgenden Abbildung dargestellt, lässt sich über CSS-Einstellungen das Aussehen des Menüs anpassen.

◻ Abb. 3.13: Action Sheet

```
<script lang="ts">
import { IonPage, IonToolbar, IonFooter,
IonHeader, IonTitle, IonContent, IonButton,
IonActionSheet } from '@ionic/vue';
import {defineComponent, ref} from 'vue';
import {
  caretForwardCircle,
  close,
  heart,
  trash,
  share
} from 'ionicons/icons';
export default defineComponent({
  name: 'Action Sheets',
  components: { IonHeader, IonToolbar, Ion-
Button, IonTitle, IonContent, IonPage, Ion-
Footer, IonActionSheet },
    methods: {
    },
    setup() {
      const isOpenRef = ref(false);
```

Programmatische
Konfiguration

3

```
      const setOpen = (state: boolean) =>
isOpenRef.value = state;
    const buttonListe = [
      {
        text: 'Delete',
        role: 'destructive',
        icon: trash,
        handler: () => {
          console.log('Delete clicked')
        },
      },
      {
        text: 'Share',
        icon: share,
        handler: () => {
          console.log('Share clicked')
        },
      },
      {
        text: 'Play (open modal)',
        icon: caretForwardCircle,
        handler: () => {
          console.log('Play clicked')
        },
      },
      {
        text: 'Favorite',
        icon: heart,
        handler: () => {
          console.log('Favorite clicked')
        },
      },
      {
        text: 'Cancel',
        icon: close,
        role: 'cancel',
        handler: () => {
          console.log('Cancel clicked')
        },
      },
    ];
    return { buttonListe, isOpenRef, se-
tOpen }
    }
  });
</script>
<style>
.my-custom-class {
  --background: #ace768;
}
</style>
```

Quellcode 3.26 *Definition der View-Komponente bei Action Sheets*

Folgende Konfigurationsmöglichkeiten und Methoden bietet diese Komponente an:

API

■ Eigenschaften
- **animated**: Standardmäßig wird das Schaltflächenmenü animiert eingeblendet. Wenn diese Eigenschaft jedoch den Wert »`false`« besitzt, erfolgt die Einblendung unmittelbar.
- **backdropDismiss**: Das Schaltflächenmenü ist ein modaler Dialog, sodass der Hintergrund der App ausgegraut wird. Normalerweise kann der Anwender auf diesen Hintergrund klicken und damit das Menü wieder ausblenden. Ist diese Eigenschaft aber »`false`«, kann das Menü ausschließlich durch Bestätigen der Schaltflächen wieder geschlossen werden.
- **buttons**: Enthält eine Liste von `ActionSheet-Buttons`, die als untergeordnete Schaltflächen eingeblendet werden sollen.
- **cssClass**: Optionales Attribut, über den sich eine CSS-Klasse definieren lässt, die besondere Merkmale in der Darstellung konfiguriert.
- **enterAnimation**: Ein Objekt der Klasse `Animation`, welches die Animation während der Einblendung definiert.
- **header**: Titel des Schaltflächenmenüs.
- **leaveAnimation**: Ein Objekt der Klasse `Animation`, welches die Animation während der Ausblendung definiert.
- **subHeader**: Ein Untertitel für das Schaltflächenmenü.
■ Ereignisse
- **ionActionSheetDidDismiss**: Wird gefeuert, nachdem das Menü ausgeblendet wurde.
- **ionActionSheetDidPresent**: Wird gefeuert, nachdem das Menü eingeblendet wurde.
- **ionActionSheetWillDismuss**: Wird gefeuert, bevor das Menü ausgeblendet wird.
- **ionActionSheetWillPresent**: Wird gefeuert, bevor das Menü eingeblendet wird.
■ Methoden
- **dismiss(data?: any, role?: any): Promise<boolean>**: Blendet das Menü aus.
- **Present(): Promise<void>**: Blendet das Menü ein.

3

Segment

Segmente stellen eine Gruppe, meist fachlich zusammengehörender, Schaltflächen dar. Am ehesten sind sie mit den aus der Desktop-Entwicklung bekannten Radio-Buttons vergleichbar. Durch Segmente können beispielsweise zwischen Auswahlmöglichkeiten navigiert werden. Die nachfolgende ◘ Abb. 3.14 enthält drei unterschiedliche Segmente, wobei das erste Segment deaktiviert und damit ausgegraut wurde.

Segmente sind normalerweise nicht scrollbar. Der Layoutmanager des Ionic-Frameworks schneidet daher die dargestellten Texte innerhalb der Schaltflächen ab. Durch das optionale Attribut »scrollable« lässt sich dieses Verhalten jedoch auch deaktivieren. Der Quellcode 3.27 zeigt die Deklaration in der nachfolgenden Abbildung dargestellten drei Segmente. Die <ion-segment>-Komponente kann beliebig viele untergeordnete <ion-segment-button>-Schaltflächen beinhalten. Ein <ion-segment-button> deklariert über sein »value«-Attribut einen eindeutig identifizierbaren Wert, der bei Auswahl in das »value«-Attribut des übergeordneten <ion-segment> übernommen wird.

◘ **Abb. 3.14**   Segmente des Ionic-Frameworks

```
<template>
  <ion-page>
    <ion-header>
      <ion-toolbar>
        <ion-title>Segment Test</ion-title>
      </ion-toolbar>
    </ion-header>
    <ion-content>
            <ion-segment     @ionChange="seg-
mentChanged($event)"
                                              dis-
abled value="sunny">
          <ion-segment-button   value="sunny-
"><ion-label>Sunny</ion-label>
    </ion-segment-button>
                <ion-segment-button    val-
ue="rainy"><ion-label>Rainy</ion-label>
    </ion-segment-button>
    </ion-segment>

        <ion-segment     @ionChange="seg-
mentChanged($event)">
    <ion-segment-button value="dogs">
      <ion-label>Dogs</ion-label>
    </ion-segment-button>
    <ion-segment-button value="cats">
      <ion-label>Cats</ion-label>
    </ion-segment-button>

    </ion-segment>

    <ion-segment scrollable value="heart" @
ionChange="segmentChanged($event)">
        <ion-segment-button value="home">
        <ion-icon :icon="home"></ion-icon>
        </ion-segment-button>
        <ion-segment-button value="heart">
        <ion-icon :icon="heart"></ion-icon>
        </ion-segment-button>
        <ion-segment-button value="pin">
        <ion-icon :icon="pin"></ion-icon>
        </ion-segment-button>
        <ion-segment-button value="star">
        <ion-icon :icon="star"></ion-icon>
        </ion-segment-button>
        <ion-segment-button value="call">
        <ion-icon :icon="call"></ion-icon>
        </ion-segment-button>
        <ion-segment-button value="globe">
        <ion-icon :icon="globe"></ion-icon>
        </ion-segment-button>
        <ion-segment-button value="basket">
```

3

```
                <ion-icon  :icon="basket"></ion-
icon>
        </ion-segment-button>
    </ion-segment>
    </ion-content>

    <ion-footer>
      <ion-toolbar>
        <ion-title>Footer</ion-title>
      </ion-toolbar>
    </ion-footer>
  </ion-page>
</template>

<script lang="ts">
import { IonPage, IonToolbar, IonFooter,
IonHeader, IonTitle, IonContent, IonSegment,
IonSegmentButton } from '@ionic/vue';
import {defineComponent, ref} from 'vue';
import {
  call,
  basket,
  heart,
  home,
  star,
  pin,
  globe
} from 'ionicons/icons';

export default defineComponent({
  name: 'Segments',
  components: { IonHeader, IonToolbar, Ion-
Segment, IonSegmentButton, IonTitle, IonCon-
tent, IonPage, IonFooter},
    methods: {
        segmentChanged(ev: CustomEvent) {
            console.log('Segment changed',
ev);
        }
    },
    setup() {
        return {
            call,
            basket,
            heart,
            star,
            pin,
            home,
            globe
        }
```

```
        }
    });
</script>
```

Quellcode 3.27 *Ein Beispiel für Segmente*

Folgende Konfigurationsmöglichkeiten und Methoden
bietet diese Komponente an: API
- Eigenschaften
  - **color**: Eine Farbe aus der ◘ Tab 3.4.
  - **disabled**: Ein Boolean-Wert (`true` oder
    `false`) der die Komponente deaktiviert, sodass sie
    sich nicht mehr anklicken lässt.
  - **mode**: Erlaubt die Anpassung an die Laufzeitum-
    gebung bzw. Betriebsplattform. »ios« oder »md«
    für Android.
  - **scrollable**: Aktiviert das Scrolling des Seg-
    ments, sodass mehr Schaltflächen verwaltet werden
    können, als die sichtbare Breite ansonsten erlaubt.
  - **swipeGesture**: Aktiviert die Interaktion durch
    Swipe-Gesten. Dadurch lässt sich der aktive Button
    per Links- und Rechts-Swipe-Gestik auswählen.
  - **value**: Erlaubt sowohl den lesenden als auch
    schreibenden Zugriff auf die gerade aktive Schalt-
    fläche. Der Wert muss mit einem Wert aus den un-
    tergeordneten Schaltflächen übereinstimmen.
- Ereignisse
  - **ionChange**: Wird gefeuert, wenn der Anwender
    die Auswahl ändert.

3.2 Hybride Entwicklung mit Apache Cordova

Apache Cordova ist ein Open-Source-Framework, welches eine native Hülle um eine mobile Web-App legt und
über zahlreiche Erweiterungen den Zugriff auf die Hardware und das Betriebssystem erlaubt. Das Framework bietet eine Alternative für das in ► Abschn. 1.3.2 eingeführte
hybride Entwicklungsparadigma für mobile Apps an.

Sofern Node.js und NPM auf dem Entwicklungsrech-   Installationshinweise
ner installiert sind, kann Apache Cordova bequem über

die Kommandozeile auf der lokalen Entwicklermaschine bereitgestellt werden.

```
npm install -g cordova
```

Um zu überprüfen, ob die Installation erfolgreich gewesen ist, sollten folgende Befehle über die Konsole abgesetzt werden (◘ Abb. 3.15):

```
adb --version
cordova --version
```

In ▶ Abschn. 3.1.3.2 wurde eine App entwickelt, die mithilfe des Ionic-Frameworks beim Klicken einer Schaltfläche kleine Nachrichten, sogenannte Toasts, ausgegeben hat. Die webbasierte mobile App wird nachfolgend in eine nativ installierbare hybride App umgewandelt. Da in diesem Lehrbuch das Ionic-Framework in Kombination mit Vue.js eingesetzt wurde, lässt sich die Transformation des Projektes über folgenden Kommandozeilenbefehl durchführen:

```
vue add cordova
```

Dieser Befehl fragt nach, in welchem Verzeichnis das Ergebnis des Transformationsvorganges abgelegt werden soll.

Arbeitsverzeichnis

Die wichtigen Artefakte für die native Kompilierung der App werden, wie aus ◘ Abb. 3.16 hervorgeht, in

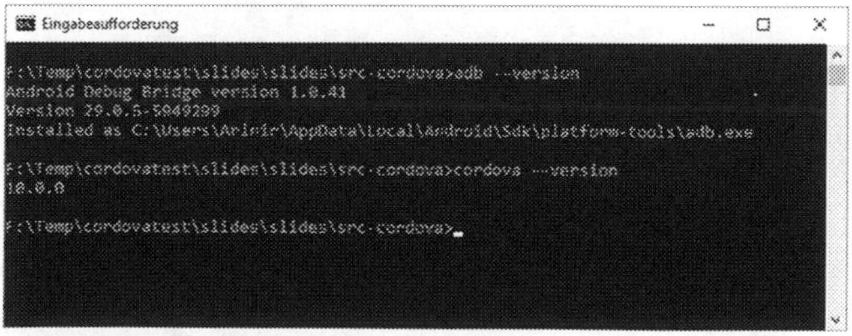

◘ **Abb. 3.15**   Überprüfung der ADB- und Cordova-Versionen

◻ Abb. 3.16   Ausgabe des Kommandozeilenbefehls

dem Unterordner »`src-cordova`« abgelegt. Selbstverständlich lässt sich aber der Name dieses Verzeichnisses an die eigenen Bedürfnisse anpassen.

In der Regel muss nicht manuell in diesem Verzeichnis gearbeitet werden, da die App weiterhin als mobile App entwickelt wird und die Artefakte dieser mobilen App in dem ursprünglichen Hauptordner des Ionic-Frameworks verbleiben.   Hinweis

Der Transformationsbefehl legt nicht nur das Cordova-Verzeichnis an, sondern verändert insbesondere auch die »`package.json`«-Konfiguration der Ionic-Anwendung so, dass Cordova-spezifische Build-Skripte und Abhängigkeiten hinzugefügt werden. Quellcode 3.28 enthält den Inhalt dieser Datei. Besonders hervorzuheben sind die fett gesetzten Zeilen, die für die Kompilierung und Ausführung der nativen App wichtig sind.

```
{
  "name": "slides",
  "version": "0.0.1",
  "private": true,
  "description": "An Ionic project",
  "scripts": {
    "serve": "vue-cli-service serve",
    "build": "vue-cli-service build",
        "test:unit":    "vue-cli-service
test:unit",
    "test:e2e": "vue-cli-service test:e2e",
    "lint": "vue-cli-service lint",
    "cordova-build-android": "cross-env CORDOVA_PLAT-
FORM=android vue-cli-service cordova-build-android",
```

3

```
      "cordova-build-browser": "cross-env COR-
DOVA_PLATFORM=browser  vue-cli-service  cor-
dova-build-browser",
        "cordova-build-electron":  "cross-env
CORDOVA_PLATFORM=electron    vue-cli-service
cordova-build-electron",
        "cordova-build-ios":  "cross-env  COR-
DOVA_PLATFORM=ios   vue-cli-service   cordo-
va-build-ios",
            "cordova-build-only-www-android":
"cross-env   CORDOVA_PLATFORM=android   vue-
cli-service cordova-build-only-www-android",
          "cordova-build-only-www-browser":
"cross-env   CORDOVA_PLATFORM=browser   vue-
cli-service cordova-build-only-www-browser",
           "cordova-build-only-www-electron":
"cross-env  CORDOVA_PLATFORM=electron  vue-
cli-service      cordova-build-only-www-elec-
tron",
      "cordova-build-only-www-ios": "cross-env
CORDOVA_PLATFORM=ios vue-cli-service cordo-
va-build-only-www-ios",
      "cordova-build-only-www-osx": "cross-env
CORDOVA_PLATFORM=osx vue-cli-service cordo-
va-build-only-www-osx",
        "cordova-build-osx":  "cross-env  COR-
DOVA_PLATFORM=osx    vue-cli-service    cordo-
va-build-osx",
        "cordova-prepare": "vue-cli-service cor-
dova-prepare",
      "cordova-serve-android": "cross-env CORDOVA_PLAT-
FORM=android vue-cli-service cordova-serve-android",
        "cordova-serve-browser": "cross-env COR-
DOVA_PLATFORM=browser  vue-cli-service  cor-
dova-serve-browser",
        "cordova-serve-electron":  "cross-env
CORDOVA_PLATFORM=electron    vue-cli-service
cordova-serve-electron",
        "cordova-serve-ios":  "cross-env  COR-
DOVA_PLATFORM=ios   vue-cli-service    cordo-
va-serve-ios",
        "cordova-serve-osx":  "cross-env  COR-
DOVA_PLATFORM=osx   vue-cli-service    cordo-
va-serve-osx"
  },
  "dependencies": {
    "@capacitor/core": "3.0.0",
    "@ionic/vue": "^5.4.0",
    "@ionic/vue-router": "^5.4.0",
    "core-js": "^3.6.5",
    "vue": "^3.0.0-0",
    "vue-router": "^4.0.0-0"
  },
```

```
    "devDependencies": {
      "@capacitor/cli": "3.0.0",
      "@types/jest": "^24.0.19",
          "@typescript-eslint/eslint-plugin":
"^2.33.0",
      "@typescript-eslint/parser": "^2.33.0",
      "@vue/cli-plugin-babel": "~4.5.0",
      "@vue/cli-plugin-e2e-cypress": "~4.5.0",
      "@vue/cli-plugin-eslint": "~4.5.0",
      "@vue/cli-plugin-router": "~4.5.0",
      "@vue/cli-plugin-typescript": "~4.5.0",
      "@vue/cli-plugin-unit-jest": "~4.5.0",
      "@vue/cli-service": "~4.5.0",
      "@vue/compiler-sfc": "^3.0.0-0",
              "@vue/eslint-config-typescript":
"^5.0.2",
      "@vue/test-utils": "^2.0.0-0",
      "eslint": "^6.7.2",
      "eslint-plugin-vue": "^7.0.0-0",
      "typescript": "~3.9.3",
      "vue-cli-plugin-cordova": "~2.4.1",
      "vue-jest": "^5.0.0-0"
  }
}
```

Quellcode 3.28 *»package.json« des transformierten Ionic-Projektes*

Um die App auf dem Android-Emulator zu starten, müssen nacheinander folgende Befehle in dem ursprünglichen Hauptverzeichnis des Ionic-Projektes ausgeführt werden:

```
npm run cordova-build-android
npm run cordova-serve-android
```

Abb. 3.17 Erfolgreiches Bauen und Ausführen der hybriden App

3

⬛ **Abb. 3.18**   Nativ ausgeführte hybride App

Wenn der Kompilierungs- und Bereitstellungsprozess erfolgreich gewesen ist (vgl. ⬛ Abb. 3.17), wird die App auf
dem Emulator gestartet, wie in der ⬛ Abb. 3.18 dargestellt ist. Obwohl die Benutzungsoberfläche der dargestellten App identisch zu der Variante als mobile Web-
App ist, handelt es sich um ein gänzlich anderes Entwick-
lungs- und Ausführungsparadigma.

Zusammenfassung   Apache Cordova kompiliert zunächst die mobile
Web-App und verpackt anschließend alle notwendi-
gen Artefakte der App. Diese werden schließlich als Ressourcen der nativen App bereitgestellt, sodass sie bei der
Installation der App auf dem Handy des Anwenders
vorhanden sind. Es wird daher kein Webserver benötigt,
der aus dem Internet erreichbar ist und für die Auslieferung der HTML-, JavaScript- und CSS-Dateien verantwortlich ist.

3.3 Implementierung der Fallstudie »Stadträder App« mit dem Ionic-Framework

Die Implementierung der Fallstudie als mobile Web-App basiert auf dem Ionic-Framework in Kombination mit Vue.js (Version 3) sowie TypeScript als Programmiersprache.

◘ Abb. 3.19 zeigt die schematische Darstellung der Benutzungsoberfläche. Der Einstiegspunkt für Vue.js ist die App-Komponente des Ionic-Projektes, in welcher die IonApp als höchster Container in der Hierarchie mit einem IonRouterOutlet initialisiert wird.

Das IonApp-Element stellt den Rahmen für weitere Ionic-Komponenten zur Verfügung und verarbeitet Navigationsevents und Interaktionen mit dem System. In dem IonRouterOutlet werden Komponenten dargestellt, welche im Router der Anwendung abhängig vom Pfad konfiguriert sind. Die beiden groben Ansichten in dieser Anwendung, wie sie zu Beginn von ▶ Kap. 2 vorgestellt wurden, sind in den Komponenten StartupScreen (für die Startup-Ansicht) und TabsPage (für die Hauptansicht) implementiert.

Die StartupScreen-Komponente überprüft zunächst das gespeicherte Token. Liegt kein Token vor oder ist dieses ungültig, zeigt die Anwendung einen Hinweis

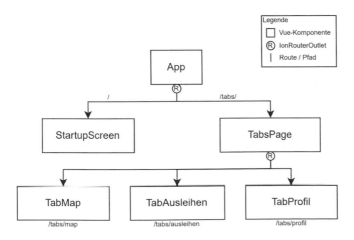

◘ **Abb. 3.19** Schematische Darstellung der Komponentenhierarchie in dem Ionic-Projekt

an und erlaubt es dem Anwender, sich zu authentifizieren. Sie ist im Router unter dem standardmäßigen Pfad (»/«) zu erreichen und wird damit bei einem Kaltstart der Anwendung angezeigt.

Nach erfolgreicher Authentifizierung wird zu der `TabsPage` navigiert, welche im Router dem Pfad »/tabs/« zugeordnet ist. Die Komponente enthält lediglich die Navigationskomponente `IonTabs` mit einer `IonTabBar` und einem `IonRouterOutlet`. Damit stellt die `TabsPage` lediglich das Widget zur Auswahl des Tabs am unteren Rand der Benutzungsoberfläche und einen Container für den Inhalt des ausgewählten Tabs zur Verfügung. Die Inhalte der Tabs sind als untergeordnete Routen der `TabsPage` erfasst: Die Route »/tabs/map« entspricht der Vue-Komponente `TabMap`, die Route »/tabs/ausleihen« verweist auf `TabAusleihen`, und »/tabs/profil« ist an `TabProfil` gebunden.

Befindet sich der Anwender beispielsweise in der Kartenansicht für die Auswahl einer Verleihstation, dann entspricht dies dem Router mit dem Pfad »/tabs/map«, und im äußeren `IonRouterOutlet` wird die `TabsPage`-Komponente geladen. Das innere `IonRouterOutlet` wird basierend auf dem Pfad die `TabMap`-Ansicht laden, welche in ihrem Template schließlich die Tab-spezifischen Elemente wie die Toolbar und Google Maps darstellt.

3.3.1 Kommunikation mit dem Backend

Quellcode 3.29 zeigt die Implementierung der Datenklassen für die Klasse `Station`. Die Attribute der Klassen können in dieser verkürzten Schreibweise direkt im Konstruktor deklariert werden, wodurch insbesondere die Datenklassen leserlicher wirken.

```
import GeopositionT from "@/model/geoposi-
tion";
export default class Station {
    constructor(public id: string,
                public bezeichnung: string,
                public position: Geoposi-
tionT,
```

```
                    public verfuegbar: number)
    {}
    }
```

Quellcode 3.29 *Quellcode der Datenklasse Station in TypeScript*

Für HTTP-Anfragen wird in dem Projekt die externe Bibliothek Axios 7 verwendet, da diese trotz einer minimalistischen Schnittstelle in einem für dieses Projekt ausreichenden Maß angepasst werden kann. In dem folgenden Ausschnitt wird der Token-Header in der Basiskonfiguration überschrieben:

```
this.axios.defaults.headers.common["Token"]
    = t;
```

Nach einer erfolgreichen Anfrage wird versucht, die vorliegenden JSON-Daten aus den erforderlichen Datentypen zu interpretieren. Um beispielsweise die Liste von Stationen von dem Fahrrad-Backend abzurufen, reicht die folgende Funktion aus:

```
public  async  getStationen():  Promise<Sta-
tion[]> {
        const response = await this.axios.
get("/stationen");
        return response.data;
    }
```

Die API-Methoden sind asynchron implementiert und verwenden für Ergebnisse die JavaScript Promise API. Angeforderte Daten können somit wahlweise mit dem »await«-Schlüsselwort in einer asynchronen Funktion abgewartet werden, oder es werden Callbacks mit dem zurückgegebenen Promise registriert. Letzterer Ansatz wird in dieser Implementierung mit der vorgestellten Funktion getStationen() eingesetzt:

```
this.stationenService.getStationen()
        .then(s => {
```

3

```
                    this.stationen = s;
                    this.prepareMaps();

            }).catch(e => retryToast( [...]
    ));
```

3.3.2 Layouts und Widgets

Alle Layouts in dieser Implementierung sind mit Vue.
js-Templates erstellt worden. Ionic bietet dabei verschiedene fertige und erweiterbare Komponenten an, die häufig in mobilen Anwendungen vorkommen, wie eine Toolbar, unterschiedliche Buttons, Cards oder auch eine Basis für einfache List-Items. Des Weiteren bieten einige
Ionic-Layoutkomponenten   sogenannte   vordefinierte
Slots an, mit welchen Entwickler eigene Erweiterungen mit wenig Aufwand positionieren können. In dem
folgenden Beispiel wird ein Icon an den Anfang einer
`IonToolbar` gesetzt:

```
<ion-toolbar color="primary">
<ion-icon       src="[...]"       slot="start"
class="marker-icon"></ion-icon>
</ion-toolbar>
```

Wie mit dem angegebenen Slot umgegangen wird, liegt
dabei in der Verantwortung der `IonToolbar`, welche
dem `IonIcon` übergeordnet ist. Eine Komponente, welche in diesem Projekt einen wichtigen Stellenwert hat, ist
`IonModal`. Dabei handelt es sich um Vollbilddialoge,
welche direkt im Template einer Seite deklariert werden
können, um sie anschließend nach Bedarf ein- und auszublenden. Dieser vereinfachte Ausschnitt zeigt die Verwendung in dem Projekt:

```
<ion-modal id="modal-kategorie" :is-open="-
modalKategorieOpen"
            @didDismiss="setModalKategorieO-
pen(false)">
    <ion-content>
        <ion-toolbar color="primary">[...]</
ion-toolbar>
        <ion-list>[...]</ion-list>
```

```
        <div class="bb-container" slot="-
fixed">[...]</div>
      </ion-content>
</ion-modal>
```

Ob das Modal angezeigt werden soll, wird durch das Feld `modalKategorieOpen` gesteuert, welches in dem Ausschnitt durch das Attribute Binding `is-open` realisiert wird. Zusätzlich wird auf das `didDismiss`-Event reagiert, welches ausgelöst wird, sobald der Anwender den Dialog manuell geschlossen hat, etwa über den Zurück-Button oder eine Geste des Gerätes. Der Funktionsaufruf ändert außerdem in der Komponenteninstanz den Zustand des Modals, und es können zusätzliche Aktionen ausgeführt werden, wie das Verwerfen temporärer Daten im Kontext des Dialoges.

Der Inhalt ist in einem `IonContent`-Container gekapselt und besteht aus einer Toolbar, einer Liste und einem `Div`-Element, welches den Slot »fixed« des Containers einnimmt und für Buttons genutzt wird, die immer am unteren Rand fixiert sind.

An einigen Stellen sollen Komponenten nur unter bestimmten Bedingungen angezeigt werden. Dies kann durch die Verwendung der »v-if«-Direktive erreicht werden, hier etwa, um den Button zur Rückgabe eines Fahrrades nur dann anzuzeigen, wenn die Ausleihe noch aktiv ist:

```
<rad-item    v-for="item    in    ausleihen"
:key="item"
                            :rad="item.
fahrrad">
    <p>{{ transformZeitEnde(item) }}</p>
      <ion-button v-if="item.bis.getTime() >
new Date().getTime()"
                        [...] >Zurückgeben</
ion-button>
  </rad-item>
```

Neben der Steuerung der Sichtbarkeit von Komponenten ist diese Funktion ebenfalls für Situationen nützlich, indem eine referenzierte Variable im ViewModel null annehmen darf. Mit der »v-if«-Direktive kann sichergestellt werden, dass eine Komponente nur dann dargestellt

3

wird, wenn in dem aktuellen Zustand tatsächlich ein Wert vorliegt. Auf Details der »v-for«-Direktive aus dem Ausschnitt wird in Abschn. 4.12.6 näher eingegangen.

3.3.3 Details zum MVVM

Die Struktur von Komponenten in Vue.js ist grundlegend an das MVVM-Pattern angelehnt. Es werden Templates mit einer auf HTML basierenden Syntax erstellt, welche durch das Framework mit der Instanz der dazugehörigen Komponente verbunden und reaktiv gezeichnet wird. Werden Felder der Instanz manipuliert, dann aktualisiert Vue.js die dargestellten Inhalte automatisch. Das Script der Komponente stellt damit das ViewModel dar, welches seinen eigenen Zustand ändern kann und nicht direkt mit den Views interagiert. Der Zustand des ViewModel kann auch direkt durch Verändern eines Wertes oder indirekt bei einem Aufruf einer Funktion durch Event Bindings in dem Template geändert werden. Dies erfolgt zum Beispiel, wenn der Anwender auf einen Button klickt. Eine weitere Möglichkeit stellen bidirektionale »v-model«-Bindings dar, bei welchen sowohl eine Werteänderung im ViewModel als auch eine Aktualisierung der Oberfläche ausgelöst werden können. Diese Art von Binding kommt beispielsweise bei Textfeldern vor:

```
<icon-input    label="Vorname"    v-model:val-
ue="benutzer.vorname"
icon="assets/icon/ic_id_card.svg"></
icon-input>
```

Wird in dem Beispiel das Feld »benutzer.vorname« im ViewModel aktualisiert, dann wird der Wert in das Textfeld übernommen. Genauso würde der bestehende Wert im ViewModel geändert werden, sobald der Anwender den Inhalt des Textfeldes manipuliert – Vue hält die Werte durch die »v-model«-Direktive synchron.

```
{ path: '/tabs/',
  component: TabsPage,
  children: [
    { path: '', redirect: '/tabs/map' },
```

```
        { path: 'map', component: () => im-
port('@/views/TabMap.vue') },
        { path: 'ausleihen', component: () =>
import('@/views/TabAusleihen.vue') },
        { path: 'profil', component: () => im-
port('@/views/TabProfil.vue') }
    ]
}
```

Quellcode 3.30   *Ausschnitt aus der Ionic-Router-Konfiguration*

3.3.4 Navigation

Die Navigation macht Gebrauch von der Ionic-spezifischen Implementierung des Vue-Routers. In dieser sind einige Funktionen des Routers auf die Ionic-Komponenten angepasst, um unter anderem Übergänge zwischen IonPage-Elementen zu erlauben. Bei der Tab-Navigation am unteren Bildschirmrand in der Fallstudie wird neben der IonTabBar ein verschachteltes IonRouterOutlet eingesetzt. In diesem werden die children-Elemente aus der Konfiguration der »/tabs«-Route dargestellt, welche in dem Ausschnitt in Quellcode 3.30 zu sehen sind.

Jeder Tab erhält dabei einen eigenen Back Stack für interne Navigationsevents, und der Anwender kann nichtlinear zwischen den Tabs wechseln. Die Navigation kann über herkömmliche Links (»href«- oder »router-link«-Attribute) im Template oder mithilfe des $router-Objekts in Komponenten stattfinden. Eine Anwendung für letzteren Fall findet sich in dem Projekt auf der Login-Seite. Sobald der Anwender sich erfolgreich authentifiziert hat, soll die aktuelle Ansicht (»/login«) mit der Hauptansicht (»/tabs«) ersetzt werden. Dabei soll nicht wieder zurück navigiert werden können. Dieses Ergebnis wird mit einem Aufruf der Replace-Funktion des Routers umgesetzt.

3.3.5 Styling

Die Anpassung des Aussehens der eigenen Layouts und Komponenten erfolgt in Vue.js mit CSS, welches optional direkt in die vue-Datei eingebunden werden kann.

3

Ionic-Komponenten bieten dabei häufig eigene Variablen für die Konfiguration an; so kann die Farbe des Ripple-Effektes für Buttons in CSS beispielsweise mit der `--ripple-color`-Eigenschaft angepasst werden. In der Datei `src/theme/variables.css` sind standardmäßig Farben vordefiniert, welche von Ionic-Komponenten verwendet werden können. Damit lassen sich die Farben vieler Komponenten außerdem direkt im Template anpassen, indem das `color`-Attribut auf einen der vordefinierten Werte gesetzt wird, beispielsweise `primary`, `secondary` oder `danger`.

In diesem Beispiel wird einer `IonToolbar` eine dieser vordefinierten Farbklassen übergeben, um den Hintergrund mit der Primärfarbe zu füllen:

```
<ion-toolbar color="primary">
   <ion-title>Meine Ausleihen</ion-title>
</ion-toolbar>
```

Einen höheren Grad der Anpassung erreicht man durch die Verwendung eigener CSS-Klassen. Das folgende Beispiel wird als Basis für alle blockartigen Buttons innerhalb des Projekts angewendet:

```
.block-button {
--border-radius: 0;
--border-width: 1px;
--padding-top: .5em;
--padding-bottom: .5em;
--padding-left: .3em;
--padding-right: .3em;
}
```

Das gewünschte Aussehen wird durch die Konfiguration eines nicht abgerundeten, 1 px breiten Randes und eigene Werte für das Padding des Buttons erreicht. Die CSS-Eigenschaften in dem Ausschnitt sind Ionic-spezifisch und können der Dokumentation der jeweiligen Komponente entnommen werden. Für weitere Anpassungen können für eine Komponente auch mehrere Klassen kombiniert werden. In dem Projekt wird `block-button` durch die folgende Klasse ergänzt, um einen blockartigen Button in der Primärfarbe zu erzeugen:

```
.bb-primary {
--background: none;
--border-color:        var(--ion-color-primary,
grey);
--color: var(--ion-color-primary, grey);
}
```

In dem Ausschnitt müssen ausschließlich die Farben des Buttons angepasst werden.

Übungsaufgabe 3.1

Implementieren Sie das in Abschn. 3.1.1 vorgestellte Beispiel, indem Sie mit dem Befehl »`ionic start meineApp tabs`« die generierten Dateien anpassen. Insgesamt benötigen Sie fünf Tab-Elemente für die Standorte Hagen, Iserlohn, Meschede, Soest und Lüdenscheid.

a) Schauen Sie sich bitte zunächst die generierte Datei `ExploreContainer.vue` an. Erweitern Sie die Liste der Properties um einen Eintrag »url«. Geben Sie statt der festen URL die innerhalb der Property definierte URL an. Dafür müssen Sie den Template-Bereich dieser Komponente um eine dynamische Anbindung erweitern. Verwenden Sie diesen Befehl:

   `<a target="_blank" rel="noopener noreferrer" v-bind:href="url">{{ name }}</a>`

b) Kopieren Sie die Datei »`Tab3.vue`« zweimal in den Ordner »`views`« und benennen Sie diese Dateien »Tab4.vue« und »Tab5.vue«. Passen Sie anschließend die Dateien entsprechend an.

c) In den Dateien Tab1.vue bis Tab5.vue wird die `ExploreContainer` verwendet. Übergeben Sie neben der »name«-Property auch die URL an die Explore-Container-Komponente.

d) Finalisieren Sie das Projekt.

Native Entwicklung mobiler Anwendungen mit Android

Ihaltsverzeichnis

© Der/die Autor(en), exklusiv lizenziert an Springer-Verlag GmbH, DE, ein Teil von
Springer Nature 2023
D. Arinir, *Mobile Computing*,
https://doi.org/10.1007/978-3-662-67413-0_4

4

Lernziele
- Das Programmiermodell des Android SDK aus Layouts, Views, Activities, Intents und Fragmenten kennen und anwenden können
- Komplexe Benutzungsoberflächen aus grundlegenden Layoutelementen wie `ConstraintLayout`, `Linearlayout` und `RelativeLayout` umsetzen können
- Wesentliche Connectivity-Möglichkeiten von Android-Geräten kennen und einsetzen können
- Den nichtflüchtigen Speicher von Android-Geräten für die persistente Ablage von Informationen in eigenen Apps verwenden können
- Die Verwendungsmöglichkeiten der Sensoren kennen und die Programmierschnittstellen anwenden können

Kurzfassung

Das Android SDK erlaubt die native Implementierung von mobilen Anwendungen für das Android Betriebssystem. Apps werden mithilfe dieses SDKs in der Regel in Java oder der Programmiersprache Kotlin entwickelt. In diesem Kapitel werden die Grundlagen der nativen App-Entwicklung unter Android vorgestellt. Dabei werden das Programmiermodell sowie die wichtige Betriebssystem-API-Funktionen erläutert.

Dieses Kapitel vermittelt eine Übersicht über die nativen Programmiermöglichkeiten von Apps mithilfe des Android SDK. Nach der Erläuterung der wichtigsten Aspekte dieser Plattform, wie zum Beispiel Layouts und `Views`, `Activities` und `Intents` sowie Fragmente, wird die in ► Kap. 2 vorgestellte Fallstudie einer Stadträder-App mit ortsgebundenen Diensten umgesetzt und mit der Implementierung aus ► Kap. 3 verglichen.

4.1 Das Hello-World-Beispiel

Mithilfe der Entwicklungsumgebung Android Studio kann eine einfache Hello-World-App in wenigen Schritte entwickelt werden. Android Studio unterstützt die Anlage eines neuen Projektes mit dem Projektassistenten. Wie aus ◙ Abb. 4.1 hervorgeht, soll im Kontext dieses

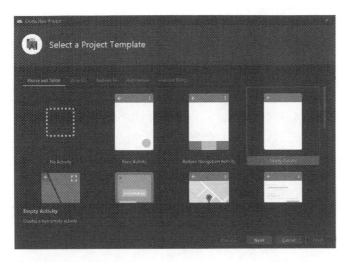

◘ Abb. 4.1 Projektassistent zum Anlegen eines neuen Projektes

einfachen Beispiels zunächst eine leere »Activity« als Vorlage gewählt werden.

Anschließend müssen der Name der App und des entsprechenden Pakets sowie das Projektverzeichnis angegeben werden. Der Assistent wird anschließend mit der Bestätigung der Schaltfläche »Finish« abgeschlossen (◘ Abb. 4.2).

Nachdem das Projekt angelegt wurde, führt Android Studio das **Gradle**-Skript aus, welches zunächst alle notwendigen Abhängigkeiten des Projektes aus dem

Hinweis

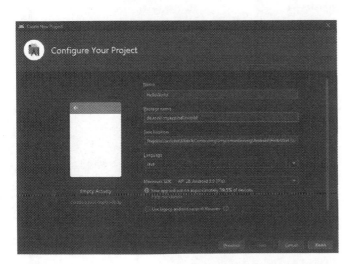

◘ Abb. 4.2 Auswahl der Zielplattform und grundlegende Projekteinstellungen

4

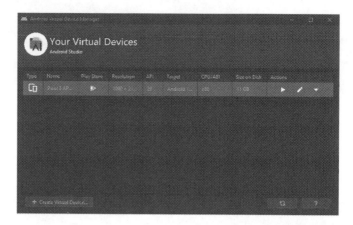

◘ Abb. 4.3   Der Android Virtual Device Manager zur Verwaltung von emulierten Endgeräten

Internet herunterlädt. Die Kompilierungszeit kann daher initial einige Minuten in Anspruch nehmen.

Mit der Installation der Entwicklungsumgebung wird auch der Android Virtual Device Manager auf der Workstation installiert (◘ Abb. 4.3). Dabei handelt es sich um ein Werkzeug zur Anlage und Verwaltung emulierter Endgeräte. Durch die Emulation kann die App auf unterschiedlichen Gerätetypen und Hardwareausstattungen, zum Beispiel Bildschirmauflösungen, erprobt werden.

Emulation erfordert geeignete Hardware

Leider stellt die Emulation hohe Anforderungen an die Workstation. Beispielsweise sollte man mindestens 16 GB Arbeitsspeicher und eine gute CPU besitzen, da ansonsten durch häufiges Auslagern des Arbeitsspeichers die Ausführungsgeschwindigkeit stark reduziert wird und ein Arbeiten im Emulator nicht möglich ist.

Für dieses einfache erste Beispiel wird ein Pixel-3-Smartphone angelegt. Wenn die App erfolgreich kompiliert werden konnte, lässt sie sich, wie in ◘ Abb. 4.4 dargestellt, über die Toolbar der Entwicklungsumgebung starten.

◘ Abb. 4.4   Das Starten der App im Emulator

Jedes Android-Projekt besitzt eine sogenannte Manifest-Datei, welche die Basiskonfiguration der App beinhaltet und als Einstiegspunkt für das Betriebssystem dient. Der Assistent legt auch für dieses Beispielprojekt die in Quellcode 4.1 abgebildete Datei an.

AndroidManifest.xml

```xml
<?xml version="1.0" encoding="utf-8"?>
<manifest

xmlns:android="http://schemas.android.com/
apk/res/android"
        package="de.arinir.myapp.hellow-
orld">

  <application
    android:allowBackup="true"
    android:icon="@mipmap/ic_launcher"
    android:label="@string/app_name"
    android:roundIcon="@mipmap/ic_launcher_
round"
    android:supportsRtl="true"
    android:theme="@style/Theme.HelloWorld">
    <activity android:name=".MainActivity">
      <intent-filter>
        <action android:name="android.in-
tent.action.MAIN" />
        <category android:name="android.in-
tent.category.LAUNCHER" />
      </intent-filter>
    </activity>
  </application>

</manifest>
```

Quellcode 4.1   Manifest-Datei des Hello-World-Projektes

Folgende Einstellungen können in dieser Manifest-Datei vorgenommen werden:
- die Bezeichnung der Anwendung
- die Versionsnummer der Anwendung
- das Icon, welches in dem Homescreen angezeigt wird,
- alle App-Komponenten
  - Activities
  - Services
  - BroadcastReceiver
- die initial zu startende App-Komponente
- das Aussehen der App *(theming)*
- die Zugriffsrechte

4

MainActivity.
java

Activities sind das Herzstück einer Android-App. Im Gegensatz zu einer klassischen Java-Anwendung, die durch den Aufruf der `main()`-Operation gestartet wird, initialisiert die Android-Laufzeitumgebung eine Android-App, indem eine Instanz einer Klasse erzeugt wird, die von der Basisklasse `Activity` des Android SDK erbt. Diese Klasse bietet unterschiedliche Logiken und Callback-Funktionen an, die für die Visualisierung der App wichtig sind.

Für die Initialisierung und die Anzeige ist dabei die Operation »`onCreate()`« ausschlaggebend. Es handelt sich um die erste Operation, die im Lebenszyklus einer Activity aufgerufen wird. Die Aufgabe der Activity besteht darin, das Layout der Anwendung aus einer XML-Datei zu laden und anzuzeigen. Die Implementierung aus Quellcode 4.2 besteht aus zwei Anweisungen, wobei die erste Anweisung die Implementierung der Oberklasse aufruft und die Operation `setContextView()` dafür zuständig ist, das aktuelle Layout zu setzen.

```
package de.arinir.myapp.helloworld;

import androidx.appcompat.app.AppCompatActivity;

import android.os.Bundle;

public class MainActivity extends AppCompatActivity {

    @Override
    protected void onCreate(Bundle savedInstanceState) {
        super.onCreate(savedInstanceState);
        setContentView(R.layout.activity_main);
    }
}
```

Quellcode 4.2   Die Klasse *MainActivity* des Hello-World-Projektes

Hinweis

Apps können auch ohne eine `Activity` erstellt werden. Das ist dann der Fall, wenn beispielsweise eine Anwendung als Hintergrunddienst gestartet werden soll, die keinerlei Benutzungsoberfläche besitzt. Details werden in ▶ Abschn. 4.5.2 behandelt.

Android Studio legt die Layoutdateien innerhalb des Ordners /res/layout ab. In diesem einfachen Beispielprojekt beinhaltet die Datei ein exemplarisches Basislayout, in welchem eine TextView-Komponente eingebunden ist.

Der Inhalt der XML-Datei, welche in ■ Abb. 4.5 innerhalb der Layoutansicht im Android Studio dargestellt ist, stellt sich wie in Quellcode 4.3 gezeigt dar. Sie haben die Möglichkeit, sowohl die Datei direkt im Texteditor zu bearbeiten als auch die Layoutansicht von Android Studio im **WYSIWYG**-Modus (WYSIWYG steht für *what you see is what you get*) zu verwenden.

Die Datei activity_main.xml

```
<?xml version="1.0" encoding="utf-8"?>
<androidx.constraintlayout.widget.Con-
straintLayout
    xmlns:android="http://schemas.android.
com/apk/res/android"
    xmlns:app="http://schemas.android.com/
apk/res-auto"
    xmlns:tools="http://schemas.android.
com/tools"
    android:layout_width="match_parent"
    android:layout_height="match_parent"
    tools:context=".MainActivity">
```

4

```
    <TextView
        android:layout_width="wrap_content"
        android:layout_height="wrap_con-
tent"
        android:text="Hello World!"
        android:textSize="30sp"
        app:layout_constraintBottom_toBotto-
mOf="parent"
        app:layout_constraintHorizontal_
bias="0.498"
        app:layout_constraintLeft_toLeft-
Of="parent"
        app:layout_constraintRight_to-
RightOf="parent"
        app:layout_constraintTop_to-
TopOf="parent" />

</androidx.constraintlayout.widget.Con-
straintLayout>
```

Quellcode 4.3   Der Inhalt der Layoutdatei `activity_main.xml`

Ressourcen

Apps können Ressourcen wie Grafiken, weitere Layouts, Textbausteine, Farbwerte u. v. m. beinhalten. Diese werden ebenfalls in dem Ordner `/res/` abgelegt. Wie aus ◘ Abb. 4.6 hervorgeht, werden neben der Layoutdatei auch Dateien für die zentrale Verwaltung von Texten, Farben und Stylings abgelegt.

R.java

Um eine Beziehung zwischen dem Sourcecode und den Ressourcen und eine Referenzierung der Ressourcen aus dem Code heraus zu ermöglichen, erstellt das Android SDK beim Kompilieren automatisch eine Mapping-Datei

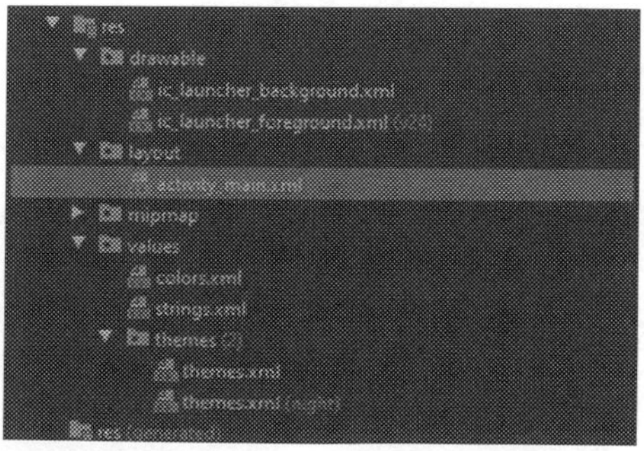

◘ **Abb. 4.6**   Unterschiedliche Ressourcen

namens `R.java`. Bei diesem Vorgang wird die bisherige Datei immer überschrieben. Alle validen XML-Ressourcen, die sich im Projektordner befinden, werden beim Kompilieren des Projektes in das Mapping aufgenommen. Mithilfe der dynamisch erzeugen R-Datei kann dann aus dem Code heraus auf die Ressourcen zugegriffen werden.

In manchen Situationen muss eine App auf die Laufzeitumgebung der Anwendung zugreifen. In Android wird dies über die abstrakte Klasse `Context` bereitgestellt. Innerhalb einer Activity kann auch auf den Kontext durch den Aufruf der Operation `getApplicationContext()` zugegriffen werden. Durch den Kontext lassen sich beispielsweise andere `Activities` starten oder sogenannte `Intents` senden oder empfangen. Die Details werden im Folgenden diskutiert. In ◘ Abb. 4.7 ist die innerhalb eines Emulators in Ausführung befindliche Hello-World-App abgebildet.

Hello-World-Beispiel

4.2 Grundlagen der UI-Programmierung

In diesem Abschnitt werden die Basistechniken zur Entwicklung von Benutzungsoberflächen in Android behandelt.

4.2.1 Layouts und Views

In Android wird die Benutzungsoberfläche durch Layouts definiert. Layouts sind hierarchisch aufgebaut und beinhalten sogenannte `Views` und `ViewGroups` (◘ Abb. 4.8). In dieser Baumstruktur fungieren `ViewGroups` als Container und können sowohl weitere `ViewGroups` als auch `Views` besitzen. Views werden auch Widgets genannt. Es handelt sich um finale bzw. atomare Komponenten innerhalb der Hierarchie, die nicht weiter in ihre einzelnen Bestandteile unterteilt werden können. Beispiele für solche Widgets sind `Buttons` oder `TextViews`.

Grafische Oberflächen können in Android entweder in XML-Dateien deklariert oder programmatisch im Code erzeugt werden. Die programmatische Erzeugung der Oberfläche macht beispielsweise in Szenarien Sinn, bei denen die Oberfläche über serverseitige Infor-

4

☐ **Abb. 4.7**   Ausführung des Hello-World-Beispiels im Emulator

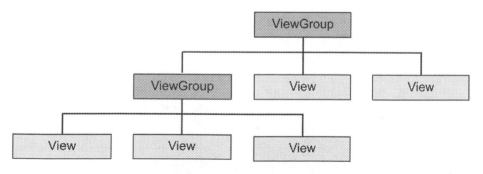

☐ **Abb. 4.8**   Hierarchische Struktur eines Layouts. (Vgl. Android II, 2021)

mationen beeinflussbar sein soll. In einem ERP-System könnte ein zusätzliches Feld für den kundenseitigen Ansprechpartner konfigurativ aktivierbar sein. Eine mobile App dieses ERP-Systems würde über entsprechende Metadaten, die der Server liefert, auch die Oberfläche der App anpassen.

In der Regel wird die Benutzungsoberfläche aber statisch entwickelt, sodass sich die Ausführungen in diesem Kapitel ausschließlich auf die Spezifikation über XML-Dateien fokussiert. In jeder Layoutdatei wird ein einzelnes Basiselement, das sogenannte Wurzelelement, über eine `ViewGroup` definiert. Durch die Verlagerung der Layoutgestaltung in eine deklarative XML-Datei wird die Präsentation einer Oberfläche von der Oberflächenlogik entkoppelt, welche ihr Verhalten steuert.

In dem folgenden Beispiel besteht das Layout aus einer `ViewGroup` vom Typ `ConstraintLayout`, welches insgesamt drei Kindelemente besitzt: eine `TextView` sowie zwei `Buttons`.

Das Besondere an dem `ConstraintLayout` ist, dass man mithilfe dieser Layoutstrategie komplexe und responsive Benutzungsoberflächen realisieren kann. Bei der Verwendung des `ConstraintLayout` müssen alle untergeordneten `Views` über mindestens einen horizontalen sowie einen vertikalen `Constraint` verfügen, über die sich das Widget in die dargestellte Oberfläche einreiht.

In ◨ Abb. 4.9 ist auf der rechten Seite des Layouteditors der Bereich abgebildet, in dem die Angaben zu den Constraints spezifiziert werden können. Die Bedeutung der links und rechts neben der `TextView` abgebildeten »Sprungfedern« wird weiter unten erläutert. Wie auch Quellcode 4.4 zu entnehmen ist, wird die `TextView` am oberen Rand des Ansichtsfensters platziert. Die beiden `Buttons` werden hingegen jeweils einmal unterhalb der `TextView` sowie unterhalb des ersten `Buttons` angebracht.[1]

---

1 Die entsprechenden Befehle sind fett markiert.

4

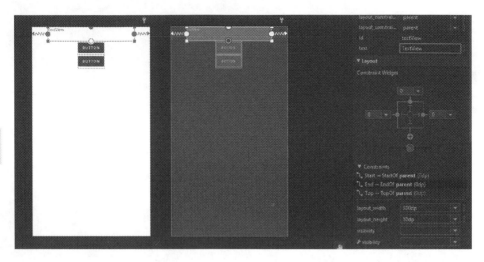

■ **Abb. 4.9**   Layoutansicht innerhalb von Android Studio bei der Verwendung des ConstraintLayout

```xml
<?xml version="1.0" encoding="utf-8"?>
<androidx.constraintlayout.widget.Con-
straintLayout
    xmlns:android="http://schemas.android.
com/apk/res/android"
    xmlns:app="http://schemas.android.com/
apk/res-auto"
    xmlns:tools="http://schemas.android.
com/tools"
    android:layout_width="match_parent"
    android:layout_height="match_parent"
    tools:context=".MainActivity">

    <TextView
        android:id="@+id/textView"
        android:layout_width="395dp"
        android:layout_height="50dp"
        android:text="TextView"
        app:layout_constraintEnd_toEnd-
Of="parent"
        app:layout_constraintStart_toStar-
tOf="parent"
        app:layout_constraintTop_toTo-
pOf="parent" />

    <Button
        android:id="@+id/button"
        android:layout_width="wrap_content"
```

```
        android:layout_height="wrap_con-
tent"
        android:text="Button"
        app:layout_constraintEnd_toEnd-
Of="parent"
        app:layout_constraintStart_toStar-
tOf="parent"
        app:layout_constraintTop_toBotto-
mOf="@+id/textView" />

    <Button
        android:id="@+id/button2"
        android:layout_width="wrap_content"
android:layout_height="wrap_content"
        android:text="Button"
        app:layout_constraintEnd_toEnd-
Of="parent"
        app:layout_constraintStart_toStar-
tOf="parent"
        app:layout_constraintTop_toBotto-
mOf="@+id/button" />

</androidx.constraintlayout.widget.Con-
straintLayout>
```

Quellcode 4.4 Einfaches Layout bestehend aus einem `Constraint-Layout`

Über das in der XML-Datei definierte Identifizierungsattribut »`id`« können die Widgets zur Laufzeit ermittelt sowie anschließend verändert werden.

```
@Override
protected void onCreate(Bundle savedIn-
stanceState) {
    super.onCreate(savedInstanceState);
    setContentView(R.layout.activity_main);

    TextView textView = findViewById(R.id.tex-
tView);
    Button b01 = findViewById(R.id.button);
    Button b02 = findViewById(R.id.button2);

    textView.setText("Layout Test");
    b01.setText("Click 1");
    b02.setText("Click 2");
}
```

Quellcode 4.5 Referenzierung der View-Elemente aus Quellcode 4.4

4

Hinweis

Um eine bestimmte Aufteilung oder Gestaltung der Benutzungsoberfläche zu erlangen, kann eine beliebig tiefe Verschachtelung von verschiedenen `ViewGroups` vorgenommen werden. Da ein solches Vorgehen sich jedoch zur Laufzeit negativ auf die Performanz auswirkt, sollte das immer überdacht werden. Häufig sind eine Parametrisierung der `ViewGroups` und die Beziehung zwischen den View-Elementen ausreichend, um die gewünschte Oberfläche zu erhalten.

Mit der Methode `findViewById()` können sämtliche UI-Elemente mit einer ID referenziert werden. Es muss darauf geachtet werden, dass das gewünschte Element auch im Layout der `ContentView` vorhanden und damit in dieser Instanz initialisiert wurde. Ansonsten gibt diese Operation eine »null«-Referenz zurück.

4.2.1.1 View-Klassenhierarchie

◗ Abb. 4.10 zeigt die Klassenhierarchie, also die Abstammungsverhältnisse, der einzelnen Klassen, die für den Aufbau von Benutzungsoberflächen vorgesehen sind. Während die Basisklassen `View` und `ViewGroup` innerhalb des Pakets »android.view« implementiert werden, sind die anderen Steuerelemente im Paket »android.widget« definiert. Lediglich die etwas neuere Klasse `ConstraintLayout` sticht aus der Paketstruktur heraus und befindet sich in dem Paket »androidx.constraintlayout.widget«.

Eine Instanz der Klasse `View` oder eine ihrer Unterklassen stellt auf dem Bildschirm eine rechteckige Fläche dar und besitzt damit eine Breite und Höhe.

Hinweis

Durch einen transparenten Hintergrund können selbstverständlich auch andere Figuren oder Formen gezeichnet werden. Für das Android-Laufzeitsystem handelt es sich dennoch um rechteckige Steuerelemente.

Die in ◗ Abb. 4.8 dargestellte hierarchische Struktur der Steuerelemente wird durch Instanzen dieser Klassen realisiert. Wenn die Benutzungsoberfläche einer App neu gezeichnet werden muss, wird der »Neuzeichnen«-Befehl an alle Äste der hierarchischen Struktur und an die Instanzen der `View`-Klassen delegiert, indem ihre »onDraw«-Operation aufgerufen wird. Um die Laufzeiteigenschaften zu verbessern, besitzt Android einige Optimierungen, die das Neuzeichnen von unveränderten oder nicht dargestellten Bereichen vermeiden.

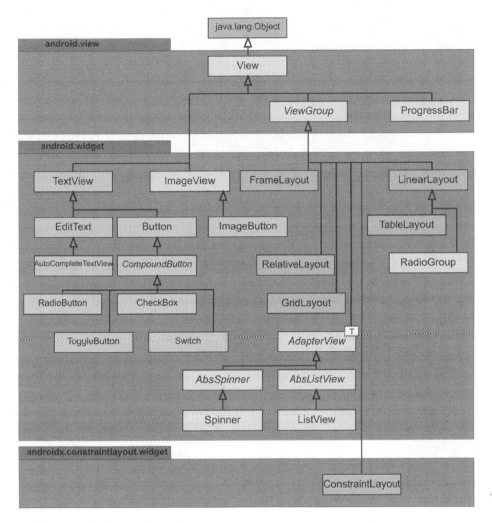

Abb. 4.10 View-Klassenhierarchie

4.2.1.2 `ViewGroup`-Klassen

Klassen, die von der Oberklasse »ViewGroup« erben, definieren eine automatisch durch die Android-Laufzeitumgebung umgesetzte Layoutstrategie. Nachfolgend werden einige ViewGroup-Varianten erläutert. In der Regel lassen sich mit den vorgestellten Layoutmustern bzw. -strategien beliebig komplexe Grundansichten einer mobilen Anwendung abdecken.

Alle Layoutstrategien benötigen gewisse Parameter, die für die Steuerung des Erscheinungsbildes verantwortlich

Layoutparameter

4

Hinweis

sind. Diese Parameter werden in der XML-Datei durch XML-Attribute definiert, die mit dem Präfix »**layout_**« beginnen. In dem Android SDK werden diese Parameter dadurch realisiert, dass jede `ViewGroup`-Klasse eine eingebettete, interne Klasse implementiert, welche von der Klasse `ViewGroup.LayoutParams` erbt. Dadurch ist es generisch möglich, weitere Layoutstrategien zu implementieren und diese additiv in die Laufzeitumgebung zu integrieren.

Aus ◘ Abb. 4.11 geht hervor, dass das Elternelement jeweils die Layoutparameter definiert, welche durch die Kindelemente gesetzt werden können.

Jede Unterklasse von `LayoutParams` kann ihre eigene Syntax für die Spezifikation der Attribute definieren. In der Regel besitzen sie aber auch einige allgemeine Parameter, wie zum Beispiel »`layout_width`« und »`layout_height`«. Diese Parameter können mit absoluten Werten versehen werden. Darüber hinaus werden diese aber auch mit qualitativen Werten definiert:

- `wrap_content`: Definiert die Breite oder Höhe anhand des Bedarfs innerhalb des Kindelementes. Wenn dieser Wert beispielsweise bei einer `TextView` verwendet wird, nimmt das Steuerelement die Breite und Höhe ein, die es zur vollständigen Darstellung des Textes benötigt.
- `match_parent`: Übernimmt die Breite bzw. die Höhe aus dem Elternelement. Das macht in der Regel nur bei einer der Dimensionen Sinn, da das Kindelement ansonsten die volle Fläche des Elternelementes ausfüllt und somit kein weiterer Platz mehr für andere Kindelemente vorhanden ist.

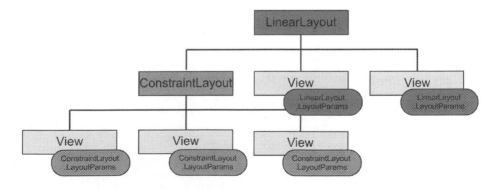

◘ **Abb. 4.11** Definition der Layoutparameter in den Unterelementen einer ViewGroup. (Vgl. Android II, 2021)

- **LinearLayout**

Das `LinearLayout` ordnet seine Unterelemente in vertikaler oder horizontaler Richtung aus. Dieses Verhalten wird über den Parameter `android:orientation = "<vertical/horizontal>"` bestimmt. In einem `LinearLayout` kann den einzelnen Elementen eine Gewichtung zugeordnet werden, bei der es sich um eine natürliche Zahl handeln muss: `android:layout_weight="0…MAX"`.

Die Elemente werden hierdurch proportional zum Gesamtgewicht aller Kindelemente auf der gleichen Ebene im Baum angezeigt. Dadurch nehmen Elemente mit einem höheren Gewicht mehr vom verfügbaren Bildschirmplatz ein. Die Standardgewichtung eines Elementes beträgt dabei 0 (◘ Abb. 4.12).

Besitzt lediglich ein Element in einem `LinearLayout` mit einer bestimmten Menge an Elementen eine Gewichtung, während alle anderen Elemente keine Gewichtung definieren und damit bei der Standardgewichtung 0 bleiben, wird nur das Element mit einem Gewicht angezeigt, da es proportional zur Summe der Einzelgewichtungen die gesamte Fläche vereinnahmt.

Hinweis

- **ConstraintLayout**

Das `ConstraintLayout` ordnet die Unterelemente relativ zueinander sowie zu ihrem Elternelement an. Die Gestaltung der Oberfläche wird dabei durch sogenannte Constraints definiert. Da man hierfür einen direkten Bezug zu anderen Elementen herstellen muss, benötigen alle Elemente eine eindeutige ID. Über eine Reihe von Attri-

◘ **Abb. 4.12** Beispielhafte Struktur einer Oberfläche mit einem `LinearLayout`

4

buten können die Beziehungen zu den Elternelementen, Geschwistern oder anderen Ankerpunkten festgelegt werden.

Die folgende Liste gibt einen Überblick über die möglichen Constraints:

- `layout_constraintLeft_toLeftOf`
- `layout_constraintLeft_toRightOf`
- `layout_constraintRight_toLeftOf`
- `layout_constraintRight_toRightOf`
- `layout_constraintTop_toTopOf`
- `layout_constraintTop_toBottomOf`
- `layout_constraintBottom_toTopOf`
- `layout_constraintBottom_toBottomOf`
- `layout_constraintBaseline_toBaselineOf`
- `layout_constraintStart_toEndOf`
- `layout_constraintStart_toStartOf`
- `layout_constraintEnd_toStartOf`
- `layout_constraintEnd_toEndOf`

Die Constraints bieten immer eine Kombination der Kanten zweier Unterelemente. Wie das folgende erste Beispiel zeigt, kann beispielsweise die obere Kante eines Elementes mit der unteren Kante eines anderen Elementes verknüpft werden.

```
app:layout_constraintTop_toBottomOf="<id>"
app:layout_constraintLeft_toRightOf="<id>"
```

Beim zweiten Beispiel wird hingegen die linke Kante des Elementes, in dem der Parameter festgelegt wird, mit der rechten Kante des über die ID definierten Elementes angeordnet:

Umgang mit Text

Sollen Texte mit unterschiedlichen Schriftgrößen dargestellt werden, reichen die Kanten eines Elementes als Ankerpunkte nicht mehr aus. Stattdessen können in einem solchen Fall die Basislinien der Texte zueinander ausgerichtet werden, wie das folgende Beispiel zeigt:

```
app:layout_constraintBaseline_toBaseline-
Of="<id>"
```

Wenn ein Element nicht an anderen Elementen ausgerichtet werden kann oder soll, lassen sich zusätzliche Führungs- bzw. Hilfslinien *(guidelines)* definieren (◘ Abb. 4.13). Jede

Abb. 4.13 Ausrichtung der Elemente an der Basislinie der Schrift

Führungslinie kann entweder horizontal oder vertikal platziert werden. Das Android SDK erlaubt sowohl die absolute als auch die relative Positionierung dieser Führungslinien.

Die Entwicklungsumgebung Android Studio bietet bei der Anordnung von UI-Elementen eine gute Unterstützung an. Über das Kontextmenü im Layouteditor können für ausgewählte Elemente verschiedene Anordnungen vorgenommen werden. Die Elemente können alle in horizontaler oder vertikaler Reihe angeordnet werden. Es können die Kanten der Elemente zueinander in Bezug gesetzt werden, und die Elemente können reduziert oder zu gleichen Teilen maximiert werden.

Automatisches Anordnen

Speziell bei Formularen oder Listen ähnlicher Elemente kann man sich hier enorm viel Aufwand für das manuelle Anordnen sparen.

Die Entwicklungsumgebung Android Studio unterstützt bei der Oberflächengestaltung. So können Elemente im Editor ausgewählt und anschließend horizontal oder vertikal verteilt werden. Dabei lassen sich auch Constraints spezifizieren, um die Ausrichtung an anderen Elementen zu orientieren. Jedoch handelt es sich nicht um einen WYSIWYG-Editor. Zur Laufzeit kann die Darstellung in Gänze anders aussehen, wenn die Spezifikation des Layouts nicht vollständig ist oder fehlerhaft durchgeführt wurde.

Hinweis

- **RelativeLayout**

Das `RelativeLayout` erlaubt die Positionierung der Kindelemente relativ zueinander (**Abb. 4.14**). Es handelt sich um einen Vorläufer des `ConstraintLayout`. Aus Performanzgründen aber wird empfohlen, das `RelativeLayout` in neuen Apps nicht mehr zu verwenden.

Wie auch bei dem `ConstraintLayout` üblich, müssen alle zu referenzierenden Elemente über eine eindeutige Identität verfügen. Wenn *keine* relative Angabe spezifiziert wird, dann erscheinen alle Kindelemente im oberen

4

☐ **Abb. 4.14**   Beispielhafte Struktur einer Oberfläche mit einem `Re-lativeLayout`

linken Rand des Elternelementes. Die folgende Liste, die aber nicht vollständig ist, gibt einen Überblick über die möglichen relativen Positionsangaben:

- `layout_alignParentTop`
- `layout_centerVertical`
- `layout_below`
- `layout:toRightOf`

Die ersten beiden Attribute der obigen Liste erwarten einen booleschen Wert. Die letzten beiden eine ID eines anderen Elementes. Die Ähnlichkeiten zum `Constraint-Layout` sind klar erkennbar, jedoch unterscheiden sie sich auch in einigen Punkten.

- **AdapterView**

Sollen in der Oberfläche eine unbekannte Anzahl von Elementen angezeigt werden, dann spricht man von dynamischen Inhalten. Mit `AdapterViews` lassen sich diese dynamischen Inhalte darstellen. Wie die folgende Liste zeigt, gibt es unterschiedliche Ausprägungen:

- Mit `SpinnerViews` können dem Anwender einfache Listen zur Auswahl von Elementen als Dropdown-Menüs angeboten werden.
- `ListViews` werden eingesetzt für die Darstellung von einfachen Auflistungen.
- In `GridViews` können Elemente in einer Matrix mit einem festen Raster dargestellt werden.
- Eine Mischung und vor allem eine überarbeitete, verbesserte Version der `ListView` ist die `Recycler-View`, mit der ein- oder zweidimensionale Auflistungen

dargestellt werden können. Auf die `RecyclerView` wird im nächsten Abschnitt detailliert eingegangen (◻ Abb. 4.15 und 4.16).

Allen `AdapterViews` ist gemeinsam, dass ihnen ein Adapter zugeteilt wird, der als Klasse die Logik zum Befüllen von Zellen beinhaltet. Die Darstellung einer Zelle erfolgt hierbei als Template, zum Beispiel als eigenes XML-Layout, und wird damit wiederverwendet.

Für einfache Auflistungen existieren bereits Implementierungen etwa für ArrayAdapter zum Schreiben von String-Werten in Textfelder. Komplexere Zellen müssen über eigene Adapter-Implementierungen gefüllt werden. Um eine Oberfläche mit einer AdapterView zu erstellen,

◻ **Abb. 4.15** GridView-Struktur mit einer beliebigen Anzahl an Elementen

◻ **Abb. 4.16** ListView-Struktur mit einer beliebigen Anzahl an Elementen

4

muss diese zunächst in ein bestehendes Layout eingebettet werden. Wie üblich kann dies programmatisch oder wie im unten gezeigten Beispiel über das XML-Layout geschehen.

```xml
<Spinner
    android:id="@+id/spinner"
    android:layout_width="match_parent"
    android:layout_height="wrap_con-
tent"
    android:layout_marginTop="46dp"
    app:layout_constraintEnd_toEnd-
Of="parent"
    app:layout_constraintStart_toStar-
tOf="parent"
    app:layout_constraintTop_to-
TopOf="parent" />
```

Quellcode 4.6   Einbettung eines Spinners in ein Layout

Die `AdapterView` kann dann in der zugehörigen Activity referenziert werden, und es können die nötigen Daten und Layouts für die Darstellung der einzelnen Elemente übergeben werden.

```java
@Override
protected void onCreate(Bundle savedIn-
stanceState) {
    super.onCreate(savedInstanceState);
    setContentView(R.layout.activity_list_
view_test);

    Spinner spinner01 = findViewById(R.
id.spinner);

    ArrayAdapter adapter = ArrayAdapt-
er.createFromResource(
                this,
                R.array.list_items,
                android.R.lay-
out.simple_spinner_item);

    adapter.setDropDownViewResource(
            android.R.layout.simple_spin-
ner_dropdown_item);

    spinner01.setAdapter(adapter);
    spinner01.setOnItemSelectedListener(
            new AdapterView.OnItemSelect-
edListener() {
```

```
                @Override
                public void onItemSelect-
ed(AdapterView<?> parent,
                View view,
                int position, long id) {

            }

        @Override
        public void onNothingSelected(Adapt-
erView<?> parent) {

            }
    });
}
```

Quellcode 4.7 Initialisierung von `Spinner` und `ArrayAdapter` in der `oncreate()`-Methode

In Quellcode 4.7 wird der Spinner, der im Layout angelegt wurde, über die ID referenziert.

Danach wird ein `ArrayAdapter` im Kontext der Activity erzeugt. Er erhält eine Referenz auf eine einfache Liste von Werten, die in der Ressourcendatei für Zeichenketten definiert werden kann. Wie oben beschrieben handelt es sich bei dem `ArrayAdapter` um eine konkrete Implementierung der abstrakten Klasse `BaseAdapter`, welche für das Befüllen von `AdapterViews` in Listenform aus einfachen Datensammlungen verwendet werden kann.

```
<string-array name="list_items">
    <item>Januar</item>
    <item>Februar</item>
    <item>März</item>
    <item>April</item>
    <item>Mai</item>
    <item>Juni</item>
    <item>Juli</item>
    <item>August</item>
    <item>September</item>
    <item>Oktober</item>
    <item>November</item>
    <item>Dezember</item>
</string-array>
```

Quellcode 4.8 Einfache Liste aus Werten in der Ressourcendatei `strings.xml`

4

Das Layout für den Spinner ist in diesem Beispiel ein Standardlayout, welches im Android SDK mit ausgeliefert wird, weshalb es auch mit dem Package-Identifier `android.R` und nicht über die App-eigene R-Datei eingebunden wird. Dem Adapter wird zusätzlich ein Layout für die Darstellung der ausgeklappten Liste übergeben. Auch hier greifen wir der Einfachheit halber auf ein Standardlayout des Android SDK zurück.

Der konfigurierte Adapter wird dem Spinner übergeben. Nun ist der Spinner vollständig initialisiert und kann eine Liste aus vordefinierten Werten in einem vordefinierten Layout anzeigen. Damit die Anwender ein Element aus der Dropdown-Liste auswählen können, muss dem Spinner noch ein Ereignisabhörer übergeben werden, der auf das Auswählen eines Elementes reagiert. Im Beispiel ist die Implementierung der Methoden des `OnItemSelectedLister` leer, hier könnten aber Aktionen ausgeführt werden, um Elemente hervorzuheben, Werte für die Activity zu übernehmen etc.

Die hier vorgestellte Implementierung ist sehr einfach gehalten und greift auf diverse Standards zurück, die vom System bereits angeboten werden. In eigenen Implementierungen sind angepasste Versionen des Adapters und der Layouts nötig, und die Ereignisabhörermethoden müssen sinnvoll gefüllt werden (◘ Abb. 4.17).

- **RecyclerView**

Bei einer `RecyclerView` handelt es sich um eine spezielle `AdapterView`, die genau wie alle anderen `AdapterView`-Klassen dynamische Inhalte anzeigen kann. Der besondere Vorteil dieser Implementierung ist, dass die Instanzen zur Darstellung einzelner Elemente einer dynamischen Liste geschickt wiederverwendet werden, anstatt immer wieder neue Instanzen zu erzeugen.

Dadurch sind der Speicherverbrauch und die allgemeinen Laufzeiteigenschaften dieses Steuerelementes bei großen Datenmengen in der Regel besser als bei anderen AdapterViews. In ◘ Abb. 4.18 ist die prinzipielle Funktionsweise dargestellt. Gegeben sei eine beliebige Anzahl von Daten, die in der Oberfläche dargestellt werden müssen. Es könnte sich beispielsweise um eine Liste von Personen handeln, die die App von einem Server über eine Recherche abgerufen haben. Diese werden innerhalb der RecyclerView nur insofern angezeigt, als genügend Platz vorhanden ist. In dem vorliegenden Bei-

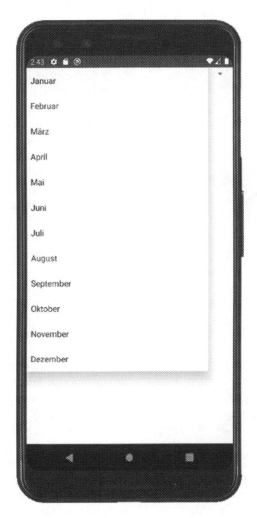

◻ Abb. 4.17 Spinner-Beispiel im Emulator

spiel werden die ersten sechs Elemente aus der dynamischen Liste dargestellt. Scrollt der Anwender diese Liste
nach unten, wird das erste Element, welches für die Darstellung des ersten Datums verantwortlich war, aus dem
sichtbaren Bereich herausgeschoben und von unten wieder eingeführt und damit wiederverwendet. Jedoch ist
dieses UI-Element nunmehr für die Darstellung des sieb-
ten Datums verantwortlich.

Im Folgenden werden die Funktionsweise und die zugehörigen Komponenten genauer erläutert werden. Die
`RecyclerView` dient als Rahmen für die Darstellung

4

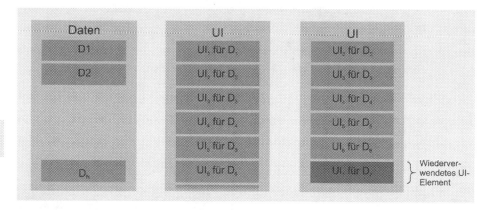

Abb. 4.18   Funktionsweise der RecyclerView zur Verbesserung der Laufzeiteigenschaften

von Listenelementen. Dieses Element wird als Basiselement in das gewünschte Layout eingebettet. Die Listenelemente, die in der `RecyclerView` zur Laufzeit angezeigt werden, werden vom `LayoutManager` bereitgestellt.

LayoutManager

Der `LayoutManager` abstrahiert und steuert die Art der zu erstellenden Inhalte und legt ihre Ausrichtung fest. Im Standard werden aktuell drei verschiedene Implementierungen bereitgestellt:

1. **LinearLayoutManager:** Darstellung von eindimensionalen Listen
2. **GridLayoutManager:** Darstellung von zweidimensionalen tabellarischen Inhalten
3. **StaggeredGridLayoutManager:** Verhält sich wie ein GridLayoutManager, jedoch ohne die Einschränkung, dass die Elemente alle dieselbe Höhe und Breite besitzen müssen

Sofern es notwendig sein sollte, können auch eigene Implementierungen umgesetzt werden.

ViewHolder

Ein `ViewHolder` dient als Container für einen Listeneintrag. Eine Instanz dieser Klasse ist vergleichbar mit einem UI-Element aus Abb. 4.18. Von der `RecyclerView` bzw. genauer vom `Adapter` werden immer nur so viele `ViewHolder` erzeugt, wie nötig sind, um den Bildschirminhalt zu füllen, und einige zusätzliche, um ein flüssiges Scrollen in der Listendarstellung zu ermöglichen. Wie bereits erwähnt, werden die einzelnen Elemente zur Laufzeit instanziiert und beim Scrollen innerhalb der Liste wiederverwendet. Die `ViewHolder` werden über die Implementierung einer Subklasse von RecyclerView.ViewHolder definiert.

Der `Adapter` ist für die Erzeugung und Verwaltung der `ViewHolder`-Elemente verantwortlich. mit den konkreten Listeneinträgen und deren Informationen. Es handelt sich hierbei um eine Implementierung der Klasse `RecyclerView.Adapter`. Der Adapter sorgt auch für eine Wiederverwendung der `ViewHolder`, um die Performanz beim schnellen Scrollen zu verbessern. Hierfür werden beim Scrollen in eine Richtung `Viewholder`-Elemente aus der entgegengesetzten Richtung, die nicht mehr im sichtbaren Bereich des Bildschirmes liegen, für die aktuelle Richtung als Objekte mit neuen Inhalten wiederverwendet. Hierdurch werden speicherintensive Konstruktions- und Destruktionszyklen vermieden.

Wie beim oben gezeigten Beispiel des Spinners kann die `RecyclerView` ebenfalls im XML-Layout angelegt und parametrisiert werden. Die Referenzierung aus der `Activity` heraus erfolgt wie gehabt über die ID des Elementes.

Adapter

```
private RecyclerView mRecyclerView;
private RecyclerView.Adapter mAdapter;
private RecyclerView.LayoutManager mLayout-
Manager;

@Override
protected void onCreate(Bundle savedIn-
stanceState) {
    super.onCreate(savedInstanceState);
    setContentView(R.layout.activity_recy-
cler_view_test);

    mRecyclerView = findViewById(R.id.recy-
clerView1);

    mLayoutManager = new LinearLayoutMan-
ager(this);
    mRecyclerView.setLayoutManager(mLayout-
Manager);

    int size = 50;

    ArrayList<String> data = new Array-
List<>();
    for (int i = 0; i < size; i++) {
        data.add("List Item " + (i + 1));
```

4

```
    }

    mAdapter = new MyAdapter(data);
    mRecyclerView.setAdapter(mAdapter);
}
```

Quellcode 4.9   Initialisierung einer `RecyclerView` in der `onCreate()`-Operation

Das Beispiel aus Quellcode 4.9 zeigt die Referenzierung der `RecyclerView`, das Instanziieren und Setzen des `LinearLayoutManager` als Standardimplementierung zur Darstellung von Listen. Außerdem wird eine `ArrayList` mit Strings initialisiert, welche einer eigenen Adapter-Implementierung bei der Initialisierung als Parameter übergeben wird. Diese Instanz wird dann in der `RecyclerView` als zu verwendender Adapter gesetzt.

Die Adapter-Implementierung (Quellcode 4.10) beinhaltet folgende Punkte:

- Konstruktor, dem die Daten zur Darstellung übergeben werden können
- interne Implementierung eines `ViewHolder`
- Methode zum Erstellen von Views
- Methode zum Setzen der Werte einer View

Zudem wird im Beispiel beim Setzen der Werte ein `Listener` auf den Views registriert, um auf Interaktionen durch die Anwender reagieren zu können.

```
public class MyAdapter extends
                    RecyclerView.Adapt-
er<MyAdapter.ViewHolder> {
    private ArrayList<String> mDataset;

    public MyAdapter(ArrayList<String> data)
{
        mDataset = data;
    }

    @NonNull
    @Override
    public ViewHolder onCreateViewHolder(@
NonNull ViewGroup parent,
                                      int
viewType) {
```

```
        View v = LayoutInflater.from(parent.
getContext())
                            .inflate(R.
layout.text_row_item,
                                    pa-
rent, false);
        return new ViewHolder(v);
    }

    @Override
    public void onBindViewHolder(@NonNull
ViewHolder holder,
                                int posi-
tion) {
        holder.mTextView.setText(mDataset.
get(position));
        holder.mTextView.setOnClickListener(
                            new View.On-
ClickListener() {
                                @Override
                                public void
onClick(View v) {
                                    doSome-
thing(position);
                                }
                            });
    }

    public void doSomething(int position) {
        mDataset.remove(position);
        notifyItemRemoved(position);
    }

    @Override
    public int getItemCount() {
        return mDataset.size();
    }

    public static class ViewHolder extends
RecyclerView.ViewHolder{
        public TextView mTextView;
        public ViewHolder(View v) {
            super(v);
            TextView tv = v.findViewById(R.
id.textViewRCVItem);
            mTextView = tv;
        }
    }
}
```

Quellcode 4.10 Adapter-Implementierung für eine RecyclerView

4

Die statische Implementierung der `ViewHolder` im Beispiel wird mit nur einer `TextView` initialisiert. Es wird also lediglich die Instanz einer `View` verwaltet. Für die Erzeugung der `ViewHolder` wird in der Methode `onCreateViewHolder()` die `TextView` aus einem XML-Layout im Kontext und Layout des Elternelementes, also der `RecyclerView`, initialisiert.

In der Methode `onBindViewHolder()` werden die konkreten Werte aus der `ArrayList`, welche beim Erstellen des Adapters übergeben wurde, genommen und in die `TextView` des aktuellen `ViewHolder` gesetzt. In dieser Methode werden also die konkreten Werte in die zur Verfügung stehenden `ViewHolder` geschrieben. Die Methode wird durch den `LayoutManager` aufgerufen, der sich darum kümmert, dass immer genügend `ViewHolder`-Elemente mit den richtigen Werten belegt sind, um das Display zu füllen und genügend Elemente für ein schnelles Scrolling in einer Liste bereitzuhalten.

Neben dem Setzen der konkreten Werte wird hier ein `OnClickListener` auf der `TextView` des `ViewHolder` registriert, über den bei Auswahl der `TextView` Aktionen ausgeführt werden können. Hierbei ist zu berücksichtigen, dass lediglich die Selektion der `TextView` dazu führt, dass die Aktionen ausgeführt werden. Bei komplexeren Listeneinträgen, die über einen `ViewHolder` verwaltet werden, würde also nur ein Teil des Listenelementes reaktiv sein. Umgehen kann man diese Einschränkung, indem man eine transparente View über die Einzelelemente legt, die dann auf die Selektion reagiert.

Es kann auch ein `RecyclerView.OnItemTouchListener()` implementiert werden, in dem das ausgewählte Listenelement über die X- und Y-Koordinaten der Touch-Geste berechnet wird. Neben diesen einfachen Varianten zur Identifikation eines ausgewählten Listeneintrages gibt es weitere Möglichkeiten, die aber deutlich umfangreicher zu implementieren sind und eher benötigt werden, um komplexe Selektionen wie eine Mehrfachauswahl zu unterstützen.

4.2.1.3 `View`-Klassen

Wie bei den `ViewGroups` kann auch für die View-Elemente nur eine teilweise Betrachtung der Elemente erfolgen. Die folgende Auflistung bietet einen Überblick über einige der wichtigsten Elemente.

- **TextView**

Die `TextView` ist ein einfaches Steuerelement, welches einen Text darstellen kann. Über eine Vielzahl von Attributen lässt sich das konkrete Erscheinungsbild beliebig anpassen. Über die Funktion `setText()` können Inhalte in der `TextView` gesetzt werden.

```
<TextView
    android:id="@+id/text_view_id"
    android:layout_height="wrap_con-
tent"
    android:layout_width="wrap_content"
    android:text="Hallo Welt" />
```

Quellcode 4.11 Verwendung einer TextView innerhalb einer Layoutdatei

```
TextView tv01 = findViewById(R.id.text-
view01);
tv0.setText("Hello World");
```

Quellcode 4.12 Text setzen in einer `TextView`

- **EditText**

Während die TextView lediglich zur Darstellung von Texten verantwortlich ist und keine Benutzereingabe ermöglicht, ist das `EditText`-Steuerelement genau für diesen Verwendungszweck vorgesehen. Von dem Element `EditText` existieren im Layouteditor von Android Studio verschiedene Ausprägungen, die eine direkte Konfiguration vorgeben, um beispielsweise Texteingabefelder für E-Mail-Adressen oder Passwörter zu erhalten.

Hierbei wird der `android:inputType` als Parameter gesetzt. Dieser Parameter kann auch eigenständig neu auf einen validen Typ gesetzt werden. Es existieren diverse Eingabetypen und -varianten, mit denen ein `Edit-Text` konfiguriert werden kann, zum Beispiel[2]:

---

2   Siehe auch ▶ https://developer.android.com/reference/android/text/InputType.

4

- **number:** Numerische Eingabe über das Number-Pad
- **date:** Datumseingabe
- **phone:** Telefonnummer
- **text:** Normale Texteingabe
- **textAutoComplete:** Text mit Autovervollständigung
- **textPassword:** Eingabe mit unkenntlichen Buchstaben

Der im `EditText` eingegebene Text kann über die Methode `getText()` als editierbarer Text abgerufen werden. Dieser editierbare Text muss dann noch zu einem statischen String umgeformt werden.

```
EditView et01 = findViewById(R.id.edit-
Text01);
String input = et01.getText().toString();
```

Quellcode 4.13   Abrufen eines Textes aus einer `EditView`

▪ **Button**

Eine einfache Möglichkeit, eine Interaktion von Anwendern abzufangen, stellen Buttons dar. Die Buttons können in Design und textlicher Bezeichnung angepasst werden. Die Interaktion mit einem Button kann entweder über Listener erfolgen, die innerhalb der onCreate-Operation der Activity registriert werden müssen. Eine andere Möglichkeit besteht darin, in der Layoutansicht des Android Studio das Attribut android:onClick der Button-Konfiguration zu definieren.

Um die Methode aus Quellcode 4.13 aufzurufen, würde im Attribut der Methodenname »btnClicked« gesetzt.

```
public void btnClicked(View view) {
    //doSomething
}
```

Quellcode 4.14   Callback-Methode für den Parameter `onClick` eines Buttons

Es wird programmatisch die Instanz des Buttons geholt und dieser eine Implementierung eines `OnClickListener` übergeben. Der `OnClickListener` ist die Standardmethode, um das Betätigen des `Buttons` abzufangen. Es können tatsächlich diverse verschiedene `Liste-`

ner auf jedem `View`-Element gesetzt werden. Dadurch erhält man die Möglichkeit, auf verschiedene Ereignisse oder Interaktionen, wie zum Beispiel auf Wischgesten durch die Anwender, zu reagieren.

```
public void setupBtnClickListener() {
  Button btn01 = findViewById(R.id.but-
ton01);
  btn01.setOnClickListener(new View.OnClick-
Listener() {
    @Override
    public void onClick(View view) {
  //doSomething
    }
  });
}
```

Quellcode 4.15 Implementieren und Setzen eines einfachen `On-ClickListener` am `Button`

In Quellcode 4.14 wird der `OnClickListener` als anonyme Klasse implementiert. Die Umsetzung als anonyme Klasse ist gängige Praxis in Android für `Listener`, die beispielsweise lediglich eine Methode in der `Activity` aufrufen.

- **WebView**

In der `WebView` können HTML-Inhalte dargestellt werden. Diese können entweder von einer URL geladen oder als Daten übergeben werden, welche wiederum beispielsweise als HTML-Datei in den Ressourcen der App mit ausgeliefert werden. Soll eine URL geladen werden, wird diese als String-Parameter angegeben. Weitere Konfigurationen der HTML-Header oder der Basis-URL bei Angabe einer Sub-URL können ebenfalls erfolgen.

Im geladenen Content kann vom Sourcecode aus Javascript ausgeführt werden, was einen gewissen Spielraum zur Interaktion zwischen nativem Code und webbasiertem Code bietet. Die Nutzung einer `WebView` in einer App stellt die einfachste Variante dar, hybride Apps zu entwickeln.

In dem Beispiel aus Quellcode 4.15 wird der initialisierten `WebView` zunächst die Instanz eines `WebViewClient` übergeben, der sich um Events aus der `WebView` kümmert. Der `WebViewClient` sorgt beispielsweise dafür, dass bei Auswahl eines Links in der `WebView` die neue Seite auch in der aktuellen `WebView` geladen wird und nicht, wie es von Android per Default

4

vorgesehen ist, der Standardbrowser verwendet wird, um Links zu öffnen.

```
WebView webview = findViewById(R.id.web-
View1);
Webview.setWebViewClient(new WebViewCli-
ent());
WebSettings webSettings = webview.getSet-
tings();
webSettings.setJavaScriptEnabled(true);

webview.loadUrl("https://www.fh-swf.de");
```

Quellcode 4.16 Konfigurieren einer `WebView` zum Laden einer URL

Weiterhin werden die aktuellen `WebSettings` der `WebView` geholt und um die Berechtigung zur Nutzung von JavaScript ergänzt. Nach der nötigen, grundlegenden Konfiguration wird die URL als String angegeben und geladen.

Hinweis

Wenn eine URL im Internet geladen werden soll, muss die App auch die nötigen Rechte für einen Internetzugriff erhalten haben. Diese Berechtigung muss von dem Anwender erteilt und für die nötige Abfrage im Android-Manifest mit angegeben werden:

```
<uses-permission android:name="android.per-
mission.INTERNET"/>
```

4.2.1.4 `View`- **und** `ViewGroup`-**Attribute**

Es wurde bereits deutlich, dass `View`- und `ViewGroup`-Klassen umfangreich über diverse Attribute konfiguriert werden können. Die Attribute können programmatisch im Code gesetzt oder im XML-Layout mit angegeben werden.

Das Setzen im XML-Layout wurde in den vorigen Beispielen bereits gezeigt, das Setzen im Code erfolgt wie zu erwarten über Setter-Methoden für die jeweiligen Attribute.

```
TextView tv01 = new TextView(this);
tv01.setBackgroundColor(Color.BLUE);
tv01.setWidth(100);
tv01.setHeight(50);
```

Quellcode 4.17 Setzen von Attributen in einer View über Setter-Methoden

Die verschiedenen Attribute haben verschiedene Werte-
bereiche und teilweise verschiedene Datentypen. Um die
konkreten Werte leichter überarbeiten zu können, gibt es
die Möglichkeit, Referenzen auf Werte anzugeben, die in
Ressourcendateien des Projektes definiert sind. Dies empfiehlt sich eigentlich für alle Apps, ist aber insbesondere
für Anwendungen relevant, deren Inhalte für verschiedene Versionen angepasst werden müssen, weil es sich
beispielsweise um White-Label-Anwendungen[3] oder um
international verfügbare Anwendungen in mehreren
Sprachversionen handelt.

```
<TextView
    android:id="@+id/textView"
    android:layout_width="300dp"
    android:layout_height="50dp"
    android:text="TextView"
    android:textColor="@color/meine_
farbe_1"
    android:background="@color/meine_
farbe_2"/>
```

Quellcode 4.18   Beispiel für das Setzen von Attributen aus Ressourcen

In Quellcode 4.18 werden in einer `TextView` die Farbwerte für den Text und den Hintergrund der `TextView`
als Parameter gesetzt, die in Ressourcendateien definiert
sind. Die Referenzierung erfolgt über das @-Symbol. Die
zugehörigen Definitionen der Werte können Quellcode
4.19 entnommen werden.

```
<resources>
    <color name="meine_farbe_1">#FF03DAC5</
color>
    <color name="meine_farbe_2">#FF018786</
color>
</resources>
```

Quellcode 4.19   Ressourcendatei für die Farbwerte (color.xml)

---

3   Bei White-Label-Produkten handelt es sich um Anwendungen, die
    von einem Dienstleister im Auftrag erstellt und anschließend im
    Corporate Identity eines Kunden ausgeliefert werden. White Label
    ist am ehesten mit »Blanko«-Exemplar zu übersetzen. Der Kunde
    schreibt lediglich seinen Firmennamen auf das Etikett und vertreibt
    das Produkt unter seinem Namen.

4

Bei Attributen zu Maßstäben und Dimensionen werden vom System bestimmte Einheiten als Standard angenommen, wenn diese nicht explizit gesetzt werden. Es können folgende Einheiten gesetzt werden:

- **dp (density independent pixel):** Abstrahierte Einheit, die als Bezug in etwa 1 px bei einer Dichte von 160 dpi entspricht. Bei höherer Dichte skaliert der dp-Wert entsprechend hoch und »beinhaltet mehr echte Pixels«. Durch die Abstraktion kann ein Layout konsistent auf verschiedene Bildschirme skaliert werden.
- **sc (scale independent pixel):** Hierbei werden zusätzliche Einstellungen durch die Anwender bezüglich der Schriftgröße für die Größenberechnungen eines Pixels berücksichtigt.
- **px (pixel):** Konkrete Pixel auf dem Bildschirm.
- **pt (point):** Entspricht 1/72 eines Inches bei einer Dichte von 72 dpi. Basiert auf einer physikalischen Größe des Bildschirmes.
- **in (Inch):** Konkrete physikalische Größe.
- **mm (Millimeter):** Konkrete physikalische Größe.

Auf sämtliche einzelne Attribute einzugehen, würde den Rahmen dieser Einführungen sprengen. Auf einige wichtige, allgemeine und häufig verwendete Attribute wird im Folgenden kurz eingegangen.

- **Breite und Höhe**

Neben den konkreten Werten für Dimensionen können manche Attribute wie zum Beispiel die horizontale und vertikale Ausdehnung eines View-Elementes relativ angegeben werden:

- **match_parent:** Hierbei wird die Größe an das Elternelement angepasst, also maximiert zur Größe der übergeordneten View oder der ViewGroup. Handelt es sich bei dem zu konfigurierenden Element um das Wurzelelement in der Layouthierarchie, wird durch diesen Wert die gesamte Bildschirmbreite oder -höhe ausgefüllt.
- **wrap_content:** Mit dem Wert wird die Größe des Elementes an die Inhalte angepasst. Bei ViewGroups wird die Größe auf die beinhalteten View-Größen reduziert. Bei Views wird die Größe auf den tatsächlichen darzustellenden Inhalt eingeschränkt. Bei einer TextView wird also beispielsweise die Breite der View anhand der beinhalteten Buchstaben festgelegt.

- **Margin und Padding**

Im Gegensatz zu der relativen Angabe der Gesamthöhe und
-breite einer `View` sind bei den Einrückungen über die Margin- und Padding-Attribute absolute Werte sinnvoll. Diese
werden mit den oben erläuterten Dimensionseinheiten
versehen. Beim Padding handelt es sich um den Innenabstand, also die Einrückung der Inhalte gegenüber dem
`View`-Element, in dem das Attribut gesetzt wird. Das Margin-Attribut definiert den Außenabstand, also die Einrückung des `View`-Elementes gegenüber seinem Elternelement.
Die Werte werden jeweils im `View`-Element selbst gesetzt.

Um den Überblick über die verschiedenen Einrückungen in einer komplexen View-Hierarchie zu behalten, sollte soweit sinnvoll möglich jeweils nur eine Einrückungsart verwendet werden.

Tipp

- **Identifier**

Der Identifier als Attribut ist für Views und ViewGroups
grundsätzlich optional. Er wird allerdings benötigt, wenn
ein Element aus dem Sourcecode über die R-Datei referenziert werden soll oder wenn eine relative Positionierung anderer View- oder ViewGroup-Elemente zu dem
gewählten Element erfolgen soll.

4.2.1.5 Toast und SnackBar

Um den Anwender kurzes Feedback bei der Nutzung der
App zu geben oder ihn schnell zu einer einfachen Interaktion aufzufordern, können die Elemente `Toast` oder
`SnackBar` (seit API Level 22) verwendet werden. Beide
Elemente dienen der Darstellung von kurzen Texten zur
Information, und es kann noch festgelegt werden, ob die
Anzeigedauer kurz oder lang sein soll. `SnackBars` können zusätzlich die Anwender zu einer Aktion, wie zum
Beispiel dem Bestätigen einer Nachricht durch Druck auf
einen Button, auffordern. Komplexere Dialoge sollten
über eigene `Views` implementiert werden.

```
Toast toast = Toast.makeText(getApplica-
tionContext(),

                         "Hello", Toast.
LENGTH_SHORT);
toast.show();
```

4

```
Snackbar snackbar = Snackbar.make(view,
                              "Hello", Snack-
bar.LENGTH_SHORT);
snackbar.show();
```

Quellcode 4.20   Beispiele für Toasts und SnackBars

Wie in den beiden oben aufgezeigten Beispielen zu sehen ist, müssen sowohl der SnackBar als auch dem Toast die Kontexte übergeben werden, in denen sie aktiv sein sollen. Danach wird der anzuzeigende Text als String übergeben und angegeben, ob die Anzeigedauer lang oder kurz sein soll. Mit kurzen und langen Anzeigedauern ist hier das Anzeigen im Sekundenbereich gemeint. Nach dem Erstellen der Elemente über eine Factory-Methode können diese angezeigt werden. Toast und SnackBar müssen nicht beendet werden, da das automatisch durch das Betriebssystem bzw. die Laufzeitumgebung erfolgt.

4.2.1.6 Styles und Themes

Die Bedienoberfläche einer Anwendung kann über die Attribute der Einzelelemente gestaltet werden. Um eine allgemeine Gestaltung mit genau einem Design zu erzielen, können Styles und Themes eingesetzt werden. Ein Style ist eine in einer XML-Datei gekapselte Definition verschiedener Attributwerte einer `View`. Diese Definition kann als Attribut in einer `View` angegeben werden. Das `View`-Element übernimmt dann alle validen, in der Definition angegebenen Attributwerte für sich selbst. Es können mehrere Styles zum Beispiel für verschiedene Bereiche der App definiert werden. Einem `View`-Element kann immer nur ein Style zugewiesen werden.

In Quellcode 4.21 wird ein Style »AllRed« in einer Ressourcendatei styles.xml definiert, der einige Farbwerte setzt und die Breite und Höhe der UI-Elemente vorgibt, in denen der Style verwendet wird.

```
<style name="AllRed">
    <item name="android:textCo-
lor">#ffff0000</item>
    <item name="android:back-
ground">#ff000000</item>
    <item name="android:background-
Tint">#ff005f00</item>
```

```
    <item name="android:layout_width">wrap_
content</item>
    <item name="android:layout_
height">wrap_content</item>
</style>
```

Quellcode 4.21 Beispiele für einen Style

Der so definierte Style kann in verschiedenen UI-Elementen angegeben werden, wie in Quellcode 4.22 dargestellt. Durch das Kapseln der Styling-Informationen können redundante Definitionen vermieden werden, und es ist einfacher, mehrere UI-Elemente auf einmal anzupassen. Das wäre beispielsweise dann notwendig, wenn die App einen neuen Schriftfarbwert verwenden soll. Die UI-Elemente, in denen Styles verwendet werden, nutzen diese als Standardwerte. Sie können die Werte aber auch überschreiben.

```
<TextView
    android:id="@+id/textView2"
    style="@style/AllRed"
    android:text="Test-Style"
    app:layout_constraintEnd_toEndOf="par
ent"
    app:layout_constraintStart_toStar-
tOf="parent"
    app:layout_constraintTop_toBotto-
mOf="@+id/textView" />
```

Quellcode 4.22 Die Verwendung von Styles in UI-Elementen

In Themes werden allgemeine Designs wie zum Beispiel die Hintergrundfarbe der App angegeben. Es existieren Standard-Themes im Android SDK, welche eingesetzt werden können oder von denen ein eigenes Theme abgeleitet werden kann. Das einzusetzende Theme selbst wird in der Manifest-Datei angegeben. Eine App kann immer nur mit einem Theme gestaltet werden. Die Komponenten innerhalb einer App können über weitere Themes oder Styles gestaltet und damit die App-Vorgaben überschrieben werden.

```
<style name="FHSWF_Theme" parent="Theme.Ba-
sicLayout">
    <item name="colorAccent">#C8D7E7</item>
```

4

```
    <item name="colorPrimary">#4C78AC</
item>
    <item name="colorPrimaryDark">#3969A3</
item>
    <item name="android:colorBack-
ground">#3969A3</item>
</style>
```

Quellcode 4.23 Definition eines eigenen Themes

Das definierte »FHSWF_Theme«-Theme erbt im oben aufgeführten Beispiel von einem vordefinierten Standard-Theme, dessen Werte übernommen werden. Lediglich die angegebenen Farbwerte werden überschrieben. Das neue Theme wird in der Manifest-Datei im Application-Feld als Parameter referenziert.

```
<application
    android:allowBackup="true"
    android:icon="@mipmap/ic_launcher"
    android:label="@string/app_name"
    android:roundIcon="@mipmap/ic_launcher_
round"
    android:supportsRtl="true"
    android:theme="@style/FHSWF_Theme">
```

Quellcode 4.24 Auszug aus der Manifest-Datei

Das Editieren von Themes kann direkt in der XML-Datei erfolgen. Ursprünglich existierte in Android Studio auch ein Theme-Editor, in dem die verschiedenen Parameter des Themes die Auswirkungen von Änderungen der Werte auf einige UI-Elemente zu sehen waren. Mit der Version 3.3 von Android Studio wurde diese Funktion aber deaktiviert.

4.2.1.7 Eigene Views entwickeln

Die oben vorgestellten Standardelemente und die zusätzlichen Elemente, die darüber hinaus aus dem SDK verwendet werden können, werden bei einer grafisch anspruchsvollen App gegebenenfalls nicht genügen, um eine optimale Benutzungsoberfläche zu erstellen. Es gibt verschiedene Möglichkeiten, eigene Darstellungsformen zu erzeugen.

- **Anpassung durch Attribute und Themes**

In einer Vielzahl von Anwendungen genügt es, die bestehenden Standard-Views durch die diversen Attribute oder eigene Themes so weit anzupassen, dass sie der gewünschten Darstellung entsprechen. So können Größe, Hintergrundfarbe, Ausrichtung, Subelemente usw. angepasst werden. Das Vorgehen hierzu wurde in ▶ Abschn. 6.5 vorgestellt.

- **Bündelung in eigenen Komponenten**

Bei komplexen Steuerelementen oder verschachtelten Darstellungsformen sollte geprüft werden, ob eine Zusammenstellung aus Standard-View-Elementen und entsprechender Attributisierung genügt. Die gebündelten Elemente können auch als wiederverwendbare Komponente in einer eigenen Layout-XML-Datei gespeichert werden. Die Layoutdatei ist hierbei genauso aufgebaut wie ein normales Basislayout. Es beinhaltet also auch eine Baumstruktur aus ViewGroup- und View-Elementen.

```
<include layout="@layout/adresse_informa-
tionen"
    android:layout_width="wrap_content"
    android:layout_height="wrap_content"
    app:layout_constraintTop_toBotto-
mOf="@+id/button4" />
```

Quellcode 4.25   Einbinden eines Layouts als Subelemente in ein bestehendes Layout

In dem Beispiel aus Quellcode 4.25 wird über das »<in-clude>«-Tag ein Layout aus der Datei adress_informationen.xml, welches im selben Projekt im Ordner res/layout liegt, integriert. Das Layout kann beliebig oft und an verschiedenen Stellen inkludiert werden.

- **Eigene View-Subklasse implementieren**

Sollten die vorigen Möglichkeiten zur Individualisierung der Oberfläche nicht genügen, können eigene View-Subklassen erstellt werden. Es kann von der View- oder ViewGroup-Basisklasse ausgehend eine komplette und entsprechend komplexe Eigenentwicklung erfolgen, oder es wird von einer bestehenden Implementierung geerbt, und es werden nur einzelne Methoden überschrieben oder ergänzt.

Im folgenden Beispiel wird eine einfache, eigene `View` erzeugt, die über zwei neue Attribute zusätzlich zu den Standardattributen der `View`-Klasse, welche mit von der Elternklasse geerbt wurden, konfiguriert werden kann.

4

```java
public class CustomView extends View {
    private boolean showCenter = false;
    private int showBorder = 4;

    public CustomView(Context context, At-
tributeSet attrs) {
        super(context, attrs);

        TypedArray a = context.getTheme().
obtainStyledAttributes(

attrs,

R.styleable.CustomView,
                                        0, 0);
        try {
            showCenter = a.getBoolean(

R.styleable.CustomView_showCenter,
                                    false);
            showBorder = a.getInteger(

R.styleable.CustomView_showBorder,
                                4);
        } finally {
            a.recycle();
        }
    }
    public boolean isShowCenter() {
        return showCenter;
    }
    public void setShowCenter(boolean pShow-
Center) {
        showCenter = pShowCenter;
        invalidate();
        requestLayout();
    }
    public int getShowBorder() {
        return showBorder;
    }
    public void setShowBorder(int pShowBor-
der) {
        showBorder = pShowBorder;
```

```
        invalidate();
        requestLayout();
    }

    @Override
    protected void onDraw(Canvas canvas) {
        super.onDraw(canvas);

        Paint paint = new Paint();
        paint.setStrokeWidth(5);
        canvas.drawLine(0, 0,
                        canvas.getWidth(),
canvas.getHeight(),
                        paint);

        if (showCenter) {
            canvas.drawCircle((float) canvas.
getWidth() / 2,
                            (float) canvas.
getHeight() / 2,
                            (float) canvas.
getWidth() / 3,
                            paint);
        }
    }
}
```

Quellcode 4.26 Beispiel einer Implementierung einer eigenen einfachen View

Beim Erzeugen der CustomView über den Konstruktor werden neben dem aktuellen Kontext auch die Attribute übergeben, die für die CustomView im Layouteditor angegeben wurden. Die CustomView aus Quellcode 4.26 beinhaltet die Attribute »showCenter« und »showBorder«.

Diese werden aus dem TypedArray ausgelesen, in dem sie dem Konstruktor vom System übergeben wurden. Für den Fall, dass die Attribute nicht vorhanden oder nicht gesetzt sind, kann der Block über den try-Mechanismus abgefangen werden, und es werden Standardwerte (im Beispiel false und 4) übergeben, die gesetzt werden, sollte das Attribut leer geblieben sein.

Die Klasse CustomView bietet für das programmatische Auslesen und Setzen der Attribute zusätzlich die üblichen Getter- und Setter-Methoden an. In den Setter-Methoden werden die neuen Werte gesetzt, und dem System wird mitgeteilt, dass eine Änderung an einer

4

View vorgenommen wurde, sodass zur Laufzeit eine Aktualisierung des UI angestoßen wird.

Um die Auswirkungen der Attributübergabe zu testen, wird in der `paint()`-Operation ein Kreis gezeichnet, sofern das Attribut »showCenter« gesetzt ist. Um in der `CustomView` die Attribute auch über das XML-Layout setzen zu können, wird noch eine Attributdefinition benötigt, die über die Ressourcendatei `attrs_ custom_view.xml` erfolgt.

```
<resources>
    <declare-styleable name="CustomView">
        <attr name="showCenter" format="-
boolean" />
        <attr name="showBorder" format="e-
num" >
            <enum name="left" value="0"/>
            <enum name="right" value="1"/>
            <enum name="top" value="2"/>
            <enum name="bottom" value="3"/>
            <enum name="none" value="4"/>
        </attr>
    </declare-styleable>
</resources>
```

Quellcode 4.27   Attributdefinition für die `CustomView`

In dem Beispiel aus Quellcode 4.27 werden für die `CustomView` die bereits im Sourcecode gezeigten Attribute deklariert. Hier erfolgt auch die Festlegung des Datentyps und des Wertebereiches. Im Beispiel wird das Attribut »showCenter« als `Boolean` angelegt und »showBorder« als Enumeration mit fünf validen Werten deklariert.

Durch diese Definition kann die CustomView im Layouteditor einem bestehenden Layout hinzugefügt und mit den neuen Attributen konfiguriert werden (◘ Abb. 4.19).

Durch die in Quellcode 4.27 definierten Metainformationen zu dieser `CustomView` unterstützt Android Studio bei der manuellen Bearbeitung der Layout-XML-Datei die Autovervollständigung bei der Eingabe der Attributwerte (◘ Abb. 4.20). Das erleichtert die manuelle Implementierung von Oberflächen.

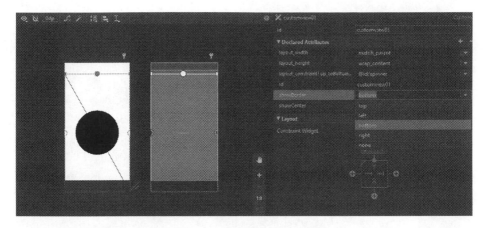

Abb. 4.19 Der Layouteditor zeigt die konfigurierten Attribute der CustomView mit passenden Steuerelementen an. Das Beispiel zeigt eine Dropdown-Liste für die Enumeration

Abb. 4.20 Autovervollständigung innerhalb der Layout-XML-Datei

```
<de.arinir.myapp.basiclayout.views.Custom-
View
    android:id="@+id/customview01"
    android:layout_width="match_parent"
    android:layout_height="wrap_content"

    app:layout_constraintTop_toBottomOf="@
id/spinner"
    app:showBorder="top"
    app:showCenter="true" />
```

Quellcode 4.28 Verwendung der `CustomView`

Wie aus anderen Beispielen bekannt, kann die `View` auch in der zugehörigen `Activity` referenziert werden, und es kann dynamisch auf die Attribute zugegriffen werden.

```
CustomView customview = findViewById(R.
id.customview01);
Customview.setShowCenter(false);
```

Quellcode 4.29   Änderung der CustomView-Attribute im Sourcecode

Speziell bei dieser Möglichkeit sollte bedacht werden, dass die `View`-Elemente, die im Android SDK mit ausgeliefert werden, von Experten gepflegt, gewartet und weiterentwickelt werden. Diese Verantwortung – auch zur gegebenenfalls nötigen Anpassung bei neueren Android-Versionen – liegt bei einer eigenen `View`-Subklasse komplett in der Hand der Entwickler.

4.2.1.8 Tipps zur Verbesserung der Performanz

Um eine Benutzungsoberfläche so zu gestalten, dass die Anwendung flüssig bedienbar ist, sollten einige praktische Hinweise bedacht werden:

- **Einsatz von flachen Layouthierarchien:** Je tiefer die Verschachtelung von `View`- und `ViewHolder`-Elementen, desto speicheraufwändiger ist der Aufbau und die Darstellung.
- **Wiederverwenden von komplexen Layouts als Komponenten:** Komplexe `View`- und `ViewGroup`-Strukturen können als Einzelkomponente gespeichert und im Ziellayout über ein »`<include>`«-Tag integriert werden (▶ Abschn. 4.2.1.7).
- **Views nur bei Bedarf laden:** Bei Oberflächen mit einklappbaren respektive expandierbaren Bereichen können diese mit Platzhalten als `ViewStubs` eingefügt werden. Der Platzhalter referenziert auf das erforderliche komplexere Layout, das bei Bedarf über **Lazy Loading** instanziiert wird.

ViewStubs

Auf `ViewStubs` als Optimierungsmöglichkeit wird im Folgenden kurz eingegangen. Um UI-Elemente in `ViewStubs` zu laden, werden diese in eigenen Layoutdateien definiert. Im Basislayout, in dem die Elemente zur Laufzeit bei Bedarf geladen werden sollen, werden sie über das `ViewStub`-Element integriert. Hierbei ist zu beachten, dass das `ViewStub`-Element einen eigenen Identifier erhält, mit dem es aus dem Quellcode referenziert werden kann.

Zusätzlich wird die Layoutdatei angegeben, in der die
nachzuladenden Elemente definiert sind. Außerdem wird
noch die zusätzliche ID »inflatedId« angegeben, mit
der das Element referenziert werden kann, nachdem es geladen wurde. Das ViewStub-Element wird zur Laufzeit
ersetzt. Bevor der Inhalt des ViewStub-Elementes geladen wurde, kann dieser nicht referenziert werden.
Erst nach der Initialisierung kann das Element über die
im ViewStub angegebene ID referenziert werden.

```xml
<LinearLayout
    xmlns:android="http://schemas.android.
com/apk/res/android"
    xmlns:app="http://schemas.android.com/
apk/res-auto"
    xmlns:tools="http://schemas.android.
com/tools"
    android:layout_width="match_parent"
    android:layout_height="match_parent"
    tools:context=".ViewStubTest">

    <Button
        android:id="@+id/button6"
        android:layout_width="wrap_content"
        android:layout_height="wrap_con-
tent"
        android:text="Button"
        app:layout_constraintEnd_toEnd-
Of="parent"
        app:layout_constraintStart_toStar-
tOf="parent"
        app:layout_constraintTop_to-
TopOf="parent" />

    <ViewStub
        android:id="@+id/viewStub"
        android:layout_width="fill_parent"
        android:layout_height="wrap_con-
tent"
        android:layout="@layout/adresse_in-
formationen"
        android:inflatedId="@+id/inflated_
view"/>
</LinearLayout>
```

Quellcode 4.30 ViewStub -Definition in einer Layoutdatei

Das Beispiel aus Quellcode 4.30 zeigt einen ViewStub mit
dem Identifier »viewStub«. Es wird das Layout aus der
Layoutdatei adresse_informationen.xml ein-

4

gebunden, und das Element hat, nachdem der `ViewStub` geladen wurde, die ID »`inflated_view`«.

Um den `ViewStub` zur Laufzeit zu laden, wird die Operation »`inflate()`« aufgerufen (Quellcode 4.31). Nachdem diese Operation aufgerufen wurde, existiert der `ViewStub` innerhalb der View nicht mehr. Bei dem Versuch, diese View über die ID zu laden, erhält man daher bei dem zweiten Aufruf anstelle der Instanz eine »`null`«-Referenz. Stattdessen lässt sich der Bereich bzw. die View, die anstelle des `ViewStub` eingesetzt wurde, über die ID »`inflated_view`« referenzieren.

```java
@Override
protected void onCreate(Bundle savedInstanceState) {
    super.onCreate(savedInstanceState);
    setContentView(R.layout.activity_view_stub_test);

    Button b01 = findViewById(R.id.button6);
    b01.setOnClickListener(new View.OnClickListener() {
        @Override
        public void onClick(View v) {
            ViewStub stub = (ViewStub)findViewById(R.id.viewStub);
            stub.inflate();
        }
    });
}
```

Quellcode 4.31   Ersetzen des `ViewStub` aus der Layoutdatei

4.2.1.9 Lokalisierung

In Abschn. 4.2.1.2 wurden Zeichenketten aus einer zentralen Ressourcendatei geladen (Quellcode 4.8). Android bietet eine einfache Möglichkeit an, diese Zeichenketten für mehrere Sprachen anzulegen. Dafür müssen entsprechende Unterverzeichnisse unterhalb des Ressourcenverzeichnisses angelegt werden. Beispielsweise könnte das für die Sprachen Deutsch und Französisch wie folgt aussehen:
- **Für die deutsche Sprachdatei:** `/res/values-de`
- **Für die französische Sprachdatei:** `/res/values-fr`

Hinweis

Das Suffix am Ende des Verzeichnisnamens entspricht dem ISO-639-1-Standard für Sprachkennungen.

```
<string-array name="list_items">
    <item>janvier</item>
    <item>février</item>
    <item>mars</item>
    <item>avril</item>
    <item>mai</item>
    <item>juin</item>
    <item>juillet</item>
    <item>août</item>
    <item>septembre</item>
    <item>octobre</item>
    <item>novembre</item>
    <item>décembre</item>
</string-array>
```

Quellcode 4.32 Liste aus Werten in der französischen Sprache

Wenn anschließend die globale Spracheinstellung geändert wird, verwendet die Android-Laufzeitumgebung die andere Sprachdatei, und die innerhalb der Benutzungsoberfläche dargestellten Texte erscheinen in der jeweiligen Sprache.

4.2.2 Activities

Eine Activity steuert den Aufbau einer Benutzungsoberfläche und stellt die Interaktionslogik bereit. Durch vordefinierte Methoden, die vom Betriebssystem zur Laufzeit unter bestimmten Bedingungen in definierter Reihenfolge aufgerufen werden, kann auf wichtige Ereignisse reagiert werden. In ▶ Abschn. 4.2 wurde beispielsweise häufig auf die Operation onCreate() zugegriffen, um direkt nach der Erzeugung auf bestimmte Oberflächenelemente zuzugreifen.

Die Abfolge der Aufrufe ist in der ◘ Abb. 4.21 dargestellt. Die einzelnen Methoden, die jeweils in einer Subklasse einer Activity überschrieben werden können, um damit auf das Verhalten der Anwendung zu einem Zeitpunkt im Lebenszyklus zu definieren, werden im Folgenden erläutert.

Die Methode onCreate() dient als Einstiegspunkt in den Lebenszyklus der Activity. Hier werden die Views und die Layouts initialisiert, welche entweder deskriptiv über Layoutdateien im XML-Format oder programmatisch innerhalb der Methode erzeugt werden können. In

onCreate()

4

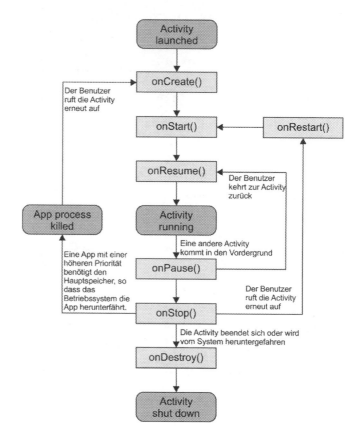

□ **Abb. 4.21**   Lebenszyklus einer `Activity` in Android

Quellcode 4.33 wird in der `onCreate()`-Operation das Layout activity_main.xml – referenziert über die Klasse `R.java` – als `ContentView` gesetzt und initialisiert. Damit ist das gewählte Layout das Wurzelelement für die UI. Hier können weitere Elemente hinzugefügt oder bereits im Layout angegebene Elemente aus dem Code heraus referenziert werden, wie es im Beispiel mit der `TextView` erfolgt, die im Layout hinterlegt und über eine ID eindeutig zuordenbar ist.

```
@Override
protected void onCreate(Bundle savedIn-
stanceState) {
    super.onCreate(savedInstanceState);
```

```
    setContentView(R.layout.activity_main);

    TextView tv = (TextView)findViewById(R.
id.textview01);
    Tv.setText("Hallo Welt");
}
```

Quellcode 4.33 Liste aus Werten in der französischen Sprache

Nachdem die `Activity` initialisiert ist, wird die Methode `onStart()` aufgerufen. Es erfolgt hierbei der Wechsel der UI-Elemente in den Vordergrund.   `onStart()`

Wurde die `Activity` zwischenzeitlich pausiert oder befindet sie sich noch in der Startsequenz, wird die `on-Resume()`-Methode aufgerufen, sobald die `Activity` wieder im Vordergrund angekommen ist. Nach dem Durchlaufen dieser Methode sind Interaktionen mit der Benutzungsoberfläche möglich.   `onResume()`

Die `onPause()`-Methode wird bei einem Fokusverlust der Activity, zum Beispiel durch Drücken des Zurück-Buttons, aufgerufen. Es finden zwar nach wie vor Aktualisierungen der Oberfläche statt, eine Interaktion durch die Anwender ist aber nicht mehr möglich. Bei diesem Aufruf handelt es sich üblicherweise um einen Zustandsübergang, in dem keine lang laufenden Calls, wie zum Beispiel die Speicherung von Daten, vorgenommen werden sollen. Es können aber nicht mehr benötigte Ressourcen, wie Sensoren, freigegeben werden.   `onPause()`

Das Speichern von Daten kann idealerweise in der `onStop()`-Methode erfolgen, welche aufgerufen wird, wenn die `Activity` nicht mehr sichtbar ist und damit auch keine Aktualisierungen mehr erfolgen.   `onStop()`

Wenn die `Activity` bereits initialisiert war und noch nicht explizit durch die Anwendung oder implizit durch das System beendet wurde, wird sie bei Wiederanzeigen durch `onRestart()` aktiviert. Da an die `on-Restart()`-Methode die `onStart()`-Methode im Ablauf anschließt, können hier gegebenenfalls nötige Ladefunktionen oder UI-Aktualisierungen vorgenommen werden, die beim initialen Starten in der `onCreate()`-Methode gekapselt sind.   `onRestart()`

Wird die `Activity` beendet, werden alle benötigten Ressourcen wieder freigegeben. Das Beenden kann durch   `onDestroy()`

4

die Anwendung selbst erfolgen oder vom Betriebssystem angefragt werden, wenn etwas Speicherressourcen benötigt werden. Nach dem Abschluss der `onDestroy-()`-Methode ist die `Activity` komplett beendet.

4.2.2.1 Aufruf einer `Activity`

Um `Activities` zu starten, werden `Intents` (▶ Abschn. 4.4) verwendet. `Intents` sind Nachrichtenobjekte an das System, denen entnommen werden kann, welche Klasse (konkret: welche Android-Komponente) gestartet werden soll. Zusätzlich können Werte als einfache Datentypen oder serialisierte Objekte an die aufrufende Komponente übergeben werden.

4.2.2.2 `Activity` Stack

`Activities` werden zur Laufzeit einer Anwendung auf einem Stack abgelegt. `Activities`, die hierbei neu aufgerufen werden, werden an die erste Position im Stack gelegt. `Activities` an dieser Position sind aktiv und werden damit dem Anwender angezeigt. Wird eine aktive `Activity` beendet, etwa durch Verlassen über den Zurück-Button, wird sie vom Stack entnommen.

4.2.3 Fragmente

Fragmente sind wiederverwendbare Subkomponenten, die in `Activities` eingebunden werden können, um komplexe Oberflächen modular aufzubauen. Sie dienen auch dazu, Oberflächen generisch für verschiedene Displayauflösungen zu gestalten. Sie wurden mit dem API Level 11 eingeführt, um Apps leichter an Geräte mit größeren Displays wie Tablets anzupassen.

Das Einbetten erfolgt wie bei `Views` oder `ViewGroups` entweder programmatisch oder über das XML-Layout der `Activity`. Ein Fragment wird hierbei wie eine `ViewGroup` als Subelement eingebettet. In Quellcode 4.34 wird deutlich, dass das eingebettete Fragment mit Parametern zur Größe und zu Bezugspunkten versehen wird. Diese Parameter werden für die Anordnung von Elementen innerhalb des Layouts der `Activity` benötigt. Die Anordnung von Elementen innerhalb des Fragmentes erfolgt dann über das eigene Layout des Fragmentes.

```
<fragment
    android:layout_width="wrap_content"
    android:layout_height="wrap_content"
    android:name="de.arinir.myapp.basiclay-
out.SettingsFragment"
    app:layout_constraintEnd_toEndOf="par-
ent"
    app:layout_constraintStart_toStar-
tOf="parent"
    app:layout_constraintTop_toBottomOf="@
id/spinner"/>
```

Quellcode 4.34 Einbettung eines Fragmentes in ein bestehendes XML-Layout einer Activity

Über den vollqualifizierten eingetragenen Klassennamen (im Beispiel de.arinir.myapp.basiclayout.SettingsFragment) erkennt das System, welche Implementierung eines Fragmentes an welcher Stelle eingebunden werden soll. In einer Activity können mehrere Fragmente gleichzeitig eingebunden und angezeigt werden. Ein Beispiel hierfür ist die Master- und Detailansicht, bei der auf einem Tablet eine Liste mit Einträgen linksbündig und die Details rechtsbündig angezeigt werden, während auf einem Smartphone zwei eigene Ansichten dargestellt werden (⬛ Abb. 4.22).

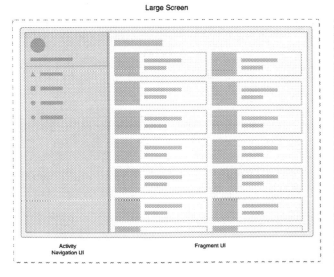

⬛ **Abb. 4.22** Beispiel für Fragmente in der Master- und Detailansicht. (Vgl. Android III, 2021)

4

4.2.3.1 **Dynamischer Umgang mit Fragmenten**

Ein wichtiger Aspekt ist das dynamische Wechseln von Fragmenten zur Laufzeit. Im Master- und Detailbeispiel für Smartphones wird deutlich, dass ein Fragment bei Interaktion gegen ein anderes ausgetauscht werden kann. Es sollte klar sein, dass für das Wechseln von Fragmenten zur Laufzeit eine programmatische Einbettung nötig ist – im Gegensatz zu der in dem Beispiel aus Quellcode 4.34 gezeigten statischen Einbettung über das XML-Layout. Außerdem wird in der `Activity` ein Layout benötigt, in welches die Fragmente eingebunden werden können.

Für das Hinzufügen, Entfernen und Austauschen von Fragmenten wird eine Instanz einer `FragmentTransaction` benötigt, die von der Klasse `FragmentManager` initialisiert werden kann. Der `FragmentManager` wird wiederum aus der API der `FragmentActivity` über den Aufruf `getSupportFragmentManager()` geholt. Über den Aufruf `beginTransaction()` auf dem `FragmentManager` wird eine Transaktion initialisiert, welcher mehrere Änderungen von Fragmenten mitgegeben werden können, bevor sie mit dem Aufruf `commit()` an das System zum Ausführen übergeben wird.

```
public void addFragment() {
    BlankFragment firstFragment = new Blank-
Fragment();

    FragmentManager fm = getSupportFrag-
mentManager();
    FragmentTransaction ft = fm.beginTrans-
action();
    ft.add(R.id.fragmencontainer01, first-
Fragment);
    ft.commit();
}
```

Quellcode 4.35 Dynamisches Hinzufügen eines Fragments in einer Activity

Neben dem Hinzufügen wie in Quellcode 4.35 und dem Austausch oder Entfernen von Fragmenten können in einer Transaktion noch weitere Aktionen ausgeführt werden. Die Aktionen können entweder gekapselt in eigenen Transaktionen ausgeführt oder gebündelt in einer angegeben.

Beim Austauschen von Fragmenten über Transaktionen wird in einem zu definierenden Container ein bestehendes Fragment beziehungsweise der gesamte Inhalt des Containers einfach »überschrieben«. Es kann allerdings über das Hinzufügen zum Stack (▶ Abschn. 4.2.2.2) wieder aufgerufen werden, wenn die Anwender zurücknavigieren, wie in Quellcode 4.36 dargestellt.

```
public void addFragment() {
    FragmentManager fm = getSupportFrag-
mentManager();
    FragmentTransaction ft = fm.beginTrans-
action();
    ft.replace(R.id.fragmentcontainer01, new
MyFragment());
    ft.addToBackStack(null);
    ft.commit();
}
```

Quellcode 4.36 Austauschen von Containerinhalten gegen ein Fragment mit der Möglichkeit, zu den Inhalten über den Back Stack zurückzunavigieren

4.2.3.2 Lebenszyklus eines Fragmentes

Um Fragmente in eine `Activity` einbinden zu können und die `Activity` den Lifecycle des Fragmentes steuern lassen zu können, muss die `Activity` eine Subklasse der Klasse »FragmentActivity« oder deren Kinder sein. Das einzubettende Fragment ist eine Subklasse der Klasse »Fragment«. Die Lebenszyklussteuerung erfolgt damit von der `Activity`. Wenn die `Activity` initialisiert wird, werden also die eingebetteten Fragmente ebenfalls initialisiert.

Die einzelnen Lifecycle-Methoden eines Fragmentes (◧ Abb. 4.23) ähneln denen des bereits bekannten `Activity`-Lebenszyklus. Die einzelnen Methoden werden im Folgenden kurz erläutert.

- **onAttach()**

Während die `Activity` gestartet wird, wird in dieser die Methode `onCreate()` aufgerufen, in welcher das Layout aus einer XML-Datei oder programmatisch aufgebaut wird. Hier wird ebenfalls das Fragment eingebunden und von der `Activity` initialisiert. Die Methode

4

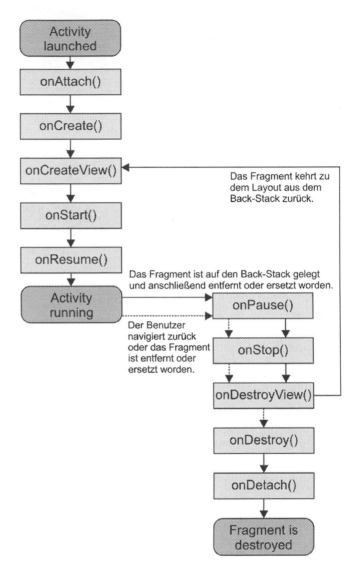

◻ **Abb. 4.23**   Lebenszyklus eines Fragmentes

onAttach() ist hier das Bekanntmachen, dass das Fragment mit der Activity verbunden ist.

■ **onCreate()**

Bevor die UI-Bestandteile des Fragments initialisiert werden, können in der onCreate()-Methode Komponenten initialisiert werden, die über die verschiedenen Zustände im Lebenszyklus eines Fragmentes bestehen sollen. Hier können also zum Beispiel Dateien geladen oder erzeugt werden, welche auch nach der Anzeige der UI-Komponenten noch vom Fragment weiterverwaltet werden sollen, solange dieses nicht zerstört wurde. Ein Beispiel sind hier Komponenten zur Speicherung von Daten, deren Schreib- und Leseoperationen vor beziehungsweise nach der Anzeige von UI-Elementen durchgeführt werden.

- **onCreateView()**

Die Methode onCreateView() erzeugt die UI-Komponenten des Fragmentes. Das Layout des Fragmentes wird hier aufgebaut, wie es in der Activity in der on-Create()-Methode erfolgt. Die Methode gibt am Ende der Initialisierung eine View zurück, welche in das bestehende Layout der Activity eingebunden werden kann. Sollte das Fragment keine eigenen UI-Komponenten beinhalten, kann auch »null« zurückgegeben werden.

```
@Override
public View onCreateView(LayoutInflater in-
flater,
                        ViewGroup container,
                        Bundle savedIn-
stanceState) {
    //Inflate the layout for this fragment
    return inflater.inflate(R.layout.fragment_
blank,
                        container,
                        false);

}
```

Quellcode 4.37 Initialisieren der UI-Elemente aus einem Layout in ein Fragment

In Quellcode 4.37 ist eine UI-Initialisierung in einem Fragment dargestellt. Der LayoutInflater instanziiert das Layout aus der XML-Datei. Die ViewGroup, die als Parameter mit übergeben wird, kann das Elternelement werden, in welches das instanziierte Layout eingebettet wird. Aus diesem Element können auch lediglich Umgebungsparameter für die Initialisierung des Fragmentes abgeleitet werden. Das Bundle in den Parametern zeigt einen gespeicherten Zustand an, aus dem das Fragment wieder geladen werden soll. Es kann verschiedene Zu-

4

stände und Werte als Schlüssel-Wert-Paare beinhalten. Es könnten beispielsweise bereits ausgefüllte Formularfelder zwischengespeichert und aus dem Bundle wieder eingefügt werden.

Beim Aufruf des `LayoutInflater` innerhalb der Methode wird neben dem Identifikator des XML-Layouts und der übergeordneten `ViewGroup` noch der boolsche Parameter »`attachToRoot`« angegeben, der anzeigt, ob das zu instanziierende Element in die `ViewGroup` eingehangen oder ob nur die Umgebungsparameter zur Initialisierung verwendet werden sollen.

Es existieren verschiedene Möglichkeiten und Methoden, das Fragment-Layout zu erstellen; die hier vorgestellte Variante ist ein guter und häufig verwendeter Einstieg.

- **onActivityCreated()**

Diese Methode wird aufgerufen, wenn die Initialisierung des UI auf Activity-Seite abgeschlossen ist und die on-Create()-Methode der Activity durchlaufen wurde. Ab hier können UI-Elemente referenziert werden, da die Initialisierung abgeschlossen ist.

```
@Override
public View onActivityCreated(@Nullable Bundle savedInstanceState)
{
    super.onActivityCreated(savedInstanceState);

    TextView tv01 = (TextView)getView().
                            findViewById(R.id.
    textview01);
        tv01.setText("Hallo Welt");

}
```

Quellcode 4.38 Implementierung der Methode `onActivityCreate()` mit exemplarischer Initialisierung einer `TextView` aus dem Layout des Fragmentes

Die ersten vier Methoden des Lebenszyklus eines Fragmentes werden demnach aufgerufen, während sich die übergeordnete `Activity` im Zustand »`created`« befindet.

- **onViewStateRestored()**

Mit der Methode `onViewStateRestored()` wird dem Fragment mitgeteilt, dass gegebenenfalls gespeicherte Zustände in der Hierarchie wiederhergestellt sind.

- **onStart()**

Im Fragment-Pendant zur `onStart()`-Methode der `Activity` werden ebenfalls die UI-Elemente in den Vordergrund gestellt.

- **onResume()**

Waren `Activity` und Fragment vorher pausiert oder noch nicht vollständig gestartet, wird die Methode `onResume()` aufgerufen. Ab hier ist die Benutzerinteraktion auch im Fragment möglich, und das Fragment ist aktiv.

- **onPause()**

Navigieren die Anwender in der App zurück über den Back-Button oder wird das Fragment anderweitig ersetzt oder aus dem sichtbaren Bereich entfernt, wird zunächst die `onPause()`-Methode aufgerufen, um dem Fragment die Möglichkeit zu geben, Ressourcen freizugeben oder relevante Änderungen zu speichern. Umfangreichere Speicheroperationen sollten wie bei `Activities` auch in Fragmenten erst in der `onStop()`-Methode erfolgen, um keine Abläufe zu blockieren.

Die `onPause()`-Methode ist ein Übergangszustand, aus dem das Fragment sowohl beendet als auch wieder zur interaktiven Anzeige gebracht werden kann. Lange Operationen würden damit gegebenenfalls die Interaktion des Nutzers mit der Anwendung blockieren.

- **onStop()**

Ist klar, dass das Fragment zunächst nicht mehr angezeigt wird, wird die `onStop()`-Methode aufgerufen, in welcher weiter Speicher und Aufräumoperationen ausgeführt werden können.

- **onDestroyView()**

Während die `Activity` zerstört wird, werden im Fragment diese und die beiden folgenden Methoden aufgerufen, um ein geordnetes Beenden sicherzustellen. In dieser Methode werden zunächst die UI-Komponenten des Fragmentes beendet. Sollte das Fragment nach dem Entfernen der UI-Komponenten aus dem Back Stack wieder in den Vordergrund geholt werden, wird die Methode `onCreateView()` aufgerufen und das UI damit neu initialisiert.

- **onDestroy()**

Die übrigen, vom UI unabhängigen Komponenten, die etwa beim Initialisieren in der `onCreate()`-Methode erzeugt wurden, können in der `onDestroy()`-Methode beendet werden. Diese hätten bei einem Aufruf der `onCreateView()`-Methode, wie im vorigen Abschnitt erläutert, nicht neu initialisiert werden müssen. Erst beim endgültigen Beenden des gesamten Fragmentes werden diese beendet.

- **onDetach()**

Diese Methode im Lifecycle wird aufgerufen, wenn das Fragment vollständig beendet und von der `Activity` entkoppelt wurde. Das Verwenden von Fragmenten zum Aufbau von Oberflächen ist mittlerweile das übliche Vorgehen. Auch wenn beispielsweise keine Oberflächen für verschiedene Displaygrößen durch Fragmente erstellt werden sollen, ergeben sich die Vorteile der Wiederverwendbarkeit und der leichteren Wartbarkeit durch die Kapselung von UI-Elementen.

4.3 Google Maps

Ortsgebundene Dienste, die in Abhängigkeit von der aktuellen Position der Benutzer dargestellt und angeboten werden, sind bei mobilen Anwendungen nicht unüblich. In der Regel dient eine Kartendarstellung der Orientierung. Möchte eine Stadt beispielsweise Touristen auf besondere Angebote oder Ausstellungen aufmerksam machen, können diese Points of Interest (POIs) auf dem Stadtgebiet über besondere Symbole auf einer Karte visualisiert werden.

Google bietet mit seinem Kartendienst Google Maps eine entsprechende Alternative an, die es mobilen Entwicklern gestattet, die Karten des Unternehmens, die auch für das Webangebot verwendet werden, in eigene Apps zu integrieren. Dazu ist es zunächst erforderlich, einen kostenlosen Entwickler-Account bei Google zu eröffnen. Anschließend kann man über die Cloud-Konsole ein neues Projekt erstellen (◘ Abb. 4.24 und 4.25). Die Google-Cloud-Konsole bietet eine Verwaltungsoberfläche an, verschiedene Google-Dienste mit einem eigenen Projekt zu verknüpfen. Dazu wählt man das jeweilige

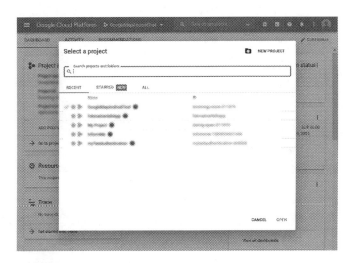

◘ **Abb. 4.24**   Google-Cloud-Plattform

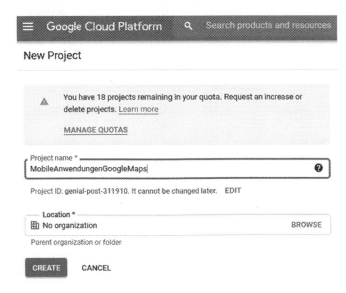

◘ **Abb. 4.25**   Anlage eines neuen Projektes

4

Cloud-Projekt aus und wechselt in die Verwaltungsober-
fläche für APIs und Dienste. Da Google ein führender
Anbieter von Cloud-Produkten ist, steht eine sehr große
Auswahl an verschiedenen Diensten zur Verfügung.

4.3.1 Erstellung eines API Key

Für die Integration des Google-Maps-Dienstes in eine Android-App ist das sogenannte Maps SDK for Android erforderlich, die aktiviert werden muss. Für die Nutzung des
Kartendienstes in einer App ist ein **API Key** erforderlich.
Durch diesen Schlüssel ist Google in der Lage, jegliche
Anfragen, die aus dem Internet an den eigenen Kartendienst gestellt werden, eindeutig einer Anwendung und
damit auch einem Kunden zuzuordnen. Sofern Kosten
durch die Nutzung des Kartendienstes entsprechen, werden sie gegenüber dem Kunden abgerechnet. Zum Zeitpunkt der Erstellung dieses Lehrbuches wird das Google
Maps SDK für Android sowohl in der statischen als auch
in der dynamischen Variante kostenlos bereitgestellt. Das
bedeutet, dass keine transaktionsabhängigen Kosten bei
der Verwendung entstehen.

Hinweis

Zur Vorsicht sollte in jedem Einzelfall überprüft
werden, ob die Integration weitere Kosten verursachen
kann.

Nachdem die API bzw. der Service mit dem Projekt
verknüpft worden ist, kann der API Key über die Funktion »Create Credentials« generiert werden. Dabei sollte
nicht vergessen werden, den API Key zu beschränken.
Ein API Key ist grundsätzlich für alle Google Cloud
APIs freigeschaltet. Um die Übersicht und die Kontrolle
zu behalten, ist es aber wichtig, den API Key spezifisch
zu erzeugen (◘ Abb. 4.26 und 4.27).

4.3.2 Integration der Google Map in Android

Der Android-Studio-Projektassistent bietet sowohl bei
der initialen Projektanlage als auch bei der Erstellung
von `Activities` die Möglichkeit der Generierung einer
»`Google Maps Activity`« an. Folgt man den Anweisungen des Assistenten, wie das bereits in ▶ Abschn. 4.1
skizziert wurde, erstellt er eine App mit einer einzigen

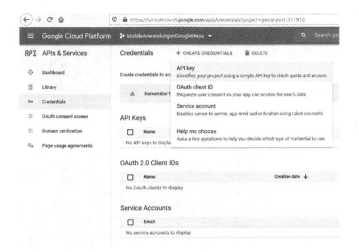

■ **Abb. 4.26**   API Key über die Funktion »Create Credentials« erzeugen

Key restrictions

⚠   This key is unrestricted. Restrictions help prevent unauthorized use and quota theft. Learn more ☑

Application restrictions

An application restriction controls which websites, IP addresses, or applications can use your ~~API key. You can set one application restriction per key.~~

⬡   ☰ Type to filter

○   ☐ Cloud Monitoring API

○   ☐ Cloud SQL

○   ☐ Cloud Storage

○   ☐ Cloud Storage API

A   ☐ Cloud Trace API

A   ☐ Google Cloud APIs

○   ☐ Google Cloud Storage JSON API

⬡   ☑ Maps SDK for Android

                                          CANCEL   OK

Selected APIs:

Maps SDK for Android

■ **Abb. 4.27**   Einschränkung der Nutzungsmöglichkeiten des API Key

4

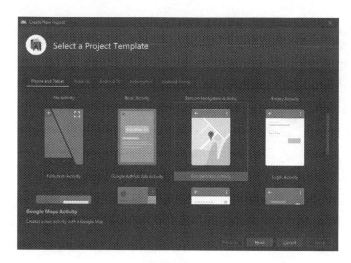

■ **Abb. 4.28** Android-Studio-Assistent für die Generierung einer »Google Maps Activity«

Activity, welche die Google Map über ein Fragment (▶ Abschn. 4.2.3) einbettet (■ Abb. 4.28).

Bevor die App kompiliert und ausgeführt werden kann, muss der zuvor generierte API Key in der Datei »google_maps_api.xml« eingetragen werden, welche sich in dem »values«-Unterordner des Projektes befindet.

```
<resources>
    <!--
    TODO: Before you run your application,
          you need a Google Maps API key. To
get one, follow this
          link,follow the directions and
press "Create" at the end:

https://console.developers.google.com/
flows/enableapi?apiid=maps_android_back-
end&keyType=CLIENT_SIDE_ANDROID&r=13:
A8:A9:D8:57:6E:70:DE:5E:5C:A0:16:75:D-
B:92:25:FF:6B:F7:C1%3Bde.arinir.myapp.goog-
lemapstest

    You can also add your credentials to an
existing key,
    using these values:
    Package name:
    de.arinir.myapp.googlemapstest
```

```
    SHA-1 certificate fingerprint:
    13:A8:A9:D8:57:6E:70:DE:5E:5
C:A0:16:75:DB:92:25:FF:6B:F7:C1

    Alternatively, follow the directions
here:    https://developers.google.com/maps/
documentation/android/start#get-key

    Once you have your key (it starts with
"AIza"),
    replace the "google_maps_key" string in
this file.
    -->
    <string name="google_maps_key"
            templateMergeStrategy="pre-
serve" translatable="false">
                AIXXXXXXXXXXXXXXXXXXXXXXXXXXX
XXXXX
    </string>
</resources>
```

Quellcode 4.39   Eintragung des API Key in der Datei google_maps_
api.xml

Quellcode 4.40 stellt die Einbettung des Google-Map-Fragmentes mit zwei `FloatingActionBut-`
`tons` dar, welche das Herein- und Herauszoomen der
Kartenansicht erlauben.

```
<?xml version="1.0" encoding="utf-8"?>
<RelativeLayout
    xmlns:android="http://schemas.android.
com/apk/res/android"
    xmlns:map="http://schemas.android.com/
apk/res-auto"
    xmlns:tools="http://schemas.android.
com/tools"
    android:layout_width="match_parent"
    android:layout_height="match_parent"
    tools:context=".MapsActivity">

    <fragment
        android:id="@+id/map"

        android:name="com.google.android.gms.
maps.SupportMapFragment"
        android:layout_width="match_parent"
        android:layout_height="match_parent"
    />
```

4

```
    <com.google.android.material.floatingac-
tionbutton

.FloatingActionButton
        android:layout_width="wrap_content"
        android:layout_height="wrap_con-
tent"
        android:layout_alignParent-
Top="true"
        android:layout_alignParen-
tEnd="true"
        android:layout_alignParen-
tRight="true"
        android:alpha="0.5"
        android:onClick="onZoomIn"
        android:src="@android:drawable/ic_
menu_zoom" />

    <com.google.android.material.floatingac-
tionbutton

.FloatingActionButton
        android:layout_width="wrap_content"
        android:layout_height="wrap_con-
tent"
        android:layout_alignParen-
tEnd="true"
        android:layout_alignParen-
tRight="true"
        android:layout_marginTop="60dp"
        android:layout_marginEnd="0dp"
        android:layout_marginRight="0dp"
        android:alpha="0.5"
        android:onClick="onZoomOut"
        android:src="@android:drawable/
zoom_plate" />
</RelativeLayout>
```

Quellcode 4.40   Google-Map-Fragment mit Zoom-in- und Zoom-out-Buttons

Sobald das Fragment erfolgreich erstellt und das Kartenmaterial von den Google-Servern abgerufen werden konnte, ruft die Android-Laufzeitumgebung eine `on-MapReady()`-Operation auf, die in der Schnittstelle `OnMapReadyCallback` definiert ist und durch eine `Activity` implementiert werden kann. Erst in dieser Callback-Operation lässt sich beispielsweise die Position auf der Karte sowie der Zoom-Level verändern. Quellcode 4.41 zeigt eine beispielhafte Initialisierung des

Map-Fragmentes, bei der die FH Iserlohn zentriert auf
der Karte dargestellt wird.

```java
public class MapsActivity extends Fragmen-
tActivity
                        implements OnMa-
pReadyCallback {
    private GoogleMap mMap;

    @Override
    protected void onCreate(Bundle savedIn-
stanceState) {
        super.onCreate(savedInstanceState);
        setContentView(R.layout.activity_
maps);
        // Obtain the SupportMapFragment and
get notified
        // when the map is ready to be used.
        SupportMapFragment mapFragment =
                (SupportMapFragment) getSup-
portFragmentManager()
                .findFragmentById(R.id.map);
        mapFragment.getMapAsync(this);
    }

    public void onZoomIn(View btn) {
        mMap.moveCamera((CameraUpdateFac-
tory.zoomIn()));
    }

    public void onZoomOut(View btn) {
        mMap.moveCamera((CameraUpdateFac-
tory.zoomOut()));
    }
    @Override
    public void onMapReady(GoogleMap google-
Map) {
        mMap = googleMap;

        LatLng iserlohn = new
LatLng(51.3683502606519,
                        7.687339345679463);
        mMap.addMarker(new MarkerOptions().
position(iserlohn)
                        .title("FH Iserlohn"));
        mMap.moveCamera(CameraUpdateFactory
                .newLatLngZoom(iserlohn, 18f));
    }
}
```

Quellcode 4.41   Google-Map-Fragment mit Zoom-in- und Zoom-
out-Buttons

4

Zum Zeitpunkt der Erstellung der `Activity` lässt sich die Referenz auf das `GoogleMap`-Objekt nicht ermitteln. Stattdessen wird in der Operation `onCreate()` die Operation `getMapAsync()` aufgerufen und die Instanz auf die `OnMapReadyCallback`-Schnittstelle überreicht. Bei einer erfolgreichen Initialisierung ruft die Laufzeitumgebung die Operation `onMapReady()` mit der Referenz auf das `GoogleMap`-Objekt auf.

Um die Position der FH Iserlohn auf der Karte zu visualisieren, wird ein Marker platziert. Dafür ist der Längen- und Breitengrad der FH Iserlohn anzugeben. Alternativ kann auch ein Text zur näheren Angabe weiterer Informationen während der Erstellung des Markers übergeben werden.

Die Operation `moveCamera()` dient der Positionierung bzw. Zentrierung der Karte, wobei in diesem Beispiel auch ein Zoom-Level definiert wird, um den dargestellten Ausschnitt einzugrenzen und damit den genauen Ort der FH Iserlohn besser zu visualisieren (◘ Abb. 4.29).

4.4 Intents

`Intents` sind Nachrichtenobjekte, die der Übermittlung von Informationen oder Anweisungen zwischen Komponenten

- einer Anwendung,
- verschiedener Anwendungen sowie
- einer Anwendung und dem Betriebssystem dienen.

Eine Anwendung kann also nicht nur auf `Intents` reagieren, die in ihr selbst definiert und verschickt wurden, sondern auch auf `Intents`, die von anderen Apps oder vom Betriebssystem verschickt wurden. Mithilfe von `Intents` werden die bereits bekannten Basiskomponenten `Activities` und `Services` sowie die in ▶ Abschn. 4.6 vorgestellten Broadcast Receiver einer Anwendung gestartet.

Informationen eines Intents

`Intents` können folgende Informationen beinhalten:
- **Komponentenname:** Der Klassenname einer Komponente, die adressiert wird.
- **Aktion:** Der Identifikator einer Aktion, die ausgeführt werden soll. Hierbei handelt es sich um eine Standardaktion, die im Betriebssystem bereits registriert ist, wie beispielsweise einen Telefonanruf tätigen,

Darstellung des Google-Map-Fragmentes

oder eine Aktion, die von einer Anwendung angeboten wird und deren Identifikator bekannt ist.

■ **Daten:** Parameter oder Informationen, die via URI-Format übertragen werden können.

■ **Kategorie:** Definition der Komponente, die auf den `Intent` reagieren soll, wenn kein eindeutiger Komponentenname angegeben wurde.

■ **Extras:** Konkrete Daten können über Schlüssel-Wert-Paare in den Extras gespeichert werden. Es können Daten aller einfachen Datentypen und serialisierbare Objekte als Extras übertragen werden.

4

▪ **Flags:** Über Flags werden dem `Intent` weitere Metainformationen mitgegeben, die dem Zielsystem (Anwendung oder Betriebssystem) anzeigen, wie zu reagieren ist. Es kann beim Starten einer `Activity` beispielsweise angegeben werden, dass keine Animation ausgeführt werden soll. Die neue `Activity` wird also gegebenenfalls ohne definierten Übergang angezeigt.

Basierend auf der Instanziierung und den gesetzten Parametern, existieren zwei verschiedene Typen von `Intents`:

1. **Explizite Intents:** Mit expliziten `Intents` wird genau festgelegt, welche Komponente welcher Anwendung reagieren soll.
2. **ImpliziteIntents:** Über implizite `Intents` kann festgelegt werden, dass eine bestimmte Aktion zu erfolgen hat, es aber irrelevant ist, von welcher Komponente oder Anwendung diese ausgeführt wird.

```
//Beispiel für einen expliziten Intent
Intent explicitIntent = new Intent(this,
MyActivity.class);
startActivity(explicitIntent);

//Beispiel für einen impliziten Intent
Intent implicitIntent = new Intent(Intent.
ACTION_DIAL,
                                    Uri.parse
("tel:555-1234");
startActivity(implicitIntent);
```

Quellcode 4.42   Aufruf einer Activity über einen expliziten und impliziten Intent

Hinweis

Beim impliziten `Intent` wird ein App-Chooser angezeigt, wenn mehrere Anwendungen die gewünschte Aktion ausführen können und bisher keine Default-Anwendung ausgewählt wurde.

Intent-Filter

Damit eine App auf `Intents` reagieren kann, welche von einer anderen Anwendung oder vom System verschickt werden, müssen `Intent`-Filter gesetzt werden. Der `Intent`-Filter wird in der Manifest-Datei angegeben. Über `Intent`-Filter kann festgelegt werden, auf welche Nachrichten welche App-Komponente reagieren soll. Es kann über den Aktionsnamen festgelegt werden, dass eine Komponente auf `Intents` für genau diese Aktion reagieren. Über die Parameter Kategorie und Daten kann die Reaktion weiter detailliert oder eingeschränkt werden.

```
//Beispiel für einen expliziten Intent
<activity android:name="MyActivity">
   <intent-filter>
      <action android:name="android.intent.
action.SEND"/>
      <category android:name="android.in-
tent.category.DEFAULT"/>
      <data android:mimetype="text/plain"/>
   </intent-filter>
</activity>
```

Quellcode 4.43 Definition eines Intent-Filters für eine Activity in der Manifest-Datei

In Quellcode 4.43 wird ein `Intent`-Filter für die `Activity` »MyActivity« definiert. Der `Intent`-Filter gibt an, dass die Activity auf Aktionen zum Versenden einer Mail reagieren soll. Es muss keine Kategorie angegeben werden, der `Intent`, auf welchen hier reagiert werden soll, muss aber Daten als Text beinhalten.

Wird also von einer beliebigen App eine Anfrage abgesetzt, eine Mail zu verschicken, und der zugehörige `Intent` beinhaltet einen Text, wird die App mit der `Activity` »MyActivity« im App-Chooser zur Auswahl angezeigt oder, falls sie bereits als Default gesetzt war, direkt geöffnet. Kann keine auf dem Smartphone installierte App auf einen Intent reagieren, hat also keine App einen entsprechenden `Intent`-Filter gesetzt, kann die Aktion nicht ausgeführt werden. Dies sollte beim Versenden von impliziten `Intents` zu einer bestimmten Aktion oder von expliziten `Intents` zu einer Komponente, die nicht in der aufrufenden Anwendung liegt, berücksichtigt und durch Ausnahmebehandlungen abgesichert werden.

4.5 AsyncTasks, Services und JobScheduler

Die nebenläufige Programmierung verwendet mehrere Kontrollflüsse, um lang laufende Hintergrundoperationen ausführen zu können, ohne dass die Anwendung bzw. die App blockiert. Dadurch ist es möglich, dass auf Benutzereingabe reagiert werden kann, während beispielsweise eine komplexe Berechnung im Hintergrund stattfindet.

4

Android unterstützt die aus der Java-Programmierung bekannten Konzepte der nebenläufigen und parallelen Programmierung. Daher können in Android Threads erzeugt und gestartet werden. Auch die aus der Java-Programmierung bekannten erweiterten Konzepte, wie zum Beispiel Synchronisationsobjekte und Monitore, lassen sich verwenden.

Jedoch definiert Android auch spezielle Konzepte wie `AsyncTasks`, `Services` und `JobScheduler`, auf die im Folgenden näher eingegangen wird.

4.5.1 AsyncTasks

Bis zum Erscheinen des Android SDK Level 30 im September 2020 wurden Hintergrundoperationen durch Unterklassen der abstrakten Klasse »AsyncTask« realisiert. Ab dem Android SDK Level 31 gilt diese Klasse als abgekündigt und sollte bei neuen Apps nicht mehr verwendet werden. Bei `AsyncTask` handelt es sich um eine generische Klasse, deren drei generische Parameter beim Definieren der Unterklasse anzugeben sind:

1. **Params:** Parametertyp, der dem Task übergeben wird
2. **Progress:** Datentyp für die Repräsentation des Fortschritts
3. **Result:** Datentyp für den Rückgabewert

Sofern nicht alle Typen benötigt werden, können ungenutzte Typen durch das Schlüsselwort »Void« undefiniert bleiben.

```
public class MeinHintergrund extends
        AsyncTask<MeineParameterKlasse, Void,
MeineErgebnisKlasse>
{
    @Override
    protected MeineErgebnisKlasse doInBack-
ground(
                            MeineParame-
terKlasse eingabe) {
        //Langlaufende Operation
    }
}
```

Quellcode 4.44   Definition eines `AsyncTask`

`AsyncTask` definiert mehrere wichtige Operationen, die in Unterklassen überschrieben werden müssen. Die abstrakte Operation »`doInBackgrund()`« dient der eigentlichen Ausführung der Hintergrundoperation. Darüber hinaus werden häufig auch die Operationen »`onProgressUpdate()`« und »`onPostExecute()`« überschrieben, um den Berechnungsfortschritt oder das Ergebnis der Operation an die aufrufende Klasse weiterzuleiten.

Um die Ausführung einer `AsyncTask`-Instanz in einem separaten Thread zu starten, darf die Operation `doInBackground()` nicht vom aufrufenden Thread aufgerufen werden. Stattdessen muss hierfür die Operation `execute()` aufgerufen werden. Der Aufruf kann an diese Operation einen Parameter übergeben, sofern dies für die Hintergrundoperation notwendig ist.

```java
private class MyTask extends
    AsyncTask<MeineParameterKlasse, Float,
MeineErgebnisKlasse> {
    @Override
    protected MeineErgebnisKlasse doInBack-
ground(
                            MeinePa-
rameterKlasse eingabe) {

    MeineErgebnisKlasse ergebnis = new
MeineErgebnisKlasse ();

    for (int i = 0; i < 10000000; i++) {
    // Mache etwas sinnvolles
        // Fortschritt
        publishProgress(((i/(float)
10000000)*100));
        // Wurde die Operation anderweitig
angehalten?
        if (isCancelled())
            break;
    }
    return ergebnis;
    }

    @Override
    protected void onProgressUpdate(Float...
pProgress) {
        showProgress(pProgress[0]);
    }
```

4

```
    @Override
    protected void onPostExecute(MeineErgebn-
isKlasse pResult) {
        showResult(pResult);
    }
}
```

Quellcode 4.45 `AsyncTask`-Implementierung als innere Klasse mit einer trivialen Operation als Beispiel

Über `AsyncTask`-Implementierungen können bereits diverse Operationen einer Anwendung gekapselt und nebenläufig ausgeführt werden, sodass die Bedienoberfläche nicht blockiert und gegebenenfalls sogar aktualisiert wird.

Der Aufruf der `AsyncTask`-Implementierung erfolgt dann beispielsweise aus einer `Activity` heraus.

```
public void startTask() {
    // Beginne die Hintergrundoperation
    new MyTask().execute(new MeineParameterK-
lasse());
}
```

Quellcode 4.46   Initialisieren und Ausführung eines AsyncTask mit Parametern

Es wird also eine Instanz der Klasse `MyTask` (Quellcode 4.45) erstellt, und beim Aufruf zum Ausführen werden Parameter übergeben. Im Beispiel werden Integer-Werte übergeben, welche in der `doInBackground()`-Operation in `MyTask` aufsummiert werden.

Hinweis

Wie bereits erwähnt, wurde diese Klasse mit dem API Level 30 als »veraltet« markiert. Ursprünglich wurde sie entwickelt, um bestimmte Aspekte der nebenläufigen Programmierung in Java zu kapseln. Jedoch haben die Entwickler Ende 2020 erkannt bzw. entschieden, dass diese zusätzliche Abstraktion der gängigen nebenläufigen Konzepte und Programmier-APIs, die in dem Paket »java.util.concurrent« definiert sind, keine Vorteile bietet. Daher sollte man auch in Android-Apps ab dem API Level 30 auf die bekannten Klassen wie `Thread`, `Executor` und `ExecutorService` zugreifen, um Hintergrundverarbeitungen zu realisieren.

4.5.2 **Services**

Umfangreichere Hintergrundoperationen können mithilfe des Android SDK in sogenannte Services ausgelagert werden. Dabei handelt es sich um Komponenten, die nicht mit einer konkreten Benutzungsoberfläche verknüpft sind und zwischen dem Wechsel von einer Activity zu einer anderen Activity weiterlaufen können.

Services werden beispielsweise eingesetzt, um eine lang laufende I/O-Operation zwischen einer App und einem entfernten Server zu kapseln. Dies könnte beim Hochladen von Dokumenten oder Bildern sinnvoll sein.

Wenn ein Service ausgeführt wird, dann erzeugt die Laufzeitumgebung keinen impliziten neuen Thread. Stattdessen wird der Haupt-Thread der App verwendet. Wenn lang laufende Operationen ausgeführt werden müssen, sollte daher immer explizit ein neuer Thread gestartet werden.

Das Besondere an einem Service besteht darin, dass er auch dann noch ausgeführt wird, wenn die Anwender zwischen zwei Apps wechseln. Dadurch kann eine MP3-App im Hintergrund eine Musik weiterspielen, während der Anwender mit dem Browser eine Webseite besucht.

`Services` einer Anwendung können, wie auch `Activities`, von anderen Anwendungen aufgerufen werden, wenn dies im Manifest konfiguriert ist. Das Android SDK kennt drei verschiedene Arten von Services.

Hinweis

4.5.2.1 **Foreground Service**

Foreground Services führen Aktionen aus, die für die Anwender ersichtlich oder wahrnehmbar sind. Sobald ein Foreground Service gestartet wird, blendet die Laufzeitumgebung einen Hinweis *(notification)* in der Statusbar ein und informiert die Benutzer über den Zustand des Services. Dadurch ist es auch möglich, die App jederzeit wieder in den Vordergrund zu holen und direkt zu interagieren. Da Services auch dann ausgeführt werden, wenn die Anwendung nicht aktiv ist, lässt sich mit ihrer Hilfe beispielsweise eine Audiowiedergabe implementieren. Sollen weitere Informationen eingeblendet werden oder benötigt der Dienst die Aufmerksamkeit der Anwender, können jederzeit Toasts oder SnackBars verwendet werden.

4.5.2.2 **Background Service**

Über Background Services werden üblicherweise Operationen bereitgestellt, die keine direkte Interaktion mit dem

4

Anwender benötigen. Ein Beispiel für diese Kategorie von Services ist eine kontinuierliche Bluetooth-Kommunikation über den Low-Energy-Standard. Man verwendet diese Technik, um eine Ortung innerhalb geschlossener Umgebungen zu realisieren oder mit »intelligenten Geräten« zu kommunizieren.

Ab dem API Level 26 wird die Nutzung von Background Services durch Android eingeschränkt, um sowohl die Prozessorleistung und den Arbeitsspeicher möglichst für andere Anwendungen freizugeben als auch den Schutz der persönlichen Daten sicherzustellen. Wird eine App in den Hintergrund verlagert, wird der Background Service weiterhin für einige Minuten ausgeführt.

Die App wird anschließend in den Zustand »`idle`« versetzt und der Service beendet. Diesen Mechanismus kann man umgehen, wenn man einen `JobScheduler` einsetzt.

4.5.2.3 Bound Service

Hintergrunddienste können in manchen Situationen von mehreren Apps verwendet werden. Sie müssen dann so lange laufen, bis jede App, die diesen Dienst verwendet, entweder beendet wurde oder die Funktionen des Dienstes nicht mehr benötigt. Das Android SDK bietet für diese Szenarien den sogenannten Bound Service an, bei dem einzelne App-Komponenten eine Bindung eingehen können.

Ein Bound Service ist anschließend so lange aktiv, bis die letzte App ihre Bindung beendet hat. Diese »Bindung« entspricht semantisch einer »Verbindung« im Kontext einer Client-/Serverkommunikation, bei der der Dienst die Serverseite repräsentiert. Ein Client kann die Funktionen dieses Dienstes über die Schnittstelle in Anspruch nehmen. Diese Kommunikation zwischen Client und Server kann entweder im selben Prozessraum laufen, wenn der *Bound Service* innerhalb derselben App implementiert wurde. Es kann aber auch über eine Prozessgrenze hinweg mit einem Bound Service aus einer anderen App kommuniziert werden.

Das Konzept des Bound Service grenzt sich nicht gegen andere Service-Konzepte ab. Ein Service kann daher sowohl konventionell gestartet als auch gebunden werden oder aber beide Varianten gleichzeitig anbieten.

Das nächste Beispiel aus Quellcode 4.47 zeigt eine einfache Implementierung eines Services. Da die Android-

Laufzeitumgebung nicht automatisch einen neuen Thread für den Service startet, wird in der Operation `onStartCommand()` zunächst ein Thread instanziiert. Dieser Thread gibt zehn Mal über die Konsole eine Botschaft aus und beendet anschließend beim Verlassen der `run()`-Operation den Thread und durch den Aufruf von `stopSelf()` den Service.

Da die Klasse `MyThread` als nicht statische innere Klasse implementiert wurde, kann sie die in der Klasse `Service` definierte Operation `stopSelf()` aufrufen.

Der Service unterstützt das Binden, in dem es die Operation »`onBind()`« implementiert und einen Binder zurückliefert. Dieser ist zunächst als lokale Schnittstelle realisiert und unterstützt daher keine Interprozesskommunikation.

Hinweis

```
package de.arinir.myapp.servicetest;

import android.app.Service;
import android.content.Intent;
import android.os.Binder;
import android.os.IBinder;
import android.util.Log;

import static java.lang.Thread.sleep;

public class MyService extends Service {
    private final IBinder binder = new MyLo-
calBinder();
    public MyService() {

    }
    // Da dieser Service nur lokal auf-
gerufen wird,
    // wird keinen Remote-Interface bereit-
stellen.
    public class MyLocalBinder extends
Binder {
        MyLocalBinder getService() {
            return MyService.this;
        }
    }

    @Override
    public IBinder onBind(Intent intent) {
        return binder;

    }
    @Override
    public void onCreate() {
```

4

```
        super.onCreate();
    }
    @Override
    public void onDestroy() {
        super.onDestroy();
    }

    @Override
    public int onStartCommand(Intent intent,
                                int flags,
int startId) {

        MyThread thread = new MyThread();
        thread.start();
        return super.onStartCommand(intent,
flags, startId);
    }

    private class MyThread extends Thread {
        public void run() {
            for (int i = 0; i < 10; i++) {
              try {
                sleep(1000);
                System.out.println(i);
                Log.i("MyThread", "slept" +
(i + 1) + " seconds");
              } catch (InterruptedException
e) {

              }
            }
            stopSelf();
        }
    }
}
```

Quellcode 4.47   Einfache Service-Implementierung

Das Starten des »MyService« erfolgt beispielsweise aus einer Activity heraus über ein Intent (▶ Abschn. 4.4).

```
private void startService() {
    Intent i = new Intent(this, MyService.
class);
    startService(i);
}
```

Quellcode 4.48   Starten eines Services über einen Intent

Wenn der Service als ein Bound Service verwendet wird, dann muss statt des Aufrufes der Operation `startService()` die Operation `bindService()` zum Einsatz kommen. Dabei wird eine Instanz der Klasse `ServiceConnection` übergeben, welche in ihrer Callback-Operation »onServiceConnected« eine Referenz auf den gebundenen Service erhält.

```
public class MyClientActivity extends Activity {
    private boolean bound = false;
    private MyLocalBinder service;

    @Override
    protected void onCreate(Bundle savedInstanceState) {
        super.onCreate(savedInstanceState);
        setContentView(R.layout.main);
    }
    @Override
    protected void onStart() {
        super.onStart();
        // Bind to LocalService
        Intent intent = new Intent(this, LocalService.class);
        bindService(intent, connection, Context.BIND_AUTO_CREATE);
    }
    @Override
    protected void onStop() {
        super.onStop();
        unbindService(connection);
        bound = false;
    }
    private ServiceConnection connection =
    new ServiceConnection() {

        @Override
        public void onServiceConnected(ComponentName className,
                IBinder service) {
            MyLocalBinder binder = (MyLocalBinder) service;
            service = binder.getService();
            bound = true;
        }

        @Override
        public void onServiceDisconnected(ComponentName arg0) {
```

```
                bound = false;
        }
    };
}
```

Quellcode 4.49 Aufruf eines Services aus einer Android-Komponente heraus über einen Intent

4

Beim Verbinden mit dem Service kann über den Parameter `Context.BIND_AUTO_CREATE` sichergestellt werden, dass der Service instanziiert wird, wenn er vorher noch nicht aktiv war. Der Aufruf »`startService()`« ist hiermit überflüssig.

Anmerkung   Eigene Services müssen in der Manifest-Datei definiert werden, damit sie von außen gestartet werden können:

```
<service
    android:name=".MyService"
    android:enabled="true"
    android:exported="true">
</service>
```

Das Android Studio übernimmt diesen Eintrag für gewöhnlich, wenn man Services über die entsprechenden Assistenten erstellt. Trotzdem sollte der Eintrag geprüft werden.

4.5.3 JobScheduler

Seit dem Android-API Level 26 ist es für Background Services nicht mehr gestattet, lang laufende Operationen auszuführen, wenn die App längere Zeit nicht mehr verwendet wurde. Durch viele Background Services wurde die Gesamtleistung eines Android-Systems beeinträchtigt, sodass für die Benutzer wahrnehmbare Verzögerungen auftraten.

Durch die Klasse `JobScheduler` können im Hintergrund Operationen in einem festen Takt ausgeführt werden, auch wenn die App nicht mehr durch die Anwender verwendet wird. Dies ist beispielsweise für Tracking-Apps notwendig, die im Hintergrund regelmäßig die Geoposition bestimmen und zwischenspeichern.

4.6 Broadcast Receivers

Broadcast Receivers reagieren auf Meldungen anderer Apps oder des Systems. Eine App kann auch auf Broadcasts reagieren, wenn sie nicht gestartet ist. Es ist also nicht nötig, eine App im Hintergrund aktiv zu halten, wenn diese erst auf ein bestimmtes Ereignis reagieren soll, vorausgesetzt, das Ereignis wird im System über einen Broadcast bekannt gegeben. Über Broadcasts können beispielsweise Systemzustände wie ein niedriger Batteriestatus oder eingehende Telefonanrufe bekannt gegeben, durch Apps registriert und entsprechend behandelt werden. In einer Audiowiedergabe-App kann so etwas wie die Lautstärke der Wiedergabe angepasst werden, wenn ein Telefonanruf eingeht.

Broadcasts werden in einem `Intent`-Objekt verpackt. Für Broadcast Receiver müssen demnach auch `Intent`-Filter gesetzt werden, damit die App die in `Intents` übermittelten Broadcasts empfangen und darauf reagieren kann.

4.6.1 Empfangen eines Broadcast

Um einen Broadcast in einer App empfangen zu können, muss eine Subklasse der abstrakten Klasse `BroadcastReceiver` implementiert und für den Empfang von Broadcasts registriert werden. Für die Implementierung der Komponente genügt das Überschreiben der abstrakten Methode »`onReceive()`«.

```
public class MyReceiver extends BroadcastRe-
ceiver {
    @Override
    public void onReceive(Context context,
Intent intent) {
        String actionName = intent.getAc-
tion();
        Toast.makeText(context,
                actionName,
                Toast.LENGTH_SHORT).
show();
    }
}
```

Quellcode 4.50   Beispielimplementierung eines Broadcast Receiver

4

Programmatische Anmeldung

Damit die App bei einem Broadcast, der von einer anderen App oder dem System versandt wurde, reagieren kann, muss der Broadcast Receiver angemeldet werden.

Üblich ist die Anmeldung programmatisch in einer Komponente wie einer `Activity`, wenn zur Laufzeit dieser Komponente auf Broadcasts reagiert werden soll. Beim Beenden sollte der Broadcast Receiver dann auch wieder abgemeldet werden. Der Broadcast Receiver wird hierbei in einem Kontext erzeugt. Sofern es sich dabei um einen komponentenunabhängigen Kontext (zum Beispiel den `Activity`-Kontext) handelt, würde der Broadcast Receiver aktiv bleiben, auch wenn die App bereits beendet wurde. Um die daraus folgenden Speicherprobleme zu vermeiden, soll nach der Nutzung des Broadcast Receiver die Abmeldung erfolgen.

Soll die App zu jeder Zeit unabhängig von der aktuell aktiven Komponente auf Broadcasts reagieren oder sogar gestartet werden, wenn sie nicht aktiv ist, erfolgt das Anmelden über die Manifest-Datei. Bei der Anmeldung werden dem Broadcast Receiver ein oder mehrere `Intent`-Filter mitgegeben, um zu definieren, auf welche Aktionen reagiert werden soll. Ein Broadcast Receiver kann so auch auf mehrere, unterschiedliche Aktionen reagieren; es müssen also keine zwei Implementierungen angelegt und angemeldet werden, wenn die Reaktion auf die Systemnachricht, dass der Flugmodus aktiviert wurde, die gleiche ist wie die Reaktion auf die Nachricht, dass das WiFi deaktiviert wurde.

Achtung

Einen Broadcast Receiver ohne `Intent`-Filter anzumelden – eventuell mit dem Hintergedanken, damit auf wirklich alle Broadcasts zu reagieren –, ist nicht möglich.

```
<receiver
    android:name=".MyReceiver"
    android:enabled="true"
    android:exported="true">
    <intent-filter>
        <action android:name="android.intent.
action.BOOT_COMPLETED"/>
        <action android:name="android.intent.
action.AIRPLANE_MODE"/>
    </intent-filter>
</receiver>
```

Quellcode 4.51   Anmeldung des Broadcast Receiver in der Manifest-Datei

Innerhalb des Android SDK befindet sich eine Datei »broadcast_actions.txt«, die die vollständige Liste aller Broadcast Actions enthält.

```
IntentFilter filter = new IntentFilter();
filter.addAction("android.net.conn.CONNECTIV-
ITY_CHANGE");

MyReceiver myReceiver = new MyReceiver();
registerReceiver(myReceiver, filter);
```

Quellcode 4.52 Programmatische Registrierung eines Broadcast Receiver

4.6.2 Senden eines Broadcast

Um andere Apps über relevante Ereignisse zu informieren, kann eine App auch eigene Broadcast versenden. Hierbei sollte beachtet werden, dass der Broadcast anderen Entwicklern als Schnittstellen bekannt sein muss, da sonst nicht klar ist, dass eine weitere App auf diese Meldungen reagieren kann.

Das Versenden von System-Broadcasts aus einer App, etwa zum Vortäuschen eines abgeschlossenen Bootprozesses oder anderer Systemereignisse, wird vom Betriebssystem – sinnvollerweise – unterbunden.

4.6.3 Ortsbenachrichtigungen

In ▶ Abschn. 4.3 wurde die Integration von Googles Kartendienst in eine App vorgestellt. Bei ortsgebundenen Diensten ist es häufig üblich, dass der Anwender sich nicht nur aktiv über die an seiner Position verfügbaren Informationen und Sehenswürdigkeiten anhand einer Karte informiert. Die Erwartung vieler Anwender ist vielmehr, dass sie automatisiert Benachrichtigungen erhalten, sobald sie sich in der Nähe bestimmter Dienste befinden. Die dafür notwendige Infrastrukturfunktionalität wird in Android durch die Klasse LocationManager angeboten, welche Apps über sogenannte Proximity Alerts darüber in Kenntnis setzt, sobald das Handy sich innerhalb bestimmter Grenzen aufhält.

4

Notwendige Rechte

Sofern eine App auf die aktuelle Position des Handys zugreifen möchte, müssen folgende Rechte innerhalb der Manifest-Datei eingetragen werden:

```
Android.Manifest.permissions#ACCESS_COARSE_
LOCATION
Android.Manifest.permissions#ACCESS_FINE_LO-
CATION
```

Registrierung eines Geopositionsabhörers

Um auf die Positionsereignisse, die über `Broadcasts` übermittelt werden, reagieren zu können, muss ein `BroadcastReceiver` implementiert werden.

```java
public class ProximityReceiver extends
BroadcastReceiver {

    @Override
    public void onReceive(Context context,
Intent intent) {
        String key = LocationManager.KEY_
PROXIMITY_ENTERING;

        boolean isEntering = intent.get-
BooleanExtra(key, false);
        if (isEntering) {
            Toast.makeText(context,
"Wir betreten den Bereich",
Toast.LENGTH_SHORT).show();
        } else {
            Toast.makeText(context,
"Wir verlassen den Bereich",
Toast.LENGTH_SHORT).show();
        }
    }
}
```

Quellcode 4.53   BroadcastReceiver für eingehende Geopositionsänderungen

Die nachfolgende `Activity` demonstriert die Initialisierung des `ProximityReceiver`. Zunächst wird eine Instanz der Klasse `ProximityReceiver` erzeugt und über einen `IntentFilter` registriert.

```
public class MapsActivity extends Frag-
mentActivity implements
OnMapReadyCallback, LocationListener {
    private static String ACTION_FILTER =
"de.arinir.proximityalert";
    private GoogleMap mMap;
    private LocationManager locationManager;
    private LatLng locationIserlohn =
new LatLng(51.3683502606519,
7.687339345679463);
    private float radius = 1000;

    @Override
    protected void onCreate(Bundle savedIn-
stanceState) {
        super.onCreate(savedInstanceState);
        setContentView(R.layout.activity_
maps);
        // Obtain the SupportMapFragment and
// get notified when the map is ready to be
used.
        SupportMapFragment mapFragment =
(SupportMapFragment)getSupportFragmentMan-
ager()
                .findFragmentById(R.id.map);
        mapFragment.getMapAsync(this);

        registerReceiver(new ProximityRecei-
ver(),
new IntentFilter(MapsActivity.ACTION_FIL-
TER));

        locationManager =
(LocationManager)getSystemService(LOCATION_
SERVICE);

        if (ActivityCompat.checkSelfPermis-
sion(this,
 Manifest.permission.ACCESS_FINE_LOCATION)
!=
 PackageManager.PERMISSION_GRANTED &&
  ActivityCompat.checkSelfPermission(this,
Manifest.permission.ACCESS_COARSE_LOCATION)
!=
PackageManager.PERMISSION_GRANTED) {
            // fehlende Rechte
            Toast.makeText(getApplication
Context(),
"Fehlende Rechte", Toast.LENGTH_LONG).
show();
```

4

```
                // Rechte anfragen
                requestPermissions(new String[]
{
 Manifest.permission.ACCESS_FINE_LOCATION,
  Manifest.permission.ACCESS_COARSE_LOCATION
}, 0);
                return;
        }
        locationManager.requestLocationUp-
dates(
LocationManager.GPS_PROVIDER, 1000, 10, this);

        Intent intent = new Intent(ACTION_
FILTER);
        PendingIntent pi =
PendingIntent.getBroadcast(
  getApplicationContext(), -1, intent, 0);

        locationManager.addProximityAlert(
locationIserlohn.latitude, locationIserlohn.
latitude,
 radius, -1, pi);
    }

    @Override
    public void onLocationChanged(Location
location) {
        mMap.addMarker(new MarkerOptions().
position(
 new LatLng(location.getLatitude(),
location.getLongitude()))
.title("Hallo Welt"));

    }

    @Override
    public void onProviderDisabled(String
provider) {

    }
    @Override
    public void onProviderEnabled(String
provider) {

    }
    @Override
    public void onStatusChanged(String pro-
vider, int status,
Bundle extras) {

    }
```

```
    @Override
    public void onMapReady(GoogleMap goog-
leMap) {
        mMap = googleMap;

        mMap.addCircle(new CircleOptions()
.center(locationIserlohn)
.radius(this.radius).clickable(true));
        // Marker für die FH Iserlohn
        mMap.addMarker(new MarkerOptions()
.position(locationIserlohn)
.title("FH Iserlohn"));
        mMap.moveCamera(
CameraUpdateFactory.newLatLngZoom(locationI-
serlohn, 15f));
    }
}
```

Quellcode 4.54 Initialisierung des BroadcastReceiver für Geopositionsänderungen

In der letzten Zeile der `onCreate()`-Operation wird über den `LocationManager` die Operation `addProximityAlert()` aufgerufen, welche einen Abhörer für das Betreten oder Verlassen eines bestimmten Bereiches auf der Karte registriert.

Über den Emulator lässt sich die notwendige Genau- Hinweis igkeit für die ProximityAlerts nicht erzielen, sodass diese Funktion nur über reale Geräte zu testen ist.

4.7 Connectivity

Apps kommen in den wenigsten Fällen komplett ohne eine Verbindung zu einem weiteren System aus. In den meisten Fällen wird eine Netzwerk- oder Internetverbindung benötigt, um Daten abzufragen oder zu übertragen. Für den Aufbau einer solchen Verbindung benötigt die App die entsprechende Berechtigung, die von den Anwendern zu vergeben ist. Für sämtliche Verbindungsmethoden sind in der Manifest-Datei die nötigen Berechtigungen zu erteilen, wie zum Beispiel für den Zugriff auf die Internetverbindung:

```
<uses-permission
   android:name="android.permission.INTER-
NET"/>
<uses-permission
   android:name="android.permission.ACCESS_
NETWORK_STATE"/>
```

Quellcode 4.55 Erteilung der Berechtigungen für den Zugriff auf das Internet

Im folgenden Abschnitt wird auf klassische Netzwerkverbindungen eingegangen. Neben einer Netzwerkverbindung kann eine Kommunikation beispielsweise über USB oder Bluetooth aufgebaut werden.

4.7.1 Netzwerkverbindungen

Da die Kommunikation via HTTP(s) die durchaus üblichste Form einer Datenverbindung darstellt, wird diese hier als erstes Beispiel verwendet. Andere Protokolle oder Verbindungen beispielsweise über WebSockets sind möglich, bedürfen aber der nötigen Android-kompatiblen Implementierung, wenn diese nicht vom Betriebssystem selbst schon angeboten wird.

Um eine HTTP(s)-Verbindung aufzubauen, können Bibliotheken eingesetzt werden. Diese bieten häufig Zusatzfunktionen beispielsweise zum Auslesen von Daten oder zur Fehlerbehandlung. Die Realisierung über Klassen und Methoden aus dem Android SDK ist ebenfalls möglich. Sehr einfache Verbindungen wie im Beispiel aus Quellcode 4.55 zum Herunterladen von Texten können mit den Standardimplementierungen von Android umgesetzt werden.

Netzwerkverbindungen müssen bei Android seit API Level 11 in einem eigenen Thread laufen, um das Blockieren des Main-UI-Threads zu vermeiden. Wie im Beispiel zu sehen, wird die HTTP(s)-Verbindung innerhalb eines `AsyncTasks` aufgebaut (▶ Abschn. 4.5.1). Dem `AsyncTask` wird als Parameter die URL übergeben, von der Daten heruntergeladen werden sollen. Der Download startet bei Aufruf der Methode »start-Download« zum Beispiel, wenn diese per Knopfdruck ausgelöst wird.

```
public class DownloadTask extends
                 AsyncTask<String, Integer,
String> {

    private Runnable _callback;
    private boolean _resultReady = false;
    private String _result = null;
    public void setCallback(Runnable call-
back) {
        this._callback = callback;
    }
    @Override
    protected String doInBack-
ground(String... strings) {
        StringBuffer fullContent = new
StringBuffer();
        InputStream input = null;
        HttpsURLConnection connection =
null;
        try
        {
            URL url = new URL(strings[0]);
            connection = (HttpsURLConnec-
tion)url.openConnection();
            connection.connect();
            int fileLength = connection.get-
ContentLength();

            input = connection.getInput-
Stream();
            byte[] data = new byte[4096];
            long total = 0;
            int count = 0;
            while ((count = input.read(-
data)) != -1) {
                total += count;
                if (fileLength > 0)
                    publishProgress((int)
(total*100/fileLength));
                fullContent.append(new
String(data));
            }
        } catch (Exception e) {
            return e.toString();
        } finally {
            try {
                if (input != null)
                    input.close();
            } catch(Exception e) {

            }
            if (connection != null)
```

4

```
                    connection.disconnect();
            }

        synchronized (this) {
            _result = fullContent.to-
String();
            _resultReady = true;
        }
        return _result;
    }
    public synchronized String getResult() {
        while (!_resultReady) {
            try {
                wait();
            } catch (InterruptedException e)
{
                e.printStackTrace();
            }
        }
        return _result;
    }
    @Override
    protected void onPostExecute(String s) {
        super.onPostExecute(s);
        if (_callback != null)
            _callback.run();
    }
}
```

Quellcode 4.56   Öffnen und Verwenden einer HTTP(s)-Verbindung

Aus dem URL-String, der dem `AsyncTask` beim Starten mitgegeben wurde, wird zunächst ein `URL`-Objekt erzeugt. Die vorliegende Implementierung nimmt an, dass immer nur ein URL-String übergeben wird, weswegen der direkte Zugriff auf das erste Element der Collection möglich ist. Ein Null-Check oder eine Schleife zum Durchlaufen weiterer möglicher URLs wäre bei einer produktiven App angebracht. Mit dem erzeugten URL-Objekt wird eine Verbindung initialisiert. Diese wird als `HttpsURLConnection` typisiert und im folgenden Aufruf mit der Methode »`connect()`« geöffnet. Auf der geöffneten Verbindung kann die Logik zum Datentransfer – in diesem Beispiel als eine gepufferte Leseaktion auf einem Datenstrom – ausgeführt werden. Die Teilergebnisse werden in einem `StringBuffer` zwischengespeichert und nach Abschluss als Ergebnis zurückgegeben.

Die Leseaktion ist abgeschlossen, wenn entweder die komplette Datei übermittelt wurde oder es zu einer Ausnahme kommt. In jedem Fall wird versucht, sowohl den geöffneten Datenstrom zu schließen als auch die `HttpsURLConnection` zu unterbrechen, um den zugehörigen Speicher wieder freigeben zu können. Im Rahmen des Beispiels wird der Text, der übertragen wurde, vom `AsyncTask` noch in einer `TextView` angezeigt. Damit ist eine erste einfache Anbindung einer App an ein Backend-System realisiert.

Die hier vorgestellte Umsetzung und Konfiguration mit einer `HttpsURLConnection` sind auf das Notwendigste reduziert. Verbindungen können umfangreich konfiguriert werden. So können Timeouts gesetzt werden, um endlose Verbindungsversuche zu vermeiden. Es können http-Methoden, Header, Body etc. gesetzt werden, um eine komplette Kommunikation aufzusetzen.

Es existieren zu nahezu jeder Programmstellung Third Party Libraries, welche in Projekte eingebunden und genutzt werden können. Bevor Sie eine solche Bibliothek einbinden, überlegen Sie Folgendes:

- Ist der Mehraufwand zum Einbinden und Pflegen der Bibliothek geringer als eine Implementierung mit »Android-Mitteln«?
- Ist die Bibliothek gereift und stabil genug für einen Einsatz in einem Projekt?
- Wird die Bibliothek weiter gepflegt und für zukünftige Android-Versionen angepasst, oder muss sie dann gegebenenfalls mit großem Aufwand ausgetauscht werden?
- Ist die Bibliothek lizenzrechtlich einsetzbar?

Anmerkung

4.7.2 **Bluetooth-Verbindung**

Neben der im vorigen Abschnitt vorgestellten Verbindung einer App mit einem Backend ist die Kommunikation via Bluetooth eine gängige Methode, um Daten auszutauschen. Android unterstützt neben dem Aufbau von seriellen Verbindungen via Bluetooth diverse Profile wie beispielsweise das A2DP zum Übertragen von Audiodaten. Für den Einsatz von Bluetooth müssen wie gewohnt die entsprechenden Zugriffsrechte über die Manifest-Datei angefragt werden. Diese beinhalten zum einen die Berechtigung zum Verwenden der Bluetooth-Technologie

4

und zum anderen die Berechtigung zum Abfragen des Ortes in hoher oder niedriger Auflösung. Dies ist nötig, da die Bluetooth-Technologie zum Orten des Gerätes eingesetzt werden kann.

Für das Abfragen der Geräte im Umfeld, die noch nicht mit dem aktuellen Smartphone verbunden sind, und weitere Interaktionen aus der App heraus zum Koppeln mit Geräten ist darüber hinaus die Berechtigung »BLUETOOTH_ADMIN« erforderlich.

```
<uses-permission
    android:name="android.permission.BLUE-
TOOTH"/>
<uses-permission
    android:name="android.permission.BLUE-
TOOTH_ADMIN"/>
<uses-permission
    android:name="android.permission.ACCESS_
COARSE_LOCATION"/>
```

Quellcode 4.57   Berechtigungen zum Nutzen von Bluetooth in einer App

Da der komplette Kommunikationsweg über eine serielle Verbindung via Bluetooth eine entsprechend implementierte Gegenstelle erfordert, beschränkt sich Quellcode 4.58 auf eine Abfrage und Auflistung der bereits gekoppelten Bluetooth-Geräte. Mit einem der aufgelisteten Geräte könnte im Nachgang eine Verbindung eingegangen werden. Hierbei muss vorher klar sein, welches Gerät die Client- und welches die Server-Rolle einnimmt. Bei erfolgreich erstellter Verbindung können dann Daten über Streams übermittelt werden.

```
public class MainActivity extends AppCompat-
Activity {
    private BluetoothAdapter mBluetooth-
Adapter;
    private BluetoothA2dp mBluetoothA2dp;
    private TextView tv01;
    private final static int REQUEST_ENABLE_
BT = 1;

    @Override
    protected void onCreate(Bundle savedIn-
stanceState) {
```

```
        super.onCreate(savedInstanceState);
        setContentView(R.layout.activity_
main);
        tv01 = findViewById(R.id.text-
View01);
        startBluetooth();
    }

    private void startBluetooth() {
        mBluetoothAdapter = Bluetooth-
Adapter.getDefaultAdapter();
        if (!mBluetoothAdapter.isEnabled())
{
            Intent enableBtIntent =
                new Intent(BluetoothAdapter.
ACTION_REQUEST_ENABLE);
            startActivityForResult(ena-
bleBtIntent,

REQUEST_ENABLE_BT);
        } else {
            getPairedDevices();
        }
    }

    @Override
    protected void onActivityResult(int re-
questCode,
                                    int re-
sultCode,
                                    @Nulla-
ble Intent data) {
        super.onActivityResult(requestCode,
resultCode, data);
        if (REQUEST_ENABLE_BT == request-
Code) {
            if (resultCode > 0) {
                getPairedDevices();
            } else {
                tv01.setText("Activate BT
for results");
            }
        }
    }

    private void getPairedDevices() {
        Set<BluetoothDevice> pairedDevices =

mBluetoothAdapter.getBondedDevices();

        String displayText = "Paired de-
vices: \n";
        if (pairedDevices.size() > 0) {
```

4

```
                for (BluetoothDevice device :
pairedDevices) {
            String deviceName = device.
getName();
            String macAddress = device.
getAddress();
            displayText +=  deviceName +
" " + macAddress + "\n";
            }
        }
        tv01.setText(displayText);
    }
}
```

Quellcode 4.58 Zugriff auf Bluetooth in einer App

Für die Verwendung von Bluetooth wird zunächst der systemseitig bereitgestellte `BluetoothAdapter` geholt. Da nicht sichergestellt ist, dass Bluetooth auf dem Gerät aktiviert ist, wird die Verfügbarkeit zunächst geprüft. Wenn Bluetooth deaktiviert ist, können die Anwender über einen `Intent` aufgefordert werden, Bluetooth zu aktivieren.

Wenn Bluetooth aktiviert war oder nach Anfrage aktiviert wurde, können die bereits gekoppelten Geräte, die auch unter den Systemeinstellungen zu finden sind, abgefragt werden. Im Beispiel werden die Namen der gekoppelten Geräte lediglich aufgelistet. Mithilfe der MAC-Adresse könnte eine Verbindung zu einem dedizierten Gerät eingegangen werden.

Hinweis

Sollten Sie eine Bluetooth-Verbindung testen wollen, müssen Sie dies auf einem physikalischen Testgerät tun. Der Android-Emulator unterstützt keine Bluetooth-Verbindung und gibt beim Aufruf des Standard-`BluetoothAdapter` zurück, was in den meisten Fällen zum Absturz der App führt, da dieser Rückgabewert nicht erwartet wird.

Das Verbinden mit beliebigen Geräten zum Beispiel zur Audiowiedergabe ist einfacher zu bewerkstelligen. Hierbei ist nur relevant, dass beide Geräte das gleiche Bluetooth-Profil anbieten. Nach Kopplung der Geräte erfolgt der Datenaustausch wie zum Beispiel das Streamen von Audiodateien bei A2DP systemseitig.

4.8 Persistenz

Es gibt verschiedene Möglichkeiten, aus einer App auf Daten zuzugreifen, diese also zu schreiben oder zu lesen. Grundsätzlich kann bei den Speicherorten zwischen internen und externen Speicher unterschieden werden. Der interne Speicher bezieht sich hierbei auf den geschützten Bereich der App, welcher sich innerhalb der Sandbox der Anwendung befindet. Der externe Speicher bezeichnet Bereiche, auf welche auch andere Anwendungen Zugriff haben können, wie beispielsweise Medien- oder Dokumentenordner des Betriebssystems.

In den genannten Speicherbereichen können beliebige serialisierbare Objekte und Dateien abgelegt werden. Für das Speichern von Datensätzen bietet Android zudem die Möglichkeit an, einfache Datentypen in Schlüssel-Wert-Paaren in den SharedPreferences abzulegen oder für strukturiertere Daten Datenbanken anzulegen.

Der Zugriff auf die von einer App gespeicherten Daten ist in den meisten Fällen per Default für andere Anwendungen oder durch Anwender nicht möglich. Lediglich beim Speichern von Mediendateien oder ähnlichen Dateien in den dafür vorgesehenen Ordnern des Betriebssystems können diese auch von anderen Anwendungen, vom System selbst oder durch einen Zugriff über einen Rechner zum Beispiel über USB ausgelesen und genutzt werden. Um sonstige Dateien auch aus dem internen Speicherbereich für andere Anwendungen zugänglich zu machen, kann ein `ContentProvider` eingesetzt werden. Auf die hier kurz vorgestellten verschiedenen Möglichkeiten wird im Folgenden genauer eingegangen.

4.8.1 Interner Speicher

Werden aus einer Anwendung heraus Daten gespeichert, erfolgt dies im Normalfall im internen Speicherbereich der Anwendung. Andere Apps haben damit ohne zusätzliche Konfiguration, wie etwa über `ContentProvider`, keinen Zugriff auf die abgelegten Daten. Auch die Anwender selbst haben keinen Zugriff auf den Speicherbereich durch Auslesen des Smartphones, wenn sie keine Root-Rechte besitzen. Da die Daten im internen Speicherbereich abgelegt werden, werden sie auch mit entfernt, wenn die App

4

gelöscht wird. Es sollten hier also keine Dateien gespeichert werden, die über die Lebensdauer der Anwendung hinaus für die Anwender relevant sind.

Im internen Speicher einer Anwendung existiert auch ein Bereich für die temporär zu sichernden Dateien. Dieser interne Cache ist in der Größe begrenzt und wird bei Speicherbedarf geleert. Allerdings wird der Cache nicht automatisch, sondern nur bei Bedarf vom System geleert. Es sollten also nur transiente Daten für den Schnellzugriff hier abgelegt und diese nach Verwendung wieder entfernt werden.

```java
public class MainActivity extends AppCompat-
Activity {
    private EditText editText01;
    private final String FILENAME = "edit-
textcontent";
    private File internalFile;
    @Override
    protected void onCreate(Bundle savedIn-
stanceState) {
        super.onCreate(savedInstanceState);
        setContentView(R.layout.activity_
main);

        editText01 = findViewById(R.id.edit-
Text01);
        internalFile =
                new File(this.getApplication-
Context().getFilesDir(),
                        FILENAME);
    }
    @Override
    protected void onResume() {
        super.onResume();
        loadEditTextContent();
    }
    @Override
    protected void onStop() {
        super.onStop();
        saveEditTextContent();
    }
    private void saveEditTextContent() {
        String content = editText01.get-
Text().toString();
        try {
            FileWriter writer = new File-
Writer(internalFile);
            writer.write(content);
            writer.close();
        } catch(IOException e) {
```

```
            Log.e("Save", e.toString());
        }
    }
    private void loadEditTextContent() {
        try {
            FileReader reader = new Fil-
eReader(internalFile);
            BufferedReader buffer = new
BufferedReader(reader);
            String line;
            String content = "";
            while ((line = buffer.read-
Line()) != null) {
                content += line;
            }
            reader.close();
            editText01.setText(content);
        } catch(IOException e) {
            Log.e("Load", e.toString());
        }
    }
}
```

Quellcode 4.59   Erstellen, Lesen und Schreiben einer Datei im internen App-Speicher innerhalb einer Activity

4.8.2 **Externer Speicher**

Der externe Speicher bezeichnet Speicherbereiche, die allgemein zugänglich sind und beispielsweise auch über Verbindungen mit Computern gemountet werden können, oder zusätzliche Speichermedien wie SD-Karten, die entfernt werden können. Wenn eine Anwendung Daten im externen Speicher sichern soll, muss vorher abgefragt werden, ob dieser, wie bei einer SD-Karte möglich, überhaupt verfügbar ist. Dateien im externen Speicher können in öffentlich zugänglichen oder in App-spezifischen Ordnern abgelegt werden. Die App-spezifischen Ordner können als Ausweichmöglichkeit dienen, wenn der interne Speicher bereits gefüllt ist. Es sollte allerdings berücksichtigt werden, dass sich der externe Speicher entfernen lässt. Dadurch kann eine Situation eintreten, bei der Dateien, die für die Anwendung gegebenenfalls relevant sind, nicht mehr vorhanden sind.

Dateien, die im öffentlich zugänglichen Speicherbereich wie Dokumenten- oder Medienordnern abgelegt werden, können durch andere Apps bearbeitet oder entfernt und

4

auch durch die Anwender direkt gelöscht werden. Das Erstellen und Arbeiten mit einer Datei in einem externen Ordner unterscheidet sich von dem Verfahren für den internen Ordner grundsätzlich nur in der Angabe des Zielordners. Das Beispiel aus Quellcode 4.60 zeigt den Unterschied zum Erstellen der Datei gegenüber dem Vorgehen aus Quellcode 4.59.

```
File extFile = new File(this.getApplica-
tionContext()
            .getExternalFilesDir(Environment.
DIRECTORY_DOCUMENTS),
            FILENAME);
```

Quellcode 4.60   Erstellen einer Datei in einem externen Ordner

4.8.3 SharedPreferences

In einigen Fällen sind das Anlegen und das Verwalten von Dateien zu komplex für die eigentliche Anforderung. In vielen Fällen genügt es schon, wenn einfache Datentypen gesichert werden, um diese beim nächsten Start der App wieder laden zu können. Die Identifikation der Datensätze erfolgt über eigene Schlüssel; es handelt sich also um eine Speicherung als Schlüssel-Wert-Paare. Beispiele hierfür können Zugangsdaten oder Konfigurationen sein.

In diesen Fällen können `SharedPreferences` verwendet werden. Diese werden zwar ebenfalls in einer eigenen XML-Datei angelegt, die im internen Speicherbereich der App gesichert wird, der Umgang ist aber durch einfache Zugriffsfunktionen gekapselt. Wird bei der Entwicklung kein spezifischer Dateiname für die `SharedPreferences` angegeben, wird eine neue Instanz pro `Activity` erzeugt. Um den Zugriff aus allen verschiedenen Komponenten auf die gleiche `Shared-Preference`-Instanz zu ermöglichen, kann ein eigener Dateiname angegeben werden. Der Zugriff auf die verschiedenen `SharedPreferences` kann über folgende Methoden geschehen:

- **getSharedPreferences():** Es wird ein spezifischer Name als Parameter mit übergeben und damit eine Datei erzeugt, auf die aus der gesamten App zugegriffen werden kann.
- **getPreferences():** Hiermit wird – wie oben erwähnt – eine eigene Datei pro `Activity` erzeugt.

▬ **getDefaultSharedPreferences():** Für App-Einstellungen kann auch eine Standarddatei verwendet werden, die ebenfalls nicht benannt werden muss, aber allgemein innerhalb der Anwendung verfügbar ist.

In den beiden ersten genannten »get«-Methoden kann über Parameter definiert werden, wie der Zugriff auf die Preferences-Datei geregelt ist. Über den Parameter `Content.MODE_PRIVATE` kann die Datei beispielsweise nur für die aktuelle App freigegeben werden.

Informationen in `SharedPreferences` werden nicht, wie die Bezeichnung nahelegen könnte, standardmäßig systemweit verfügbar oder allgemeingültig zwischen Apps geteilt. Sie dienen grundsätzlich der Speicherung von Daten in einer Anwendung.

```
private void saveEditTextContent() {
   SharedPreferences sharedPref =
                    this.getPreferences(-
Context.MODE_PRIVATE);
   SharedPreferences.Editor editor = shared-
Pref.edit();
   editor.putBoolean("switch1", switch1.is-
Checked());
   editor.putBoolean("switch2", switch2.is-
Checked());
   editor.commit();
}
private void loadEditTextContent() {
   SharedPreferences sharedPref =
                    this.getPreferences(-
Context.MODE_PRIVATE);
   switch1.setChecked(sharedPref.get-
Boolean("switch1", false));
   switch2.setChecked(sharedPref.get-
Boolean("switch2", false));
}
```

Quellcode 4.61 Schreiben und Lesen von Schlüssel-Wert-Paaren in SharedPreferences

4.8.4 Datenbanken

Für das Speichern von großen Mengen strukturierter Daten bietet Android volle Unterstützung von SQLite-Datenbanken an. In der Entwicklung können die Datenbanken, Tabellen, Einträge etc. über hartcodierte

4

SQL-Befehle angelegt werden. Es kann also ein String zum Anlegen oder Durchsuchen einer Tabelle in den Code geschrieben werden, und die Anwendung kann dieses Statement im SQLite-Kontext ausführen. Diese Codierung ist nicht sonderlich komfortabel zu pflegen und zu erweitern. Bei Änderungen an der Datenbank oder den Tabellen müssen alle SQL-Befehle geprüft und überarbeitet werden. Außerdem müsste ein eigenes Übertragen aus den Datensätzen in Objekte entwickelt werden.

Um den Umgang mit Datenbanken zu vereinfachen, wurde in Android die Room Persistence Library integriert, mit welcher über Datenzugangsobjekte[4] Data Access Objects, DAOs der Zugriff von der App aus auf die Datenbank geregelt werden kann. Neben der Room Persistence Library existieren weitere Android-kompatible objektrelationale Werkzeuge, die den Zugriff auf relationale Datenbanken aus dem objektorientierten Code abstrahieren und vereinfachen. Hier gilt es, für die Entwicklung vor allem Erfahrung zu sammeln und eine passende Bibliothek eines Drittanbieters auszuwählen. Auf eine detaillierte Vorstellung der SQLite und OR-Mapper wird an dieser Stelle verzichtet, da es sich nicht um Mobile-/Android-spezifische Ansätze handelt.

4.8.5 ContentProvider

Es kann vorkommen, dass die Anforderungen zur Verwendung von persistierten Daten über die Möglichkeiten der oben vermittelten Methoden hinausgehen. So können zwar beispielsweise Daten in Ordnern abgelegt werden, auf die alle Anwendungen Zugriff haben, es kann aber nicht etwa pro Datei festgelegt werden, ob der Zugriff gewährt werden soll oder nicht. Wenn Dateien in einem Format abgelegt werden und dieses zu einem späteren Entwicklungszeitraum etwa aus Gründen der Performanz umgestellt werden soll, muss meist der gesamte Datenzugriff neu implementiert werden, und die Daten müssen migriert oder verworfen werden. Die Abwärtskompatibilität von Anwendungen kann damit massiv eingeschränkt sein.

Mithilfe von `ContentProvidern` können Daten gekapselt werden, und der Zugriff auf die Daten kann durch andere Anwendungen feingranular festgelegt

---

4   Data Access Objects, DAOs

werden. Der `ContentProvider` abstrahiert den Zugriff auf die konkrete Speicherung der Daten und gibt nach außen, also für die anderen Komponenten der gleichen Anwendung, aber auch für andere Anwendungen eine einheitliche Schnittstelle frei. Wird die Art der Speicherung beispielsweise von serialisierbaren Objekten in einer eigenen Ordnerstruktur hin zu komplexen Datenbanksätzen geändert, genügt es, die konkreten Dienste zum Speichern auszuwechseln. Der darauf zugreifende `ContentProvider` gibt weiterhin die gleiche Schnittstelle nach außen bekannt. Über den ContentProvider können auch die Zugriffsrechte verwaltet werden. Neben der Freigabe nur für die aktuelle Anwendung können zudem weitere Lese- und Schreibberechtigungen für die Daten konfiguriert werden (◙ Abb. 4.30).

Die Implementierung orchestriert die einzelnen Zugriffe von anderen Komponenten und führt die angeforderten Lese- und Schreiboperationen auf den Daten aus. Der Zugriff auf den `ContentProvider` erfolgt über eine Implementierung eines `ContentResolver`, welcher die Anfragen an den `ContentProvider` leitet. Die Anfragen, die hier weitergeleitet werden können, entsprechen den CRUD-Anweisungen (CRUD = *create, retrieve, update, delete.*).

Um bei Speicherzugriffen aus der Benutzungsoberfläche heraus keine Wartezeiten oder blockierende Zustände zu erreichen, werden die Zugriffe aus `Activities` oder `Fragmenten` meist in `CursorLoaders` gekapselt. Die Implementierung des `CursorLoader` lässt die Anfragen an den `ContentResolver` asynchron im Hintergrund ablaufen. Die gespeicherten Datensätze werden vom ContentProvider unabhängig von der eigentlichen Speicherart in tabellarischer Form abgelegt. Hierbei entspricht eine

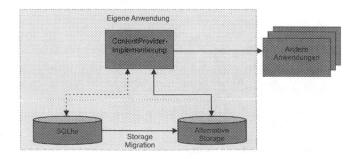

◙ **Abb. 4.30** Migration der Speicherart bei Verwendung eines `ContentProvider`

4

Zeile einer Instanz eines Datentyps. Die Spalten in einer Zeile beinhalten die einzelnen Daten. In diesen strukturierten Abbildungen können Anfragen zu Daten ähnlich einer SQL-Abfrage in einer Datenbank erstellt werden. So können beispielsweise einzelne Spalten von Datensätzen abgefragt werden, die einer festgelegten Bedingung genügen. Die Ausgabe kann zudem sortiert erfolgen.

Bei den Anfragen muss definiert werden, aus welchem Datensatz die Daten bezogen werden sollen. Hierzu muss die Content URI, die Bezeichnung des gesamten aktuellen `ContentProvider` als URI-Schema und der Pfad der konkreten Daten angegeben werden:

```
content://user_dictionary/words
```

4.9 Sensoren und Aktoren

In der Regel haben alle Android-Geräte eingebaute Sensoren und Aktoren, mit denen das Gerät seine »Umgebung wahrnehmen kann«. Dazu gehören Sensoren für die Messung der Umgebungstemperatur, der Luftfeuchtigkeit oder des Luftdruckes (u.v.m.; ► Abschn. 1.1.1).

Auf inhomogene Gerätelandschaft achten

Das Android SDK bietet einen einfachen Zugriff auf die Sensorik des Gerätes. Da Android aber als quelloffenes Betriebssystem von unterschiedlichen Herstellern eingesetzt wird, ist der Markt sehr inhomogen. Die Handys unterscheiden sich von ihrer Ausstattung teilweise enorm voneinander. Daher muss vor einer Verwendung eines Sensors immer geprüft werden, ob die entsprechende Hardware auf dem Gerät verfügbar ist. Weiterhin ist zu klären, ob die benötigte Auflösung durch die Hardware abgebildet werden kann.

Je höher die geforderte Auflösung ist und je länger der Zugriff auf die Sensordaten dauert, desto höher fällt der Ressourcenverbrauch auf dem Handy aus. Dadurch kann die Betriebszeit des Handys erheblich reduziert werden.

Die Android-Plattform gruppiert die Sensoren in drei verschiedene Kategorien:

- **Bewegungssensoren:** Messen Beschleunigungen und Rotationen
- **Positionssensoren:** Messen den aktuellen Standort, wobei häufig GPS zum Einsatz kommt
- **Umgebungssensoren:** Messen den Luftdruck und -feuchtigkeit sowie Temperaturen, Licht u.v.m.

4.9.1 Bewegungs-, Positions- und Umgebungssensoren

Bewegungssensoren

Bewegungssensoren in Android beziehen sich auf die physischen Sensoren in einem Gerät, die verschiedene Arten von Bewegungen und Bewegungen erkennen und messen. Diese Sensoren umfassen:

- Gyroskop
- Beschleunigungssensor
- Schrittzähler
- Drehzähler
- Schwerkraftsensor

Der Beschleunigungsmesser misst die Beschleunigung und die Neigung, das Gyroskop misst die Ausrichtung und die Drehung, das Magnetometer misst die Stärke und die Richtung des Magnetfeldes, und der Schwerkraftsensor misst die Richtung und die Größe der Erdbeschleunigung. Diese Sensoren werden von verschiedenen Android-Apps und -Diensten verwendet, um Funktionen wie die Bildschirmdrehung, eine Spielsteuerung, die Schrittzählung sowie die Navigation bereitzustellen. Das Android SDK bietet APIs für den Zugriff und die Verwendung dieser Sensoren in Android-Apps.

```
public class MainActivity extends AppCompat-
Activity {

    private SensorManager mSensorManager;
    private Sensor gyroSensor;
    private TextView tvSensor;

    @Override
    protected void onCreate(Bundle savedIn-
stanceState) {
        super.onCreate(savedInstanceState);
        setContentView(R.layout.activity_
main);

        tvSensor = findViewById(R.id.tvSen-
sor);

        mSensorManager = (SensorManager)
getSystemService(

Context.SENSOR_SERVICE);
```

4

```
        gyroSensor = mSensorManager.getDe-
faultSensor(

                                Sensor.
TYPE_GYROSCOPE);

        mSensorManager.registerListener(new
GyroListener(),
                                gyroSensor,
                                SensorMan-
ager.SENSOR_DELAY_NORMAL);
    }

    private class GyroListener implements
SensorEventListener {

        private float xAxisPrev = 0;
        private float yAxisPrev = 0;
        private float zAxisPrev = 0;

        @Override
        public void onSensorChanged(Sensor-
Event event) {
            float xAxis = event.values[0];
            float yAxis = event.values[1];
            float zAxis = event.values[2];

            float xDelta = xAxisPrev -
xAxis;
            float yDelta = yAxisPrev -
yAxis;
            float zDelta = zAxisPrev -
zAxis;

            xAxisPrev = xAxis;
            yAxisPrev = yAxis;
            zAxisPrev = zAxis;

            tvSensor.setText(
                "X-Rotation: " + xAxis + "
D=" + xDelta + "\n" +
                "Y-Rotation: " + yAxis + "
D=" + yDelta + "\n" +
                "Z-Rotation: " + zAxis + "
D=" + zDelta);
        }

        @Override
        public void onAccuracyChanged(Sensor
sensor, int accuracy){
        }
    }
}
```

Quellcode 4.62   Implementierung eines SensorEventListener

Der `SensorManager` ist ein Android-Systemdienst, der Zugriff auf die Sensoren des Gerätes bietet. Es fungiert als Brücke zwischen der Android-App und den zugrunde liegenden Hardwaresensoren. Der SensorManager bietet folgende Funktionen:

- **Verfügbare Sensoren auflisten:** Der `SensorManager` stellt Operationen bereit, um eine Liste aller auf dem Gerät verfügbaren Sensoren zu erhalten und den Typ jedes Sensors zu bestimmen.
- **SensorListener registrieren und entfernen:** Man kann einen `SensorEventListener` beim `SensorManager` registrieren, um Benachrichtigungen über Änderungen in Sensordaten zu erhalten. Sofern man an den Daten nicht mehr interessiert ist, muss dieser Listener wieder entfernt werden, da ansonsten unnötige Systemressourcen verbraucht werden.
- **Sensordaten abrufen:** Der `SensorManager` bietet Methoden zum Abrufen der aktuellen Sensordaten oder zum Registrieren für Aktualisierungen der Sensordaten an.
- **Einstellen der Sensorparameter:** Mit dem `SensorManager` können Sie die Rate einstellen, mit der Sensorereignisse an die App übermittelt werden, oder den Stromverbrauch des Sensors ändern.

Insgesamt ist der `SensorManager` die zentrale Stelle für den Zugriff und die Verwaltung der Sensoren des Gerätes. Er bietet eine bequeme und effiziente Möglichkeit für Android-Apps, auf Sensordaten zuzugreifen und sensorbezogene Aufgaben auszuführen.

- **Positionssensoren**

Android unterstützt drei Arten von Sensoren, mit denen die Position des Endgerätes ermittelt werden kann:
1. Magnetfeldsensor
2. Beschleunigungssensor
3. Näherungssensor

Der GPS-Empfänger wird nach dieser Aufstellung nicht als Positionssensor bezeichnet. Positionssensoren werden üblicherweise nicht dafür eingesetzt, um die Bewegung des Endgerätes oder andere Gesten, wie zum Beispiel das Schütteln, zu erkennen, da diese durch die Bewegungssensoren aufgezeichnet werden.

Hinweis

4

- **Umgebungssensoren**

Mit den Umgebungssensoren wird die Umgebung, der sich das Geräte befindet, analysiert. Die Android-Plattform bietet aktuell vier Sensoren an, über die sich diese Umgebungseigenschaften überwachen lassen:
1. Temperatur
2. Luftfeuchtigkeit
3. Luftdruck
4. Helligkeit

Alle vier Sensoren sind in der Regel hardwarebasiert und stehen nur zur Verfügung, wenn ein Gerätehersteller sie tatsächlich in einem konkreten Mobiltelefon verbaut hat. Da es sich um spezielle Sensoren handelt, werden sie manchmal aus Kostengesichtspunkten nicht eingebaut. Wie jede andere Sensorquelle auch, müssen diese Sensoren vor der Verwendung auf ihre Verfügbarkeit hin untersucht werden.

- **Weitere Sensoren**

Wie bereits erwähnt, existieren auch andere Hardwarekomponenten, die man der Definition nach als Sensoren bezeichnen könnte, die aber nicht durch das gleiche SDK verfügbar gemacht werden. Dazu zählen beispielsweise folgende Module:
- GPS
- WiFI
- iBeacons / Bluetooth Low Energy
- NFC
- Kamera

Quellcode 4.63 zeigt, wie man mithilfe des `Locati-onManager` die GPS-Koordinaten des Mobiltelefons abrufen kann. Damit dieses Beispiel funktioniert, muss folgende Berechtigungsanfrage innerhalb der Manifest-Datei hinterlegt werden (▶ Abschn. 4.10.2):

```
<uses-permission android:name="android.per-
mission.ACCESS_FINE_LOCATION"/>
```

In diesem Beispiel wird ein `LocationListener` verwendet, um Benachrichtigungen über die Änderung des Standorts zu erhalten.

```
public class MainActivity extends AppCompat-
Activity
                            implements Loca-
tionListener {
    private LocationManager locationManager;
    private String provider;
    private TextView tvLocation;

    @Override
    protected void onCreate(Bundle savedIn-
stanceState) {
        super.onCreate(savedInstanceState);
        setContentView(R.layout.activity_
main);

        tvLocation = findViewById(R.id.tvLo-
cation);

        locationManager = (LocationManager)
getSystemService(
                            LOCATION_
SERVICE);
        boolean enabled = locationManager.
isProviderEnabled(
                            Loca-
tionManager.GPS_PROVIDER);

        if (!enabled) {
            Intent intent = new Intent(
                        Settings.ACTION_LO-
CATION_SOURCE_SETTINGS);
            startActivity(intent);
        } else if (ContextCompat.checkSelf-
Permission(
                        this,
                        Manifest.permission.
ACCESS_COARSE_LOCATION)
                            != PackageMan-
ager.PERMISSION_GRANTED) {

            ActivityCompat.requestPermis-
sions(this,

new String[] {
                        Manifest.permission.AC-
CESS_COARSE_LOCATION}, 1);

            tvLocation.setText("No permis-
sions");
        }
        startLocationService();
    }
```

4

```
    @Override
    protected void onResume() {
        super.onResume();
        try {
            locationManager.requestLoca-
tionUpdates(provider,
                                400, 1, this);
        } catch (SecurityException se) {


        }
    }
    private void startLocationService() {
        Criteria criteria = new Criteria();
        provider = locationManager.getBest-
Provider(criteria,
                                    false);
        try {
            if (ActivityCompat.checkSelfPer-
mission(this,
                    Manifest.permission.AC-
CESS_FINE_LOCATION) !=
                        PackageManager.PER-
MISSION_GRANTED &&
                ActivityCompat.checkSelfPer-
mission(this,
                    Manifest.permission.AC-
CESS_COARSE_LOCATION) !=
                        PackageManager.PER-
MISSION_GRANTED) {
                return;
            }
            locationManager.requestLoca-
tionUpdates(provider, 2000,
                                10, this);
            Location location =
                    locationManager.getLast-
KnownLocation(provider);
            if (location != null) {
                onLocationChanged(location);
            } else {
                tvLocation.setText("Location
not available");
            }
        } catch(SecurityException se) {


        }
    }
    @Override
    public void onLocationChanged(Location
location) {

        int lat = (int)(location.getLati-
tude());
```

```
        int lon = (int)(location.getLongi-
tude());

        tvLocation.setText("You are here: "
+ lat + ", " + lon);
    }

    @Override
    public void onStatusChanged(String pro-
vider,

                                int status,
Bundle extras) {     }
    @Override
    public void onProviderEnabled(String
provider) {

    }
    @Override
    public void onProviderDisabled(String
provider) {
    }
}
```

Quellcode 4.63   Activity mit Abruf der Locations-Daten

In Quellcode 4.63 wird zunächst der Android-Systemdienst `LocationManager` ermittelt und abgefragt, ob
der GPS-Provider auf dem aktuellen Gerät verfügbar
und aktiviert ist. Bei einer fehlenden Aktivierung werden
die Anwender über den Intent »ACTION_LOCATION_
SOURCE_SETTINGS« zur Aktivierung aufgefordert.

4.9.2 Aktoren

Mobiltelefone im Allgemeinen und Android im Speziellen stellen technische Möglichkeiten zur Verfügung, um
mit den Anwendern auf verschiedene Art und Weisen
zu interagieren. Das Display und die Audioausgabe stellen dabei die wichtigsten Hardwarekomponenten dar. Jedoch lassen sich auch noch andere Komponenten ansteu-
ern und für eine Rückmeldung verwenden:

- Vibration
- Blitzlicht
- Bildschirmhelligkeit

Die Vibration wird beispielsweise häufig als Feedback
bei der Dateneingabe verwendet. Das Blitzlicht oder das
Weißfärben des Bildschirminhalts dient bei manchen
Apps als Signal, um die Anwender über bestimmte Ereignisse zu informieren, ohne dass dazu ein Audiosignal notwendig ist.

Der Zugriff auf diese Aktoren über systemseitige Services oder `Intents` statt. Der Zugriff auf den Audi-
oManager, der ebenfalls die Vibration ansteuert, erfolgt
beispielsweise über folgenden Aufruf:

```
AudioManager myAudioManager = (AudioMan-
ager)getSystemService(
                              Context.
AUDIO_SERVICE);
```

Die Interaktion mit der Kamera über `Intents` ist in
Quellcode 6.64 dargestellt. In der Callback-Methode, die
auf einen Knopfdruck reagiert, wird ein `Intent` für das
Öffnen der Kamera mit der Aktion `MediaStore.AC-
TION_IMAGE_CAPTURE` angelegt.

```
public class MainActivity extends AppCompat-
Activity {    static final int REQUEST_IMAGE_
CAPTURE = 1;
    private ImageView mImageView;

    @Override
    protected void onCreate(Bundle savedIn-
stanceState) {
        super.onCreate(savedInstanceState);
        setContentView(R.layout.activity_
main);

        mImageView = findViewById(R.id.ima-
geView);

        Button butPhoto = findViewById(R.
id.butPhoto2);
        butPhoto.setOnClickListener(new
View.OnClickListener() {
            @Override
            public void onClick(View v) {
                Intent takePictureIntent =
                    new Intent(MediaS-
tore.ACTION_IMAGE_CAPTURE);
```

```
                if (takePictureIntent.re-
solveActivity(

                              getPack-
ageManager()) != null) {
                    startActivityForRe-
sult(takePictureIntent,

REQUEST_IMAGE_CAPTURE);
                }
            }
        });
    }

    @Override
    protected void onActivityResult(int re-
questCode,
                              int re-
sultCode, Intent data) {
        super.onActivityResult(requestCode,
resultCode, data);

        if (requestCode == REQUEST_IMAGE_
CAPTURE &&
            resultCode == RESULT_OK) {
            Bundle extras = data.getEx-
tras();
            Bitmap imageBitmap = (Bitmap)
extras.get("data");
            mImageView.setImageBitmap(im-
ageBitmap);
        }
    }
}
```

Quellcode 4.64   Zugriff auf die Kamera in einer Activity

Anhand dieses Intents wird geprüft, ob eine zugehörige Activity auf dem aktuellen Smartphone verfügbar ist, es also eine Kamera-App gibt, die auf die Aktion reagieren kann. Bei erfolgreicher Prüfung wird mit dem Intent eine Activity geöffnet, von der ein Ergebnis erwartet wird. Das erwartete Ergebnis kann über den Schlüssel REQUEST_IMAGE_CAPTURE nach Beenden der Kamera-Activity aufgerufen werden. Das Ergebnis ist in diesem Fall eine Bitmap, die in einer Image-View angezeigt werden kann.

4

4.10 Security

Android besitzt – wie auch andere mobile Betriebssysteme – eingebaute, grundlegende Sicherheits- und Schutzmechanismen, die die Implementierung sowohl geschäftlicher als auch privater Anwendungen erleichtern. Während im privaten Bereich der Schutz von personenbezogenen Daten (auch Bankdaten sowie Kreditkartendaten) im Vordergrund stehen, müssen im geschäftlichen Bereich auch die verarbeiteten Daten geschützt werden.

Android wurde daher softwaretechnisch restriktiv entwickelt. Jeder Zugriff auf Systemressourcen erfordert die explizite Definition dieser Zugriffsanforderung und eine Bestätigung durch die User bei der Installation bzw. beim Betrieb der App. Soll eine App beispielsweise auf das zentrale Adressbuch der Anwender zugreifen, muss dies innerhalb der Manifest-Datei deklariert und anschließend durch den User bestätigt werden.

4.10.1 Sandbox

Die Android-Sandbox isoliert das Betriebssystem und eine einzelne App sowie Apps untereinander, sodass beispielsweise kein Zugriff auf Dateien einer anderen App möglich ist. Da jede App in einem separaten Prozess ausgeführt wird, verhindert die Sandbox prozessübergreifende Speicherzugriffe. Technisch wird dies beispielsweise mit Techniken wie der Address Space Layout Randomization (ASLR)oder des NX-Bit (No eXecute) erreicht.

Im Android-Dateisystem abgelegte Daten werden verschlüsselt, sodass das Auslesen kritischer Informationen, auch wenn der Zugriff auf die Datei gelingen sollte, nicht möglich ist.

4.10.2 Permissions

Android arbeitet, wie bereits oben erwähnt, nach einem restriktiven, berechtigungsbasierten Sicherheitskonzept. Apps müssen den Zugriff auf Ressourcen deklarieren und die Erlaubnis durch den User einfordern. Dieses Konzept überträgt die Verantwortung an die Anwender und gibt ihnen die Kontrolle darüber, auf welche Daten und Aspekte ihres Telefons eine App zugreifen darf.

Bei der Installation der App wird den Anwendern eine Liste der innerhalb der Manifest-Datei deklarierten Berechtigungsanfragen angezeigt. Die Anwender haben daher bereits während der Installation die Möglichkeit, eine Berechtigung zu erteilen oder zu verweigern. Das Sicherheitskonzept setzt selbstverständlich voraus, dass die Anwender darauf achten, dass sie *nur* vertrauenswürdigen Apps *einen* Zugriff auf Daten oder Ressourcen erteilen, da ansonsten ihre Sicherheit oder Privatsphäre gefährdet sein könnten.

Android unterscheidet zwischen einer Berechtigungsanfrage (*permission request*) und einer Berechtigungsdefinition (*permission definition*). Eine Berechtigungsanfrage ist eine Eingabeaufforderung, die bei der Installation einer Android-App angezeigt wird und den Benutzer auffordert, den Zugriff auf bestimmte Daten oder Ressourcen auf dem Gerät zu gewähren oder zu verweigern, auf die die App zugreifen muss, um zu funktionieren.

Eine Berechtigungsdefinition hingegen ist eine Erklärung des App-Entwicklers in der Manifest-Datei der App, die angibt, auf welche Daten oder Ressourcen die App zugreifen muss. Das Android-Betriebssystem verwendet diese Definitionen, um zu bestimmen, welche Berechtigungsanforderungen dem Benutzer angezeigt werden, wenn die App installiert wird. Mit anderen Worten, die Berechtigungsdefinition ist die Art und Weise des Entwicklers, dem System mitzuteilen, was die App benötigt, um ordnungsgemäß zu funktionieren, während die Berechtigungsanforderung die Art des Systems ist, den Benutzer zu fragen, ob er der App diese Berechtigungen erteilen möchte.

Es ist wichtig, dass App-Entwickler sorgfältig abwägen, welche Berechtigungen sie in ihrer App definieren, da das übermäßige Anfordern von Berechtigungen oder das Anfordern von Berechtigungen, die für die Funktionalität der App nicht relevant sind, das Vertrauen der Benutzer verringern und die Wahrscheinlichkeit erhöhen kann, dass Benutzer die App nicht installieren

In Quellcode 4.65 ist beispielhaft die Berechtigungsdefinition innerhalb der AndroidManifest.xml-Datei aufgeführt. Es verlangt von den Anwendern das Einverständnis, dass die App auf die aktuellen Positionsdaten

Berechtigungsanfragen vs. Ber echtigungsdefinition

4

des Anwenders zugreifen darf. Da die Sensorik zwei Arten von Geopositionsdaten liefern kann, werden in diesem Beispiel sowohl die feingranularen Positionsinformationen als auch die gröberen Positionsdaten angefragt.

```xml
<?xml version="1.0" encoding="utf-8"?>
<manifest
        xmlns:android="http://schemas.an-
droid.com/apk/res/android"
        package="de.arinir.myapp.hellow-
orld">

 <application
    android:allowBackup="true"
    android:icon="@mipmap/ic_launcher"
    android:label="@string/app_name"
    android:roundIcon="@mipmap/ic_launcher_
round"
    android:supportsRtl="true"
    android:theme="@style/AppTheme">
    <activity android:name=".MainActivity">
       <intent-filter>
          <action android:name="android.in-
tent.action.MAIN" />
          <category android:name="android.in-
tent.category.LAUNCHER" />
       </intent-filter>
    </activity>
 </application>
 <uses-permission
    android:name="android.permission.AC-
CESS_FINE_LOCATION"/>
 <uses-permission
    android:name="android.permission.AC-
CESS_COARSE_LOCATION"/>

</manifest>
```

Quellcode 4.65   Manifest-Datei mit den Zugriffsanfragen für Internetnutzung und feingranularer sowie ungefährer Ortsabfrage

Berechtigungsanfragen können seit Android 6 auch zur Laufzeit abgefragt werden. Sie sind demnach nicht zwingend bereits während der Installation zu gewähren. Eine Anwendung könnte grundsätzlich beispielsweise ohne den Zugriff auf die Geoposition des Anwenders funktionieren. Wenn aber spezielle Aspekte der App angezeigt werden, die die Geoposition benötigen, fragt das Betriebssystem zu diesem Zeitpunkt nach, ob die App den Zugriff erhält.

4.10.3 **Datentransfer**

Die Datenübertragung in Android kann ein Sicherheits-problem darstellen, da vertrauliche Daten wie Passwör-ter, Finanzinformationen und persönliche Informationen während der Übertragung abgefangen werden können. Um dies zu beheben, verwendet Android eine Kombina-tion aus Verschlüsselung und sicheren Protokollen, um Daten während der Übertragung zu schützen.

Die Datenübertragung zwischen einer App und einem entfernten Server sollte immer unter Verwendung sich-erer Protokolle wie SSL/TLS und HTTPS geschehen. An-droid implementiert auch eine Verschlüsselung für auf dem Gerät gespeicherte Daten, beispielsweise durch die Verwendung von Festplattenverschlüsselung oder datei-basierter Verschlüsselung.

Die Verwendung von SSL/TLS wird mittlerweile auch vermehrt durch die Betriebssysteme eingefordert und zukünftig sogar erzwungen, um unsichere Datenverbind-ungen zu verhindern. Durch eine mangelhafte Implementi-erung der Zertifikatsprüfung können aber nicht vertrau-enswürdige Zertifikate verwendet werden, was die Sich-erheit beeinflusst. Auch lehnen bestimmte Certification Authorities (CAs) von Google oder Apple regelmäßig Ze-rtifikate ab, sofern der Aussteller als unsicher eingestuft wird. Bereits eingespielte und als gültig markierte Zerti-fikate können aber auch durch ein Betriebssystem-Update als ungültig gekennzeichnet werden, wodurch ein störungs-freier Weiterbetrieb einer App oft nicht mehr möglich ist.

Man kann solche unerwünschten Eingriffe durch das Betriebssystem reduzieren, indem ein eigener `TrustMa-nager` verwendet wird, der die Zertifikatsprüfung inner-halb der App übernimmt.

TrustManager

Der `TrustManager` kann auf existierende Imple-mentierungen wie dem `X509ExtendedTrustMana-ger` aufbauen. Hierin müssen noch die Operationen zum Prüfen der Client- und Serverseite (`checkCli-entTrusted()` und `checkServerTrusted()`) im-plementiert werden. In Quellcode 4.66 wird ein Zerti-fikat aus einer Ressourcendatei initialisiert und in ei-nem `KeyStore` geladen. Der `KeyStore` mit diesem Zertifikat wird zum Erzeugen des `TrustManager` ver-wendet, der wiederum beim Initialisieren des `SSLCon-text` für die HTTPS-Verbindung eingesetzt wird. Die Verbindung zu der URL wird also App-seitig gegen das

4

ausgelieferte CA-Zertifikat geprüft. Sollte ein anderer Server mit falschem Zertifikat die Kommunikation zum Beispiel als *man-in-the-middle*[5] übernehmen wollen, würde die Verbindung App-seitig abgebrochen.

```
CertificateFactory cf = CertificateFactory.
getInstance("X.509");
InputStream caInput = new BufferedInput-
Stream(
                              new FileInput-
Stream("certificate.crt"));
Certificate ca;
try {
ca = cf.generateCertificate(caInput);
} finally {

caInput.close();
}

String keyStoreType = KeyStore.getDefault-
Type();
KeyStore keyStore = KeyStore.getIn-
stance(keyStoreType);
keyStore.load(null, null);
keyStore.setCertificateEntry("ca", ca);

String tmfAlgorithm = TrustManagerFactory.
getDefaultAlgorithm();
TrustManagerFactory tmf =
            TrustManagerFactory.getIn-
stance(tmfAlgorithm);
tmf.init(keyStore);

SSLContext context = SSLContext.getIn-
stance("TLS");
context.init(null, tmf.getTrustManagers(),
null);
URL url = new URL("https://my.url.com");
HttpsURLConnection urlConnection =
                        (HttpsURLConnec-
tion)url.openConnection();
urlConnection.setSSLSocketFactory(context.
getSocketFactory());
```

Quellcode 4.66   Konfiguration einer SSL-Verbindung mit Prüfung eines eigenen Zertifikats

---

5   Bei einem Man-in-the-Middle-Angriff fängt ein Angreifer die Netzwerkkommunikation zwischen einem Client und einem Server in der Mitte ab und verhält sich gegenüber dem Client als der zugegriffene Server.

Bei manchen Apps kommt die sogenannte `WebView` zum Einsatz, die die Darstellung von HTML-Inhalten innerhalb einer App erlaubt. Dies können entweder lokale HTML-Dateien oder von einem Server heruntergeladene HTML-Dateien sein. Im letzteren Fall sollte die `WebView` restriktiv eingestellt werden und beispielsweise das Ausführen von Javascript-Code nur dann gestatten, wenn es absolut notwendig ist. Hierfür bietet die `WebView` die Operation `setJavaScriptEnabled()` an, mit der sich dieses Feature einfach abschalten lässt. Bei der Einbettung der `WebView` und der Bewahrung der Sicherheit sind immer die Entwickler der App verantwortlich. `WebView`

4.10.4 Eingabevalidierung

Die Eingabevalidierung ist für die Sicherheit von Android Apps wichtig, da dadurch böswillige Benutzereingaben nicht verarbeitet werden. Führt eine App keine sachgemäße Eingabevalidierung durch, können bekannte Angriffsvektoren (z. B. Pufferüberlauf, Nutzung von gelöschten Objekten oder Indexüberschreitung) durch potenzielle »Hacker« ausgenutzt werden. Zwar bietet Android durch bekannte technische Gegenmaßnahmen wie Adress Space Layout Randomization (ASLR) oder Data Execution Prevention (DEP), aber dennoch ist eine konsequente Vermeidung dieser Probleme besser als ihre Auswirkungen zu reduzieren.

Ein weiterer möglicher Angriffsvektor bei Apps ist *script* oder *code injection*. Dabei werden beispielsweise Eingabedaten verwendet, um das Resultat einer SQL-Abfrage zu kompromittieren. Dadurch ist es möglich, innerhalb einer verwendeten Datenbank Schaden anzurichten oder Daten zu entwenden. Um solche Angriffe zu verhindern, sollten Texteingaben immer durch reguläre Ausdrücke oder White- sowie Blacklistings geschützt werden.

Gegen Angriffe auf die persistierten Daten, wie im Beispiel mit den SQL-Statements erläutert, bietet auch der Einsatz von `ContentProviders` als Abstraktionslevel zu den direkt ausführbaren SQL-Statements Abhilfe und damit eine Absicherung. Hinweis

4

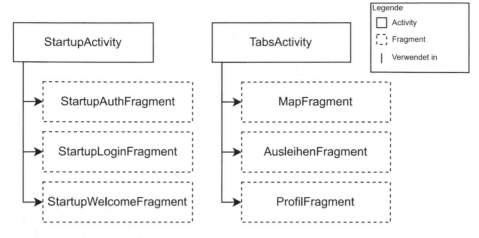

■ **Abb. 4.31**   Schematische Darstellung der View-Hierarchie in dem Android-Projekt

4.11 Implementierung der Fallstudie »Stadträder App« mit Android

Die native Implementierung der Fallstudie verwendet das Android SDK Version 33[6]. Auf die Struktur des Projektes wird im Folgenden eingegangen.

4.11.1 Projektstruktur

Die wichtigsten Komponenten in dem Android-Projekt, welche auch mit anderen Teilen des Systems interagieren können, finden sich als Einträge in der Datei `Android-Manifest.xml` wieder. ■ Abb. 4.31 gibt eine Übersicht wieder.

Relevant sind die beiden Activity-Klassen `Startu-pActivity` und `TabsActivity`, welche der Startup- und Hauptansicht entsprechen, die in ▶ Kap. 2 eingeführt wurden. Die `StartupActivity` dient als Einstiegspunkt in diesem Projekt, indem sie im Manifest als »exportiert« festgelegt und mit einem Intent-Filter als Launcher Activity markiert wird. In der Activity werden für die Darstellung der verschiedenen Inhalte, wie dem Ladeindikator, Login-Formular oder der Willkommensnachricht, Fragmentklassen verwendet. Nach erfolgreicher

---

6   Das entspricht Android in der Version 13.

Authentifizierung wird die `TabsActivity` aufgerufen, welche selbst lediglich für die Tab-Navigation am unteren Bildschirmrand verantwortlich ist. Die Inhalte der jeweiligen Tabs werden hier ebenfalls als Fragmente eingebunden, jedoch mit dem Unterschied, dass jedes Fragment ein eigenes ViewModel verwendet.

Als Container für die Fragmente dient im Layout jeweils die `FragmentContainerView`, deren Inhalte in den Activities über den `FragmentManager` verwaltet werden. Weitere Details zu den ViewModels und der Navigation folgen in den nächsten Abschnitten.

4.11.2 Kommunikation und JSON-Parsing

Eine Besonderheit der Datenklassen in dem Android-Projekt ist, dass einige das `Serializable`-Interface implementieren. Quellcode 4.67 zeigt die Implementierung der Klasse Station aus dem Anwendungskonzept, in welcher dies der Fall ist.

```java
public class Station implements Serializable {
    @NonNull private final String id;
    @NonNull private final String bezeichnung;
    @NonNull private final GeopositionT position;
    private final int verfuegbar;
    public Station(@NonNull String id, @NonNull String bezeichnung,
                    @NonNull GeopositionT position, int verfuegbar) {
        this.id = id;
        this.bezeichnung = bezeichnung;
        this.position = position;
        this.verfuegbar = verfuegbar;
    }
    public Station() { this("", "", new GeopositionT(), 0); }
    /* [ Getter und Setter ... ] */
}
```

Quellcode 4.67 Quellcode der Datenklasse Station in Android (Java)

Das Interface ist erforderlich, um Objekte der entsprechenden Klassen als Argumente für Fragments übergeben

4

zu können, worauf in einem späteren Abschnitt genauer eingegangen wird.

Die Annotationen `@NonNull` und `@Nullable` haben keine Auswirkungen auf die Ausführung der Anwendung, sondern helfen lediglich zu erkennen, ob für das entsprechende Feld als Wert vorkommen darf oder nicht. Diese Marker können auch von Entwicklungsumgebungen wie Android Studio erkannt werden, um präzisere Code-Analysen und Hinweise anzubieten. Für die Rad-API werden Schnittstellen in der abstrakten Klasse RadApi definiert. Hierbei werden für asynchrone Ergebnisse das typisierte Interface `OnSuccess<T>` mit dem entsprechenden Rückgabetypen für erfolgreiche, und das Interface `OnFailure` für nicht erfolgreiche Antworten verwendet. Es bietet sich an, die beiden funktionalen Interfaces beim Aufrufen einer Funktion als Lambda-Ausdrücke zu implementieren:

```
api.getStationen(
stationen -> {
setStatus(Status.IDLE);
setStationen(stationen);
},
e -> setStatus(Status.FAILURE)
);
```

Bei der API-Funktion `getStationen` befände sich in dem Feld `stationen` beispielsweise eine Liste von Stationen (`List<Station>`), mit welcher in dem Lambda direkt gearbeitet werden kann. Die Klasse `RemoteRadApi` stellt eine konkrete Implementierung dar, welche mit dem Backend kommuniziert. Für die HTTP-Anfragen wird die Bibliothek Volley9 verwendet, und die empfangenen Daten im JSON-Format werden mithilfe der Bibliothek Moshi10 zu verwertbaren Instanzen des Datenmodells verarbeitet. Moshi nutzt dabei Reflection, um die Objekte zu generieren, wodurch keine Änderungen an den Datenklassen erforderlich sind.

4.11.3 Layout

Für die Layouts wurden in dem Android-Projekt an vielen Stellen Views aus den androidX-Paketen verwendet, wie das `ConstraintLayout` oder die Toolbar.

Eine Besonderheit zu dem Thema findet sich auch in der Klasse `RadBaseViewHolder`, welche mit einem eigenen Layout `item_rad_base.xml` arbeitet, jedoch in der Klasse gleichzeitig erlaubt, dieses dynamisch zu erweitern. Um dies zu ermöglichen, ist in dem Basislayout ein leeres `LinearLayout`-Element vorgesehen. Um dieses zu erweitern, ohne weitere Layouts als Container erzeugen zu müssen, können Layoutdateien mit dem `<merge>`-Tag als Basis eingesetzt werden. Dessen Elemente werden als direkte Kinder des obigen `LinearLayout` eingefügt:

```
<merge xmlns:android="http://schemas.an-
droid.com/apk/res/android">
<TextView
android:id="@+id/tarif"
android:layout_width="match_parent"
android:layout_height="wrap_content" />
<!-- [...] -->
</merge>
```

Mit dieser Strategie wird dieselbe Basis für verschiedene Typen von darzustellenden Elementen wiederverwendet.

4.11.4 Details zum MVVM

In dem Android-Projekt wurde für die Umsetzung des MVVM Pattern die ViewModel-Klasse aus dem androidX-Paket verwendet. Diese ist in den Lebenszyklus von Activities und Fragmenten integriert, und ViewModel-Instanzen können damit zwischen diesen geteilt werden. In dem Projekt wird letzterer Aspekt in der `StartupActivity` und den Fragmenten für die verschiedenen Inhalte verwendet, um die Kommunikation zu vereinfachen.

◼ Abb. 4.32 zeigt die Struktur anhand der Ausleihen-Ansicht. Die Bereitstellung des ViewModel wird von einem `ViewModelProvider` übernommen, welchem neben einem Besitzer (*owner*)[7] auch eine Factory für das jeweilige ViewModel übergeben wird. Letztere erlaubt die Erzeugung von ViewModel-Instanzen, die unter anderem mit dem Context arbeiten müssen:

---

7   In diesem Beispiel ist es das Fragment selbst.

4

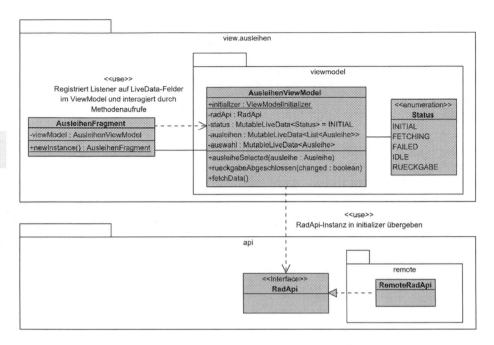

■ **Abb. 4.32**   Klassendiagramm der Ausleihen-Ansicht in Android

```
this.viewModel = new ViewModelProvider(-
this,
ViewModelProvider.Factory.from(Ausleihen-
ViewModel.initializer))
.get(AusleihenViewModel.class);
```

Die Attribute eines ViewModel werden mit der Klasse
`MutableLiveData` verkapselt, welche die Registrierung von Callbacks für Änderungen erlaubt:

```
private final MutableLiveData<Status> sta-
tus =
new MutableLiveData<>(Status.INITIAL);
```

Als Argument bei der Initialisierung kann dabei ein an-
fänglicher Wert übergeben werden. Um in einer Activity
oder einem Fragment mit diesen Daten zu arbeiten, wird
ein Listener registriert, wobei dieser ebenfalls an einen
Owner gebunden ist, um mit den Lebenszyklen zu funktionieren:

```
viewModel.getStatus().observe(getViewLifecy-
cleOwner(),
status -> refreshLayout.setRefreshing(status
!= Status.IDLE));
```

In diesem Ausschnitt wird ein Listener für das status-Feld des Listener registriert, welches bei Änderungen den Ladeindikator in der Benutzungsoberfläche anzeigt oder versteckt. Interaktionen mit dem ViewModel erfolgen in dem Projekt über das Aufrufen von Funktionen im ViewModel, wodurch dieses die Verantwortlichkeit für die dahinterstehende Businesslogik trägt. Ändert es den Wert von einem der Felder und damit seinen Zustand, dann werden automatisch alle registrierten Listener ausgelöst, und die Benutzungsoberfläche wird aktualisiert, oder aber es wird eine Aktion ausgelöst. Letzteres wird beispielsweise für die Navigation innerhalb der Anwendung eingesetzt.

4.11.5 Navigation

In diesem Projekt sind zwei unterschiedliche Konzepte für die Navigation zwischen Inhalten relevant: einerseits Interaktionen zwischen den beiden Activities, welche mithilfe von Intent-Objekten funktionieren, und andererseits die Verwendung der FragmentManager-Klasse für die Verwaltung von Fragmenten in einer Activity. Die folgende Methode stammt aus der StartupActivity und wird aufgerufen, um nach der erfolgreichen Authentifizierung des Anwenders zu der TabsActivity zu wechseln:

```
private void navigateAway() {
    var intent = new Intent(this, TabsActiv-
ity.class);
    startActivity(intent);
    finish();
}
```

Es wird ein Intent erzeugt, welches als Argumente ein Context-Objekt (this ist im Ausschnitt eine Referenz auf die Instanz der StartupActivity) und die Klasse der aufzurufenden Activity übergeben bekommt. Um

4

das Intent auszuführen, wird anschließend die Funktion `startActivity` aufgerufen. An dieser Stelle der Anwendung soll die `StartupActivity` durch die `TabsActivity` ersetzt werden, weshalb am Ende der Funktion die finish-Methode aufgerufen wird, welche die `StartupActivity` beendet und aus dem Backstack entfernt. Beide Activities verwenden in ihren Layouts ein `FragmentContainerView`, in welchem

Fragments angezeigt werden können. Ein Fragment verfügt jeweils über einen eigenen Lebenszyklus und Transaktionen werden durch den FragmentManager gesteuert. Neben den inhaltlichen Fragments sind Dialoge in diesem Projekt als `DialogFragment`-Klassen implementiert. Diese haben den Anspruch, bei einem Aufruf Argumente übergeben zu bekommen und nach dem Schließen des Dialoges ein Ergebnis zurückzuliefern. Der folgende Code zeigt, wie dem `RadAuswahlDialogFragment` eine Station übergeben wird:

```
// Übergabe einer Station als Parameter
Bundle args = new Bundle();
args.putSerializable(ARG_STATION, station);
fragment.setArguments(args);
// Auslesen des Parameters
var station = (Station) getArguments().get-
Serializable(ARG_STATION);
```

Die ersten drei Zeilen stammen aus der statischen Methode `newInstance`, welche die zu verwendende Station als Feld `station` übergeben bekommt. Als Argument für das Fragment wird ein neues Bundle erstellt, zu welchem anschließend die Station hinzugefügt wird. An einer späteren Stelle kann in der Fragment-Instanz über die Funktion `getArguments()` auf das Bundle zugegriffen und die übergebende Station deserialisiert werden. Vor Beendigung setzt das `DialogFragment` ein Ergebnis-Bundle in dem `FragmentManager` des Hosts:

```
getParentFragmentManager().setFragmentRe-
sult(REQUEST_KEY, new Bundle());
```

Um dieses Ergebnis abzufangen, wird vor dem Anzeigen des Dialoges ein `FragmentResultListener` registriert, der auf den entsprechenden Key hört, in dem Beispiel repräsentiert durch die Konstante REQUEST_KEY:

```
getParentFragmentManager().setFragmentRe-
sultListener(
    RadAuswahlDialogFragment.REQUEST_KEY,
this, (key, bundle) -&gt; {
    // Mit Ergebnis aus bundle arbeiten
});
```

4.11.6 Umgang mit Listen

Listen sind in dem Android-Projekt mit der `Recycler-View`-Klasse implementiert. Um die Darstellung unterschiedlicher Elemente innerhalb eines Adapters zu erleichtern, wurde die abstrakte Klasse `BaseAdapter` entworfen, welche Objekte, die das `BaseItem` Interface implementieren, mit dazugehörigen `BaseViewHolder`-Objekten verwaltet. Eine konkrete Implementierung verfügt über einen Adapter und für jede Art von darzustellendem Element jeweils eine `Item`- und eine `ViewHolder`-Klasse.

Dieses Konzept wird durch das Diagramm in ◘ Abb. 4.33 verdeutlicht, welches die Klassen und Interaktionen zeigt, die zur Darstellung von Ausleihe-Objekten in einer `RecyclerView` erforderlich sind. In dem Package `widget.recycler` befinden sich die zuvor erwähnten Basisklassen.

Die wichtigste Aufgabe ist es hier, einen erweiterbaren Adapter zu erhalten, der mit mehreren Typen von Items umgehen kann. Um für jedes Item feststellen zu können, um welchen Typ es sich handelt, wird im Interface `BaseItem` die Funktion `getAdapterType` vorgesehen, welche einen Integer zurückgibt. Dieser sollte für jeden Adapter-Typ einheitlich sein und ist in dem Projekt meist als ein statisches Feld in der jeweiligen Itemklasse implementiert, in dem Diagramm beispielsweise `ADAPTER_TYPE` für die Klasse `AusleiheListItem`.

Mithilfe des Adapter-Typs wird später in einer spezifischen Implementierung von `BaseAdapter` ein passender `BaseViewHolder` erzeugt. Dieser verfügt über die abstrakte `onBind`-Funktion, mit welcher der Adapter bei Bedarf ein neues `BaseItem` an eine Instanz binden kann. Bei einem Aufruf werden die Views einer `ViewHolder`-Instanz mit neuen Daten gefüllt, ohne dass dafür das Layout neu erzeugt werden muss. In dem Anwendungskonzept kommt bei der Auswahl vom Radtyp und Rad sowie bei der Liste von Ausleihen ein ähnliches

4

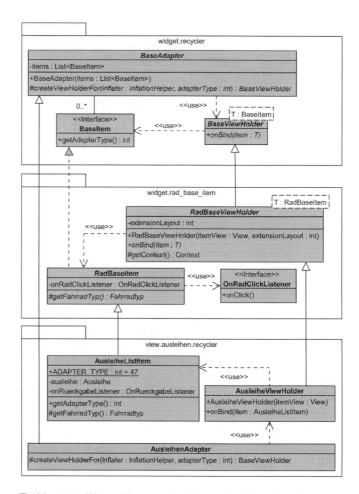

◘ **Abb. 4.33**   Klassendiagramm der `RecyclerView`-Logik

Layout zum Einsatz. Um die mehrfache Implementierung eines Layouts mit jeweils leicht geänderten Details zu vermeiden, wurde dabei auf ein erweiterbares Basislayout gesetzt. Dieses Merkmal wird in der Architektur für die `RecyclerView`-Logik weitergeführt, woraus die zusätzliche Abstraktion in dem `widget.rad_base_item`-Package entstanden ist. Über die abstrakte Klasse `RadBaseItem` erhält der zugehörige `RadBaseViewHolder` Zugriff auf den Radtyp, welcher für die Anzeige des passenden Icons und für den Titel benötigt wird. Der `ViewHolder` erweitert außerdem das Basislayout um anpassbare Elemente, auf dessen Layoutressource in dem Feld `extensionLayout` gezeigt wird. Damit das Basis- und

Erweiterungslayout wie erwartet geladen werden, muss in einer Implementierung die `onBind`-Methode der `RadBaseViewHolder`-Klasse mit `super` aufgerufen werden.

Mit dieser Grundlage müssen in den Klassen `AusleiheListItem` und `AusleiheViewHolder` lediglich Elemente ergänzt werden, welche für die Anzeige einer Ausleihe erforderlich sind.

```
public class AusleihenAdapter extends Base-
Adapter {
    public AusleihenAdapter(@NonNull
List<BaseItem> items) { super(items); }
    protected BaseViewHolder createViewHol-
derFor(
            @NonNull InflationHelper inflater,
int adapterType) {
        switch (adapterType) {
            default:
                throw new IllegalArgumentEx-
ception(
                "Typ wird von diesem
Adapter nicht unterstützt.");
            case AusleiheListItem.ADAPTER_
TYPE:
                return new AusleiheVie-
wHolder(
                    inflater.inflate(Ausleihe-
ViewHolder.LAYOUT));
            case ErrorPanelListItem.ADAPTER_
TYPE:
                return new ErrorPanelVie-
wHolder(
                    inflater.inflate(ErrorPan-
elViewHolder.LAYOUT));
            case EndOfListItem.ADAPTER_TYPE:
                return new EndOfListVie-
wHolder(
                    inflater.inflate(EndOfList-
ViewHolder.LAYOUT));
        }
    }
}
```

Quellcode 4.68   Adapter-Implementierung für die Liste der Ausleihen

Die einzige Aufgabe der Klasse `AusleihenAdapter` für diese Ansicht ist es, für jeden vorkommenden Adapter-Typ ein passendes `ViewHolder`-Objekt zu erzeugen. Um ein Item an einen `ViewHolder` zu binden, ruft

4

der `BaseViewHolder` die bind-Methode auf, in welcher die Views entsprechend mit den aktualisierten Daten neu konfiguriert werden können. Diese Logik muss in der spezifischen Implementierung des Adapters nicht eigens implementiert oder überschrieben werden. Quellcode 4.68 zeigt die Implementierung. Neben dem `AusleihenViewHolder` werden hier zusätzlich die beiden Klassen `ErrorPanelViewHolder` und `EndOfListItem` unterstützt, bei denen es sich um allgemeine Implementierungen von Komponenten handelt, die an mehreren Stellen in der Anwendung eingesetzt werden.

4.11.7 Eigene Views und Komponenten

In dem Android-Projekt wird die eigene View `IconInputView` implementiert. Sie basiert auf einem `ConstraintLayout` und nutzt einen `LayoutInflater`, um vordefinierte Elemente aus der Layoutdatei view_icon_input.xml zu generieren. Eigene Attribute werden in der Ressourcendatei values/attrs.xml in einem `declarestyleable`-Tag definiert, welcher konventionell denselben Namen erhält wie die Klasse:

```
<declare-styleable name="IconInputView">
  <attr name="icon" format="reference" />
  <attr name="label" format="string|refer-
ence" />
  <attr name="inputType">
    <enum name="email" value="32" />
    <enum name="name" value="96" />
    <enum name="none" value="0" />
  </attr>
  <attr name="readonly" format="boolean" />
</declare-styleable>
```

Für jedes Attribut (attr-Tag) wird ein Name festgelegt, und es wird festgelegt, welche Typen von Werten unterstützt werden sollen. Bei dem Attribut `inputType` handelt es sich in dem Ausschnitt um ein enum; es können also nur die definierten Werte für das Feld angegeben werden. Die hier angegebenen Attribute können schließlich in der View-Klasse gegebenenfalls aufgelöst und ausgelesen werden:

```
TypedArray attributes = context.obtain-
StyledAttributes(
attrs, R.styleable.IconInputView);
label.setText(attributes.getString(R.stylea-
ble.IconInputView_label));
attributes.recycle();
```

Die in der Datei `attrs.xml` definierten Attribute sind im Code über die R-Klasse referenzierbar. Dadurch wird mit wenig Aufwand eine wiederverwendbare View mit eigenem, anpassbarem Verhalten realisiert. Es kann mit dem app-Namespace in anderen Layouts verwendet werden:

```
<de.fhswf.fahrradverleih.android.widget.
IconInputView
app:label="@string/profile_input_vorname"
app:icon="@drawable/ic_badge"
[...] />
```

4.11.8 Styling

Das Aussehen von Views kann in der Android-Umgebung direkt in der jeweiligen Layoutdatei angepasst werden. Der folgende Ausschnitt zeigt die Anpassungen der Toolbar in dem Layout für die `StartupActivity`:

```
<androidx.appcompat.widget.Toolbar
[...]
android:background="@color/brand_primary_
translucent"
app:title="@string/app_title"
app:titleTextColor="@color/white"
app:subtitle="@string/monheim_am_rhein"
app:subtitleTextColor="@color/white"
app:logo="@drawable/monheim_logo"
app:logoDescription="@string/startup_tool-
bar_logo_description" />
```

Dieses Vorgehen eignet sich während der Entwicklung zum Testen von Werten und für Elemente, welche in der Benutzungsoberfläche nur einmalig vorkommen. Für die

4

Werte der Attribute werden Referenzen auf Ressourcen eingesetzt, jedoch müssten für eine weitere Toolbar in diesem Stil viele der Attribute manuell kopiert werden, wodurch spätere Änderungen erschwert würden. Um solche Umstände zu vermeiden, können in den Ressourcendateien Stile definiert werden, die in dem gesamten Modul der Anwendung eingesetzt werden können. In der Datei themes.xml sind standardmäßig einige grundlegende Attribute erfasst, wie die Primärfarbe oder Standardwerte für Texte und Views.

Werte können an dieser Stelle ebenfalls entweder direkt angegeben oder in die Ressourcen ausgelagert und an entsprechenden Punkten referenziert werden. Dieses Beispiel zeigt die Definition eines eigenen Stiles für Buttons in der Primärfarbe, in welchem die Farbwerte referenziert werden:

```
<style name="Theme.FahrradverleihAndroid.
PrimaryButton"
parent="Theme.FahrradverleihAndroid.Button-
Base">
<item name="android:textColor">?attr/color-
Primary</item>
<item name="rippleColor">@color/brand_pri-
mary_translucent</item>
<item name="strokeColor">?attr/colorPri-
mary</item>
</style>
```

In den Ressourcen erstellte Stile lassen sich auch selektiv auf einzelne Views anwenden, wie der folgende Ausschnitt anhand eines Abbrechen-Buttons zeigt, der das `SecondaryButton`-Theme verwendet:

```
<Button
style="@style/Theme.FahrradverleihAndroid.
SecondaryButton"
android:id="@+id/cancel"
[...] />
```

Ähnlich wie die Farben lassen sich auch wiederverwendete Abstände auslagern und referenzieren. Ein solcher Eintrag wird in der Datei dimens.xml erfasst und könnte folgendermaßen angewendet werden:

```
<TextView
android:id="@+id/id_info"
android:layout_marginTop="@dimen/rad_item_
info_margin"
[...] />
```

In dem Ausschnitt wird für das Feld android:layout_
marginTop, anstelle eines konkreten Wertes, eine Referenz eingesetzt. Damit ist es möglich, den Wert mit wenig Aufwand an allen vorkommenden Stellen zu ändern oder auch abhängig von der Umgebung, etwa gerätespezifischen Variablen wie der Bildschirmgröße, unterschiedliche Werte zu verwenden.

4.12 Übungsaufgaben

- **Übungsaufgabe 4.1**
a) Nennen Sie vier Eigenschaften oder Einstellungen einer Android-App, die in der Datei AndroidManifest.xml konfigurierbar sind.
b) Welche zwei Möglichkeiten gibt es, für eine Android-App eine Benutzungsoberfläche zu gestalten?
c) Welchen Vorteil hat das Ablegen von Ressourcen in der dafür vorgesehenen Hierarchie des Android-Projektes gegenüber dem Speichern an beliebiger Stelle?

- **Übungsaufgabe 4.2**
Erstellen Sie eine App mit einem ConstraintLayout und vier darin enthaltenen TextViews.
a) Jeweils eine TextView soll oben und unten über die gesamte Bildschirmbreite ausgedehnt sein.
b) Zwei weitere TextViews sollen den Raum zwischen der oberen und unteren TextView jeweils links und rechts der Mittellinie den Bildschirm füllen.
c) Die TextViews sollen einen langen Text anzeigen und sich dabei nicht überlappen.

- **Übungsaufgabe 4.3**
Erstellen Sie eine App mit einer CustomTextView.
a) Dir CustomTextView soll von der Klasse TextView oder AppCompatTextView erben.

4

b) Die `CustomTextView` soll um ein neues Attribut »invert« mit boolschem Wertebereich ergänzt werden.

c) Wenn das »invert« auf `true` gesetzt ist, sollen die Textinhalte der View invertiert dargestellt werden.

- **Übungsaufgabe 4.4**

Beantworten Sie folgende Fragen zu `Activities`:

a) Was muss berücksichtigt werden, wenn eine neue `Activity` zu einer Anwendung hinzugefügt wird?

b) Wie wird festgelegt, welche `Activity` in einer Anwendung beim Starten aus dem System heraus als Erste aufgerufen wird?

c) Wie kann ich eine `Activity` aus meiner Anwendung für andere Apps verfügbar machen?

d) Nennen Sie die sieben Lifecycle-Methoden einer `Activity`.

e) Erstellen Sie eine eigene `Activity`, in der Sie die Lifecycle-Methoden überschreiben.

- **Übungsaufgabe 4.5**

Beantworten Sie folgende Fragen zu `Intents`:

a) Welche Typen von `Intents` existieren?

b) Nennen Sie vier Typen von Informationen, die in `Intents` übermittelt werden können.

- **Übungsaufgabe 4.6**

a) Erstellen Sie eine App mit zwei `Activities`. In beiden `Activities` können Buttons betätigt werden, über welche die jeweils andere `Activity` mittels `Intent` gestartet wird.

b) Erweitern Sie die vorherige App um folgende Funktionen:

   – Beide `Activities` beinhalten ein Texteingabefeld.

   – Die Werte des Texteingabefeldes werden der jeweils anderen `Activity` beim Wechseln mit übergeben und hier im Textausgabefeld angezeigt.

- **Übungsaufgabe 4.7**

Erstellen Sie ein Projekt das folgenden Anforderungen genügt:

a) – Es existiert eine `Activity`, in die Fragmente integriert werden können.

   – Das Layout der `Activity` sieht vor, dass zwei Fragmente gleichverteilt untereinander angezeigt werden.

– Es existieren Fragmente, die klar voneinander unterschieden werden können, beispielsweise durch
Texte oder Hintergrundfarben, die als Parameter
gesetzt werden.
– Es existiert ein Button. Wenn der Button gedrückt
wird, soll eines der angezeigten Fragmente gegen
ein neues ausgetauscht werden.
– Über den Back-Button soll keine Navigation innerhalb der App möglich sein.

Hinweis:
Der Button sollte außerhalb der Container für die Fragmente liegen. Im Attribut `onClick` im Layout des Buttons kann eine Methode aus der `Activity` aufgerufen
werden, wenn diese dem folgenden Muster genügt:
    public void <Methodenname>(View view) {}

■ **Übungsaufgabe 4.8**
Erstellen Sie einen AsyncTask, der
a) als Parameter n Zahlwerte (inkl. Nachkommastellen)
annehmen kann.
b) als n-ten Rechenschritt die Summe der 1 bis n Zahlenwerte berechnet.
c) bei jedem n-ten Rechenschritt den Fortschritt mit
»Rechenschritt: n« in einem Textfeld anzeigt.
d) das Ergebnis zurückgibt und in einem Textfeld anzeigt.

■ **Übungsaufgabe 4.9**
Erstellen Sie einen Bound Service.
a) Der Bound Service soll zwei öffentliche Methoden beinhalten. In der einen wird eine beliebige Berechnung
durchgeführt. Die andere Methode gibt den berechneten Wert zurück.
b) Es existiert eine `Activity`, die sich mit dem Service
beim Starten verbindet.
c) Aus der Activity können die beiden Methoden über
Knopfdruck ausgeführt werden.
d) Das Ergebnis der Berechnung soll in einem TextView
angezeigt werden.
e) Der Service soll automatisch beendet werden, wenn
die Berechnung einer vorher definierten Abbruchbedingung genügt.

■ **Übungsaufgabe 4.10**

Erstellen Sie einen IntentService, der

a) mit einer dedizierten Aktion und einem String als Übergabeparameter aufgerufen wird.

b) die Methode `handleAction(String param)` mit dem Übergabeparameter ausführt, wenn die in dem `Intent` angegebene Aktion mit der im `IntentService` definierten Aktion übereinstimmt.

■ **Übungsaufgabe 4.11**

Erstellen Sie eine App, die einen Broadcast Receiver beinhaltet, der beim Wechsel des Smartphones in den und aus dem Flugmodus einen Toast mit einer beliebigen Textnachricht anzeigt. Erweitern Sie die App anschließend so, dass der Broadcast Receiver auch auf einen eigenen Broadcast reagiert. Der Broadcast soll bei Knopfdruck in einer `Activity` ausgelöst werden.

■ **Übungsaufgabe 4.12**

Erstellen Sie eine App, die einem `AsyncTask` auf Knopfdruck die heruntergeladenen Texte einer HTTP-Verbindung in einer `TextView` ausgibt.

a) Die Datenverbindung soll ein Timeout von 15 s haben.

b) Die Request-Methode soll auf »GET« gesetzt werden.

c) In den Request Properties soll der »`Content-Type`« auf »`application/json`« gesetzt werden.

d) Wenn der Response-Code nicht dem HTTP-Statuscode 200 entspricht, soll dieser ausgegeben werden.

e) Zum Testen soll folgender Endpunkt verwendet werden: ► https://httpbin.org/get.

f) Denken Sie daran, die Berechtigung »`android.permission.INTERNET`« in der Manifest-Datei zu setzen.

■ **Übungsaufgabe 4.13**

Beantworten Sie folgende Fragen:

a) Welche verschiedenen Möglichkeiten gibt es unter Android, Daten zu speichern?

b) Wie kann ich Daten einer App speichern, sodass sie für andere Anwendungen verfügbar sind?

c) Nennen Sie zwei Vorteile, die sich durch den Einsatz von `ContentProviders` ergeben.

- **Übungsaufgabe 4.14**

Beantworten Sie folgende Fragen und entwickeln Sie anschließend eine App:

a) Welche Kategorien von Sensoren existieren in Android?

b) Ist jeder Sensor, der im Android-SDK verfügbar ist, in den mobilen Endgeräten verbaut?

c) Erstellen Sie eine App, mit der Sie Ihre Schritte zählen können. Bei jedem gemessenen Schritt sollen die aktuellen Längen- und Breitengrade ermittelt werden. Die Anzahl der Schritte und die Längen-/Breitengrade sollen als Text angezeigt werden.

- **Übungsaufgabe 4.15**

Beantworten Sie folgende Fragen zur Sicherheit in Android:

a) Wie wird eine App durch Sandboxing geschützt?

b) Warum sollten Zugriffe auf Daten von System-Apps wie Kontakte vorzugsweise über Intents und nicht über physikalischen Speicherzugriff erfolgen?

c) Welchen Nachteil kann es haben, sämtliche Daten einer App zu verschlüsseln?

- **Übungsaufgabe 4.16**

a) Erstellen Sie eine App mit mindestens einem Button und zwei weiteren UI-Elementen. Geben Sie für jedes Element eine statische Contentdescription mit an. Prüfen Sie die Sprachausgabe mit aktiviertem *talk back*.

b) Erweitern Sie die App aus dem ersten Aufgabenpunkt um die dynamische Anpassung der Contentdescription in Abhängigkeit vom Zustand. Prüfen Sie die Sprachausgabe mit aktiviertem *talk back*.

Cross-Plattform-Entwicklung mobiler Anwendungen mit Flutter

Inhaltsverzeichnis

D. Arinir, *Mobile Computing*,
https://doi.org/10.1007/978-3-662-67413-0_5

5

Lernziele
- Die Programmiersprache Dart beherrschen
- Das Programmiermodell des Cross-Plattform-Frameworks Flutter kennen und plattformübergreifende Apps entwickeln können
- Wichtige Entwicklungswerkzeuge beherrschen
- Das Konzept der Flutter Widgets kennen
- Layoutgrundmuster und Container-Klasse in Flutter anwenden können
- Einfache Benutzungsoberflächen mit Flutter realisieren können
- Das State-Management-Prinzip in Flutter kennen
- Einen Backend-Server ansprechen und Daten über JSON austauschen können

Kurzfassung

Flutter ist ein von der Firma Google kostenlos bereitgestelltes SDK für die Entwicklung plattformunabhängiger mobiler Anwendungen. Apps werden mithilfe der Programmiersprache Dart umgesetzt, welche am Anfang dieses Kapitels eingeführt wird. Anschließend werden wichtige Steuerelemente und Layoutkonzepte vorgestellt.

Anwender mobiler Anwendungen erwarten heutzutage ein gutes Design mit ansprechenden Animationen und generell eine sehr gute Leistung. Um solche Apps zu entwickeln, müssen Entwickler neue Funktionen schnell und zuverlässig liefern, ohne Einschränkungen in der Qualität machen zu müssen. Das ist der wesentliche Anstoß, der Google veranlasste, Flutter zu entwickeln.

Flutter ist Googles mobile UI-Framework, welches Entwicklern erlaubt, sehr schnell und zum Teil auch deklarativ Apps zu implementieren und sie auf gängigen mobilen Plattformen (iOS und Android) bereitzustellen. Es handelt sich um ein **Cross-Plattform-Framework.** Die App ist nach diesem Paradigma auf einer einzigen Quellcodebasis aufgebaut und wird von dort in die jeweilige Zielplattform kompiliert bzw. transformiert. Die API der Flutter-Laufzeitumgebung abstrahiert von konkreten Betriebssystemfunktionen, die entweder iOS- oder Android-spezifisch wären.

Während der Entwicklungsphase werden Flutter-Anwendungen in einer virtuellen Maschine ausgeführt. Dadurch sind sie zwar etwas langsamer, bieten dafür aber bessere Möglichkeiten für eine direkte Aktualisierung und das Debugging an. In der Release-Version wird der Code plattformspezifisch kompiliert. Dieser transformierte Code wird anschließend nativ auf einer ARM-CPU ausgeführt. Sofern es sich bei der Zielplattform um einen Webbrowser handelt, kommt Javascript zum Einsatz. Zur Darstellung der Benutzungsoberfläche werden ebenfalls Funktionen der Grafikkarte (GPU) herangezogen. Da die App in die native Zielplattform kompiliert wird, kann sie auf alle API-Funktionen zugreifen, die die jeweilige mobile Plattform bietet und die durch Flutter auch verfügbar gemacht wurde. Flutter bietet folgende Vorteile bei der Entwicklung:

- Das Flutter-Framework sowie die Laufzeitumgebung wurden mit Blick auf eine hohe Entwicklungsgeschwindigkeit entworfen. Das bedeutet beispielsweise, dass die Benutzungsoberfläche während der Ausführung durch eine Änderung am Quellcode direkt ausgetauscht wird, ohne dass die App beendet, neu kompiliert und erneut gestartet werden muss. Der aktuelle Zustand der Benutzungsoberfläche bleibt dabei erhalten. Wurden bereits Eingaben erfasst, sind die Eingaben nach dem Aktualisierungsvorgang weiterhin vorhanden. Diese Funktion bezeichnet Google als *stateful hot reload.*
- Flutter liefert einen sehr umfangreichen Satz an UI-Komponenten an, die als Basis für die Entwicklung komplexer Benutzungsoberflächen verwendet werden können.
- Flutter bettet sich in bestehende Entwicklungsumgebungen ein, sodass Entwickler sich nicht an eine neue Umgebung gewöhnen müssen. So lassen sich Flutter-Apps mit Android Studio, IntelliJ, Visual Studio Code sowie XCode entwickeln.
- Die Laufzeitumgebung passt sich bei der Darstellung immer der aktuellen Zielplattform an, sodass Dialoge, Auswahllisten und viele weitere eine richtlinientreue Darstellung sowohl auf iOS als auch Android aufweisen.
- Das gesamte Framework ist Open Source, sodass einzelne Entwickler oder Organisationen einen tieferen Einblick in die Abläufe und Funktionsweisen erlangen können.

5

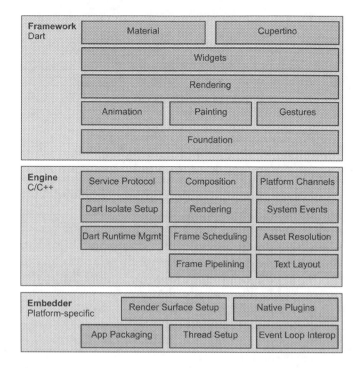

◨ **Abb. 5.1**   Ebenen der Softwarearchitektur. (Vgl. Flutter, 2021)

5.1 Überblick der Softwarearchitektur

Flutter wurde von Anfang an nach einem modularen Entwurfsprinzip entwickelt. Das Framework besteht aus einzelnen Schichten, wie aus ◨ Abb. 5.1 hervorgeht. Das Fundament wird dabei von dem sogenannten **Embedder** bereitgestellt. Es handelt sich um eine Komponente, die in einer Programmiersprache entwickelt wird, die der jeweiligen Plattform entspricht und die Ausnutzung aller Betriebssystemfunktionen erlaubt.[1] Der Embedder ist vergleichbar mit dem nativen Container, der im Kontext der hybriden Ansätze diskutiert wurde (▶ Abschn. 1.3.2 und 3.2). Er dient als Einsprungpunkt für die Anwendung und abstrahiert über die plattformspezifischen

---

1   Java und C++ für Android und Objective-C/Objective-C++ für iOS.

Details. Das betrifft neben dem Rendering auch die Benutzereingaben sowie die Ereignisverarbeitungswarteschlange. Daher muss durch Flutter für jede unterstützte Plattform ein eigener Embedder bereitgestellt werden.

Im Vergleich zu anderen Cross-Plattform-Frameworks benötigt Flutter für das Zeichnen der Oberfläche und der Controls lediglich grundlegende Zeichenfunktionen, die über ein Canvas bereitgestellt werden können. Daher wird nicht auf plattformspezifische Controls für die Benutzerinteraktion zugegriffen.

Oberhalb des Embedders befindet sich die **Flutter Engine.** Sie bietet der nächsthöheren Schicht wichtige Flutter-spezifische Funktionen an und nimmt damit die Rolle eines Betriebssystems ein. Dabei werden beispielsweise höherwertige Zeichenfunktionen über die Skia-Bibliothek bereitgestellt, um 2-D-Figuren (Rechtecke, Kreise, Bézierkurven etc.) zu zeichnen. Die Flutter-Engine verfügt über einen eigenen Textlayouter, der für das Rendering komplexer Texte zuständig ist. Weiterhin bietet die Engine Funktionen für die Ein- und Ausgabe sowohl auf lokale Dateien als auch auf entfernte Daten über eine Netzwerkkommunikation an. Flutter-Anwendungen greifen auf die Funktionen der Flutter Engine nicht direkt zu. Stattdessen verwenden sie Funktionen des Flutter-App-Frameworks, welches sich ganz oben in dem Schichtenmodell befindet. Die durch die Flutter Engine exponierten Funktionen werden darin in dem Paket dart:ui zusammengefasst. Das App-Framework ist in der Programmiersprache »Dart« geschrieben, die auch bei der Entwicklung von Apps kommt (▶ Abschn. 5.3).

Das Flutter-App-Framework bietet für Entwickler folgende grundlegende Funktionen an:

- Es beinhaltet Klassen für die Animation, die Behandlung von Gesten sowie Zeichenfunktionen.
- Das Rendering übernimmt die Positionierung und das Layout der Oberflächenelemente und verwaltet die gesamte hierarchische Szenerie.
- Jedes Oberflächenelement in Flutter ist ein Widget. Durch eine Entkopplung zwischen View und View-Model wird ein reaktives Programmiermodell propagiert. Änderungen am ViewModel bewirken eine Aktualisierung der Oberfläche, ohne dass explizit ein »Neuzeichnen« angestoßen werden muss.

▄▄ Die Bibliotheken mit der Bezeichnung »Material«
oder »Cupertino« stellen Controls für die Benutzerinteraktion zur Verfügung, die dem Look & Feel der jeweiligen Zielplattform entsprechen.[2]

5.2 Das Hello-World-Beispiel

Eine einfache Hello-World-App kann mithilfe des Flutter-Frameworks in wenigen Zeilen Quellcode entwickelt werden. Im Rahmen dieser Einführung kommt erneut die Entwicklungsumgebung Android Studio dafür
zum Einsatz. Sofern die notwendigen Erweiterungen und
das Flutter-Framework erfolgreich installiert wurden, erscheint auf oberster Ebene bei der Projekterstellung ein
Auswahldialog, ob ein klassisches natives Android-Projekt oder ein Flutter-Projekt angelegt werden soll

Ein neues Flutter-Projekt lässt sich durch Betätigen des
Menüpunktes »Create New Flutter Project« kreieren. Android Studio bietet auch für Flutter-Projekte umfangreiche Assistenten an, um auf eine geführte Art und Weise
alle notwendigen Konfigurationsinformationen abzufragen, die für eine Projektanlage erforderlich sind. Um eine
einfache App zu erstellen, muss die erste Auswahlmöglichkeit »Flutter Application« gewählt werden (◼ Abb. 5.2).

**Flutter Plugins vs.
Flutter Packages**

Die anderen Projekttypen dienen dazu, modulare
Komponenten zu erstellen, die sich in andere Apps integrieren lassen. In Nuancen existieren dabei gewisse Unterschiede. Ein **Flutter-Plugin**-Projekt dient dazu, eine native
Funktionalität, die mit den Mitteln der Zielplattform,
beispielsweise C++ oder Objective-C++, entwickelt wird,
als Dart-Paket verfügbar zu machen. Soll eine Funktionalität hingegen lediglich in Dart entwickelt werden, lassen
sich solche Bibliotheken *(libraries)* über **v**-Projekte erstellen (◼ Abb. 5.3).

**Migr
ationsunterstützung**

Sollen Teilaspekte einer klassischen Android-App
über Flutter realisiert und anschließend eingebettet
werden, können **Flutter-Module** zum Einsatz kommen.
Diese Integrationsfunktionalität dient hauptsächlich dem

---

2   Wie bereits weiter oben diskutiert, kapselt Flutter nicht plattform-
spezifische Controls, sondern kontrolliert den gesamten Rendering-
Stack. Das ist zwar aufwendiger in der Flutter-Framework-
Entwicklung, sorgt aber dafür, dass es keinen Bruch innerhalb des
Frameworks bei der Behandlung der Benutzungsoberfläche gibt.

▣ Abb. 5.2   Auswahldialog für Android- und Flutter-Projekte

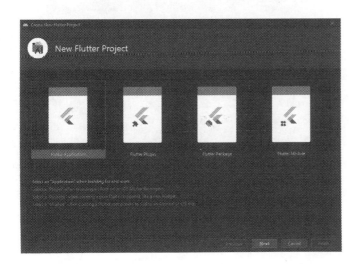

▣ Abb. 5.3   Verschiedene Flutter-Projektarten

Zweck, die Migration klassischer nativer Apps in Richtung Flutter schrittweise zu ermöglichen. Flutter-Module werden dabei in eine native Android- oder iOS-App integriert und ersetzen bzw. erweitern Teilaspekte (▣ Abb. 5.4 und 5.5).

Der Android-Studio-Projektassistent legt ein etwas komplizierteres Standardprojekt an, welches auch einen Zustand *(state)* enthält. Im Rahmen des Hello-World-Beispiels wird im Folgenden ein einfacheres Layout

Hinweis

5

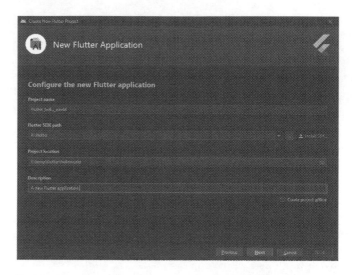

□ **Abb. 5.4**   Eingabe des Projektnamens und des Speicherortes

□ **Abb. 5.5**   Paketname

gewählt. Auch bei Flutter gilt im Übrigen, dass der erste Kompilierungsvorgang etwas länger dauert, da Abhängigkeiten heruntergeladen werden können.

Der Assistent legt eine Reihe von Dateien und Verzeichnissen an, aus denen ein Flutter-Projekt besteht. Insbesondere werden in separaten Verzeichnissen plattformspezifische Unterprojekte angelegt, mit denen man sich für gewöhnlich nicht beschäftigen muss. Es handelt sich um die Unterverzeichnisse »ios« und »android«.

```
import 'package:flutter/material.darf';

void main() {
  runApp(
    Center(
      child: Text('Hello World!',textDirec-
tion: TextDirection.ltr)
    )
  );
}
```

Quellcode 5.1 Hello-Word-Beispiel mit Flutter

Jede Flutter-App besitzt eine Operation `main()`, welche als zentraler Einsprungpunkt für die Anwendung dient und die Aufgabe hat, die App zu initialisieren. Diese Operation ist vergleichbar mit der statischen `main()`-Operation in Java. In Quellcode wird die in der Widgets-Bibliothek der Flutter-Laufzeitumgebung definierte Operation `runApp()` aufgerufen. Sie ist dafür zuständig, das Wurzelelement der App zu erzeugen und mit der Rendering-Pipeline zu verbinden. Dabei kommt das Layout-Widget »`Center`« zum Einsatz, welches seine Unterelemente (vgl. Attribut child) zentriert darstellt. Das »`Text`«-Widget dient für die Anzeige einer Zeichenkette. Das Erscheinungsbild lässt sich über zahlreiche Attribute anpassen. In diesem Beispiel ist das Attribut `textDirection` explizit gesetzt, sodass der Textfluss von links nach rechts verläuft (vgl. `TextDirection.ltr`).

Die `main()`-Operation wird durch den Projektassistenten innerhalb der »`main.dart`«-Datei angelegt, die sich in dem Unterverzeichnis »`lib`« befindet. Der gesamte Quellcode sollte in diesem Verzeichnis und weiteren Unterverzeichnissen untergebracht werden. Zwar gibt Flutter keine explizite Verzeichnisstruktur vor, aber per Konvention sollte innerhalb einer Organisation ein etablierter Aufbau eingehalten werden. Bei größeren Projekten empfiehlt sich folgende Verzeichnisstruktur:

Aufbau des Quellcode-Ordners[3]

- `/localizations`: Enthält alle Aspekte, sowohl Sprachdateien als auch die Logik, um mit mehrsprachigen Apps umzugehen.

---

3 Diese Verzeichnisse werden nicht durch den Projektassistenten angelegt und müssen manuell bei Bedarf erstellt werden.

5

- ▰ `/routes`: Enthält alle dedizierten Seiten einer App.
- ▰ `/modules`: Beinhaltet die »Businesslogik« und damit vor allen Dingen die ViewModels.

Der Assistent legt außerdem die folgenden Dateien an, die ebenfalls von Bedeutung sind:

- ▰ `pubspec.yaml`: Diese Datei definiert die App und beinhaltet auch die Abhängigkeiten zu anderen Bibliotheken. Daher ist sie mit der aus der Webentwicklung bekannten »`package.json`« vergleichbar.
- ▰ `/test`: In diesem Unterverzeichnis sind die Automationstests untergebracht. Der Assistent legt einen rudimentären Test an, der im Laufe der Entwicklung ergänzt werden sollte.

`»pubspec.yaml«-`
Datei

Quellcode 5.2 zeigt einen Ausschnitt aus der generierten Konfigurationsdatei der Hello-World-App. Jede App muss über einen Namen und eine kurze Beschreibung verfügen. Darüber hinaus muss für das Modulsystem auch eine Versionsnummer angegeben werden, die nach gewissen Kriterien bei jedem Release erhöht werden sollte. Eine App ist in der Regel auf eine bestimmte Version von Flutter angewiesen, gegen die es kompiliert werden muss. Der Abschnitt »sdk« erlaubt die Angabe eines Bereiches. In dem Beispiel aus ist die App mit den Versionen ab 2.12.0 bis 3.0.0 kompatibel. Wie auch von Webprojekten bekannt, werden die Abhängigkeiten in Laufzeitabhängigkeiten und Abhängigkeiten zur Entwicklungszeit unterteilt. Laufzeitabhängigkeiten sind Bibliotheken, auf die die App während der Ausführung angewiesen ist. Abhängigkeiten zur Entwicklungszeit werden beispielsweise für das Testen der App benötigt. Sofern iOS-spezifische Icons verwendet werden sollen, muss die »`cupertino_icons`«-Abhängigkeit hinzugefügt werden. Der Schalter »`use-material-design`« aktiviert die durch Google im Rahmen des Material Design publizierten Icons. Für diese Icons wird keine explizite Abhängigkeit benötigt, da sie Bestandteil des Flutter-Frameworks sind. Eine App greift an unterschiedlichen Stellen auf statische Dateien, sogenannte Assets, zurück. Damit diese ebenfalls im Auslieferungspaket einer App vorhanden sind, müssen sie explizit definiert werden. In dem Beispiel aus Quellcode 5.2 wurde dies für zwei Bilddateien exemplarisch gemacht.

```yaml
name: flutter_hello_world
description: A new Flutter application.

# The following line prevents the package
from
# being accidentally published to pub.dev
using `pub publish`.
# This is preferred for private packages.

publish_to: 'none'

version: 1.0.0+1

environment:
  sdk: ">=2.12.0 <=3.0.0"

dependencies:
  flutter:
    sdk: flutter

  # The following adds the Cupertino Icons
font to your
  # application.Use with the CupertinoIcons
class
  # for iOS style icons.
  cupertino_icons: ^1.0.2

dev_dependencies:
  flutter_test:
    sdk: flutter

# For information on the generic Dart part
of this file, see the
# following page: https://dart.dev/tools/
pub/pubspec
# The following section is specific to Flut-
ter.
flutter:

  # The following line ensures that the Ma-
terial Icons font is
  # included with your application, so that
you can use
  # the icons in the material Icons class.
  uses-material-design: true
  assets:
    - images/a_dot_burr.jpeg
    - images/a_dot_ham.jpeg
```

Quellcode 5.2 Datei »pubspec.yaml«

Im nächsten Abschnitt wird die für Flutter-Apps wichtige Programmiersprache **Dart** vorgestellt. Ohne Grundkenntnisse dieser Programmiersprache zu besitzen, können Flutter-Apps nicht entwickelt werden.

5.3 Programmiersprache Dart

Unter Sprachwissenschaftlern gilt das ungeschriebene Gesetz, dass die Muttersprache das Denken eines Menschen beeinflusst. Als Google erste Überlegungen für das Cross-Plattform-Framework Flutter machte, wurde eine Reihe unterschiedlicher Programmiersprachen evaluiert. Das Flutter-Entwicklungsteam entschied sich aufgrund vieler Vorteile für die im Jahr 2013 in der Version 1.0 erschienene Programmiersprache Dart, da sie gleich mehrere Vorteile bot:

- Entwickler finden den Einstieg in die Programmiersprache Dart aufgrund gewisser Parallelen zu Javascript besonders einfach. Dabei bietet Dart Sprachmerkmale an, die sowohl bei statisch als auch bei dynamisch typisierten Programmiersprachen zum Einsatz kommen.
- Die Laufzeitumgebung von Dart arbeitet, wie Javascript, Java und C#, mit einem sogenannten **Garbage Collector**, der für die Speicherfreigabe nicht referenzierter, unbenutzter Objekte verantwortlich ist. Jedoch benötigt der in Dart integrierte Garbage Collector keine globalen Sperren, sodass insbesondere bei nebenläufigen Programmen keine zyklischen Verzögerungen entstehen, wenn der Speicher freigegeben wird. Dadurch werden Animationen bei hohen Bildwiederholungsfrequenzen besonders ruckelfrei ausgeführt. Wegen dieser Eigenschaft eignet sich Dart auch als Programmiersprache für die Entwicklung von Oberflächen.
- Die grundlegende Syntax der Programmiersprache Dart besitzt deklarative Elemente. Dadurch können Oberflächen ohne Zuhilfenahme zusätzlicher technischer Dateien, wie zum Beispiel JSX und XML, innerhalb der Sprache definiert werden.
- Dart wurde von Grund auf so konzipiert, dass eine schnelle Kompilierung und Ausführung möglich sind. Programmiersprachen wie C oder C++ verwenden

sogenannte Ahead-of-Time-(AOT-)Compiler, welche während der Entwicklungszeit ausgeführt werden und ein Programm in eine native Zielplattform, zum Beispiel ARM oder × 86, übersetzen. Plattformunabhängige Programmiersprachen arbeiten hingegen mit einer Kombination aus AOT-Compilern und Just-in-Time-(JIT-)Compilern. Dabei übersetzen die AOT-Compiler das Programm in eine maschinennahe, plattformunabhängige Zwischensprache. Die JIT-Kompilierung setzt anschließend zur Laufzeit an und übersetzt das Programm während der Ausführung in die Maschinensprache der tatsächlichen Ausführungsplattform. Die Folge ist ein reduziertes Laufzeitverhalten, welche sich insbesondere beim Start eines Programmes bemerkbar macht, da in dieser Initialisierungsphase die JIT-Kompilierung zum Einsatz kommt. Um die Vorteile beider Kompilierungsvarianten auszunutzen, wählt Dart einen Ansatz, der die JIT-Kompilierung zur Entwicklungszeit einsetzt, um möglichst schnelle Kompilierungszyklen zu erhalten. Sobald die App fertiggestellt ist und ausgeliefert werden soll, kann ein Dart-Programm jedoch unter Verwendung eines AOT-Compilers direkt in eine Zielplattform kompiliert werden, um die Start- und Ausführungszeiten einer App zu optimieren.

- Das zustandsbehaftete Verändern und Nachladen bereits instanziierter Klassen ist eine der wichtigsten Eigenschaften von Flutter, die nur in Verbindung mit der ausgeklügelten JIT-Kompilierung der Programmiersprache Dart möglich wird. Dabei kann der Quellcode einer Klasse verändert werden, während die App ausgeführt wird. Dadurch werden sehr kurze Entwicklungszyklen möglich, ohne dass eine App beendet, kompiliert und erneut gestartet werden muss.

Die nachfolgende Einführung in die Programmiersprache Dart setzt voraus, dass Sie bereits erste Kenntnisse in einer anderen gängigen objektorientierten Programmiersprache, wie zum Beispiel Java oder C#, besitzen. Erfahrungen mit einer dynamisch typisierten Programmiersprache sind von Vorteil, aber nicht zwangsläufig notwendig.

5.3.1 Das erste Dart-Programm

Ein Dart-Programm kann über die Kommandozeile erstellt werden, sofern sich, wie in Anhang V.V erläutert, der Dart-Kommandozeileninterpreter (Dart-CLI) im Pfad befindet.

■ Abb. 5.6 zeigt die möglichen Befehle, die die Dart-CLI anbietet. Man erstellt ein Dart-Programm entweder manuell oder mithilfe des `create`-Befehls. ■ Tab. 5.1 stellt die grundsätzlichen vier verschiedenen Vorlagenprojekte dar, die zur Auswahl stehen.

Ein einfaches Dart-Programm wird mithilfe des Parameters »`console-simple`« angelegt. Dazu setzt man den in Quellcode 5.3 angegebenen Befehl über die

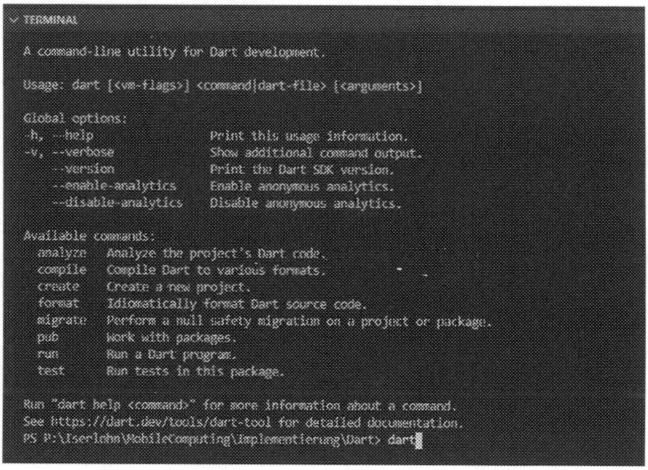

5

```
∨ TERMINAL

A command-line utility for Dart development.

Usage: dart [<vm-flags>] <command|dart-file> [<arguments>]

Global options:
-h, --help                Print this usage information.
-v, --verbose             Show additional command output.
    --version             Print the Dart SDK version.
    --enable-analytics    Enable anonymous analytics.
    --disable-analytics   Disable anonymous analytics.

Available commands:
  analyze    Analyze the project's Dart code.
  compile    Compile Dart to various formats.
  create     Create a new project.
  format     Idiomatically format Dart source code.
  migrate    Perform a null safety migration on a project or package.
  pub        Work with packages.
  run        Run a Dart program.
  test       Run tests in this package.

Run "dart help <command>" for more information about a command.
See https://dart.dev/tools/dart-tool for detailed documentation.
PS P:\Iserlohn\MobileComputing\Implementierung\Dart> dart
```

■ **Abb. 5.6**   Dart-Kommandozeileninterpreter

■ **Tab. 5.1**   Sichtbarkeiten für Attribute und Operationen

Vorlage	Beschreibung
`console-simple`	Erzeugt ein Kommandozeilenprogramm mit einem minimalen Umfang
`console-full`	Erzeugt ein Kommandozeilenprogramm, welches beispielsweise übergebene Parameter parsen kann
`package-simple`	Erstellt eine Bibliothek, die wiederverwendbare Funktionalität bereitstellt
`web-simple`	Erstellt eine minimale Webanwendung

Konsole ab. Dieser Befehl generiert eine Konsolenanwendung mit dem Namen »EinfachesKonsolenprojekt«.

Wie das auch von anderen Programmiersprachen üblich ist, werden Dart-Programme als Textdateien gespeichert und besitzen die Dateiendung ».dart«. Da jedes Dart-Programm über eine `main()`-Operation verfügen muss, generiert die Dart-CLI diese Operation innerhalb der Datei »EinfachesKonsolenprojekt.dart«.

Dateiendung `.dart`

```
dart create --template console-simple Einfa-
chesKonsolenprojekt
```

Quellcode 5.3 Erzeugung eines Kommandozeilenprogrammes über die Dart-CLI

Dieses Programm kann entweder direkt ausgeführt oder durch den Dart-AOT-Compiler in eine Anwendung kompiliert werden. Quellcode 5.4 stellt beide Varianten dar. Der Vorteil der AOT-Kompilierung liegt darin, dass man eine mit diesem Verfahren kompilierte Anwendung auch auf einem System ausführen kann, auf dem keine Dart-Laufzeitumgebung installiert ist.

In Dart wird, wie auch bei Java üblich, auf die Groß- und Kleinschreibung geachtet. Durch unterschiedliche Schreibweisen können damit unterschiedliche Variablen, Operationen oder Klassen referenziert werden. Daher muss auf die korrekte Schreibweise geachtet werden.

Hinweis

```
//Direkte Ausführung
dart run .\bin\EinfachesKonsolenprojekt.dart
//Kompilierung in eine Anwendung "test.exe"

dart compile exe -o test.exe .\bin\Ein-
fachesKonsolenprojekt.dart
```

Quellcode 5.4 Direkte Ausführung oder Kompilierung eines Dart-Programmes in eine Anwendung

Zwar handelt es sich bei Dart um eine objektorientierte Programmiersprache, aber im Gegensatz zu Java oder C# kann ein einfaches Dart-Programm auch ohne Klassendefinition auskommen. Quellcode 5.5 zeigt den wesentlichen Grundaufbau eines solchen Dart-Programmes mit einer einfachen `main()`-Operation (◘ Abb. 5.7).

5

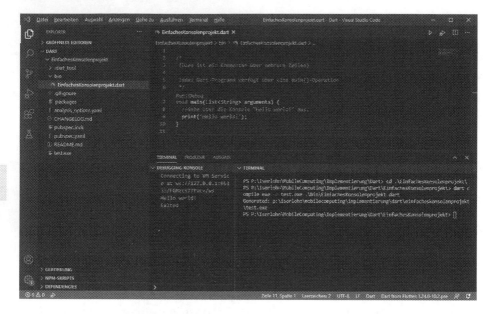

◨ **Abb. 5.7**   Projektstruktur des Dart-Konsolenprojektes

```
/*
   (Dies   ist   ein   Kommentar   über   mehrere
Zeilen)
 */
/// (Diese Syntax leitet Kommentare ein, die
in einer Dokumentation
/// verwendet werden sollen)
///
/// Jedes Dart-Programm verfügt über eine
main()-Operation
///
void main(List<String> arguments) {
   //Gebe über die Konsole "Hello world!"
aus.
   print('Hello world!');
}
```

Quellcode 5.5   Einfaches Dart-Programm

Kommentare

Wie aus Quellcode 5.5 ebenfalls hervorgeht, kennt Dart
drei verschiedenen Arten von Kommentaren:

▪ **Mehrzeilige Kommentare** /* Kommentar */: Alle
Zeichen, die sich zwischen /* und */ befinden, werden durch den Compiler ignoriert. Die Zeichenfolgen

können sich dabei auch über mehrere Zeilen erstrecken. Diese Art der Kommentare ist auch aus anderen Programmiersprachen wie zum Beispiel Java, C# oder C++ bekannt.

- **Einzeilenkommentar** `//` `Kommentar`: Zwei aufeinanderfolgende Schrägstriche leiten einen Einzeilenkommentar ein. Alle Zeichen innerhalb der Zeile rechts nach dem `//` werden durch den Compiler nicht berücksichtigt. Auch diese Art der Kommentare ist in den Programmiersprachen Java, C# und C++ bekannt.

- **Dokumentationskommentar** `///` `Kommentar`: Drei aufeinanderfolgende Schrägstriche leiten bei Dart einen einzeiligen Kommentar ein, der zur Dokumentation des Quellcodes herangezogen werden soll. Mithilfe des Kommandozeilenwerkzeugs `dartdoc` können diese Kommentare exportiert und in eine HTML-Form gebracht werden. Reicht ein Einzeilenkommentar nicht aus, müssen auf der darauffolgenden Zeile wieder `///` verwendet werden, um auch für die nachfolgende Zeile den Kommentarmodus für den Compiler zu aktivieren.

Wenn die Flutter- und Dart-Erweiterungen von Visual Studio Code installiert wurden, lassen sich Dart-Programme direkt in der Entwicklungsumgebung starten und **debuggen** (◨ Abb. 5.8).

Ausführung unter Visual Studio Code

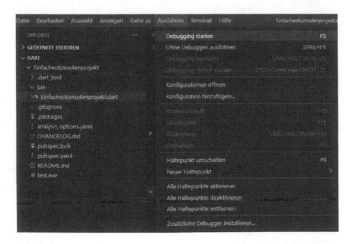

◨ **Abb. 5.8** Starten eines Dart-Programmes aus Visual Studio Code

Es stehen zwei mögliche Modi für die Ausführung zur Verfügung, die über den gleichnamigen Menüpunkt erreicht werden können. Standardmäßig kann das Programm durch Drücken des entsprechenden Menüpunktes oder der `F5`-Taste im Debugging-Modus gestartet werden. Dabei lässt sich das Programm durch Einfügen von sogenannten Haltestellen *(breakpoints)* an beliebigen Punkten anhalten, um den Zustand des Programmes zu analysieren. Darüber hinaus lässt sich das Programm selbstverständlich auch ohne Debugger ausführen (»Ohne Debuggen ausführen« oder `Strg+F5`-Taste) und wird beendet, sobald die letzte Anweisung erreicht und verarbeitet wurde.

5

5.3.2 Basiskonzepte von Dart

Grundlegend für das Verständnis der Programmiersprache Dart sind Konzepte wie Variablen, Typen, Anweisungen, Kontrollflüsse, Klassen und Operationen:

- Konzepte der Programmierung
- Kommentare
- Operatoren
- Null-Aware-Operatoren
- Zuweisung und Ausdrücke
- Lokale Variablen und Anweisungen
- Entwicklungsumgebungen für Dart (z. B. Visual Studio Code)

5.3.2.1 Variablen, Konstanten und Typen

Das Konzept einer Variablen ist fundamental in jeder höheren Programmiersprache. Eine Variable besitzt einen Namen, über den man sowohl lesend als auch schreibend auf die Variable zugreifen kann. Bei typsicheren Programmiersprachen muss einer Variablen auch ein Typ zugeordnet werden. Der Typ bestimmt, welche Werte innerhalb einer Variablen gespeichert werden können. Dart kennt folgende primitive Datentypen:

- **Integer:** Bei einer Integer-Variablen handelt es sich um einen numerischen Datentyp, der lediglich den Zahlenraum der ganzen Zahlen einnehmen kann. Der verfügbare Zahlenraum ist durch die Breite von 64 Bit weiter beschränkt (◧ Abb. 5.9). Außerdem spielt die Laufzeitumgebung eine bedeutende Rolle, in der ein Dart-Programm ausgeführt wird. Innerhalb einer

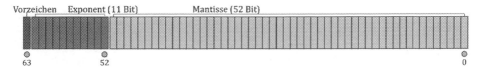

Vorzeichen   Exponent (11 Bit)   Mantisse (52 Bit)

63   52   0

☐ **Abb. 5.9**   64-Bit-Gleitkommazahl

DartVM ist der Zahlenraum auf -2^{63} bis $2^{63}-1$ begrenzt. Sofern ein AOT-Compiler ein Dart-Programm zur Ausführung innerhalb eines Browsers nach JavaScript übersetzt, reduziert sich der Zahlenraum nochmal auf -2^{53} bis $2^{53}-1$.

▬ **Double:** Im Gegensatz zu der Programmiersprache Java kennt Dart lediglich einen Typ für Gleitkommazahlen gemäß dem IEEE-754-Standard. Eine Double-Variable ist dabei ebenfalls 64 Bit breit, wobei 52 Bit für die Mantisse, 11 Bit für den Exponenten sowie ein weiteres Bit für das Vorzeichen reserviert sind. Durch die fixe Bitbreite ändert sich zwar nicht die Menge der darstellbaren Zahlen im Vergleich zum Integer, aber der Wertebereich wird durch die Aufteilung in Exponenten und Mantisse erheblich erweitert und umfasst den Zahlenraum von ca. $-1,7*10^{308}$ bis $1,7*10^{308}$.

▬ **Boolean:** Variablen vom Datentyp Boolean besitzen die Wahrheitswerte `true` oder `false`. In der Informatik handelt es sich um den natürlichsten Datentyp, da die Bitbreite lediglich ein beträgt und der Wert über den Zustand eines Schaltkreises ermittelt werden kann. Der Datentyp ist nach dem englischen Mathematiker George Boole (1815–1864) benannt.

▬ **Strings:** Zeichenketten werden in Dart durch UTF-16-Zeichen dargestellt. Sie werden entweder durch einfache oder doppelte Anführungszeichen eingeleitet sowie abgeschlossen. Doppelte Anführungszeichen sollten aber lediglich dann verwendet werden, wenn innerhalb der Zeichenkette ein einfaches Anführungszeichen dargestellt werden soll. Darüber hinaus ist es auch möglich, mehrzeilige Zeichenketten zu definieren. Diese werden durch drei aufeinanderfolgende einfache bzw. doppelte Anführungszeichen dargestellt.

▬ **List:** Bei einer Liste handelt es sich um eine geordnete Menge von Objekten eines bestimmten Datentyps. Dart kennt erweiterbare Listen sowie Listen mit einer konstanten, unveränderlichen Länge. Die Kapazität

5

von Listen mit einer konstanten Länge muss während der Instanziierung angegeben werden.

- **Map:** Der Map-Datentyp bildet einen Schlüssel auf einen Wert ab. Dieser Datentyp ist vergleichbar mit der aus Java bekannten `Hashtable`-Klasse. Über eine Map-Variable kann beispielsweise über eine Telefonnummer schnell auf das zugehörige Person-Objekt zugegriffen werden.
- **Dynamic:** Wenn sich der Typ einer Variablen während des Programmablaufes ändern soll, dann muss bei der Deklaration der Variablen das Schlüsselwort `dynamic` verwendet werden. Bei einer solchen dynamischen Variablen ist die Typüberprüfung zur Kompilierungszeit schwächer, sodass Ausnahmen zur Laufzeit geworfen werden können.

Hinweis

Verwenden Sie das Schlüsselwort `dynamic` nur in Ausnahmesituationen. Es bietet in bestimmten Szenarien eine elegante Möglichkeit an und wurde insbesondere auch mit Blick auf Programmierer eingeführt, die von einer schwach typisierten bzw. dynamisch typisierten Programmiersprache wie JavaScript kommen. Andererseits sollte man alle Maßnahmen ergreifen, die zu einer Reduzierung von Laufzeitfehlern führen.

In Dart müssen Variablen zunächst deklariert werden, bevor sie verwendet werden dürfen. In Quellcode 5.6 wird mit dem Zuweisungsoperator = earbeitet, um Variablen einen Wert zuzuweisen. Dies ist die aus der Programmiersprache Java bekannte Syntax.

Beispiele

```
//Integer
int ganzeZahl = 13;

//Integer
double gleitKommaZahl = 47.11;

//Boolean
bool wahr = true;
bool unwahr = false;

//Zeichenketten
String text1 = 'Hallo';
String text2 = "Hallo '-Zeichen";
String text3 = '''
Eine Zeichenkette, die sich
```

```
über mehrere Zeichen erstreckt, kann über
drei aufeinander folgende Anführungszeichen
eingeleitet werden.
''';

//Erweiterbare Listen
List<int> meineListe1 = List<int>();
meineListe1.add(1);
meineListe1.add(2);
meineListe1.add(4);
//Erweiterbare Liste mit Elementen
List<int> meineListe2 = [1, 2, 4]

//Listen mit einer festen Kapazität
List<int> meineListe3 = List<int>(3);
meineListe3[0] = 1;
meineListe3[1] = 2;
meineListe3[2] = 4;

//Map
Map<String, String> meineMap1 = Map<String,
String>();
meineMap1['rot'] = '#FF0000';
meineMap1['grün'] = '#00FF00';
meineMap1['blau'] = '#0000FF';

//Map mit vorinitialisierten Werten
Map<String, String> meineMap2 = {
'rot': '#ff0000',
 'grün': '#00FF00',
 'blau': '#0000FF'};

//Umgang mit dynamic
dynamic variable1 = 123;
variable1 = 321;
variable1 = 'Hallo'; //Valide Typänderung
```

Quellcode 5.6 Beispiele für Variablendeklarationen mit Wertzuweisungen in Dart

Dart kennt zwar einen new-Operator, beim Aufruf des Konstruktors muss new aber nicht explizit aufgerufen werden. Folgende Anweisungen sind daher gleichwertig:

Hinweis

```
MeineClass meinObjek1 = new MeineClass();
MeineClass meinObjek2 = MeineClass();
```

Soll sich der Wert einer Variablen während der Ausführung des Programmes nicht verändern, sollte eine Konstante verwendet werden. Konstanten werden durch das Schüsselwort `const` gekennzeichnet, welches wie in Quellcode 5.7 vor dem Typ definiert wird.

Konstanten

```
const String hexadezimalRot = '#ff0000';const
double mehrwertSteuer = 1.19;
```

Quellcode 5.7   Deklaration von Konstanten in Dart

5

Hinweis

Dart definiert Konventionen und Richtlinien für die Benennung von Variablen und Konstanten, wonach diese nach der Kamelhöcker-Notation *(camel case)* beziehungsweise nach der sogenannten *lower camel case* zu bezeichnen sind. Bei der *lower camel case*-Notation wird der erste Buchstabe klein- und alle weiteren Buchstaben am Wortanfang großgeschrieben.

Beispiele:

»`umfangDesRings`«, »`defaultTimeout`«, »`baseUrl`«, etc.

Keine Umlaute

Im Gegensatz zu Java erlaubt Dart keine Umlaute in den Bezeichnern. Sie dürfen daher nicht verwendet werden. Innerhalb eines Programmes sollte ein Entwicklungsteam berücksichtigen, Bezeichner durchgängig in einer Sprache, beispielsweise Deutsch oder Englisch, zu definieren.

5.3.2.2 Objektorientiertes Programmieren mit Dart

Dart ist eine objektorientierte Programmiersprache und unterstützt, die gängigen objektorientierten Sprachkonstrukte, wie zum Beispiel Klassen, Schnittstellen, Vererbung, Überladungen und Überschreibungen. In einigen Punkten unterscheidet sich Dart von bekannten Konzepten der Programmiersprache Java. Beispielsweise kennt Dart keine explizite Definition von Sichtbarkeiten (`public`, `protected` und `private`). Stattdessen sind alle Klassen, Attribute und Operationen innerhalb eines Moduls für alle anderen Elemente desselben Moduls sichtbar. Die genauen Details dieser Zugriffsmöglichkeiten werden in ▶ Abschn. 5.3.2.2 (Sichtbarkeiten) erläutert.

Quellcode 5.8 stellt eine Klassendefinition in Dart dar, aus der wichtige Sprachmerkmale hervorgehen. Eine

Klasse wird in Dart mit dem Schlüsselwort `class` eingeleitet und besitzt einen darauf nachfolgenden Bezeichner. In ▶ Abschn. 5.3.2.2 (Vererbung) wird erläutert,
wie Klassen voneinander erben können, indem sie das
Schlüsselwort »extends« verwenden.

Innerhalb einer Klasse können an beliebigen Stellen
Attribute, Konstruktoren, konventionelle Operationen
und spezielle Zugriffsfunktionen definiert werden. Die
Klasse `Person` besitzt die beiden Attribute »vorname«
und »nachname« vom Datentyp `String`. Dart kennt
neben Attributen auch Eigenschaften, die über entsprechende »Getter«- und »Setter«-Funktionen definiert werden
können. In diesem Beispiel besitzt die Klasse `Person`
eine Eigenschaft »fullName«, die den zusammengesetz-
ten, vollständigen Vornamen und Nachnamen zurückliefert. Dieses Sprachmerkmal ist auch in der Programmiersprache C# bekannt.[4] Durch dieses Sprachmerkmal können die aus der UML bekannten »abgeleiteten Attribute«
umgesetzt werden.

```
///
/// Klasse zur Verwaltung von Personen
///
class Person {
  //Attribute
  String vorname;
  String nachname;
  //Konstruktur
  Person(String vorname, String nachname) {
    this.vorname = vorname;
    this.nachname = nachname;
  }
  //Getter
  String get fullName {
    return '${vorname} + ${nachname}';
  }
  void test() {
    print('Eine Operation "test" in Per-
son');
  }
  //Überschreiben der Operation toString()
  @override
```

---

4   Java kennt dieses Sprachmerkmal leider nicht.

5

```
    String toString() {
      return fullName;
    }
  }
void main(List<String> arguments) {
  //Erzeuge ein Personen-Objekt
    var meinObjekt = new Person('Doga',
'Arinir');
    //Zugriff auf ein Attribut oder eine Ei-
genschaft
  print('Vorname: ' + meinObjekt.vorname);
  print('Ausgabe: ' + meinObjekt.fullName);
  //Zugriff auf eine Operation
      print('Ausgabe:   ' + meinObjekt.to-
String());
  }
```

Quellcode 5.8 Einfache Personen-Klasse in Dart

Zwar ist es nicht zwingend erforderlich, aber sofern eine Operation überschrieben werden muss, sollte die Operation durch die Annotation »@override« gekennzeichnet werden.

Da es keine expliziten Sichtbarkeiten in Dart gibt, kann man auch außerhalb einer Klasse auf die Operationen, Attribute und Eigenschaften zugreifen. Wie auch in C# oder Java üblich, kann über die Referenz auf das Objekt sowie mithilfe der Punktnotation auf das jeweilige Member-Element der Klasse zugegriffen werden, wobei man bei Operationen noch eine sich öffnende und schließende Klammer an den Bezeichner anhängen muss.

Quellcode 5.9 stellt ein Sprachmerkmal von Dart dar, welches in dieser Form weder in Java noch in C# bekannt ist. Anstatt das Überladen von Konstruktoren zu verwenden, können auch Konstruktoren über einen Bezeichner verfügen, über den sie explizit aufgerufen werden können.

```
  ///
  /// Klasse zum Verwaltung von Personen
  ///
  class Person {
    //Konstruktur
    Person(String vorname, String nachname) {
```

```
      this.vorname = vorname;
      this.nachname = nachname;
   }
   //Benannter Konstruktur
   Person.besondererKonstruktor(String vor-
name) {
      this.vorname = vorname;
      nachname = 'Mustermann';
   }
   //...
}
void main(List<String> arguments) {
   //Erzeuge ein Personen-Objekt
   var meinObjekt1 = new Person('Doga',
'Arinir');
   //Aufruf eines explizit benannten Kon-
struktors
   var meinObjekt2 = new Person.besonder-
erKonstruktor('Doga');
}
```

Quellcode 5.9 Konstruktoren mit einer expliziten Bezeichnung

Dart unterstützt lediglich einen Konstruktor. Der Konstruktor lässt sich daher nicht überladen. Sofern weitere Konstruktoren mit anderen Übergabeparametern benötigt werden, müssen die benannten Konstruktoren zum Einsatz kommen.

Hinweis

Vererbung

Um Mehrdeutigkeiten zu vermeiden, unterstützt Dart, wie jede andere neuere objektorientierte Programmiersprache, lediglich die Einfachvererbung. Eine Klasse erbt von einer anderen Klasse, indem direkt nach dem Bezeichner der Klasse das Schlüsselwort »extends« gefolgt von dem Namen der Oberklasse eingefügt wird.

◘ Abb. 5.10 zeigt das Syntaxdiagramm dieser optionalen Anweisung. Sofern eine Klasse nicht explizit von einer anderen Oberklasse erbt, wird implizit als Oberklasse »Object« verwendet. Wie auch in Java und C# üblich, erben alle Klassen von einer zentralen Oberklasse »Object«, die durch Bereitstellen wichtiger Operationen ein Laufzeitverhalten mitbringt. Wie aus ◘ Abb. 5.11 hervorgeht, besitzen alle Dart-Klassen über eine Eigenschaft »HashCode«, über den der Hash-Wert einer

5

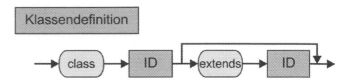

□ **Abb. 5.10** Syntaxdiagramm für das »extends«-Schlüsselwort (vgl. Anhang III)

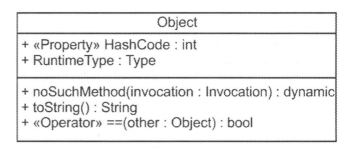

□ **Abb. 5.11**   Die Klasse »Object« (Oberklasse aller Dart-Klassen)

Instanz der Klasse ausgelesen werden kann. Sofern eine Instanz einer Dart-Klasse als Schlüssel innerhalb einer Hashtable verwendet wird, benötigt man beispielsweise diese Eigenschaft, um anhand des Hash-Wertes auf einen Index zu schließen, hinter dem der zugehörige Wert innerhalb der Hashtable abgelegt wurde. Dadurch ist ein schnelles Wiederauffinden von Daten über den Zugriff auf einen eindeutigen Schlüssel möglich.

Reflection   Das Attribut »RuntimeType« liefert eine Referenz auf eine Instanz der Klasse »Type« zurück, über die zur Laufzeit Informationen über die Attribute und Operationen einer Klasse ermittelt werden können. Über diese **Reflection**-Funktionalität lässt sich eine Reihe von generischen Algorithmen realisieren, bei denen beispielsweise Operationen über ihren Bezeichner aufgerufen oder die Werte aller Attribute einer Instanz ausgegeben werden können. Die meisten neueren objektorientierten Programmiersprachen besitzen diese Möglichkeiten, sodass Java-Entwickler damit vertraut sein sollten.

Eine besondere Funktionalität der Dart-Laufzeitumgebung, die weder in Java noch in C# in dieser Form bekannt ist, stellt die überschreibbare Operation

»noSuchMethod« dar. Durch eine Implementierung dieser Operation in Unterklassen kann man auf dynamische Operationsaufrufe reagieren, die keiner existierenden Operation der Klasse zugeordnet werden können. Die Standardimplementierung dieser Operation in der Oberklasse »Object« löst eine »NoSuchMethodError«-Ausnahme aus.

Da der Dart-Compiler bei einem direkten Aufruf einer unbekannten Operation einen Kompilierungsfehler verursachen würde, kann dieser Zustand nur eintreten, wenn eine Operation über die Verhaltensreflexion zur Ausführungszeit eines Programmes aufgerufen oder der Operationsaufruf unter Zuhilfenahme einer dynamischen Referenz getätigt wird. In Quellcode 5.10 wird eine Instanz der Klasse »Person« aus Quellcode 5.8 erzeugt. Anschließend wird einmal über die Verhaltensreflexion sowie über eine dynamische Referenz ein Operationsaufruf getätigt.

```
01 import 'Person.dart';
02 //Diese Bibliothek enthält die Reflec-
tion-Funktionen von Dart
03 import 'dart:mirrors';
04 void main(List<String> arguments) {
05   //Erzeuge ein Personen-Objekt
06   var meinObjekt = new Person('Doga',
'Arinir');
07     //Dynamische Referenz. Setzt die
Typsicherheit zur
08   //Kompilierungszeit aus. Der Compiler
überprüft nicht,
09   //ob ein Aufrufziel vorhanden ist, son-
dern vertraut
10   //darauf, dass der Entwickler(in)
11   //weiß, was er/sie tut :)
12   dynamic dynReferenzAufObjekt = meinOb-
jekt;
13
14   var reflectee = reflect(meinObject);
15
16   //Aufruf der Operation "test" über Re-
flection.
17     reflectee.invoke(Symbol('test'), List<-
dynamic>());
18
19   //Aufruf der Operation "test" über dy-
namische Referenz
```

5

```
20    dynReferenzAufObjekt.test();
21
22    //Laufzeitfehler NoSuchMethodError
23    reflectee.invoke(Symbol('test2'), List<-
dynamic>());
24    dynReferenzAufObjekt.test2();
25
26    //Fehlerhafter Quellcode der nicht kom-
pilierbar ist.
27    person1.test2();      //<-- Compiler-Fe-
hler!!!

28 }
```

Quellcode 5.10 Dynamischer Aufruf einer Operation

Während der dynamische Aufruf der existierenden Operation »test« (vgl. Zeilen 15 und 17) funktioniert, lösen die Zeilen 19 und 20 eine »NoSuchMethodError«-Ausnahme aus (◘ Abb. 5.12).

Um diesen Laufzeitfehler zu verhindern, wird die Operation »noSuchMethod« in der Klasse »Person«, wie in Quellcode 5.11 dargestellt ist, überschrieben. Dadurch lässt sich klassenspezifisch das Standardverhalten der Dart-Laufzeitumgebung anpassen und eine andere Funktionalität »injizieren«. Diese Art der Verhaltensanpassung ist in den Laufzeitumgebungen von Java und C# nicht möglich.

Operationsaufrufe über eine Verhaltensreflexion werden in der Praxis häufig innerhalb der Implementierung von Schnittstellenschichten, zum Beispiel REST-APIs, verwendet, um eine REST-Anfrage auf eine bestimmte Funktionalität abzubilden. Sofern der Client einer REST-API fehlerhaft ist oder in einen unbestimmten Zustand gerät, kann dadurch eine dem Server unbekannte Operation als Aufrufziel ausgewählt werden.

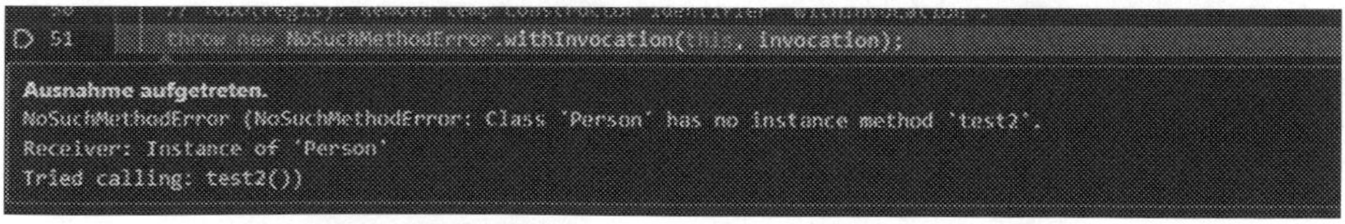

```
 51         throw new NoSuchMethodError.withInvocation(this, invocation);

Ausnahme aufgetreten.
NoSuchMethodError (NoSuchMethodError: Class 'Person' has no instance method 'test2'.
Receiver: Instance of 'Person'
Tried calling: test2())
```

◘ **Abb. 5.12** Laufzeitfehler »NoSuchMethodError« beim Zugriff auf eine nicht existierende Operation

Durch eine Überschreibung dieser Operation kann in diesem Fall entweder der Fehler protokolliert oder eine andere, alternative Funktion aufgerufen werden.

```dart
class Person {
  //Konstruktur
  //...
  @override
  dynamic noSuchMethod(Invocation invocation) {
    print('NosuchMethod wurde überschrieben ');
    print(' und löst keine Ausnahme mehr aus');
    return null;
  }
}
```

Quellcode 5.11 Überschreiben der Operation »noSuchMethod«

Dieser Fallback-Mechanismus ließe sich auch durch ein Abfangen der Ausnahme realisieren. Jedoch wäre dies nicht zentral zu implementieren, sondern müsste an jeder Stelle erfolgen.

Hinweis

Soll innerhalb eines Konstruktors einer Unterklasse auf einen Konstruktor der Oberklasse zugegriffen werden, muss das Schlüsselwort »super« zum Einsatz kommen, um den Aufruf zu delegieren. Die Syntax ist in Quellcode 5.12 abgebildet. Direkt nach der Parameterliste des Konstruktors muss ein Doppelpunkt gefolgt vom Schlüsselwort »super« eingegeben werden. Werden im Konstruktor der Oberklasse Parameter verlangt, können diese in Klammern übergeben werden.

Zugriff auf Konstruktoren und Operationen der Oberklasse

Beim Aufruf einer Operation der Oberklasse kommt eine andere Syntax zum Einsatz, da die Oberklassenoperation an einer beliebigen Stelle aufgerufen werden kann. Wie auch in Java üblich, wird das Schlüsselwort »super« verwendet. Anschließend folgen ein Punkt und der Bezeichner der Operation.

```dart
class Person {
  //Konstruktur
  Person(String vorname, String nachname) {
```

```
    this.vorname = vorname;
    this.nachname = nachname;
  }
 //Operation
 void test() {
 }
}
class Kunde extends Person {
 //Konstruktur
 Kunde(String vorname, String nachname)
               : super(vorname, nachname)
{
 }
 //Überschreiben der Operation test()
 @override
 void test() {
    //Aufruf der Operation der Unterklasse
    super.test();
 }
}
```

Quellcode 5.12 Zugriff auf Konstruktoren und Operationen der Oberklasse

Sichtbarkeiten

Dart kennt keine explizite Definition der Sichtbarkeiten über Schlüsselwörter, wie zum Beispiel `private`, `protected` und `public`, die aus anderen Programmiersprachen bekannt sind. Stattdessen arbeitet Dart mit dem Konzept der Bibliothek *(library)* und einigen Konventionen, um die Zugriffe auf Klassen und insbesondere ihre Attribute und Operationen zu steuern.

Um eine Bibliothek als solche auszuzeichnen, bedarf es in Dart keines Schlüsselwortes. Vielmehr handelt es sich bei jeder einzelnen Dart-Datei implizit um eine Bibliothek. Über eine Namenskonvention kann kontrolliert werden, ob ein Element innerhalb einer Bibliothek auch außerhalb der Bibliothek und damit global sichtbar ist. Fängt der Bezeichner eines Attributes oder einer Operation mit einem Unterstrich an, dann handelt es sich um ein nicht global öffentlich sichtbares Element. Die Semantik der `protected`-Sichtbarkeit kann daher nur dadurch umgesetzt werden, dass die Unterklassen einer Dart-Klasse innerhalb derselben Datei definiert werden.

Um ein privates Attribut innerhalb einer Klasse zu definieren, welche als Basisklasse verwendet werden soll, muss die Klasse daher in einer separaten Datei implementiert sein. Eine Mischung zwischen `protected`- und `private`-Attributen innerhalb derselben Klasse ist mit den Sprachmitteln der Programmiersprache Dart nicht möglich.

Hinweis

Die Entwickler von Dart haben diese fehlenden Ausdrucksmöglichkeiten jedoch bewusst in Kauf genommen, da bei den Einsatzgebieten, die primär von Dart adressiert werden, diese Unterscheidungen in der Regel nicht notwendig sind.

Quellcode 5.13 zeigt die Implementierung der aus ◘ Abb. 5.13 dargestellten Klassenhierarchie. Die Klasse »`Person`« besitzt die Attribute »`Vorname`« und »`Nachname`«, wobei das letztere Attribut öffentlich zugreifbar ist und damit auch außerhalb der Bibliothek zur Verfügung steht. Die Unterklassen sind in unterschiedlichen Dateien implementiert. Während die Klasse »`Kunde`« sich ebenfalls in derselben Datei wie die Klasse »`Person`« befindet und daher auch auf die privaten Attribute ihrer Oberklasse zugreifen kann, wie das exemplarisch innerhalb der Operation `toString()` dargestellt ist, wurde die Unterklasse »`Mitarbeiter`« in eine separate Datei ausgelagert. Durch die implizit geltenden Sichtbarkeitsregeln kann man innerhalb der Implementierung dieser Klasse nicht auf die privaten Attribute der Oberklasse zugreifen.

Das Beispiel zeigt, wie man die sprachlichen Eigenschaften von Dart unter Zuhilfenahme der Namenskonvention verwenden kann, um gewisse objektorientierte

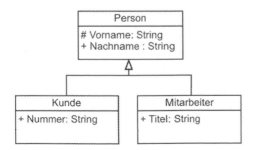

◘ **Abb. 5.13** Exemplarische Klassenhierarchie mit unterschiedlichen Sichtbarkeiten

5

Sichtbarkeiten umzusetzen. Aus einer Entwurfsentscheidung heraus sind weitere Ausdrucksmöglichkeiten für
Sichtbarkeiten darüber hinaus nicht möglich.

```
class Person {
    //Privates Attribut Vorname mit einem
»_«-Prefix
    String _vorname;
    //Öffentliches Attribut Nachname
    String nachname;
    //Konstruktur
    Person(String vorname, String nachname) {
      this._vorname = vorname;
      this.nachname = nachname;
    }
}
class Kunde extends Person {
  //Attribute
  String nummer;
  //Konstruktur
    Kunde(String vorname, String nachname,
String nummer) :
      super(vorname, nachname) {
      this.nummer= nummer;
    }
  @override
  String toString() {
    var ret = this._vorname + ' ' + this.
nachname;
    }
}
class Mitarbeiter extends Person {
  //Attribute
  String titel;
  //Konstruktur
    Mitarbeiter(String vorname, String
nachname, String titel) :
      super(vorname, nachname) {
      this.titel = titel;
    }
  }
}
```

Quellcode 5.13 Implementierung einer Klassenhierarchie mit unterschiedlichen Sichtbarkeiten (Datei »Person.dart«)

```
class Mitarbeiter extends Person {
  //Attribute
  String titel;
```

```
//Konstruktur
    Mitarbeiter(String    vorname,    String
nachname, String titel) :
super(vorname, nachname) {
    this.titel = titel;
    }
}
```

Quellcode 5.14 Implementierung der Klasse Mitarbeiter in einer separaten Datei »Mitarbeiter.dart«

Schnittstellen

Während Programmiersprachen wie Java oder C# eine semantische Unterscheidung zwischen Klassen und Schnittstellen vornehmen, kann in Dart jede Klasse als Schnittstelle für eine andere Klasse dienen. Eine explizite Definition von Schnittstellen kennt Dart daher nicht. Wenn eine Klasse die Schnittstelle einer anderen Klasse implementiert, kommt es bei diesem Vorgang zu keiner funktionalen Vererbung. Die implementierende Klasse kann somit auch nicht auf die Implementierungen einer vermeintlichen Oberklasse zugreifen, wie es im Falle der Vererbung möglich ist (s. oben, Abschn. »Vererbung«). Stattdessen dient die Schnittstelle der referenzierten Klasse als Vorlage, um Vorgaben für die implementierende Klasse zu machen. In Dart kann auch die Schnittstelle von nicht abstrakten Klassen von anderen Klassen implementiert werden.

Zwar bietet diese Entwurfsentscheidung mehr Flexibilität, dennoch sollte man eine Schnittstelle strikter fassen und zumindest abstrakte Klassen als Ausgangsbasis für die Implementierung einer Schnittstelle verwenden.

Quellcode 5.15 stellt die Syntax bei der Implementierung einer Schnittstelle mit dem Schlüsselwort »implements« dar. Dabei wird bei diesem Beispiel eine nicht abstrakte Klasse referenziert, die auch über eine Implementierung verfügt. Dieses Vorgehen ist in Dart zwar technisch möglich, wird aber nicht empfohlen. Stattdessen sollte die als Schnittstelle referenzierte Klasse als abstrakte Klasse ohne Implementierung markiert werden, wie das in Quellcode 5.16 angegeben ist.

Hinweis

5

```
class UIElement {
  double x;
  double y;
  void move(double x, double y) {
    this.x = x;
    this.y = y;
  }
}
class Kreis implements UIElement {
  @override
  double x;
  @override
  double y;
  @override
  void move(double x, double y) {
    // TODO: implement move
  }

}
```

Quellcode 5.15 Implementierung der Schnittstelle einer nicht abstrakten Klasse (nicht empfohlen)

Eine Klasse kann beliebig viele Schnittstellen anderer Klassen implementieren. Die »implements«-Anweisung besitzt demnach nicht die Restriktionen einer Vererbung.

```
abstract class UIElement {
  double x;
  double y;
  void move(double x, double y);
}
```

Quellcode 5.16 Die referenzierte Klasse, deren Schnittstelle als Vorlage dient, sollte abstrakt sein

Mixins

Mixins sind eine neue Form der Wiederverwendung von Programmlogik, die in dieser Form weder in C# noch in Java verfügbar sind. Sie erlauben es, die Implementierung einer Klasse, bestehend aus Operationen und Attributen, zu übernehmen, ohne eine Vererbungsbeziehung zwischen den Klassen eingehen zu müssen. ◘ Abb. 5.14 stellt die Vererbungsbeziehung zwischen den Klassen UIEle-

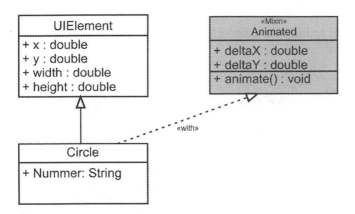

Abb. 5.14 Wiederverwendung von Programmlogik durch Mixins

ment und Circle dar, wobei die Klasse Circle jedoch
zusätzlich über das Mixin »Animated« um die Attribute »deltaX«, »deltaY« sowie die Operation »ani-
mate()« erweitert wird. Im Gegensatz zu einer Vererbungsbeziehung, bei der die Implementierung in der
Oberklasse verbleibt, handelt es sich bei dieser Art der
Wiederverwendung aber eher um eine Kopie.

Dart erlaubt auch die Verwendung des Schlüsselwortes »class« anstelle von »mixin«. Dennoch sollte
immer das semantisch passendere Schlüsselwort »mixin« zum Einsatz kommen.

Hinweis

```
class UIElement {
    double x;
    double y;
    double width;
    double height;
    UIElement(double x, double y, double w,
double h) {
        this.x = x;
        this.y = x;
        this.width = w;
        this.height = h;
    }
    void move(double x, double y) {
        this.x = x;
        this.y = y;
    }
}
```

5

```dart
mixin Animated {
  double deltaX;
  double deltaY;
  void animate() {
    this.x += deltaX;
    this.y += deltaY;
  }
}
class Circle extends UIElement with Animated
{
  Circle(double x, double y, double radius)
              : super(x, y, radius*2, ra-
dius*2) {
  }
}
```

Quellcode 5.17   Verwendung eines Mixins in Dart

5.3.2.3 **Wichtige Dart-Sprachmerkmale**

Die nachfolgenden Abschnitte geben einen Überblick über wichtige Eigenschaften, Funktionen und Sprachmerkmale, die für eine effektive Verwendung von Dart hilfreich sein können.

String-Interpolation

Um die Konkatenation von Zeichenketten zu vereinfachen, lassen sich Steuerbefehle innerhalb von Strings integrieren. Diese Anweisungen werden durch den Compiler interpretiert und für den Entwickler transparent in eine konkatenierende Form gebracht. Quellcode 5.18 zeigt ein paar Beispiele für die String-Interpolation in Dart (die Implementierung der Klasse »Person« ist in Quellcode 5.8 zu finden).

```dart
void main(List<String> arguments) {
  //Erzeuge ein Personen-Objekt
    var person1 = new Person('Doga',
'Arinir');
  var alter = 43;
  var berufseintritt = 2002;
  print('Alter: ${alter} Jahre');
  //Ausgabe "Alter: 43"
    print('Berufserfahrung: ${2020 - 2002}
Jahre');
  //Ausgabe "Berufserfahrung: 18"
```

```
    print('Name: ${person1}');
    //Ausgabe "Name: Doga + Arinir"
    print('Länge des Strings: ${"Hallo Welt".
length}');
    //Ausgabe "Länge des Strings: 10"
}
```

Quellcode 5.18 Konstruktoren mit einer expliziten Bezeichnung

Operatoren auf »null«-Referenzen

Neben den gängigen und aus anderen Programmiersprachen bekannten Operatoren bietet Dart noch zusätzlich den »null«-**Sammelzuweisungsoperator** *(null-coalescing assignment operator)* ??= sowie den »null«
-**Zusammenfügungsoperator** *(null-coalescing operator)* ??
an. Dart fasst diese beiden Operatoren in der Sprachspe-
zifikation unter dem Begriff der *null-aware operators* zusammen.

Bei dem »null«-Sammelzuweisungsoperator wird der
Wert des rechten Operanden der Variablen auf der linken
Seite nur unter der Bedingung zugewiesen, dass der linke
Operand zum Zeitpunkt der Auswertung der »null«-Ref-
erenz entspricht. Der rechte Operand wird demnach auch
nicht ausgeführt, sofern der linke Operand einen Wert
ungleich der »null«-Referenz besitzt. Quellcode 5.19
zeigt ein Beispiel für die Verwendung dieses Operators
sowohl mit einem primitiven Datentyp als auch mit einer
Klasse.

```
    //Sowohl meinePerson als auch meinWert sind
    null.
    Person meinePerson;
    int? meinWert;
    meinWert ??= 3;
    meinePerson    ??=    new    Person('Doga',
    'Arinir');
    //Diese beiden Anweisungen entsprechen
    if (meinWert == )
     meinWert = 3;
    if (meinePerson == )
     meinePerson = new Person('Doga', 'Arinir');
```

Quellcode 5.19 Beispiel für einen Operator auf »null«-Referenzen

5

Der »null«-Zusammenfügungsoperator gibt den Wert des linken Operanden zurück, sofern zum Zeitpunkt der Auswertung der linke Operand einen Wert ungleich der »null«-Referenz enthält. Ansonsten wird der rechte Operand zurückgegeben. Auch bei diesem Operator wird der rechte Operand nicht ausgewertet, sofern die Bedingung des linken Operanden erfüllt ist und dieser verwendet werden kann. Quellcode 5.20 stellt die Verwendung dieses Operators dar und gibt mehrere analoge Varianten mithilfe des Bedingten-Operators sowie einer `if`-Anweisung an. Operatoren verkürzen die notwendigen Befehle einer Programmiersprache und bringen die Semantik kompakter zum Ausdruck. Das ist ein Kernziel jeder modernen Hochsprache. Jedoch können Programme durch diese kompakte Schreibweise auch schwieriger durch andere Entwickler zu interpretieren sein. Durch Missverständnisse können somit Fehler verursacht werden.

```
Person meinePerson;
print(meinePerson ?? 'Kein Wert');
//Ausgabe "Kein Wert"
//Analoge Anweisung mit Hilfe des bedingten
Operators
print(meinePerson != null ? meinePerson :
'Kein Wert');
//Analoge   Anweisung   mit   Hilfe   eines
if-Statements
if (meinePerson != null)
  print(meinePerson);
else
  print('Kein Wert');
meinePerson = new Person('Doga', 'Arinir');
print(meinePerson ?? 'Kein Wert');
//Ausgabe "Doga + Arinir"
```

Quellcode 5.20   Beispiel für einen »null«-Zusammenfügungsoperator

Hinweis

Sowohl die kompakte Schreibweise mithilfe eines Operators als auch das `if`-Statement werden auf dieselben maschinennahen Befehle abgebildet und haben daher dasselbe Laufzeitverhalten. Es handelt sich also lediglich um eine hochsprachenoptimierte Darstellung. Es hängt vom Programmierstil des Entwicklers ab, welche Variante mehr Vorteile bietet.

Zugriffskaskaden

Häufig müssen gleichzeitig mehrere Attribute eines Objektes nacheinander angepasst oder die Operationen aufgerufen werden. Für diese Anwendungsszenarien bietet Dart mit den sogenannten **Zugriffskaskaden** eine Notation an, um die Menge an redundanten Anweisungen zu reduzieren. Zugriffskaskaden werden durch zwei aufeinanderfolgende Punkte eingeleitet (..) und liefern immer das referenzierte Objekt zurück, sodass man die wiederholte Angabe der Referenz einsparen kann.

```
var    meinePerson   =   new   Person('Doga',
'Arinir');
//Klassischer Zugriff auf das Objekt
meinePerson.vorname = 'Peter';
meinePerson.nachname = 'Mustermann';
//Zugriffskaskaden
meinePerson
   ..vorname = 'Peter'
   ..nachname = 'Mustermann';
```

Quellcode 5.21   Beispiel für Zugriffskaskaden

Zugriffskaskaden erleichtern die Entwicklung sogenannter Fluent APIs, bei denen es sich um ein Konzept bzw. eine Methodik handelt, die Schnittstelle einer Klasse so zu gestalten, dass ihre Anwendung die Form von Sätzen aus einer natürlichen Sprache ergibt. Die Grundtechnik bei dieser Methodik basiert auf sogenannten Methodenketten, bei der jede Operation einer Klasse wieder eine Referenz auf das eigentliche Objekt zurückliefert, sodass man nacheinander mehrere Operationen des Objektes aufrufen kann.

Durch Zugriffskaskaden erspart man sich die Rückgabe der `this`-Referenz innerhalb einer Operation, da hierbei das aktuelle Objekt implizit zurückgegeben wird. Quellcode 5.22 zeigt exemplarisch die Schnittstelle der Klasse `MathEvaluator`, dessen Implementierung und Verwendung auf Methodenketten basiert. Die Operationen »`add()`« und »`sub()`« liefern jeweils immer das aktuelle Objekt über die »`this`«-Referenz zurück, sodass ein erneuter Operationsaufruf auf diesem Objekt möglich wird.

Fluent APIs

5

```dart
class MathEvaluator {
  double value;
  MathEvaluator() {
    value = 0.0;
  }
  static MathEvaluator create() {
    return MathEvaluator();
  }
  MathEvaluator add(double value) {
    this.value += value;
    return this;
  }
  MathEvaluator sub(double value) {
    this.value -= value;
    return this;
  }
  double evaluate() {
    return value;
  }
}
//Verwendung dieser Klasse
var evaluator = MathEvaluator();
var ergebnis = evaluator
                .add(10)
                .add(20)
                .add(30)
                .sub(25)
                .evaluate();
print('Ergebnis: "${ergebnis}"');
```

Quellcode 5.22   Beispiel einer API mit Methodenketten

Quellcode 5.23 zeigt die gleiche Klasse unter Verwendung von Zugriffskaskaden. In dieser Variante müssen die Operationen »add()« und »sub()« nicht zwangsläufig die »this«-Referenz zurückgeben.

```dart
class MathEvaluator {
  double value;
  MathEvaluator() {
    value = 0.0;
  }
  static MathEvaluator create() {
    return MathEvaluator();
  }
  void add(double value) {
    this.value += value;
```

```
    }
    void sub(double value) {
      this.value -= value;
    }
    double evaluate() {
      return value;
    }
  }
  var evaluator = MathEvaluator();
  var ergebnis = evaluator
                        ..add(10)
                        ..add(20)
                        ..add(30)
                        ..sub(25)
                        ..evaluate();
  print('Ergebnis: "${ergebnis}"');
```

Quellcode 5.23   Beispiel der Anwendung von Zugriffskaskaden

Initialisierung von Listen, Mengen *(sets)* und assoziativen Datenfeldern *(maps)*

Dart unterstützt die Initialisierung der grundlegenden Datenstrukturen wie Listen, Mengen und assoziativen Datenfeldern auf der Ebene der Sprachsyntax. Dadurch gestaltet sich die Definition von Anfangswerten besonders einfach. In Quellcode 5.24 sind einige Beispiele aufgeführt. Der wesentliche Unterschied zwischen den ersten beiden Initialisierungen ist der verwendete Datentyp.

```
//Initialisierung einer Liste
var stringListe = ['Caspar', 'Mechior',
'Balthasar', 'Mechior'];
print('Länge: ${stringListe.length}');
//Ausgabe "Länge: 4"
var stringSet = {'Caspar', 'Mechior',
'Balthasar', 'Mechior'};
print('Länge: ${stringSet.length}');
//Ausgabe "Länge: 3"
```

Quellcode 5.24   Initialisierung einschlägiger Datenstrukturen in Dart

Während in einer Liste ein Objekt mehrmals enthalten sein kann, lässt ein Set nur ein Exemplar zu, sodass sich die Längen der beiden Container unterscheiden.

Quellcode 5.25 enthält ein Beispiel für die Initialisierung eines assoziativen Datenfeldes (*map*). Eine Map bildet einen Schlüsselwert auf ein Wertobjekt ab und erlaubt das schnelle Wiederauffinden eines Wertobjektes, wenn der Schlüssel bekannt ist.

```
//Initialisierung einer Liste
var meineMap = {'eins': 1, 'zwei': 2,
'drei': 3, 'vier': 4};
print(meineMap['eins'])
print(meineMap['zwei'])
//Ausgabe
// "1"
// "2"
```

Quellcode 5.25   Initialisierung eines assoziativen Datenfeldes

Hinweis

Die Beispiele aus Quellcode 5.24 funktionieren aufgrund der automatischen Typauflösung von Dart. Da die Elemente vom Typ `String` sind, erzeugt der Dart-Compiler einen Container vom Typ `List<String>` bzw. `Set<String>`.

Wenn der Typ des Containers explizit spezifiziert werden soll, kann hingegen die folgende Syntax verwendet werden:

```
var liste = <String>['Caspar', 'Mechior'];
var set = <String>{'Caspar', 'Mechior'};
var map = <String, int>{'eins': 1}
```

Fabrikkonstruktoren

Um die Implementierung des »Fabrikmethode«-Entwurfsmusters zu vereinfachen, bietet Dart die sogenannten Fabrikkonstruktoren an. Diese Konstruktoren, die durch das Schlüsselwort »factory« gekennzeichnet sind, liefern *nicht* nur Objekte der jeweiligen Klasse zurück.[5] Stattdessen können auch Objekte von Unterklassen oder die »null«-Referenz innerhalb eines Fabrikkonstruktors erzeugt werden.

---

5   Das ist das Standardverhalten einer Klasse.

```
import 'dart:convert';
class UIElement {
  double x;
  double y;
  UIElement();
  factory UIElement.fromJSON(String json-
String) {
    Map payload = jsonDecode(jsonString);
    var typeName = (payload['type'] ??
'empty')
                                  .toString().
toLowerCase();
    if (typeName == 'kreis') {
      return Kreis();
    } else if (typeName == 'quadrat') {
      return Quadrat();
    }
    return ;
  }
}
class Kreis extends UIElement {
}
class Quadrat extends UIElement {
}
```

Quellcode 5.26 Definition eines Fabrikkonstruktors

Fabrikkonstruktoren müssen ein Objekt zwingend zurückgeben. Im Gegensatz zu der Implementierung eines
konventionellen Konstruktors werden sie mit einer »re-
turn«-Anweisung abgeschlossen.

Fabrikkonstruktoren ähneln statischen Klassenoper-   Hinweis
ationen, die einen Rückgabewert besitzen. Im Gegensatz
zu einer Klassenoperation wird aber der Typ des Rück-
gabewertes in der Signatur nicht angegeben, da implizit
der Typ der Klasse verwendet wird.

Optionale Parameter

Dart kennt zwei Arten von optionalen Parametern. Die
sogenannten **positionsgebundenen Parameter** *(positional
parameters)* sowie die **benannten Parameter** *(named parameters)*. Bei den positionsgebundenen Parametern werden die optionalen am Ende der Parameterliste in eckigen
Klammern spezifiziert.

```
//Initialisierung einer Liste
String concat(String v1, String v2, [String
v3, String v4]) {
  var ret = '${v1 ?? ""}${v2 ?? ""}${v3 ??
""}${v4 ?? ""}';
  return ret;
}
print(concat('Hallo', ' Welt'));
//Ausgabe "Hallo Welt"
print(concat('Hallo', ' Welt', ', wie'));
//Ausgabe "Hallo Welt, wie"
print(concat('Hallo', ' Welt', ', wie', "
geht's?"));

//Ausgabe "Hallo Welt, wie geht's?"
```

Quellcode 5.27   Optionale positionsgebundene Parameter

Sofern beim Operationsaufruf keine Werte für die optionalen Parameter übergeben werden, sind diese mit dem
Wert »null« initialisiert. Eine Operation, die optionale
Parameter anbietet, sollte eine Überprüfung dieser Parameter vornehmen. In Quellcode 5.27 werden die optionalen positionsgebundenen Parameter verwendet, um eine
Operation »concat« zu implementieren, die die übergebenen Parameter zu einer Zeichenkette konkateniert.

Die optionalen benannten Parameter müssen in
geschweiften Klammern definiert werden. Bei einem Operationsaufruf können diesen Parametern Werte zugewiesen werden, indem man den Parameternamen referenziert (Quellcode 5.28).

```
//Initialisierung einer Liste
String concat(String v1, String v2, {String
v3}) {
  var ret = '${v1 ?? ""}${v2 ?? ""}${v3 ??
""}';
  return ret;
}
print(concat('Hallo', ' Welt'));
//Ausgabe "Hallo Welt"
print(concat('Hallo', ' Welt', v3: ", wie
geht's?"));

//Ausgabe "Hallo Welt, wie geht's?"
```

Quellcode 5.28   Optionale positionsgebundene Parameter

Optionale Parameter können bei ihrer Definition Standardwerte erhalten. Wenn bei einem Operationsaufruf diese Parameter anschließend nicht verwendet werden, sind diese mit ihren Standardwerten initialisiert. In Quellcode 5.29 ist die Syntax für die Spezifikation von Standardwerten optionaler Parameter aufgeführt.[6] Ein Zuweisungsoperator folgt nach dem Bezeichner des Parameters, wobei es sich bei dem rechten Term um einen konstanten Operanden handelt. Es können daher keine generellen Ausdrücke eingesetzt werden, um einen zur Laufzeit dynamisch berechneten Wert zu ermitteln.

Standardwerte für optionale Parameter

```
//Initialisierung einer Liste
String concat(String v1, String v2, {String
v3='!'}) {
   var ret = '${v1 ?? ""}${v2 ?? ""}${v3 ??
""}';
   return ret;
}
print(concat('Hallo', ' Welt'));
//Ausgabe "Hallo Welt!"
print(concat('Hallo', ' Welt', v3: ", wie
geht's?"));

//Ausgabe "Hallo Welt, wie geht's?"
```

Quellcode 5.29   Standardwerte für optionale Parameter

Extensions

Durch Dart Extensions lassen sich Operationen in bestehende Bibliotheken integrieren, ohne dass der Quellcode dieser Bibliothek verändert werden muss. Es handelt sich um eine Technik zur Kompilierungszeit, bei der die Schnittstelle einer Klasse erweitert wird, ohne dass dafür die Implementierung der Klasse angepasst werden muss. Dieses Sprachmerkmal wurde erst mit der Version 2.7 in die Programmiersprache Dart integriert. Während Java diese Art der Schnittstellenerweiterung nicht kennt, ist diese Technik seit Längerem auch in C# verfügbar.

In Quellcode 5.30 wird die Operation »parse« der Klasse int verwendet, um eine Zeichenkette in einen

Beispiel

---

6   Diese Syntax unterscheidet sich nicht zwischen positionsgebundenen und benannten Parametern.

5

ganzzahligen Wert umzuwandeln. Zwar handelt es sich um die Standardfunktion der Dart-Laufzeitumgebung, aber man könnte die Ausgestaltung der API kritisieren, da die Reihenfolge zwischen Subjekt, bei diesem Beispiel die Zeichenkette `'50'`, das Prädikat, also die Operation »parse«, und das Objekt vertauscht sind. Besser wäre es, eine Operation »convertToInt« in die Klasse String zu integrieren, über die man die Zeichenkette direkt in einen ganzzahligen Wert konvertieren kann, da in diesem Fall die Reihenfolge gewahrt bliebe.

```
//Parsen eines Strings in einen Integer
var intWert1 = int.parse('50');
//Diese Operation fehlt, wäre aber sinnvoll
var intWert2 = '50'.convertToInt(); //Kom-
pilierungsfehler
```

Quellcode 5.30 Beispiel für eine sinnvolle Erweiterungsoperation

Um eine solche Operation in die Klasse String zu integrieren, werden in Dart Extensions eingesetzt, die mit dem Schlüsselwort »extension« beginnen. Anschließend kann optional ein Name für die Extension vergeben werden. Auf das Schlüsselwort »on« folgt der Datentyp bzw. die Klasse, auf den die Erweiterung platziert wird. In Quellcode 5.31 ist die vollständige Implementierung dieser Erweiterung abgebildet.

```
//Parsen eines Strings in einen Integer
extension NumberConversion on String {
  int convertToInt() {
    return int.parse(this);
  }
}
```

Quellcode 5.31 Extension für die Klasse String

Neben Operationen können auch Operatoren und Eigenschaften zu einer Klasse hinzugefügt werden. ◻ Abb. 5.15 zeigt einen Ausschnitt des Syntaxdiagramms der Dart Extensions. Werden Extensions auf generischen Klassen, wie zum Beispiel die Klasse List<T>, angewendet, muss auch die Extension einen generischen Parameter erhalten, der in spitzen Klammern spezifiziert wird.

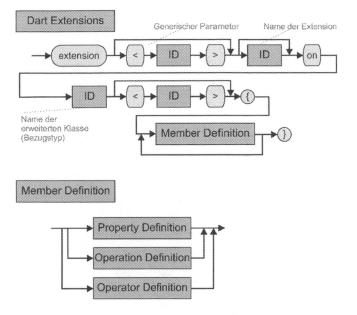

◘ Abb. 5.15 Syntaxdiagramm der Dart Extensions

Quellcode 5.32 enthält zwei weitere Beispiele für Extensions. Bei diesen Beispielen wird zum einen die Klasse `List<T>` um die Eigenschaft »doubleLength« sowie um den Operator ^ erweitert, sodass sie über eine Referenz auf eine Instanz dieser Klasse aufrufbar sind.

Dart Extensions erweitern die Schnittstelle einer Klasse und fügen neue Operationen, Operatoren und Eigenschaften hinzu, ohne jedoch die konkrete Implementierung zu verändern. In der Folge können diese neuen Funktionen zwar im Quellcode verwendet werden, sie stehen aber zur Laufzeit nicht als Operationen, Eigenschaften oder Operatoren einer Klasse zur Verfügung. Beispielsweise können diese Erweiterungen nicht durch eine strukturelle Reflexion ausgelesen werden. Der Compiler emuliert diese Schnittstelle, indem die Aufrufe an statische Operationen delegiert werden.

Hinweis

```
extension<T> on List<T> {
    //Erweiterung einer Eigenschaft (Property)
    int get doubleLength => length * 2;
    //Erweiterung eines Operators
    List<num> operator ^(int n) {
```

```
            return  map((element)   =>  double.
parse('${element}') * n)

.toList();
      }
    }
void main(List<String> arguments) {
  var liste = [1, 2, 3, 4, 5];
  print(liste.doubleLength);
  //Ausgabe "10"
  print(liste ^ 2);
  //Ausgabe "[2.0, 4.0, 6.0, 8.0, 10.0]"
}
```

Quellcode 5.32   Extension-Beispiele für die Klasse List<T>

Unveränderliche Objekte und const-Konstruktoren

Dart kennt, wie die Programmiersprache C++, unveränderliche Objekte (*immutable objects*), deren Attribute sich nach ihrer Erzeugung nicht mehr ändern. Unveränderliche Objekte werden durch spezielle Konstruktoren erzeugt. Dazu wird der Konstruktor durch das Schlüsselwort »const« annotiert, wie es in Quellcode 5.33 dargestellt ist. Klassen von unveränderlichen Objekten dürfen lediglich Attribute besitzen, die als »final« gekennzeichnet wurden. Die Werte dieser Attribute dürfen nur während der Erzeugung gesetzt und anschließend nicht mehr verändert werden. Das Setzen der Attributwerte erfolgt dabei nicht explizit. Stattdessen wird der »const«-Konstruktor mit einem leeren Operationsrumpf deklariert, wobei die »final«-Attribute in geschweiften Klammern aufgeführt werden.

Die Syntax erinnert an die benannten Parameter aus ▶ Abschn. 5.3.2.3 (»Fabrikkonstruktoren«). Wie aus dem Beispiel und dem Attribut »useUTF8« hervorgeht, können auch Standardwerte für die Attribute angegeben werden.

```
//Die Klasse Zeichenkette
class Zeichenkette {
  final String value;
  final bool useUTF8;
  //const-Konstruktor mit impliziter Wertzu-
weisung
    const  Zeichenkette({this.value,   this.
useUTF8 = true});
```

```
    @override
    String toString() {
      return '$value [UTF8=$useUTF8]';
    }
  }
  //Verwendung der Klasse Zeichenkette
  var zeichen1 = Zeichenkette(value: 'Hallo');
  print(zeichen1);
  //Ausgabe "Hallo [UTF8=true]"
  var zeichen2 = Zeichenkette(value: 'Hallo',
  useUTF8: false);
  print(zeichen2);
  //Ausgabe "Hallo [UTF8=false]"
```

Quellcode 5.33 Unveränderliche Objekte durch const-Konstruktoren

5.3.3 Asynchrone Programmierung

Die asynchrone Programmierung ist ein Programmiermodell, welches es erlaubt, dass mehrere Dinge nebenläufig in Programmen ablaufen können. Dadurch blockiert ein Programm nicht, während im Hintergrund eine lang laufende Operation ausgeführt wird. Unter einer lang laufenden Operation wird in der Praxis beispielsweise das Laden von Daten von einem Server über die Netzwerkkarte oder das Schreiben oder Lesen von Daten aus einer Datenbank verstanden. Auch lokale Lese- und Schreibvorgänge auf einer Festplatte arbeiten um ein Vielfaches langsamer als Operationen des Prozessors im Hauptspeicher. In diesen Szenarien ist die Anwendung der asynchronen Programmierung ratsam.

Häufig wird die asynchrone Programmierung mit der nebenläufigen Programmierung mit mehreren Threads (Multithreading) gleichgesetzt. Jedoch steht dieses Programmiermodell orthogonal zu der nebenläufigen Programmierung, sodass auch bei Laufzeitumgebungen, welche die direkte Erzeugung von Threads nicht unterstützen, die asynchrone Programmierung eine sinnvolle Ergänzung darstellt. Dart unterstützt zwar das Arbeiten mit mehreren Threads, aber im Gegensatz zu der Java- oder .Net-Laufzeitumgebung können diese nicht auf einen gemeinsamen Speicherbereich zugreifen und Daten austauschen. Dadurch werden viele Aspekte, die ansonsten bei der nebenläufigen Programmierung zu beachten

asynchrone Programmierung ≠ nebenläufige Programmierung

5

Analogie zum
Grillimbisswagen

wären, wie zum Beispiel kritische Abschnitte, Wettkampfbedingungen, Synchronisation, Deadlocks etc., vermieden. Damit besitzt die Dart-Laufzeitumgebung Parallelen zu der Javascript-Laufzeitumgebung, welche die direkte Zusammenarbeit von Threads unterbindet und damit als Single-Threaded-Laufzeitumgebung gilt.[7]

Um den Unterschied zwischen der synchronen und asynchronen Arbeitsweise eines einzelnen Threads herauszuarbeiten, lässt sich ein Grillimbisswagen mit einem einzelnen Mitarbeiter als Beispiel betrachten. Wenn der Mitarbeiter synchron vorgeht, nimmt er eine Bestellung auf; in diesem Szenario bestellt der Kunde einen Cheeseburger und folgt anschließend den Anweisungen des Kochrezeptes:

- Burgerfleisch würzen und auf den Grill legen.
- Anschließend je 2 min von beiden Seiten anbraten.
- Den Burger mit Salat, Tomate und Gurken garnieren.
- Das angebratene Burgerfleisch *(burger patty)* auf das Brot legen und mit Ketchup und Saucen aufbereiten.

Die einzelnen Schritte werden bei der synchronen Arbeitsweise streng hintereinander durchgeführt. Der Mitarbeiter muss dabei beispielsweise je 2 min warten, bis das Burgerfleisch auf beiden Seiten angebraten ist, und ist in dieser Zeit für weitere Bestellungen nicht ansprechbar. In der Folge ist die Frustration der Kundschaft groß, da der Mitarbeiter häufig mit »Nichtstun« beschäftigt ist und gedankenversunken auf die vor ihm liegenden Burger blickt (◘ Abb. 5.16).

In einer asynchronen Vorgehensweise (◘ Abb. 5.17) werden die Wartezeiten hingegen optimal ausgenutzt. Der Mitarbeiter legt das Burgerfleisch auf den Grill und stellt sich – diesem Bild folgend – eine Uhr, die nach 2 min klingelt und ihn darüber informiert, dass er das Fleisch zu wenden hat. Während dieser Zeit steht der

---

7   Unter Verwendung von Webworkern und Isolates lassen sich selbstverständlich Hintergrundaktivitäten realisieren. Auch greifen diese Laufzeitumgebungen innerhalb ihrer API auf Mittel der nebenläufigen Programmierung zurück. Aufgrund der strikten Trennung der Threads innerhalb ihres Programmiermodells werden sie aber im Vergleich zu anderen Programmiersprachen und Laufzeitumgebungen als *single threaded* bezeichnet.

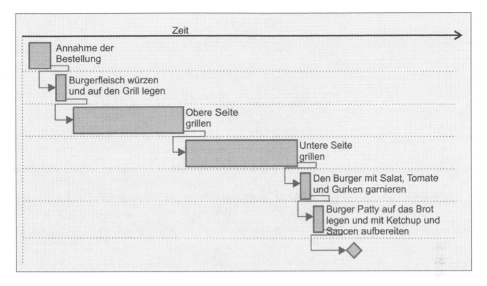

Abb. 5.16 Synchrone Ausführung von Arbeitsschritten

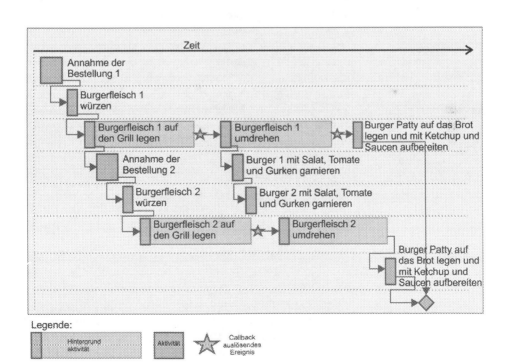

Abb. 5.17 Asynchrone Ausführung von Arbeitsschritten

Mitarbeiter für andere Aufgaben zur Verfügung, sodass er eine zweite Bestellung annehmen und diese auch bearbeiten kann. Nachdem er das zweite Burgerfleisch ebenfalls auf den Grill gelegt hat, löst die zuvor gestellte Uhr ein Ereignis aus, sodass er sich wieder dem ersten Burgerfleisch zuwendet.

Event Loop

Durch diese asynchrone Abarbeitung ist der Mitarbeiter, der in diesem Beispiel einen in Ausführung befindlichen Thread repräsentiert, besser ausgelastet. In etwas mehr als der bei der synchronen Vorgehensweise verstrichenen Zeit können somit zwei Bestellungen abgewickelt werden. Das Prinzip der asynchronen Ausführung von Aufgaben, die durch auftretende Ereignisse entstehen, basiert auf dem softwaretechnischen Konstrukt der Ereignisschleife *(event loop),* welche in ▶ Abschn. 5.3.3.1 erläutert wird.

Isolates

Die asynchrone Programmierung wurde in Dart nach dem Muster für einzelne Threads *(single threadings)* umgesetzt, da jeder Thread in Dart von den anderen Threads isoliert ist und in einem eigenen Kontext ausgeführt wird. Diese separaten Kontexte werden sinngemäß auch **Isolates** genannt. Innerhalb eines Isolates arbeitet der Thread in einer Ereignisschleife *(event loop)* eingehende Ereignisse der Reihe nach ab. Objekte werden ausschließlich auf dem internen Heap, einem dedizierten Speicherbereich, angelegt und können daher nicht zwischen unterschiedlichen Isolates ausgetauscht werden. Die eingehenden Ereignisse oder Aufgaben werden dem Thread durch die Aufgabenwarteschlange *(task queue)* verfügbar gemacht. Darüber hinaus verfügt ein Isolate auch über einen Stack, sodass Operationen andere Operationen aufrufen können. Der Stack enthält von unten nach oben die Kette der Operationsaufrufe, wobei sich der erste Aufruf ganz unten und der aktuelle Aufruf ganz oben befinden.

Für die *nicht* blockierende asynchrone Programmierung ist dieser Aufbau der Isolates von zentraler Bedeutung. Lang laufende Operationen, wie beispielsweise das bereits erwähnte Laden von Daten von einem Server, müssen an die Dart-Laufzeitumgebung durch Aufruf bestimmter asynchroner API-Operationen übergeben werden, die selbstständig für die Übertragung der Daten zuständig sind. Der den API-Aufruf initiierende Hauptthread übergibt dabei eine **Callback**-Funktion, die aufgerufen wird, sobald die Daten vom Server empfangen wurden.

Die in Dart verfügbaren Sprachkonstrukte »async« und »await« erleichtern die Definition dieser Callback-Funktionen und sorgen dafür, dass sie nicht als solche wahrgenommen werden (▶ Abschn. 5.3.3.3).

`async` und `await`

5.3.3.1 Event Loop

Die *(event loop)* **Ereignisverarbeitungsschleife** in Kombination mit der Ereignis- bzw. **Aufgabenwarteschlange** *(task queue)* setzt die für die Verarbeitung der Callback-Funktionen notwendige Infrastruktur um. Sie ist die Basis für die asynchrone Ausführung von Programmlogik in Dart. Die Funktionsweise ist dabei simpel und als Pseudocode in Quellcode 5.34 abgebildet: Der Hauptthread eines Dart-Programmes wartet so lange darauf, bis ein Ereignis eintritt. Anschließend wird das Ereignis oder die Aufgabe, auch **Task** genannt, aus der Warteschlange entnommen und ausgeführt.

Sofern während der Abarbeitung dieser Aufgabe **Microtasks**[8] erzeugt werden, führt der Thread diese vorrangig und damit vollständig aus, bevor er wieder am Anfang der Ereignisverarbeitungsschleife fortfährt. Je nachdem, um welche Art der Anwendung es sich handelt, werden unterschiedliche Abbruchbedingungen für die Verarbeitungsschleife abgefragt.

Task vs. Microtask

Eine Dart-Konsolenanwendung wird beendet, wenn folgende Bedingungen erfüllt sind:

Abbruchbedingung einer Dart-Konsolenanwendung

- ▬ Es befinden sich keine weiteren Aufgaben in der Aufgabenwarteschlange.
- ▬ Innerhalb der Dart-Laufzeitumgebung wurden keine asynchronen API-Operationen ausgeführt, die einen ausstehenden Callback auslösen können.
- ▬ Es existieren keine zusätzlichen Isolates mit einem eigenen in Ausführung befindlichen Thread-Kontext.

Bei einer Flutter-App hingegen, wird diese Ereignisverarbeitungsschleife so lange ausgeführt, bis ein explizites Ereignis eingeht, die Anwendung zu beenden.

---

8 Was man unter einem Microtask versteht, wird weiter unten erläutert.

5

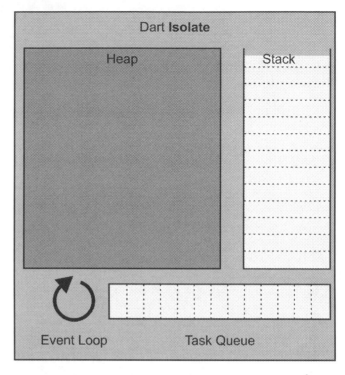

□ Abb. 5.18   Darstellung der einzelnen eines Isolates

```
while (!isCancellation()) {
  //Wartet solange, bis ein Ereignis eintritt
  var task = taskQueue.waitAndGetNext();
    //Alle  Microtasks  in  der  Microtask-
Warteschlange abarbeiten
  foreach (var microTask in microTaskQueue) {
    microTask.execute();
  }
  //Verarbeite das Ereignis
  task.execute();
}
```

Quellcode 5.34   Stark vereinfachter Pseudocode der Ereignisverarbeitungsschleife

Hinweis

Die genaue Implementierung der Ereignisverarbeitungsschleife ist komplizierter. Jedoch reicht die dargestellte Version aus, um die Ausführungsreihenfolgen bestimmter Anweisungen, Tasks und Microtasks vorherzusagen.

Alle asynchronen API-Operationen und Dart-Sprachmerkmale, die spezifisch für die asynchrone Programmierung sind, basieren auf dieser Ereignisverarbeitungsschleife. Quellcode 5.35 zeigt ein Beispiel, bei dem eine Callback-Funktion zeitverzögert nach 3 s aufgerufen wird. Dabei kommt die Dart-API-Klasse `Future` zum Einsatz, welche in ▶ Abschn. 5.3.3.2 näher erläutert wird.

Die Operation »`delayed`« erwartet als Parameter eine Zeitdauer und eine parameterlose Callback-Funktion, welche *nicht* sofort ausgeführt wird. Stattdessen quittiert die Operation »`delayed`« den Aufruf durch die Rückgabe eines `Future`[9]-Objektes. Im Hintergrund wird anschließend ein Zeitgeber gestartet, der nach dem Verstreichen der Zeitspanne ein Ereignis auslöst, der schließlich zu der Ausführung der übergebenen Callback-Funktion führt. Die Details werden weiter unten beschrieben. Durch eine Instanz dieser Klasse können zukünftige Ergebnisse oder Ereignisse abgefragt bzw. abgefangen werden.

Die in diesem Beispiel verwendete Operation »`then`« erlaubt die Angabe einer weiteren Callback-Funktion, die im Falle einer erfolgreichen Ausführung der ersten Callback-Funktion direkt im Anschluss über einen »Microtask« aufgerufen wird. Darüber lassen sich kausal voneinander abhängige Aufrufketten definieren, die jeweils auch mit dem Rückgabewert des vorangegangenen Aufrufes weiterarbeiten können.

```dart
void main(List<String> arguments) {
    //Aufruf einer asynchronen Dart-Laufzeit
Operation
    //Diese Operation ruft nach 3 Sekunden den
übergebenen
    //Callback auf!
    var meinFuture = Future.delayed(Dura-
tion(seconds: 3), () {
        print('Diese Operation (A) wird nach
3s ausgeführt');
        return 42;
    });
```

---

9   Die Details dieser Klasse werden weiter unten diskutiert.

5

```
    //Definiert eine Kette von Callback-Funk-
tionen, die
    //im Anschluss aufgerufen werden. Es han-
delt sich um Microtasks
    meinFuture.then((value) => print('Micro-
task wird nach der
                         Operation (A) aufgerufen:
${value}'));
        print('Asynchrone    Operation    der
Dart-Laufzeitumgebung wurde
                                            auf-
gerufen');
    //Ausgabe über die Konsole:
    //Asynchrone Operation der Dart-Laufzei-
tumgebung wurde aufgerufen
    //Diese Operation (A) wird nach 3s ausge-
führt
    //Microtask wird nach der Operation (A)
aufgerufen: 42
    }
```

Quellcode 5.35   Asynchrone Ausführung von Tasks und Microtasks

Reihenfolge der
Abarbeitung

Beim Start dieser Konsolenanwendung legt die Dart-Laufzeitumgebung einen Task an, der den Hauptthread dazu veranlasst, die Operation »main« aufzurufen. Vor dem Verlassen dieser Operation wird durch die letzte Anweisung »print« über die Konsole eine Zeichenkette ausgegeben. Anschließend kehrt der Hauptthread wieder in die Ereignisverarbeitungsschleife zurück. Zwar befindet sich zu diesem Zeitpunkt innerhalb der Aufgabenwarteschlange kein weiterer Task, der zur Abarbeitung bereitsteht, aber dennoch wird die Anwendung gemäß den Abbruchbedingungen für Konsolenanwendungen nicht beendet, da der Aufruf der Operation »delayed« eine asynchrone Dart-Laufzeitfunktion ausgelöst hat.

Sobald die Zeitspanne verstrichen ist, erzeugt die Dart-Laufzeitumgebung einen neuen Task, der die übergebene Callback-Funktion aufruft. Dieser Task wird anschließend an die Aufgabenwarteschlange übergeben, wodurch der Hauptthread wieder aktiviert wird und eben jene Callback-Funktion ausführt. Sofern diese Funktion erfolgreich abgeschlossen wird, überprüft die Dart-Laufzeitumgebung, ob eine weitere Callback-Funktion spezifiziert wurde. Da dieses Beispiel unter Verwendung der Operation »then« eine entsprechende Callback-Funktion definiert, erzeugt die Laufzeitumgebung einen Microtask und zwingt den Hauptthread nach der Abarbeitung des Tasks, auch den Microtask aufzurufen, bevor der Hauptthread wieder die Ereignisverarbeitungsschleife erreicht. In diesem Fall ist die Abbruchbedingung erfüllt, und die Konsolenanwendung beendet sich.

Wenn die Behandlungsroutine des Microtasks weitere Microtasks anlegt, erreicht der Hauptthread eventuell den Anfang der Ereignisverarbeitungsschleife nicht. Dadurch können auch keine weiteren Tasks ausgeführt werden. Der Effekt ist, dass eine Anwendung blockiert und nicht mehr auf Ereignisse reagiert. Bei Anwendungen mit einer Benutzungsoberfläche friert diese beispielsweise ein. Hinweis

Es lassen sich über die Dart-Laufzeitbibliotheken jederzeit neue Tasks und Microtasks erzeugen, die an die jeweiligen Warteschlangen übergeben und anschließend durch den Hauptthread ausgeführt werden. Das Beispiel aus Quellcode 5.36 bestätigt den prinzipiellen Aufbau der Ereignisverarbeitungsschleife aus Quellcode 5.34, da der Microtask vor dem Task ausgeführt wird. Hinweis

```
void main(List<String> arguments) {
    //Neues Task in der Aufgabenwarteschlage ablegen
    new Future(() {print('Ein C'); });
        //Neues Microtask in der Microtask-Warteschlange ablegen
    scheduleMicrotask(() => print('Ein B'));
    print('Ein A');
    //Ausgabe über die Konsole:
    //Ein A
    //Ein B
    //Ein C
}
```

Quellcode 5.36 Bestätigung der Arbeitsweise der Ereignisverarbeitungsschleife

5.3.3.2 Die »dart:async«-Bibliothek

Das Paket »dart:async« bietet zahlreiche Klassen, die die Implementierung von asynchronen Programmen in Dart erleichtern. In ▶ Abschn. 5.3.3.1 wurden bereits

5

die Klasse `Future` und ihre Operation »delayed« angeschnitten. Im Folgenden werden sowohl die Klasse `Future` als auch weitere wichtige Klassen vorgestellt, die bei der App-Entwicklung eine Rolle spielen.

- ▬ **Future:** Ein `Future`-Objekt repräsentiert – wie bereits erläutert – das Ergebnis einer zukünftigen Berechnung. Das Ergebnis steht in der Regel daher nicht unmittelbar fest, sondern wird irgendwann in der Zukunft berechnet und anschließend über das `Future`-Objekt verfügbar gemacht. Eine Analogie stellt die Quittung bei einem Schnellimbissrestaurant dar, die man nach erfolgter Bestellung und Bezahlung erhält. Während man wartet, wird im Hintergrund durch die Mitarbeiter des Restaurants das Essen vorbereitet. Durch die Vorlage der Quittung erhält man anschließend das Essen. Es gibt eine Reihe von Funktionen in der Dart-Laufzeitumgebung, die `Future`-Objekte zurückliefern, während sie im Hintergrund bestimmte Dinge ausführen. In dem in Quellcode 5.36 angegebenen Beispiel repräsentiert das erzeugte `Future`-Objekt eine Aufgabe, die durch den Hauptthread bei dem nächsten Durchlauf der Ereignisverarbeitungsschleife ausgeführt wird. In der Praxis wird man ein `Future`-Objekt aber nicht dergestalt anlegen (s. unten, Abschn. »Die Klasse Future«).
- ▬ **Stream:** Ein Stream stellt eine asynchrone Sequenz von Daten dar. Das können beispielsweise Abschnitte einer großen Datei sein, die stückweise geladen und in Form eines Bytearrays verfügbar gemacht werden. In Anwendungen mit einer eigenen Benutzungsoberfläche *(user interface)* können aber auch Ereignisse, wie zum Beispiel die Bewegungen der Maus, in Sequenzen abgelegt werden (Abschn. 0).

Die Klasse Future

Da bei einer Hintergrundberechnung Fehler oder Ausnahmen entstehen können, bietet eine `Future`-Instanz[10] für beide Fälle entsprechende Möglichkeiten an, Callback-Funktionen zu hinterlegen. Die Definition einer Callback-Funktion für den erfolgreichen Fall wurde bereits in Quellcode 5.35 mit dem Aufruf der »then«-Operation

---

10 Im Folgenden kursiv und klein geschrieben: *future.*

vorgestellt. Möchte man eine Fehlerbehandlung durchführen, muss hingegen über die Operation »catchError« eine andere Callback-Funktion angegeben werden.

Das Beispiel aus Quellcode 5.37 illustriert das Absetzen eines HTTP-Request an den lokalen Port 8080. Die Operation »getUrl« ist asynchron und zusätzlich zweistufig. Im ersten Schritt wird ein *future* zurückgeliefert, dessen Behandlungsroutine aufgerufen wird, sobald die Erstellung des Request-Objektes erfolgreich gewesen ist. Zu diesem Zeitpunkt ist die Netzwerkverbindung zum Server hergestellt, aber es sind noch keine Daten übertragen worden. Diese Behandlungsroutine dient dazu, das Request-Objekt bei Bedarf zu verändern, indem man beispielsweise zusätzliche Header hinzugefügt. Um das Beispiel einfach zu halten, werden aber keine Veränderungen an dem Request-Objekt vorgenommen. Im zweiten Schritt wird der Request abgesetzt. Sofern der Server erfolgreich antwortet, wird die Behandlungsroutine für den Erfolgsfall, ansonsten jene Behandlungsroutine aufgerufen, die durch »catchError« definiert wurde.

```
void main(List<String> arguments) {
    //Rufe den lokalen Port 8080 auf.
    HttpClient client = new HttpClient();
    //getUrl ist eine asynchrone Operation und
liefert ein Future
    //zurück
    var future = client.getUrl(Uri.parse('h
ttp://127.0.0.1:8080'));
    future = future.then((request) {
            //An dieser Stelle wurde das Re
quest-Objekt erstellt.
            //Der HTTP-GET-Request wurde noch
nicht übermittelt
            return request.close();
            });
    future.then((response) {
            //Der HTTP-GET-Request wurde über-
mittelt
            //Während der Übertragung ist kein
Fehler aufgetreten
            });
    future.catchError((error) {
            print('Ein Fehler ist aufgetre
ten ${error}');
            });
}
```

Quellcode 5.37 Fehlerbehandlung im Future

5

□ **Tab. 5.2** Zusammenhänge und Unterschiede zwischen Futures und Streams

Variante	Singulärer Wert	Multiple Werte
synchron	`int`	`Iterator<int>`
asynchron	`Future<int>`	`Stream<int>`

Die Klasse Stream

Während eine `Future`-Instanz ein singuläres, zukünftiges Ergebnis repräsentiert, können durch Streams Sequenzen von Daten bzw. Ergebnissen gekapselt werden. Die Zusammenhänge und Unterschiede sowohl zwischen der synchronen als auch asynchronen Variante werden in □ Tab. 5.2 dargestellt.

Für die Realisierung von Streams ist ebenfalls die Ereignisverarbeitungsschleife wichtig. Wenn eine große Datei in einzelne Segmente (*chunks*) eingeteilt und als Stream eingelesen wird, dann fügt die Dart-Laufzeitumgebung diese einzelnen Segmente der Reihe nach in die Aufgabenwarteschlange ein und lässt den Hauptthread die entsprechende Callback-Funktion aufrufen.

In Quellcode 5.38 ist ein periodischer Zufallszahlengenerator abgebildet. Bei diesem Beispiel kommt die Klasse `StreamController` zum Einsatz, die die Veröffentlichung neuer Werte über ihre Eigenschaft »`sink`« sowie die Operation »`add`« erlaubt.

```dart
import 'dart:async';
import 'dart:math';
//Erzeugt periodisch Zufallszahlen
class RandomNumberGenerator {
  final _random = Random(DateTime.now().millisecond);
    final _controller = StreamController<int>();
  Stream<int> get stream {
    return _controller.stream;
  }
  RandomNumberGenerator(Duration time) {
    Timer.periodic(time, (timer) {
      _controller.sink.add(_random.nextInt(1 << 31));
    });
  }
}
```

```
void main(List<String> arguments) {
  var generator = RandomNumberGenerator(Du-
ration(seconds: 1));
  generator.stream.listen((data) {
    print('Zahl ${data}');
  }, onError: (error) {
    print('Ein Fehler ist aufgetreten ${er-
ror}');
  }, onDone: () {
    print('Wir sind am Ende angekommen.');
  });
}
```

Quellcode 5.38   Verwendung eines Streams

Die Callback-Funktion wird bei Streams durch »lis-ten« definiert. Über den Parameter kann auf den einzelnen Wert, der aktuell verfügbar ist, zugegriffen werden.

Ein Stream darf nur eine einzelne Callback-Funktion und damit lediglich einen einzigen Ereignisabhörer besitzen. Sollen dennoch weitere Ereignisabhörer informiert werden, so muss der Stream in einen sogenannten Broadcast-Stream umgewandelt werden. Hierfür bietet die Klasse Stream die Operation »asBroadcastStream« an.

Broadcast-Streams durch asBroadcastStream()

Sollen die Werte eines Streams manipuliert bzw. transformiert werden, kann über die Operation »map« ein Berechnungsprädikat angegeben werden, der den ursprünglichen Wert entgegennimmt und verarbeitet. Darüber hinaus lassen sich die Werte des Streams unter Angabe eines Filterkriteriums durch »where« auch einschränken.

Transformationen

```
void main(List<String> arguments) {
  var generator = RandomNumberGenerator(Du-
ration(seconds: 1));
  generator.stream
          .where((i) => i % 2 == 0)
            .map((i) => 'Aus Zahl mach
String "${i}"'
            .listen((data) {
              print('Zahl ${data}');
            });
}
```

Quellcode 5.39   Filterung und Transformation aus einem Stream

Das Beispiel aus Quellcode 5.39 transformiert die Integer-Werte in eine Zeichenkette und berücksichtigt lediglich alle geraden Zahlen.

5.3.3.3 Die Sprachkonstrukte »async« & »await«

In Quellcode 5.35 wurden die Callback-Funktionen der Klasse Future eingeführt. Um die explizite Angabe der Behandlungsroutinen zu vermeiden, werden die Sprachkonstrukte »async« und »await« eingesetzt. Eine Operation, die nach dem asynchronen Programmiermodell implementiert wird und daher ein Future-Objekt zurückliefert, muss durch das Schlüsselwort »async« gekennzeichnet werden. Das Schlüsselwort folgt am Ende der Parameterliste, bevor der Operationsrumpf deklariert wird.

Innerhalb einer »async«-Operation kann an einer beliebigen Stelle durch die Verwendung des Schlüsselwortes »await« darauf gewartet werden, dass das Ergebnis der Berechnung feststeht. Alle Anweisungen unterhalb des »await«-Befehls werden durch den Compiler implizit in eine Callback-Funktion ausgelagert.

```
void asynchronesVerhalten() async {
    var meinFuture = Future.delayed(Dura-
tion(seconds: 3), () {
        print('Diese Operation (A) wird nach
3s ausgeführt');
        return 42;
    });
        print('Asynchrone    Operation    der
Dart-Laufzeitumgebung wurde
                                        auf-
gerufen');
    var ergebnis = await meinFuture;
    //Alle Anweisungen hinter await werden in
eine Callback-Funktion
    //ausgelagert, die aufgerufen wird, sobald
das Ergebnis
    //erfolgreich aufgerufen wurde.
    print('Microtask wird nach der Operation
(A)
                                aufgerufen:
${ergebnis}');
}
void main(List<String> arguments) {
    asynchronesVerhalten();
);
//Ausgabe über die Konsole:
```

```
//Asynchrone  Operation  der  Dart-Laufzeitum-
gebung wurde aufgerufen
//Diese  Operation  (A)  wird  nach  3s  ausge-
führt
//Microtask  wird  nach  der  Operation  (A)  auf-
gerufen: 42
}
```

Quellcode 5.40   Umwandlung der Callbacks durch `async` und `await`

Es wird daher »hinter den Kulissen« weiterhin mit den gängigen Callback-Definitionsmethoden gearbeitet.

Um die Vorteile dieser Sprachkonstrukte zu verstehen, muss ein komplexeres Beispiel herangezogen werden. ◘ Abb. 5.19 zeigt exemplarisch einen geschachtelten Aufruf mehrerer asynchroner Operationen. Ein Client benötigt zur Beantwortung einer Anfrage, beispielsweise für die Darstellung einer Übersicht kontierter Stunden in einer Zeiterfassungsanwendung, den Zugriff sowohl auf eine Datenbank als auch auf einen Server. Hierfür bieten die nicht näher spezifizierten Klassen »DB« und »Netzwerk« die als asynchron gekennzeichneten Operationen »load-FromDBAsync« und »callNetworkAsync« an, welche jeweils eine Future-Instanz zurückliefern. Quellcode 5.41 zeigt den geschachtelten Aufruf in Dart.

Komplexeres Beispiel

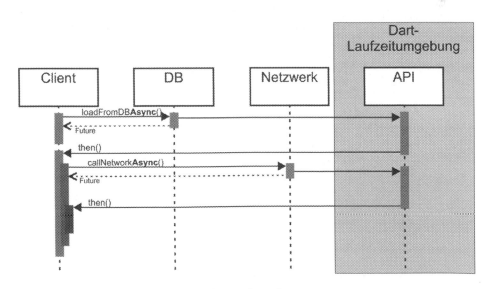

◘ **Abb. 5.19**   Geschachtelte Aufrufe asynchroner Operationen

5

```
class Client {
  //...
  Future<String> handleRequest() {
    return db.loadFromDBAsync().then((row) {
      //Aus der lokalen DB wird die UserId
ausgelesen, die
      //für die Abfrage auf dem Server
notwendig ist.
      return network.callNetworkAsync(row.
userId);
    }).then((serverData) {
        //An dieser Stelle ist die Antwort
des Servers angekommen
        //und kann weiterverarbeitet werden.
        return serverData.payload;
    });
  }
}
```

Quellcode 5.41   Geschachtelter Aufruf von Operationen ohne Fehler-behandlung

Die erste Version dieses Programmes ist bewusst einfach gehalten, um die geschachtelten Aufrufe deutlich zu machen. Jedoch besitzt dieses Programm keine Fehlerbehandlung und ist somit nicht praxistauglich. Da sowohl beim Laden von Daten aus der Datenbank als auch beim Laden von Daten von einem entfernten Server Ausnahmen auftreten können, müssen entsprechende Fehlerbehandlungsfunktionen vorgesehen werden, so wie es in Quellcode 5.42 dargestellt ist.

```
class Client {
  //...
  Future<String> handleRequest() {
    var future1 = db.loadFromDBAsync();
future1.catchError( (error) {
        // Behandlungsroutine DB-Fe-
hler
      });
    var future2 = future1.then((row) {
          //Aus der lokalen DB wird
die UserId ausgelesen,
          //die für die Abfrage auf
dem Server notwendig ist.
          return network.callNetwor-
kAsync(row.userId);
        });
```

```
future2.catchError( (error) {
            // Behandlungsroutine Netzw-
erk-Fehler
            });
      return future2.then((serverData) {
            //An dieser Stelle ist die
Antwort des Servers
            //angekommen und kann weit-
erverarbeitet werden.
            return serverData.payload;
            });
   }
}
```

Quellcode 5.42 Geschachtelter Aufruf von Operationen mit Fehlerbehandlung

Der fachliche Programmcode ist durch die Fehlerbehandlungsfunktionen schwer zugänglich. Die nichtfunktionalen Anforderungen wie die Nachvollziehbarkeit und die Wartbarkeit sinken.

Würde man den blockierenden Charakter eines synchronen Programmiermodells in Kauf nehmen, ergäbe sich hingegen – ohne die Berücksichtigung der Fehlerbehandlung – das in Quellcode 5.43 dargestellte Programm.

Asynchrones Programmieren nach einem synchronen Programmiermodell

```
class Client {
   //...
   String handleRequest() {
      var row = db.loadFromDB();
         var ret = network.callNetwork(row.
userId);
      return ret;
   }
}
```

Quellcode 5.43 Fachlicher Programmcode nach dem synchronen Programmiermodell

Durch die Sprachkonstrukte »async« und »await« kann dieser logische Ablauf, der in der synchronen Programmierung nachvollziehbar ist, ebenfalls auf das asynchrone Programmiermodell übertragen werden. Das Besondere dabei ist, dass die Fehlerbehandlung durch gewöhnliche try-catch-Blöcke abgebildet werden können, obwohl im Hintergrund durch den Compiler weiterhin entsprechende Callback-Funktionen generiert werden.

5

```
class Client {
  //...
  Future<String> handleRequest() async {
      try {
        var row = await db.loadFromDB();
          var ret = await network.callNet-
work(row.userId);
          return ret;
      } on DBException catch(err) {
        // Behandlungsroutine DB-Fehler
        return '';
      } on HttpException catch(err) {
          // Behandlungsroutine Netzwerk-Fe-
hler
          return '';
      } catch(error) {
          // Behandlungsroutine für generelle
Fehler
      }
    }
  }
}
```

Quellcode 5.44   Fachlicher Programmcode nach dem asynchronen Programmiermodell unter Verwendung von »async« und »await«

5.4 **Grundlagen von Flutter**

In diesem Abschnitt werden die Basisfunktionen von Flutter vorgestellt und einige Empfehlungen für die Entwicklung gegeben. Zuvor müssen einige wesentliche Aspekte beim Umgang mit Flutter-Apps erläutert werden.

Grenzen des **Hot Reload**

Bereits in der Einleitung zu Flutter wurde die wichtige Eigenschaft der Laufzeitumgebung vorgestellt, eine App ohne vollständige Neukompilierung aktualisieren zu können. Das Entwicklungsteam von Flutter gibt dabei ein Versprechen ab, eine Ansicht innerhalb 1 s ändern zu können, sofern der Quellcode angepasst wird. Dies ist ein wesentlicher Geschwindigkeitsvorteil bei der Entwicklung, da lange Kompilierungs- und Deployment-Zeiten erheblich reduziert werden. Diesen Möglichkeiten sind unter gewissen Umständen jedoch Grenzen gesetzt, die beachtet werden sollten und zu einer Neukompilierung führen:

- Änderungen an statischen Attributen einer Klasse
- Anpassungen am Quellcode der »main()«-Operation

▬ Änderung einer Klasse zu einer Enumeration und umgekehrt

▬ Anpassungen an der »initState()«-Operation

5.4.1 Aktivierung der statischen Codeanalyse

Mithilfe des Werkzeugs »Linter« wird in Dart sowie Flutter die statische Codeanalyse durchgeführt. Über eine Konfigurationsdatei lassen sich die überwachten Regeln komfortabel einstellen und auf die eigenen Bedürfnisse anpassen. Dazu muss die Datei »analysis_options.yaml« in dem Verzeichnis angelegt werden, in dem sich auch die »pubspec.yaml« befindet. Im Standard erlaubt Flutter bzw. Dart viele Aspekte, die bei einer stark typisierten Programmiersprache nicht unterstützt werden. Dazu gehört beispielsweise die Verwendung von dynamischen – also nicht typisierten – Referenzen. Quellcode 5.45 zeigt einige Parameter, die in dieser Datei definiert werden können. Beispielsweise sorgt die »Linter«-Regel »hash_and_equals« dafür, dass die »hashCode«-Operation auch überschrieben werden muss, sofern die »equals«-Operation oder der »==«-Operator definiert wird, da ansonsten Laufzeitfehler auftreten können.[11]

```
analyzer:
  strong-mode:
    implicit-casts: false
    implicit-dynamic: false
  errors:
    # treat missing required parameters as a
warning (not a hint)
    missing_required_param: warning
      # treat missing returns as a warning
(not a hint)
    missing_return: warning
    # allow having TODOs in the code
    todo: ignore
      # allow self-reference to deprecated
members (we do this
```

---

11 Vgl. ▶ https://dart-lang.github.io/linter/lints/hash_and_equals.html.

5

```
    # because otherwise we have to annotate
every member in every
    # test, assert, etc, when we deprecate
something)
    deprecated_member_use_from_same_package:
ignore
    # Turned off until null-safe rollout is
complete.
    unnecessary_null_comparison: ignore
  exclude:
    - "bin/cache/**"
    # Ignore protoc generated files
    - "dev/conductor/lib/proto/*"
linter:
  rules:
    - always_declare_return_types
    - always_put_control_body_on_new_line
    - always_put_required_named_parameters_
      first
    - always_require_non_null_named_parame-
      ters
    - always_specify_types
    - avoid_dynamic_calls
    - avoid_returning_null_for_void
    - avoid_return_types_on_setters
    - avoid_empty_else
    - avoid_unused_constructor_parameters
    - wait_only_futures
    - hash_and_equals
    - empty_constructor_bodies
```

Quellcode 5.45   Ausschnitt aus der Datei »`analysis_options.yaml`«[12]

Es werden verschiedene Schweregrade unterschieden, die bei einer Regelverletzung zum Tragen kommen:

- **»error«:** Sorgt dafür, dass die statische Codeanalyse mit einem Fehler beendet wird. Sofern Fehler vorliegen, kann die App nicht ausgeführt werden.
- **»warning«:** Quittiert die Regelverletzung mit einer Warning. Zwar ist die Regelverletzung damit nicht gravierend genug, um die Ausführung zu unterbinden.

---

12 Die Einstellungen aus dieser Datei sind aus Flutter-Quellcode entnommen (vgl. ▶ https://github.com/flutter/flutter/blob/master/analysis_options.yaml).

Dennoch sollten Maßnahmen getroffen werden, diese Warnungen zu eliminieren.

- »**info**«: Es wird lediglich darüber informiert, dass eine unwichtige Regelverletzung erkannt wurde. Es müssen keine weiteren Maßnahmen eingeleitet werden.
- »ignore«: Protokolliert die Regelverletzung so, dass sie unter Umständen nur für die Entwickler sichtbar ist.

Softwareunternehmen sollten über Richtlinien klare Angaben darüber gemachen, welche Regeln bei mobilen Entwicklungsprojekten aktiviert werden müssen. Dies sollte nicht im Ermessen eines Entwicklers oder eines Entwicklungsteams liegen.

Hinweis

5.4.2 Optimierungen des Flutter-Compilers »Tree Shaking«

Der Dart-Compiler entfernt den nicht erreichbaren Code aus der finalen Build-Datei, sodass der Gesamtumfang des Programmes nicht unnötig groß wird. Dieses Verhalten wird als **Tree Shaking** bezeichnet. Diese Eigenschaft in Kombination mit dem Paket »flutter/foundation.dart« und den hierin definierten drei Konstanten »kDebugMode«, »kProfileMode« und »kRelease-Mode« erlauben es, während der Entwicklungszeit im Rahmen des Debuggings gewisse zusätzliche Informationen innerhalb der App zu erfassen, um sie zum Zwecke der »Telemetrie« analysieren zu können. Sofern die App über die Schaltfläche »Run« oder »Debug« der Android-Studio-Entwicklungsumgebung gestartet wird, handelt es sich um eine Ausführung im Debug-Modus. Die App befindet sich hingegen im Release-Modus, wenn sie plattformspezifisch (Android oder iOS) kompiliert wurde und auf einem Endgerät ausgeführt wird.

```
import 'package:flutter/foundation.dart';
void main() {
    if (kDebugMode) {
        // Führe Code aus, der nur beim Debug-
ging erforderlich ist
    }
    if (kProfileMode) {
```

```
      // Führe Code aus, der nur während des
      // Profilings erforderlich ist
    }
  if (kReleaseMode) {
      // Führe Code aus,. der nur für das Re-
  lease erforderlich ist
    }
  }
```

Quellcode 5.46   Verwendung der Konstanten

5

Der Profiler-Modus ist nur aktiv, wenn während des Debuggings ein sogenannter Profiler eingeschaltet wird.
Diese Werkzeuge unterstützen Entwickler dabei, Probleme mit der Performanz oder mit dem Speicherverbrauch
zu analysieren und die Ursachen einzugrenzen. Dazu
muss die App instrumentalisiert werden. Bei diesem Vorgang werden zusätzliche Funktionen eingefügt, die die Telemetrie der in Ausführung befindlichen App protokollieren.

5.4.3 Layoutkonzepte

In dem Flutter-Framework werden Oberflächen nicht mit
einem WYSIWYG-Editor, sondern manuell durch Quellcode implementiert. Flutter wurde durch React inspiriert.
Dabei stellen sogenannte Widgets die grundlegenden Einheiten dar. Alle Oberflächenelemente sind Widgets mit einer entsprechenden Breite und Höhe, die auch ineinan-
dergeschachtelt werden können. In diesem Zusammenhang spricht man auch von einem **Widget-Baum** *(widget
tree)*. Über ihre Attribute bestimmen sie die Darstellung
(z. B. die Farbe oder den Abstand zu Nachbarelementen).
   Flutter wurde mit dem Ziel entworfen, auf mobilen
Endgeräten möglichst wenig Energie bei der Darstellung
der Oberflächen zu verbrauchen. Sofern sich die Attribute von Widgets bzw. ihr interner Zustand verändern, ermittelt Flutter das Delta zu der bereits dargestellten Ansicht und führt die Operationen zum Neuzeichnen lediglich auf jenen Widgets aus, die davon betroffen sind.

5.4.3.1 Einführung Widgets

Ein Widget muss von einer von zwei möglichen Oberklas-
sen erben. Die Laufzeitumgebung unterscheidet dabei
zwischen **zustandsbehafteten** und **zustandslosen** Widgets

und bietet für beide Varianten die Oberklasse »`Statelesswidget`« und »`StatefulWidget`« an. Zustandslose Widgets benötigen keine Informationen aus ihrer Umgebung. Alle während der Erzeugung verfügbaren Informationen reichen über den kompletten Lebenszyklus aus, um die gewünschte Information auf der Oberfläche zu präsentieren. Beispielsweise handelt es sich bei einem statischen Label auf der Benutzungsoberfläche um ein zustandsloses Widget, welches von `StatelessWidget` erbt. Zustandsbehaftete Widgets hingegen sind insofern dynamisch, als sie ihre Darstellung oder die dargestellten Informationen über die Zeit anpassen, zum Beispiel aufgrund einer Änderung an dem ViewModel.

Hinweis

Während der Erzeugung eines zustandslosen Widgets kann der Konstruktor mit dem Schlüsselwort »**`const`**« versehen werden. Dadurch wird das Objekt als unveränderbar markiert, und der Compiler erlaubt keine Änderungen an dem Objekt. Die Flutter-Laufzeitumgebung besitzt eine Optimierung und verwendet konstante Objekte erneut. Das bedeutet beispielsweise, dass ein Label – also eine Instanz des Text-Widgets – mit dem Text »Bezeichnung«, welche an verschiedenen Stellen in der Benutzungsoberfläche erscheint, lediglich einmal existiert.

Hilfestellung zur Auswahl

Die folgenden Ausführungen sollen als Richtlinien dienen, um bedarfsgerecht die richtige Oberklasse bei eigenen Widgets zu finden:

- Sofern jedes Attribut innerhalb des eigenen Widgets mit dem Schlüsselwort »`final`« deklariert wird und sich somit während des Lebenszyklus nicht ändern kann, handelt es sich um ein **zustandsloses Widget**.
- Wenn die erste Regel bei einigen Attributen nicht angewendet werden kann, muss hingegen ein **zustandsbehaftetes Widget** als Ausgangspunkt dienen.

Keine Laufzeitunterschiede

Man könnte vermuten, dass die Unterscheidung zwischen zustandslosen und zustandsbehafteten Widgets auch aufgrund von Leistungsunterschieden in der Handhabung liegt. Jedoch gibt das Entwicklungsteam von Flutter ausdrücklich an, dass es keine Laufzeitunterschiede zwischen beiden Gruppen gibt. Vielmehr erfordern zustandsbehaftete Widgets lediglich mehr Quellcode, da zusätzliche Oberklassenoperationen überschrieben werden müssen. Dadurch sinkt die Produktivität.

5

Element- und Render-
Baum

Widget-, Element- und Render-Baum

Die Benutzungsoberfläche einer Flutter-Anwendung wird auf Basis ineinandergeschachtelter Widgets aufgebaut (► Abschn. 5.4.3), wobei diese Datenstruktur Widget-Baum *(widget tree)* genannt wird. Der Widget-Baum wird erstellt, indem auf dem Wurzelknoten die Operation `Widget build(BuildContext context)` aufgerufen wird. Dieser Baum enthält die grundlegenden Konfigurationen, die für die Ausgabe der Benutzungsoberfläche erforderlich sind. Dazu zählen insbesondere auch Informationen zur Darstellung, zum Beispiel die Hintergrundfarbe, die Abstände zu anderen Widgets oder die Schriftart.

Für den Zeichenvorgang zur Ausgabe der Benutzungsoberfläche und für die Bestimmung der Änderungen zwischen der aktuellen Ausgabe und dem Widget-Baum legt die Flutter-Laufzeitumgebung neben dem Widget-Baum noch einen sogenannten **Element-Baum** an, in dem die Operation `createElement()` auf jedem einzelnen Widget aufgerufen wird. Ein Element des Element-Baumes referenziert ein Widget, welches an einer ganz bestimmten Stelle verwendet wird, und verknüpft es mit einem »`RenderObject`«. Dieses enthält die Logik, um ein Widget auf der Benutzungsoberfläche zu zeichnen. Alle Instanzen der Klasse »`RenderObject`« werden in dem **Render-Baum** *(render tree)* zusammengefasst. Wenn sich der Widget-Baum zur Laufzeit ändert, dient der Element-Baum als Grundlage, um den aktuellen Widget-Baum mit dem aktuellen Render-Baum zu vergleichen und Änderungen abzuleiten. Diese drei einzelnen Datenstrukturen werden auf Basis folgender Klassen aufgebaut:

▪ Der Widget-Baum besteht aus Widgets, welche entweder von `StatelessWidget` oder `StatefulWidget` erben.

▪ Der Element-Baum besteht als Elementen, die als Bindeglied zwischen dem Widget-Baum und Render-Baum fungieren. Ein Element kann dabei von folgenden Klassen erben:

   – Ein `ComponentElement` ist mit einem Container-Widget verknüpft und enthält damit weitere Unterelemente.

   – Ein `RenderObjectElement` ist nicht weiter »aufgefächert« und stellt damit ein »Blatt« des Element-Baumes dar. Eine `RenderObjectElement`-Instanz ist am Zeichenvorgang beteiligt.

- Der Render-Baum besteht schließlich aus einzelnen »RenderObject«-Instanzen, die sich noch weiter in die Unterklassen RenderFlex, RenderParagraph und RenderBox unterteilen lassen.

Quellcode 5.47 verdeutlicht die Zusammenarbeit dieser drei verschiedenen Strukturen. Durch einen Aufruf der Operation Widget build(BuildContext context) wird ein Widget-Baum bestehend aus einem Center-Widget, einem darunterhängenden FlatButton-Widget sowie einem Text-Widget erzeugt.

```
String meinLabel = "Klick mich";
@override
Widget build(BuildContext context) {
  return Center(
        child: FlatButton(
            onPressed: () => setState(()
=> meinLabel = "Danke",
            child: Text(meinLabel)
        )
      );
}
```

Quellcode 5.47 Aktualisierung des Render-Baumes

Anschließend iteriert die Flutter-Laufzeitumgebung über den Widget-Baum und erzeugt den Element-Baum durch dedizierte Aufrufe von createElement() auf jedem einzelnen der Widgets des Widget-Baumes. Beim Vorgang des Zeichnens entsteht aus dem Element-Baum der Render-Baum. Klickt man auf den FlatButton, dann ändert sich der Text, wie im Quellcode angegeben. Jedes Element des Element-Baumes besitzt eine Referenz auf ein Widget sowie ein RenderObject.

Bei dem Vergleich zwischen dem Text-Widget und dem korrespondierenden RenderObject stellt die Laufzeitumgebung einen Unterschied fest, da die Bezeichnung durch den Klick des Anwenders verändert wurde. In dieser Situation überprüft Flutter, ob die Laufzeittypen übereinstimmen. Das kann beispielsweise durch eine Änderung der verwendeten Widgets im Widget-Baum auftreten. Da in dem obigen Beispiel lediglich die Bezeichnung des Text-Widgets verändert wird, muss das aktuelle RenderObject nicht zerstört und

Aktualisierung ohne Zerstörung des RenderObject

Aktualisierung mit Zerstörung des `RenderObject`

neu erstellt werden. Stattdessen reicht es, die Eigenschaften zu aktualisieren.

Das Beispiel aus Quellcode 5.48 zeigt den Fall, dass sich unter Umständen der Widget-Baum so ändern kann, dass die korrespondierenden Elemente des Render-Baumes nicht mit den ursprünglichen übereinstimmen und neu erzeugt werden müssen.

```
bool showRow = false;
@override
Widget build(BuildContext context) {
  return Center(
          child: FlatButton(
              onPressed: () => setState(()
=> showRow =! showRow),
              child: showRow ? createRow()
: createColumn()
          )
        );
}
private Widget createRow() {
    return Row(children: const<Widget>[-
Text("Row")]);
}
private Widget createColumn() {
    return Column(children: const<Widget>[-
Text("Column")]);
}
```

Quellcode 5.48   Änderung des Widget-Baums bewirkt eine Zerstörung einiger `RenderObject`-Instanzen

Widget Keys

Die Aufteilung in diese drei unterschiedlichen Datenstrukturen dient hauptsächlich dem Zweck, den Vorgang des Zeichnens zu optimieren und damit die Laufzeiteigenschaften von Flutter-Apps zu verbessern.[13] Dadurch ist Flutter in der Lage, sehr detailliert zu erkennen, welche Teile der Benutzungsoberfläche geändert wurden und somit neu gezeichnet werden müssen. Jedoch

---

13 Das Zeichnen der Benutzungsoberfläche stellt eine komplizierte Aufgabe dar, die erhebliche Rechenzeit kostet. Optimierungen an diesem Vorgang resultieren auch immer in einer verbesserten Laufzeit, da die Batterie des mobilen Gerätes dadurch auch geschont wird.

gibt es bestimmte Arten von Änderungen an dem Widget-Baum, die ohne weitere Informationen der Entwickler nicht richtig erkannt werden und in unnötigen Aktualisierungsvorgängen resultieren. Dies betrifft in der Regel Widget-Collections desselben Typs, die neu sortiert werden. Beispielsweise könnte in einer TODO-App eine Liste der wichtigsten Aufgaben angezeigt werden. Der Widget-Baum besteht in diesem Fall aus einem Container-Widget, welches für jede Aufgabe ein entsprechendes Widget erzeugt. Diese App könnte es per Drag and Drop erlauben, die Priorität der Aufgaben zu ändern, indem diese in der Liste nach oben oder nach unten verschoben werden. ◨ Abb. 5.20 stellt die Baumstruktur des Element-Baumes im Kontext zustandsbehafteter Widgets dar. Der Zustand des Widgets wird, nicht wie vermutet, in den Widgets, sondern in den jeweiligen Element-Instanzen gespeichert.

Ändert man in diesem zustandsbehafteten Szenario die Reihenfolge der Aufgaben-Widgets im Widget-Baum, ist die Flutter-Laufzeitumgebung nicht in der Lage zu erkennen, dass das erste Aufgaben-Element im Element-Baum eine andere Aufgabe anzeigen muss, denn in diesem Fall findet lediglich eine Überprüfung des Widget-Typs statt; da der Typ aber übereinstimmt, ist ein Unterschied nicht nachvollziehbar. Das Ergebnis ist, dass die Benutzungsoberfläche trotz einer Änderung im Widget-Baum dieselbe Reihenfolge ausgibt.

Diese Art von Darstellungsfehler kann man durch eine eindeutige Identität eines Widgets lösen. Dazu

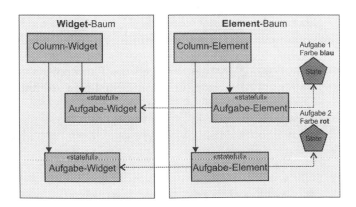

◨ **Abb. 5.20**   Referenzierung aus dem Element-Baum und Verwaltung des Zustandes

5

wird im Konstruktor ein »Schlüssel« *(key)* übergeben, welcher auch auf die Elemente des Element-Baumes propagiert wird. Folgende Schlüsselarten stehen zur Verfügung:

- `ValueKey<T>`: Einfacher Schlüssel, der aus einem einzigen Wert (z. B. einer Zeichenfolge) besteht.
- `ObjectKey`: Besteht aus einem komplexen Objekt mit mehreren Attributen.
- `UniqueKey`: Eindeutiger Schlüssel, der auf derselben Widget-Hierarchieebene nur ein einziges Mal vorkommt. `UniqueKeys` sollten verwendet werden, sofern andere Eigenschaften eines Widgets keine Eindeutigkeit ergeben.
- `GlobalKey`: Eindeutiger Schlüssel auf Applikationsebene.

5.4.3.2 Grundlegende Widgets

Flutter liefert eine Reihe von Widgets im Standard aus. Darüber hinaus existieren für verschiedene Einsatzgebiete weitere quelloffene Widgets, die in eigenen Projekten eingesetzt werden können. Im Folgenden werden einige Widgets kurz vorgestellt. Komplexere Benutzungsoberflächen lassen sich mithilfe dieser Bausteine durch Kombination und Verschachtelung erzielen.

Text-Widget

Die einfachste Form für eine Textdarstellung stellt das Text-Widget dar. Es ist durch verschiedene Eigenschaften hochgradig anpassbar. Das Erscheinungsbild wird dabei über die Eigenschaft »`style`« vom Typ »`TextStyle`« manipuliert. Der anzuzeigende Text wird während der Erstellung im Konstruktor übergeben.

Hinweis   Diese Art der UI-Erstellung wird in Flutter als deklarative UI bezeichnet. Im Gegensatz zu einer imperativen Definition, die klassisch über Methodenaufrufe und Attributänderung arbeitet, besitzen die Flutter-Widgets eine Fluent API[14], die während des Erstellungsprozesses eine komfortable Änderung der Attribute erlaubt.

---

14 Fluent APIs sind ein Konzept der Softwaretechnik, um die Schnittstelle einer Klasse so zu gestalten, dass der Aufruf dieser Schnittstelle die Formulierung in einer natürlichen Sprache erlaubt. Wegen der zugrunde liegenden Programmiersprache und der Syntax ist das zwar nicht vollständig durchsetzbar, aber Fluent APIs sind in der Regel einfacher in der Handhabung und reduzieren die Lernkurve.

```
import 'package:flutter/material.dart';
void main() {
  runApp(const MyApp());
}
class MyApp extends StatelessWidget {
  const MyApp();
  @override
  Widget build(BuildContext context) {
    return Column(
      children: <Widget>[
        Text("Hello",
              textDirection: TextDirection.
ltr,
              style: const TextStyle(
                  color: Colors.amber,
                  fontSize: 16,
                  wordSpacing: 3)),
        Text("World", textDirection: TextDi-
rection.ltr)
      ]
    );
  }
}
```

Quellcode 5.49   Text-Widget

▬ Eigenschaften   API
- **data**: Über diese Eigenschaft lässt sich der dargestellte Text ändern.
- **maxLines**: Definiert die maximale Anzahl an
  Zeilen, die dargestellt werden. Sofern der beinhal-
  tete Text darüber hinaus geht, wird er gemäß den
  vorgegebenen Einstellungen in der Eigenschaft
  »overflow« abgeschnitten.
- **overflow**: Definiert die Form, wie der Text abgeschnitten wird. Die Eigenschaft ist vom Typ »Tex-
  tOverflow« und erlaubt die Werte »clip«, »el-
  lipsis«, »fade«, »values« und »visible«.
- **softWrap**: Wenn der Wert »true« ist, dann wird
  der Text umgebrochen.
- **textDirection**: Bestimmt, ob der Textfluss von
  links nach rechts oder umgekehrt verläuft, wie er
  im Arabischen und Hebräischen der Fall ist.
- **textScaleFactor**: Definiert einen zusätzlichen
  Faktor, der mit der Font-Größe multipliziert wird.
- **textAlign**: Erlaubt die Definition der horizontalen Positionierung. Mögliche Werte sind »center«, »end«, »justify«, »left« und »right«.

5

Hinweis

API

Row- und Column-Widget

Die Oberflächen einer Flutter-App werden zeilen- und spaltenweise implementiert. Eine Row besitzt untergeordnete Widgets, die in einer Zeile dargestellt werden. Durch die Eigenschaft »mainAxisAlignment« wird dabei kontrolliert, wie diese Unterelemente auf der Zeile geordnet werden und welchen Abstand sie zueinander besitzen.

Der Name erlaubt eine Analogie zu HTML, bei der Tabellen durch Zeilen und Spalten organisiert werden. Beim Umgang ist nur wichtig, dass es zu keiner Verwechselung mit dem Column-Widget kommt, welches für die vertikale Ausrichtung verantwortlich ist.

◘ Abb. 5.21 stellt die verschiedenen Werte für die Eigenschaft »mainAxisAlignment« dar, über die sich die horizontale Verteilung der Unterelemente steuern lässt.

In der Regel versucht das Row-Widget, den verfügbaren Raum vollständig auszufüllen. Sofern es sich aber an der Breite der Unterelemente ausrichten soll, kann die Eigenschaft »mainAxisSize« auf »MainAxisSize. min« gesetzt werden.

▬ Eigenschaften
  - **children:** Da es sich um ein Container-Widget handelt, werden in dieser Eigenschaft alle Unterelemente verwaltet.

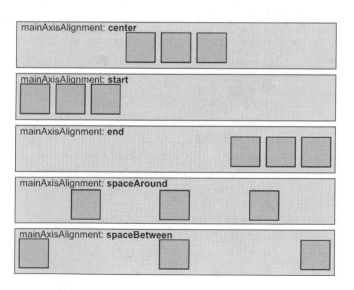

◘ **Abb. 5.21** Unterschiedliche Werte der »mainAxisAlignment«-Eigenschaft im Row-Widget

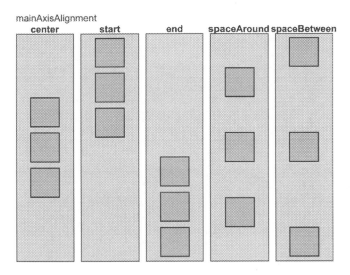

☑ **Abb. 5.22** Unterschiedliche Werte der »mainAxisAlign-ment«-Eigenschaft im Column-Widget

- **crossAxisAlignment:** Orientierung der Unterelemente entlang der Vertikalen. Die Definition dieser Eigenschaft macht dann Sinn, wenn die Unterelemente eine von dem Row-Widget abweichende Höhe besitzen. Setzt man die Eigenschaft auf den Wert »start«, werden die Unterelemente bündig mit dem oberen Rand des Containers dargestellt. Bei »end« befinden sie sich hingegen auf dem unteren Rand. »center« ordnet die Elemente auf der Mittellinie an.[15]
- **mainAxisAligment:** Siehe ☑ Abb. 5.21. Die Eigenschaft ist vom Typ »MainAxisAlignment« und erlaubt folgende Werte »center«, »end«, »spaceAround« und »spaceBetween«.

Das Column-Widget dient als vertikaler Container, um Unterelemente anzuordnen. Es bietet die gleiche Funktionalität an, wie das Row-Widget. Über die Eigenschaft »mainAxisAlignment« wird jedoch die vertikale Ausrichtung gesteuert. ☑ Abb. 5.22 gibt einen Überblick

Column-Widget

---

15 Die Webanwendung »flutterstudio« erlaubt die WYSIWYG-Erstellung von Flutter UIs, mit der man sehr einfach die verschiedenen Einstellungen testen kann.

über die verschiedenen Orientierungsarten in diesem Widget. Die API dieses Widgets ist dabei mit der des Row-Widgets vergleichbar.

Hinweis

Diese beiden Widgets wurden in Anlehnung an das aus dem Web bekannte Flex-Layout entworfen und orientieren sich sehr stark daran. Bei der Verwendung dieser Widgets sind demnach Vorkenntnisse aus dem Web von Vorteil.

Kein Scrolling im Column-Widget

Das Column-Widget unterstützt kein Scrolling, in dem es bei zu vielen Unterelementen eine Bildlaufleiste *(scrollbar)* einblendet. Wenn kein vertikaler Platz vorhanden ist, kann es zur Laufzeit zu einer Overflow-Exception kommen. Soll Scrolling möglich sein, muss stattdessen das **ListView-Widget** zum Einsatz kommen.

Container-Widget

Bei dem Container-Widget handelt es sich um das Flutter-Pendant zu dem HTML-DIV-Element. Ähnlich zu den Mitteln und Möglichkeiten von HTML erlaubt auch das Flutter-Container-Widget, umfangreich angepasst und im Aussehen verändert zu werden.

```
import 'package:flutter/material.dart';
import 'dart:math';
void main() {
  runApp(MyApp());
}
class MyApp extends StatelessWidget {
  // This widget is the root of your appli-
cation.
  @override
  Widget build(BuildContext context) {
    return Container(
      height: 20,
      width: 200,
      alignment: Alignment.center,
      decoration: const BoxDecoration(
        shape: BoxShape.rectangle,
        gradient: LinearGradient(colors: [
          Colors.blue, Colors.green
        ])
      ),
      transform: Matrix4(
                  1, 0,0,0,
                  0, 1,0,0,
                  0, 0,1,0,
                  150,20,0,1)..rotateZ(-pi*
(1/8)),
```

```
        child: const Text("Dies ist ein ein-
facher Container!",
            style: TextStyle(color: Colors.
white, fontSize: 20),
        textDirection: TextDirection.ltr),
    );
  }
}
```

Quellcode 5.50 Container-Widget mit einigen Anpassungen in der Darstellung

Das Container-Widget besitzt bei diesem Beispiel ein untergeordnetes Text-Widget, welches einen kurzen Text ausgibt. Dieses Unterelement ist zentral innerhalb des Containers angeordnet. Über das »decoration«-Property wird ein linearer Farbverlauf von der Farbe Blau nach Grün als Hintergrund definiert. Durch eine Vierpunkttransformation wird der Container zunächst entlang der X-Achse um 150 Punkte und entlang der Y-Achse um 20 Punkte verschoben. Schließlich kommt eine Rotation um die Z-Achse um 22,5 Grad[16] zur Anwendung (◘ Abb. 5.23).

Stack-Widget

Die bisher vorgestellten Container erlauben die Positionierung der Kindelemente entweder vertikal oder horizontal. Kindelemente können sich bei diesen Containern also nicht überlagern und auch nicht frei positioniert werden. Außerdem reagieren diese Container empfindlich darauf, sofern die Unterelemente außerhalb des sichtbaren Bereiches platziert werden, in dem zur Laufzeit sogenannte »Overflow«-Exceptions auftreten.

Das **Stack-Widget** erlaub stattdessen die freie Positionierung der Kindelemente. Sie werden dabei in der deklarierten Reihenfolge ausgegeben. Das erste definierte Element erscheint demnach im Hintergrund, und alle weiteren Elemente werden eins nach dem anderen übereinander gezeichnet. Sofern die Widgets nicht exakt übereinanderliegen sollen, können sie durch das Position-Widget, welches die Eigenschaften »top« und »left« bietet, frei positioniert werden.

---

16 2π entsprechen 360 Grad.

5

◘ Abb. 5.23   Ausgabe des rotierten Container-Widgets

Quellcode 5.51 zeigt die Anwendung des Stack-Widgets, welches drei Unterelemente enthält. Auf der untersten Ebene ist das Container-Widget für den blauen Hintergrund verantwortlich. Im Zentrum des dargestellten Bereiches ist eines der zwei Text-Widgets platziert und gibt die Zeichenkette »Hallo« aus.

Das zweite Text-Widget ist von einem **Positioned-Widget** umschlossen und platziert dieses Text-Widget im oberen linken Bereich. Das Positioned-Widget darf immer nur ein Unterelement besitzen, weshalb die Eigenschaft »child« und nicht wie im Falle der anderen Container »children« heißt.

```
class MyApp extends StatelessWidget {
  // This widget is the root of your appli-
cation.
  @override
  Widget build(BuildContext context) {
    return Stack(
      alignment: Alignment.center,
      children: [
        Container(color: Colors.blue),
        const Text("Hallo", textDirection:
TextDirection.ltr),
        Positioned(
          top: 40, left: 10,
          child:
            const Text("Welt", textDirec-
tion: TextDirection.ltr ))
      ],
    );
  }
}
```

Quellcode 5.51 Stack-Widget in Kombination mit dem Positioned-Widget

◼ Abb. 5.24 zeigt das Erscheinungsbild dieser App. In der Praxis sollten man vermeiden, direkte Farbangaben oder sonstige Erscheinungsmerkmale der Widgets innerhalb der build()-Operation zu tätigen, da dadurch das nachträgliche Ändern des Aussehens erschwert wird.

Die freie Positionierung von Unterelementen muss sorgfältig abgewogen werden, da das Responsive Design dadurch unter Umständen gefährdet wird, denn einzelne Widgets lassen sich dadurch nicht frei gemäß dem zur Verfügung stehenden Bereich platzieren.

Hinweis

Flutter unterscheidet zwischen **logischen** und **physikalischen Pixeln.** Logische Pixel haben über verschiedene Geräteklassen und Auflösungen annähernd gleiche Skalen, während physikalische Pixel die tatsächlich verfügbaren Pixel angeben.

Logische vs. physikalische Pixel

Bei den Positionsangaben über die Eigenschaften »left« und »top« handelt es sich um Angaben in logischen Pixeln. In der Regel sollte man während der Entwicklung einer App nicht mit physikalischen Pixeln arbeiten. Dennoch kann man gerätespezifisch ermitteln, welcher Umrechnungsfaktor vorliegt. Dazu muss man, wie in Quellcode 5.52 gezeigt, auf die Klasse »MediaQuery« zugreifen, um zunächst die logische Bildschirmausdehnung (Breite und Höhe) zu ermitteln und diese

5

◘ Abb. 5.24   Stack-Widget mit frei positioniertem Text-Widget

Werte mit der sogenannten **Device Pixel Ratio** (DLR) zu multiplizieren.

Die DLR gibt die Anzahl der physikalischen Pixel je logischem Pixel an. Je nach der Auflösung des Endgerätes variiert dieser Wert und liegt derzeit in der Regel zwischen drei und vier.

```
Widget build(BuildContext context) {
    final data = MediaQuery.of(context);
    final logicalSize = data.size;
    final physicalSize = logicalSize * data
.devicePixelRatio;
    StringBuffer buffer = StringBuffer();
```

```
    buffer.writeln("Screen:");
    buffer.writeln("width=" + logicalSize.
width.toString());
    buffer.writeln("height="+ logicalSize.
height.toString());
    buffer.writeln("ratio=" + data.devi-
cePixelRatio.toString());
```

Quellcode 5.52 Ermittlung der tatsächlichen physikalischen Pixel

Die Abfrage dieser Informationen mithilfe der `Medi-aQuery`-Klasse ist nur unter bestimmten Umständen möglich, da nicht alle Widgets diese Informationen beherbergen. Das **MaterialApp-Widget** erlaubt aber beispielsweise diese Abfrage.

In der Regel sollte man vermeiden, auf das Erscheinungsbild einer App auf der Ebene von physikalischen Pixeln zu optimieren.

Hinweis

▄ Eigenschaften

API

- `alignment`: Definiert die Orientierung der Unterelemente. Es stehen folgende Werte zur Auswahl: »topLeft«, »topCenter«, »topRight«, »centerLeft «, »center«, »centerRight«, »bottomLeft«, »bottomCenter«, »bottom-Right«.
- `clipBehavior`: Unterelemente werden in der Regel nur im Inneren des durch das Stack-Widget eingenommenen Bereiches gezeichnet. Sofern Unterelemente aufgrund ihrer Größe und Position herausragen, werden sie abgeschnitten (»hardEdge«)[17]. Durch den Wert »none« wird zum Ausdruck gebracht, dass kein Clipping zum Einsatz kommen soll. Darüber hinaus lassen sich scharfe Kanten, die durch das Clipping entstehen können, durch die Anwendung von »AntiAlias« reduzieren.
- `fit`: Definiert die Höhe und Breite der Unterelemente. Es stehen folgende Werte zur Auswahl: »StackFit.loose«, »StackFit.expand«, »StackFit.passthrough«.

---

17 Auch als Clipping bezeichnet.

5.4.3.3 **Material-Design-Widget**

Flutter unterstützt die Entwicklung von Apps, welche das Material-Design-Konzept umsetzen. Das Material Design basiert auf einer visuellen Rückkopplung, um die Anwender dabei zu unterstützen, die Auswirkungen der Interaktion unmittelbar zu erkennen. Daher sind die meisten Material-Widgets animiert.

Eine sogenannte Material-App setzt an oberster Stelle das **MaterialApp-Widget** ein. Die verschiedenen Widgets können wir folgt gruppiert werden:

- **Layoutstruktur- und Navigations-Widgets:** AppBar, `ButtonNavigationBar`, `Drawer`, `MaterialApp`, `Scaffold`, `SliverAppBar`, `TabBar`
- **Schaltflächen (buttons):** DropdownButton, `ElevatedButton`, `FloatingActionButton`, `IconButton`, `OutlinedButton`, `PopupMenuButton`, `TextButton`
- **Interaktionskomponenten:** `Checkbox`, `Radio`, `Slider`, `Switch`, `TextField`
- **Dialoge:** AlertDialog, `BottomSheet`, `ExpansionPanel`, `SimpleDialog`, `SnackBar`
- **Komponenten für die Darstellung:** Card, `Chip`, `DataTable`, `GridView`, `Icon`, `Image`, `LinearProgressIndicator`, `Tooltip`

Hinweis

Sofern man den Android-Studio-Assistenten einsetzt, um eine Flutter-App zu erstellen, wird standardmäßig eine Material-App generiert. ◘ Abb. 5.25 stellt die Benutzungsoberfläche dar. Sie besteht aus einer Textausgabe sowie einem sogenannten Floating Action Button (FAB). Klickt man auf die Schaltfläche, wird dies registriert und hochgezählt. Diese Projektvorlage setzt damit auch die Anwendung von zustandsbehafteten Widgets voraus, welche bereits diskutiert wurden.

Scaffold-Widget

Dieses Widget stellt einen Rahmen für eine einheitliche Benutzungsoberfläche zur Verfügung, welche von vielen Webanwendungen und mobilen Apps erprobt ist und vereinfacht aus einer oberen Leiste und einem Arbeitsbereich besteht. Um eine hohe Wiederverwendbarkeit sicherzustellen, lässt sich das Scaffold-Widget durch

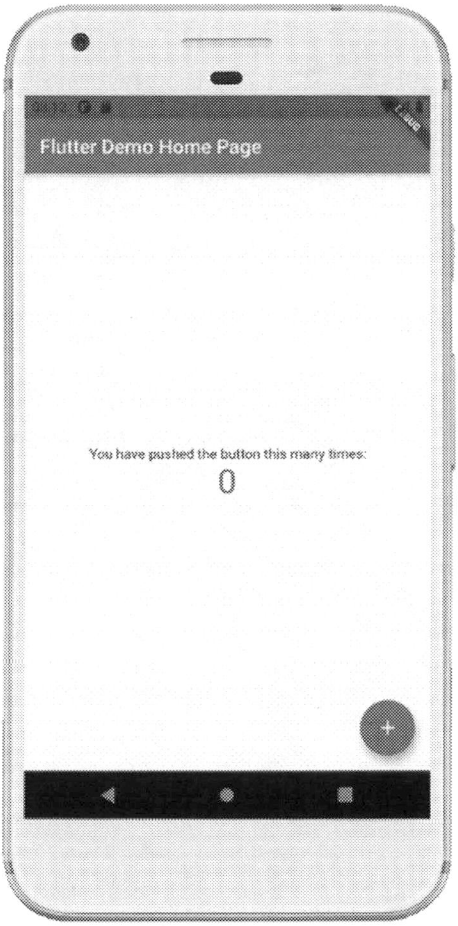

Abb. 5.25 Ergebnis des standardmäßig durch den Assistenten generierten Projektes

Eigenschaften parametrisieren. Bestimmte Bereiche des umgesetzten Layouts können über Eigenschaften direkt durch andere – auch eigene – Widgets verändert werden.

In dem Beispiel aus Quellcode 5.53 ist das Scaffold-Widget als direktes Unterelement des MaterialApp-Widgets aufgeführt. Dabei werden die nachstehenden Bereiche konfiguriert:

- **`appBar`:** Stellt die oberste Toolbar der Anwendung dar, welche auch einen Titel besitzen kann. API
- **`bottomNavigation`:** Eine in der Regel kleine Leiste, die sich am unteren Rand der App befindet

5

und weitere Schaltflächen oder eine sekundäre Navigation beinhaltet.

- **bottomSheet:** Definiert einen Bereich oberhalb der »bottomNavigation«.
- **drawer:** Ein sogenannter Drawer-Button – auch Hamburger-Button genannt – ist in der Regel durch drei übereinanderliegende horizontale Striche dargestellt. Die Schaltfläche blendet bei einem Klick das oberste Anwendungsmenü ein. Die Unterelemente dieses Buttons definieren dabei die Menüpunkte. In Quellcode 5.53 ist aber kein Anwendungsmenü angegeben.
- **endDrawer:** Verhält sich ähnlich wie das »drawer«-Property, jedoch mit dem Unterschied, dass die Schaltfläche rechts angezeigt wird.
- **body:** Stellt die Hauptarbeitsfläche der App dar. In diesem Beispiel ist erneut das Stack-Widget dargestellt.
- **floatingActionButton:** Ein Erweiterungsbereich des Scaffolding-Widgets, um eine »schwebende« Schaltfläche an bestimmte Stellen anzuheften. In der API dieses Widgets werden die möglichen Stellen definiert.

```dart
import 'package:flutter/material.dart';
void main() {
  runApp(MyApp());
}
class MyApp extends StatelessWidget {
  @override
  Widget build(BuildContext context) {
    return MaterialApp(
      title: 'Flutter Material Design',
      home: Scaffold(
        appBar: AppBar(
          title: const Text("Flutter"),
          actions: const [
            Padding(
              padding: EdgeInsets.only(right: 20),
              child: Icon(Icons.info)
            )
          ]
        ),
        drawer: const Drawer(),
        body: Stack(
          alignment: Alignment.center,
          children: [
```

```
            Container(color: Colors.green),
            const Text("Hallo Welt",
                          textDirection: Tex-
tDirection.ltr),
          ]
        ),
        floatingActionButton: FloatingAction-
Button(
          onPressed: () {},
          child: const Icon(Icons.add)
        ),
        floatingActionButtonLocation:
                          FloatingActionBut-
tonLocation.centerDocked
        )
      );
    }
  }
```

Quellcode 5.53 MaterialApp-Widget in Kombination mit dem Scaffolding-Widget

Sofern man am unteren Rand der App eine `BottomAppBar` über die Eigenschaft »bottomNavigationBar« platziert, bietet das Widget in Kombination mit einem Floating Action Butten (FAB) eine geschwungene Auskerbung innerhalb der unteren Navigationsleiste an. Um diesen grafischen Effekt zu erreichen, wird bei dem BottomAppBar-Widget die Eigenschaft »shape« mit einer Instanz der Klasse »CircularNotchedRectangle« initiiert. Die Auskerbung findet dabei an jeweils der Stelle statt, in der sich der FAB befindet (Abb. 5.26).

```
Widget build(BuildContext context) {
    return Scaffold(
      appBar: AppBar(
          title: const Text('Scaffolding
Beispiel'),
        ),
      drawer: const Drawer(),
      endDrawer: const Drawer(),
      body: Center(
        child:
          Text('Die FAB wurde insgesamt $_
count mal gedrückt.'),
        ),
```

```
    bottomNavigationBar: BottomAppBar(
        shape: const CircularNotchedRec-
tangle(),
        color: Colors.red,
        child: Container(height: 60.0),
    ),
    bottomSheet: const Padding(
        padding: EdgeInsets.only(left: 20),
        child:
            Text('Hier ist ein BottomSheet an-
gebracht',
                        textDirection: TextDi-
rection.ltr)
        ),
        floatingActionButton: FloatingAction-
Button(
        onPressed: () => setState(() {
          _count++;
        }),
        tooltip: 'Increment Counter',
        child: const Icon(Icons.add),
        ),
    floatingActionButtonLocation:
                        FloatingActionButton-
Location.endDocked,
    );
}
```

Quellcode 5.54   Initialisierung des Scaffolding mit einer BottomApp-Bar, die eine Auskerbung besitzt

Hinweis

In ◘ Abb. 5.27 ist das Darstellungsergebnis abgebildet. Im Gegensatz zu den anderen Abbildungen wurde diese Oberfläche nicht im Android-Emulator ausgeführt, sondern über die Webseite von Flutter online erstellt.

Buttons

Flutter bietet mit den Material-Komponenten insgesamt sieben verschiedene Schaltflächen an:

1. `DropdownButton`: Zeigt einen aktuellen Status an und blendet beim Klicken ein Menü ein, über das sich andere Einträge auswählen lassen und damit der Status angepasst werden kann.

2. `ElevatedButton`: Beim Material Design wird in der Regel beim Betätigen der Schaltfläche eine Rückmeldung an den Benutzer gegeben, indem sich an der Druckposition eine animierte Welle kreisförmig ausbreitet, als ob der Anwender mit der Hand auf eine

◘ **Abb. 5.26**   Ergebnis aus Quellcode 5.53

Wasseroberfläche geschlagen hätte. Um diesen Effekt auch in eigenen Apps zu verwenden, kann dieses Widget eingesetzt werden.
3. `FloatingActionButton`: Es handelt sich um eine Schaltfläche, die »schwebend« über anderen Inhalten platziert bzw. an bestimmten Stellen an diese Inhalte geheftet werden kann. Dieser Schaltflächentyp wurde bereits mit dem Scaffolding-Widget (s. oben) eingeführt.
4. `IconButton`: Anstelle eines Textes wird bei diesem Widget ein kleines Piktogramm verwendet.
5. `OutlinedButton`: Hat in der Regel keine Füllung und besitzt lediglich einen Umriss. Dadurch integriert

5

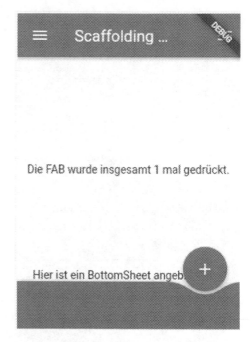

◘ **Abb. 5.27**   Auskerbung in der BottomAppBar

sich die Schaltfläche besser in bestehende Inhalte und erlaubt es auch, dass Inhalte durch die Schaltfläche hindurchgesehen werden können.

6. `PopupMenuButton`: Blendet beim Klicken ein Kontextmenü ein. Wird ein Menüpunkt ausgewählt, feuert das Widget ein Ereignis bzw. ruft die Callback-Operation »`onSelected`« auf.

7. `TextButton`: Dieses Widget bietet ebenfalls die bekannten Schaltflächenfunktionen an, jedoch mit dem Unterschied, dass kein Hintergrund sowie kein Umriss verfügbar sind und die Funktion lediglich über einen einfachen Text repräsentiert wird.

API

Die verschiedenen Schaltflächen erben nicht alle von einer gemeinsamen Oberklasse, sondern besitzen insgesamt drei unterschiedliche, wie aus ◘ Abb. 5.28 hervorgeht.
Instanziierung verschiedener Buttons

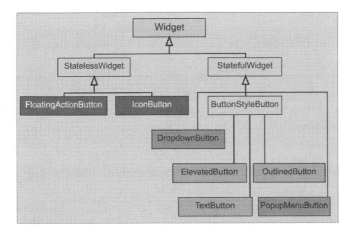

◻ Abb. 5.28 Vererbungshierarchie für Schaltflächen

```
import 'package:button_test/theme.dart';
import 'package:flutter/material.dart';
void main() {
    runApp(MyApp());
}
enum JahreszeitET {sommer, herbst, winter,
fruehling}
class MyApp extends StatelessWidget {
    // This widget is the root of your appli-
cation.
    @override
    Widget build(BuildContext context) {
        return MaterialApp(
            title: 'Flutter Demo',
            theme: AppTheme.getTheme(),
            home: Scaffold(
                appBar: AppBar(
                    title: const Text('Beispiele für
Schaltflächen')
                ),
                body: Column(
                    children: [
                        const Text('Dropdown Button'),
                        /* 1. DropdownButton extends
StatefulWidget*/
                        DropdownButton<String>(
                            icon: const Icon(Icons.ar-
row_downward),
                            iconSize: 24,
                            elevation: 16,
```

5

```
                        underline: Container(height:
2),
                        onChanged: (String? value)
{},
                        items: <String>['Eins',
'Zwei', 'Drei']
                        .map<DropdownMenu-
Item<String>>(
                        (String value) {
                        return Drop-
downMenuItem(
                        child:
Text(value),
                        value:
value);
                        }).toList()),
            const Text('ElevatedButton'),
            /* 2. ElevatedButton extends
ButtonStyleButton*/
            ElevatedButton(
                child: Text('Elevated But-
ton'), onPressed: () {},
                style: ElevatedButton.style-
From(textStyle:
            const TextStyle(fontSize: 20))),
            /* 3. FloatingActionButton ex-
tends StatelessWidget */
            FloatingActionButton(onPressed:
() {},
            child: const Text('FAB1')),
            const Text('Icon Button'),
            /* 4. IconButton extends State-
lessWidget*/
            IconButton(onPressed: () {},
                icon: Icon(Icons.flut-
ter_dash)),
            /* 5. TextButton extends But-
tonStyleButton*/
            TextButton(onPressed: () {},
                child: const Tex-
t('Text Button')),
            /* 6. OutlinedButton extends
ButtonStyleButton*/
            OutlinedButton(onPressed: () {},
                child: const Tex-
t('Outlined Button')),
            /* 7. PopupMenuButton extends
StatefulWidget*/
            PopupMenuButton(itemBuilder:
(BuildContext context) {
                return <PopupMenuEntry<-
JahreszeitET>>[
```

```
                        const PopupMenuItem<-
JahreszeitET>(
                    value: JahreszeitET.
fruehling,
                    child: const Tex-
t('Frühling')),
                        const PopupMenuItem<-
JahreszeitET>(
                    value: JahreszeitET.
sommer,
                    child: const Tex-
t('Sommer')),
                        const PopupMenuItem<-
JahreszeitET>(
                    value: JahreszeitET.
herbst,
                    child: const Tex-
t('Herbst')),
                        const PopupMenuItem<-
JahreszeitET>(
                    value: JahreszeitET.
winter,
                    child: const Tex-
t('Winter')),
                const PopupMenuDivider(),
                        const PopupMenuItem<-
JahreszeitET>(
                    value: ,
                    child: const Tex-
t('Keine Auswahl'))
                ];
            },
                onSelected: (JahreszeitET re-
sult) {
                })
            ]
        ),
        bottomNavigationBar: BottomAppBar(
            color: Colors.red,
            child: Container(height: 50)
        ),
        ),
    );
    }
}
```

Quellcode 5.55 Instanziierung und Initialisierung verschiedener Buttons

TabBar-Widget

Bei dem `TabBar`-Widget handelt es sich um eine Strukturkomponente, die verschiedene Inhaltsbereiche hinter einzelnen Reitern anordnet und dem Anwender das

Umschalten zwischen diesen Bereichen erlaubt. Dieses Widget wird in der Regel innerhalb des Scaffold-Widgets eingesetzt, da es aus zwei Teilen besteht. Die AppBar enthält dabei die einzelnen Reiter, die durch eine Instanz des TabBar-Widgets sowie der Eigenschaft »tabs« repräsentiert werden. Der Hauptinhaltsbereich des Scaffold, welcher durch die Eigenschaft »body« definiert wird, muss mit einer `TabBarView` initialisiert werden. Jedem Reiter ist ein Unterelement innerhalb der TabBarView zugeordnet. Die Flutter-Laufzeitumgebung greift beim Umschalten auf denselben Index zu, der auch bei dem Reiter hinterlegt ist, sodass diese beiden Listen exakt dieselbe Anzahl an Elementen aufweisen müssen (◘ Abb. 5.29).

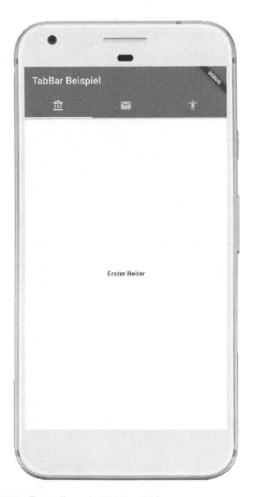

◘ **Abb. 5.29** Darstellung des TabBar-Widgets

Für die Navigation und Umschaltung ist das De-
faultTabController-Widget zuständig. Bei dem Versuch,
eine TabBar ohne umklammerndes DefaultTabControl-
ler-Widget zu erzeugen, wirft die Flutter-Laufzeitumgebung eine Exception.

Defa
ultTabController

```dart
import 'package:flutter/material.dart';
void main() {
  runApp(MyApp());
}
class MyApp extends StatelessWidget {
  // This widget is the root of your appli-
cation.
  @override
  Widget build(BuildContext context) {
    return MaterialApp(
      title: 'Flutter Demo',
        theme:  ThemeData(primarySwatch:
Colors.blue),
      home: MyHomePage(),
    );
  }
}
class MyHomePage extends StatelessWidget {
  @override
  Widget build(BuildContext context) {
    return DefaultTabController(length: 3,
initialIndex:1,
      child: Scaffold(
        appBar: AppBar(
                    title:  Text("TabBar
Beispiel"),
          bottom: TabBar(tabs: <Widget>[
            Tab(icon: Icon(Icons.ac-
count_balance_outlined)),
          Tab(icon: Icon(Icons.mail)),
            Tab(icon: Icon(Icons.acces-
sibility_new))
          ]),
        ),
        body: TabBarView(
          children: <Widget>[
            Center(child: const Tex-
t('Erster Reiter')),
            Center(child: const Tex-
t('Zweiter Reiter')),
            Center(child: const Tex-
t('Dritter Reiter'))
          ]
        ),
      )
```

```
      );
    }
  }
```

Quellcode 5.56 Kombinierter Einsatz der Widgets `TabBar` und `TabBarView`

ExpansionPanelList-Widget

Ein `ExpansionPanelList`-Widget ist ein Container, der seine Unterelemente ein- und ausblenden kann. Die Interaktion erfolgt in der Regel durch einen Klick in dem Header-Bereich des Widgets, der ein Umschalten des internen Zustands bewirkt. `ExpansionPanelLists` dienen der Organisation komplexerer Benutzungsoberflächen, indem fachlich zusammenhängende Steuerelemente gruppiert und bei Bedarf ausgeblendet werden können. In einer Vertragsverwaltungs-App könnte man die Stammdaten des Vertragsinhabers beispielsweise innerhalb eines `ExpansionPanelList`-Widgets unterbringen. Es ist ebenfalls üblich, eine Liste von Elementen darzustellen und weitere Details einzublenden, falls die Anwender auf die Elemente klicken. Beispielsweise wäre ein möglicher Einsatzzweck eine Nachrichten-App, die eine Liste von Nachrichten mit den Betreffzeilen anzeigt und bei einem Klick auf eine Nachricht den kompletten Nachrichtentext einblendet.

Beispiel

Quellcode 5.57 ist an eine solche Nachrichten-App angelehnt und zeigt eine Liste von gleichartigen Elementen, die weitere Details einblenden und auch gelöscht werden können.

```
import 'package:flutter/cupertino.dart';
import 'package:flutter/material.dart';
void main() {
  runApp(MyApp());
}
class MyApp extends StatelessWidget {
  // This widget is the root of your application.
  @override
  Widget build(BuildContext context) {
    return MaterialApp(
      title: 'Flutter ExpansionPanel',
      theme: ThemeData(
        primarySwatch: Colors.blue,
```

```
      ),
      home: MyHomePage(),
    );
  }
}
class MyHomePage extends StatefulWidget {
  MyHomePage({Key? key}) : super(key: key);
  @override
    _MyHomePageState createState() => _My-
HomePageState();
}
class ExpansionPanelItem {
  String title;
  String subTitle;
  bool isExpanded;
  ExpansionPanelItem({required this.title,
                      required this.subTi-
tle,
                            this.isExpanded =
false});
}
List<ExpansionPanelItem>      generateTestDa-
ta(int numberOfItems) {
  return List<ExpansionPanelItem>.generate(-
numberOfItems,
          (index) =>
            ExpansionPanelItem(
            title: "Mein Header ${index}",
                subTitle: "Einige Informa-
tionen"));
}
class _MyHomePageState extends State<MyHome-
Page> {
  final List<ExpansionPanelItem> _data = ge-
nerateTestData(10);
  @override
  Widget build(BuildContext context) {
    return Scaffold(
          appBar: AppBar(title: Text("Ein
Test")),
      body: SingleChildScrollView(
        child: Container(
          child: ExpansionPanelList(
              expansionCallback: (int index,
bool isExpanded) {
              setState(() {
                  _data[index].isExpanded =
!isExpanded;
              });
            },
            children:
              _data.map<ExpansionPanel>(
```

5

```
                         (ExpansionPanelItem item) {
                   return ExpansionPanel(
                   //Definition des Headers
                   headerBuilder:
                       (BuildContext contex-
tEPL, bool isExpanded) {
                       return ListTile(
                             title: Tex-
t(item.title,
                             textDirec-
tion: TextDirection.ltr));
                   },
                       //Definition des Ele-
ments
                       body: Center(key:
UniqueKey(),
                   child: ListTile(
                         title: Text("Unte-
relement",
                             textDirec-
tion: TextDirection.ltr),
                         subtitle: Text("Um
dieses Element zu löschen, klicken Sie auf
die Schaltfläche",
                             textDirec-
tion: TextDirection.ltr),
                         trailing: const
Icon(Icons.delete),
                       onTap: () {
                       setState(() {
                             _data.remove-
Where(
                             (Expansion-
PanelItem element) =>
item == element};
                         }); //setState()
                   }
                   ),
                   ),
                       isExpanded: item.isEx-
panded
                   );
               }).toList()
           )
         )
        )
      );
   }
}
```

Quellcode 5.57   Einsatz des ExpansionPanelList-Widgets

In dem Beispiel wird für die Repräsentation der einzelnen Elemente eine Klasse »ExpansionPanelItem« definiert. Instanzen dieser Klasse werden über die Factory-Methode »generateTestData« erzeugt, die bei der Initialisierung der Attribute des Status *(state)* »MyHomePageState« des zustandsbehafteten Widgets »MyHomePage« aufgerufen wird. Für die Definition des ExpansionPanelItem sind in der Regel die Angabe einer Callback-Operation »expansionCallback« sowie die Spezifikation der Unterelemente »children« erforderlich, bei denen es sich um Instanzen der Klasse »ExpansionPanel« handelt. Folgende Eigenschaften sind in Quellcode 5.57 verwendet:

- headerBuilder: Es handelt sich um eine Operation, die durch die Flutter-Laufzeitumgebung aufgerufen wird, um die Widgets in dem Header-Bereich zu generieren.
- body: Der Inhaltsbereich des ExpansionPanel, in dem die Details dargestellt werden, sofern er Anwender auf ein Element klickt.
- isExpanded: Definiert, ob das Element seinen Inhaltsbereich anzeigt.

◘ Abb. 5.30 zeigt das Erscheinungsbild des Widgets. Im Inhaltsbereich kommt das ListTile-Widget zum Einsatz, welches ebenfalls einen Header- und Inhaltsbereich sowie einen rechten bzw. linken Rand besitzt.

Dialoge
Beim Aufbau von Benutzungsoberflächen dienen Dialoge der einfachen Interaktion mit den Anwendern, indem auf bestimmte Zustände hingewiesen oder einfache Abfragen durchgeführt werden. Das AlertDialog-Widget dient beiden Aspekten. Es soll zunächst die Aufmerksamkeit des Anwenders auf sich lenken und fordert von ihm anschließend eine Entscheidung. Das SnackBar-Widget hingegen informiert in der Regel die Anwender und wird anschließend automatisch wieder ausgeblendet. ◘ Abb. 5.31 skizziert die drei Arten von Dialogen, die durch Flutter angeboten werden.[18] Ein SimpleDialog-Widget hat ein nahezu identisches Erscheinungsbild

---

18 Da es keine signifikante Unterscheidung zwischen einem AlertDialog-Widget und einem SimpleDialog-Widget gibt, ist Letzteres nicht aufgeführt.

5

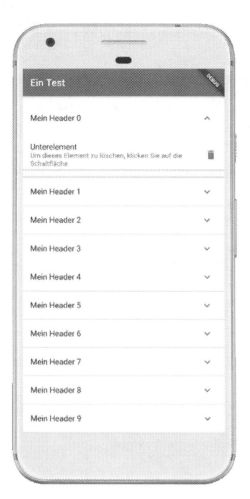

◘ **Abb. 5.30**   Erscheinungsbild des `ExpansionPanelList`-Widgets mit aufgeklapptem Element

wie das `AlertDialog`-Widget. Es bietet den Anwendern eine Auswahlmöglichkeit an und gleicht damit von der Benutzerführung einem `BottomSheet`-Dialog, welcher die Alternativen in der Regel von unten einblendet.

Es sollte bei mehreren Optionen immer ein Bottom-Sheet-Dialog vorgezogen werden, da die Alternativen von unten eingeblendet werden können. Die Auswahl erfolgt bei den meisten Anwendern per Daumen, sodass die Platzierung am unteren Ende des Bildschirmes ergonomischer ist.

Quellcode 5.58 ruft die asynchrone Operation »`oeffneDialogUndWarteErgebnis`« auf, sobald

 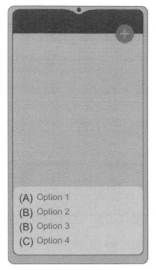 

◘ Abb. 5.31 Verschiedene mögliche Dialoge in Flutter (AlertDialog, BottomSheet und SnackBar)

eine Schaltfläche betätigt wird. Die Operation ist für das Einblenden und anschließende Warten auf eine Benutzereingabe des `SimpleDialog`-Widgets verantwortlich. Hierzu ruft sie die Flutter-Laufzeitfunktion »showDialog« auf, welche einen konkreten `Build-Context` eines umgebenden Widgets erwartet.

Die einzelnen Auswahlmöglichkeiten werden durch Unterelemente repräsentiert, bei denen es sich in der Regel um Instanzen der Klasse »SimpleDialogOption« handelt. Optional kann einem `SimpleDialog`-Widget noch ein Titel übergeben werden. In jeder Option muss eine Callback-Operation definiert werden, die beim Betätigen durch die Anwender aufgerufen wird. Häufig muss zunächst der angezeigte und für gewöhnlich modale Dialog wieder entfernt werden. Benötigt die aufrufende Stelle eine Information über die erfolgte Auswahl, dann kann im zweiten Parameter der Operation »Navigator.pop(dialogContext, **AuswahlOption.Auswahl1**)« ein beliebiger Wert eingesetzt werden. In Quellcode 5.58 wird diese Information durch die »**switch-case**«-Anweisung verarbeitet.

```
enum AuswahlOptionET {
    Auswahl1,
    Auswahl2
```

SimpleDialog-Widget

5

```
}
class RandomPage extends StatelessWidget {
  @override
  Widget build(BuildContext context) {
    return Scaffold(
      body: Center(
          child: Column(
            children: [
              ElevatedButton(
                onPressed: () => {
                  oeffneDialogUndWar-
teErgebnis(context)
                },
                child: const Tex-
t("Öffne Auswahl-Dialog",
                    textDirection:
TextDirection.ltr,)
              ),
            ],
          )
        )
    );
  }
    Future<void> oeffneDialogUndWarteErgeb-
nis(BuildContext context)
    async {
    switch(await
        showDialog<AuswahlOptionET>(context:
context,
          builder: (BuildContext dialogCon-
text) {
            return SimpleDialog(
              title: const Text("Auswahl-Dia-
log"),
              children: [
                SimpleDialogOption(
                  onPressed: (){
                    Navigator.pop(dialogCont-
ext,
                        AuswahlOp-
tionET.Auswahl1);},
                  child: const Text("Das ist
die Auswahl 1"),
                ),
                SimpleDialogOption(
                  onPressed: () {
                    Navigator.pop(dialogCont-
ext,
                        AuswahlOp-
tionET.Auswahl2);},
```

```
                    child: const Text("Das ist
   die Auswahl 12"),
             ),
       ],
     );
  })) {
     case AuswahlOptionET.Auswahl1:
       break;
     case AuswahlOptionET.Auswahl2:
       break;
     default:
       break;
   }
  }
}
```

Quellcode 5.58 Einsatz des `SimpleDialog`-Widgets

Die Erzeugung und Anzeige des `SnackBar`-Widgets sind im Vergleich zu dem obigen Beispiel deutlicher einfacher und stringenter. Dazu müssen lediglich – wie in Quellcode 5.59 – die Klasse »`ScaffoldMessenger`« sowie die Operation »`showSnackBar`« aufgerufen werden. Das `SnackBar`-Widget besitzt einen Inhaltsbereich, der über die Eigenschaft »`content`« spezifiziert wird. Soll eine Interaktion möglich sein, wird diese über eine einzelne `SnackBarAction`-Instanz in der »`action`«-Eigenschaft definiert. Die Flutter-Laufzeitumgebung blendet ein SnackBar-Widget nach einer einstellbaren Zeitspanne selbstständig wieder aus.

SnackBar-Widget

Die Kombination mit einer `SnackBarAction` und einer `SnackBar` erlaubt es, dass die Anwender theoretisch eine Bestätigung oder Aktion betätigen können. Man sollte aber vermeiden, über `SnackBars` Abfragen an die Anwender zu richten. Dafür eignen sich andere Dialoge besser. Stattdessen können Anwender über eine `SnackBarAction` die Kenntnisnahme einer bestimmten Information bestätigen.

Hinweis

```
class RandomPage extends StatelessWidget {
   @override
   Widget build(BuildContext context) {
     return Scaffold(
```

```
        body: Center(
            child: Column(
                children: [
                    ElevatedButton(
                        onPressed: () => {
                            ScaffoldMessenger.of(-
context).showSnackBar(
                                SnackBar(
                                    content:
                                        const Text("-
Das ist eine SnackBar"),
                                        action: SnackBa-
rAction(label: "OK",

onPressed: () {})
                                )
                            )
                        },
                        child: const Tex-
t("Öffne SnackBar",
                                textDirection:
TextDirection.ltr,)
                    ),
                ],
            )
        )
    );
    }
}
```

Quellcode 5.59   Einsatz des SnackBar-Widgets

BottomSheets

Hinweis

Flutter unterscheidet zwischen zwei Arten von Bot-tomSheets. Die **persistenten** BottomSheets unter-stützen andere Interaktionselemente auf der Benut-zungsoberfläche und bleiben auch dann sichtbar, wenn die Anwender auf andere Bereiche klicken. Sie werden durch den Aufruf der Operation »ScaffoldState. showBottomSheet« eingeblendet. Die **modalen** Bot-tomSheets grauen in der Regel den Hintergrund aus und benötigen eine Benutzerinteraktion. Sofern der An-wender auf einen Bereich außerhalb des BottomS-heet klickt, wird das Menü ausgeblendet und damit die Interaktion abgebrochen (◘ Abb. 5.32).

Wie aus Quellcode 5.60 hervorgeht, werden Bot-tomSheet-Widgets für gewöhnlich nicht direkt im Quellcode referenziert. Stattdessen erfolgt die Verwend-ung über die entsprechenden Fabrikmethoden.

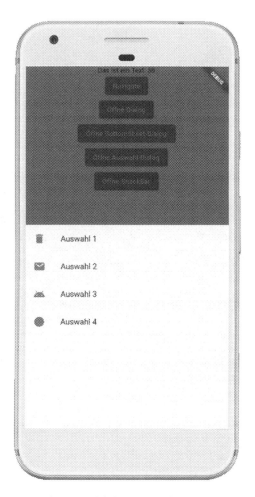

◘ Abb. 5.32   Erscheinungsbild des BottomSheet-Widgets

```
class RandomPage extends StatelessWidget {
  @override
  Widget build(BuildContext context) {
    return Scaffold(
      body: Center(child: Column(
        children: [
          ElevatedButton(
            onPressed: () => {
              showModalBottomSheet(context:
context,
              builder: (BuildContext dialog-
Context) {
              return Column(
```

```
                        children: [
                          ListTile(leading: const
Icon(Icons.delete),
                            title: const Tex-
t("Auswahl 1"),
                            onTap:() {Naviga-
tor.pop(dialogContext);}),
                          ListTile(leading: const
Icon(Icons.mail),
                            title: const Tex-
t("Auswahl 2"),
                            onTap:() {Naviga-
tor.pop(dialogContext);}),
                          ListTile(leading: const
Icon(Icons.android),
                            title: const Tex-
t("Auswahl 3"),
                            onTap:() { Naviga-
tor.pop(dialogContext);}),
                          ListTile(leading: const
Icon(Icons.circle),
                            title: const Tex-
t("Auswahl 4"),
                            onTap:() { Naviga-
tor.pop(dialogContext);}),
                        ]
                      );
                    }
                  )
                },
                child: const Text("Öffne Bot-
tom-Sheet",
                      textDirection: TextDi-
rection.ltr,)),
              ],
            )
          )
        );
    }
}
```

Quellcode 5.60   Einsatz des BottomSheet

Gängige Interaktionskomponenten

Flutter bietet für die Gestaltung der Benutzungsoberflächen gängige Steuerelemente an, auf die nachfolgend
nicht im Einzelnen eingegangen wird. Das Beispiel aus
Quellcode 5.61 verwendet einen DatePicker und gibt
das ausgewählte Datum sowohl über ein Textfeld als
auch über ein SnackBar-Widget aus. Ein Slider-Widget

□ **Abb. 5.33** Gängige Steuerelemente

erlaubt die Eingabe von Zahlenwerten in dem Intervall von 0 bis 100, wobei die Schrittweite auf 10 gesetzt wird. Ein CheckBox-Widget sowie ein Switch sind mit demselben Attribut verknüpft, sodass die Änderung eines Steuerelementes auch eine Aktualisierung des anderen Steuerelementes zur Folge hat (□ Abb. 5.33).

```dart
import 'package:flutter/material.dart';
import 'package:intl/intl.dart';
void main() {
  runApp(MyApp());
}
class MyApp extends StatelessWidget {
  const MyApp({Key? key}) : super(key: key);
  @override
  Widget build(BuildContext context) {
    return const MaterialApp(
      title: 'Flutter Code Sample',
      home: MyStatefulWidget(),
    );
  }
}
class MyStatefulWidget extends Stateful-
Widget {
```

5

```
  const MyStatefulWidget({Key? key}) : su-
per(key: key);
  @override
  _MyStatefulWidgetState createState() => _
MyStatefulWidgetState();
}
class    _MyStatefulWidgetState    extends
State<MyStatefulWidget> {
  double sliderValue = 0;
  bool checked = false;
  DateTime? date = DateTime.now();
  String textValue = "";
  TextEditingController controller = TextE-
ditingController();
  Future<void> selectDate(BuildContext cont-
ext) async {
    DateTime now = DateTime.now();
    DateTime? ret = await showDatePicker(-
context: context,
        initialDate: now,
        firstDate: DateTime(now.year, 1, 1),
          lastDate: DateTime(now.year, 12,
31));
      this.date = ret;
      if (this.date != null) {
            controller.text = DateFormat.
yMMMd().format(this.date!);
      }
              ScaffoldMessenger.of(context).
showSnackBar(
                SnackBar(
                  content: Text("-
Folgendes Datum gewählt: ${ret == null ?
'keins' : ret}")
      ));
    return;
  }
  @override
  Widget build(BuildContext context) {
    return Scaffold(
      body: Center(
        child: Column(
          children: [
            OutlinedButton(
              onPressed: () {
                selectDate(context);
              },
                child: const Text('Open Date
Picker'),
              ),
              Slider(value: this.sliderValue,
                min: 0, max: 100, divisions:
10,
```

```
                        label: this.sliderValue.
ceil().toString(),
                    onChanged: (double value) {
                        setState(() {
                              this.sliderValue =
value;
                        });
                }),
                    TextField(controller: this.con-
troller,
                        onSubmitted: (String
value) {
                    this.textValue = value;
                }),
                    Checkbox(value: this.checked,
onChanged: (bool? val) {
                    setState(() {
                        this.checked = val != null
? val : false;
                    });
                }),
                    Switch(value: this.checked, on-
Changed: (bool? val) {
                    setState(() {
                        this.checked = val != null
? val : false;
                    });
                }),
                ]
            )
        ),
    );
    }
}
```

Quellcode 5.61 Einsatzmöglichkeiten verschiedener Steuerelemente

Komponenten für die Darstellung

Für die kompakte Darstellung von zusammenhängenden Informationen kann das Card-Widget verwendet werden. Es handelt sich um einen Container, der einen Rand mit in der Regel runden Ecken besitzt und leicht hervorgehoben wird. Optional kann ein Schattenwurf auf die darunterliegenden Bereiche aktiviert werden. Dieses Steuerelement wurde bereits in ▶ Abschn. 3.1.3.2 (vgl. »Card«) im Kontext des Ionic-Frameworks eingeführt. Flutter verfolgt bei der Umsetzung jedoch eine andere Strategie. Das Card-Widget definiert beispielsweise keine expliziten Bereiche wie einen Header-, Titel- oder

Inhaltsbereich. Stattdessen haben Entwickler freie Gestaltungsmöglichkeiten, indem sie spezifizieren, wie das Unterelement aussehen soll.

```
@override
Widget build(BuildContext context) {
  return Center(
    child: Card(
      child: Column(
        mainAxisSize: MainAxisSize.min,
        children: <Widget>[
          const ListTile(
            leading: Icon(Icons.android),
              title: Text('Mobile Comput-
ing'),
            subtitle: Text('FH Iserlohn'),
          ),
          Row(
              mainAxisAlignment: MainAx-
isAlignment.end,
            children: <Widget>[
              TextButton(
                  child: const Text('Prü-
fungsanmeldung'),
                onPressed: () {/* ... */},
              ),
              const SizedBox(width: 8),
              TextButton(
                  child: const Text('Öff-
nen'),
                onPressed: () {/* ... */},
              ),
              const SizedBox(width: 8),
            ],
          ),
        ],
      ),
    ),
  );
}
```

Quellcode 5.62 Verwendung des `Card`-Widgets

Die Darstellung in Quellcode 5.62 ist zunächst in zwei Zeilen unterteilt, die durch das Column-Widget realisiert sind. Das ListTile-Widget nimmt die erste Zeile vollständig ein. In der verwendeten Variante stellt das Widget ein Icon sowie zwei Textzeilen dar. Es sind aber andere Modi möglich, wie in ◘ Abb. 5.34 zu sehen ist. Die nächste Zeile ist in vier Spalten unterteilt, wobei die Anwender lediglich die Spal-

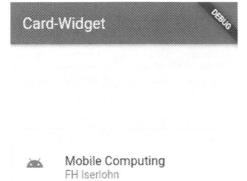

Abb. 5.34 Das Erscheinungsbild von Quellcode 5.62

ten mit den `TextButton`-Widgets sehen können, da die anderen Spalten das `SizedBox`-Widget enthalten, welches für den Abstand zwischen den Schaltflächen sorgt.

➡ Eigenschaften   API

- **borderOnForeground:** Definiert, ob der Rand vor oder hinter dem Unterelement liegt und diesen dadurch eventuell verdeckt.
- **child:** Spezifiziert den Inhalt.
- **color:** Hintergrundfarbe des Card-Widgets.
- **elevation:** Erhebung bzw. Abhebung. Ein Wert größer null bedeutet, dass das Card-Widget optisch höher liegt.
- **shadowColor:** Spezifiziert die Farbe des Schattenwurfes.
- **shape:** Definiert das Erscheinungsbild des Randes.

Das `ListTile`-Widget kann sowohl in Kombination mit dem `Card`-Widget als auch alleinstehend zum Einsatz kommen. Es implementiert die sogenannte Material-Design-List-Spezifikation und dient der Darstellung eines Elementes. In einer E-Mail-App könnten einzelne ListTiles beispielsweise eine Vorabansicht für

ListTile-Widget

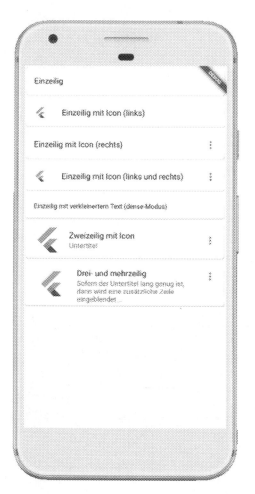

◘ Abb. 5.35   Mögliche Varianten des `ListTile`-Widgets

E-Mails anbieten, sodass Anwender schnell sehen können, welchen Betreff und welchen Absender eine E-Mail enthält. Das Widget bietet zwei Interaktionsmöglichkeiten: Das `onTap()`-Ereignis wird beim Klick auf das Widget unmittelbar gefeuert. Das onLongPress()-Ereignis wird hingegen erst nach einer längeren Verweildauer auf dem Element ausgelöst (◘ Abb. 5.35).

```
@override
Widget build(BuildContext context) {
    return Scaffold(body: Center(
        child: ListView(
```

```
            children: const <Widget>[
              Card(child: ListTile(title: Tex-
t('Einzeilig'))),
              Card(
                child: ListTile(
                  leading: FlutterLogo(),
                    title: Text('Einzeilig mit
Icon (links)'),
                ),
              ),
              Card(
                child: ListTile(
                    title: Text('Einzeilig mit
Icon (rechts)'),
                    trailing: Icon(Icons.more_
vert),
                ),
              ),
              Card(
                child: ListTile(
                  leading: FlutterLogo(),
                    title: Text('Einzeilig mit
Icon (links und rechts)'),
                    trailing: Icon(Icons.more_
vert),
                ),
              ),
              Card(
                child: ListTile(
                    title: Text('Einzeilig mit
verkleinertem Text (dense-Modus)'),
                  dense: true,
                ),
              ),
              Card(
                child: ListTile(
                    leading: FlutterLogo(size:
56.0),
                    title: Text('Zweizeilig mit
Icon'),
                      subtitle: Text('Unterti-
tel'),
                    trailing: Icon(Icons.more_
vert),
                ),
              ),
              Card(
                child: ListTile(
                    leading: FlutterLogo(size:
72.0),
                    title: Text('Drei- und
mehrzeilig'),
                  subtitle: Text(
```

```
                        'Sofern der Untertitel
lang genug ist, dann wird eine zusätzliche
Zeile eingeblendet...'
                ),
                    trailing: Icon(Icons.more_
vert),
                isThreeLine: true,
            ),
          ),
        ],
      }
    ));
}
```

Quellcode 5.63　build()-Operation, um ◪ Abb. 5.35 zu erzeugen

API

══ Eigenschaften
- **autofocus:** Sorgt dafür, dass das ListTile automatisch ausgewählt wird, sodass eine direkte Interaktion möglich ist.
- **contentPadding:** Spezifiziert den inneren Abstand des Inhaltes zum Rand des Widgets.
- **dense:** Stellt auf einen kompakten, platzsparenden Modus um. Dadurch werden sowohl der Text in seiner Größe als auch die Abstände zwischen den Bereichen reduziert.
- **enabled:** Wenn der Wert false ist, dann wird das Element als deaktiviert dargestellt, sodass es beispielsweise nicht auswählbar ist. Dadurch werden auch die Ereignisse bei onTap und onLongPress nicht verarbeitet.
- **hoverColor:** Spezifiziert die Farbe, wenn man den Finger oder den Mauszeiger über das Element bewegt.
- **isThreeLine:** Wechselt auf den mehrzeiligen Modus.

DataTable-**Widget**

Um Daten zeilenweise darzustellen, stellt Flutter eine Tabellenkomponente bereit. Bei der Erzeugung können die einzelnen Zellen umfangreich in ihrer Darstellung beeinflusst werden. Quellcode 5.64 verwendet jedoch einfache Texte. Die Grundstruktur einer Tabelle wird über Instanzen der Klassen DataColumn, DataRow und DataCell gebildet. Durch das »columns«-Attribut müssen zunächst die verfügbaren Spalten definiert werden. In der Eigenschaft »rows« werden die Zeilen spezifiziert.

```
import 'package:flutter/cupertino.dart';
import 'package:flutter/material.dart';
import '../routes.dart';
class DataPage extends StatelessWidget {
  @override
  Widget build(BuildContext context) {
    return Scaffold(body: Center(
        child: Column(
          children: [
            Text("Das ist eine Datenseite",
                     textDirection: Text-
Direction.ltr,),
              ElevatedButton(onPressed: () =>
{
                        Navigator.of(-
context)
                        .pushNamed-
(RouteGenerator.homePage)
                   },
                 child: const Text("Nav-
igate",
                 textDirection: Text-
Direction.ltr,)),
            DataTable(columns: const<DataCo-
lumn>[
                   DataColumn(label:
Text('Modul')),
                   DataColumn(label:
Text('Credits'),
                            nume-
ric: true),
                   DataColumn(label:
Text('Workload'))
                 ],
               rows: const <DataRow>[
                 DataRow(cells: <Da-
taCell>[
                   DataCell(Text('Mo-
bile Computing')),
                        DataCell(-
Text('6')),
                        DataCell(Tex-
t('180h'))
                 ]),
                 DataRow(cells: <Da-
taCell>[
                        DataCell(Tex-
t('MD3D')),
                        DataCell(-
Text('6')),
                        DataCell(Tex-
t('180h'))
                 ]),
```

5

```
                                    DataRow(cells: <Da-
        taCell>[

                                        DataCell(Tex-
        t('Softwareengineering'),

                                            showEditI-
        con: true),

                                        DataCell(-
        Text('6')),

                                        DataCell(Tex-
        t('180h'))
                                    ])
                                ])
                    ],
                )
            ));
        }
    }
```

Quellcode 5.64   `DataTable`-Widget

Es ist in manchen Situationen erforderlich, dass die Daten segmentiert werden, um das Übertragen großer Datenmengen zu verhindern. Dabei werden zwei unterschiedliche Ansätze verfolgt. Mit dem Endless Scrolling werden die Daten nachgeladen, sobald der Anwender nach unten blättert. Mit der Seitennummerierung *(pagination)* hingegen lässt sich direkt zu einem bestimmten Segment navigieren. Das `DataTable`-Widget unterstützt diese Möglichkeit nicht. Sollen die Daten segmentiert werden, muss das `PaginatedDataTable`-Widget alternativ zum Einsatz kommen.

Anpassungsmöglichkeiten

Sollen in einer Spalte Zahlenwerte ausgegeben werden, muss die Eigenschaft »`numeric`« der Klasse `DataColumn` den Wert »`true`« besitzen. Die Flutter-Laufzeitumgebung stellt den Inhalt dieser Spalten rechtsbündig dar. Einzelne Zeilen können als selektiert markiert werden, indem ihre Eigenschaft »`selected`« gesetzt wird. Darüber hinaus unterstützt das Widget das rudimentäre Editieren der Elemente. Über das Attribut »`showEditIcon`« der Klasse `DataCell` lässt sich ein Editier-Piktogramm einblenden.

Hinweis

Das Editieren der dargestellten Daten muss selbstverständlich eigenständig umgesetzt werden. Das `DataTable`-Widget liefert hier lediglich eine Unterstützung für die Benutzerführung (◨ Abb. 5.36).

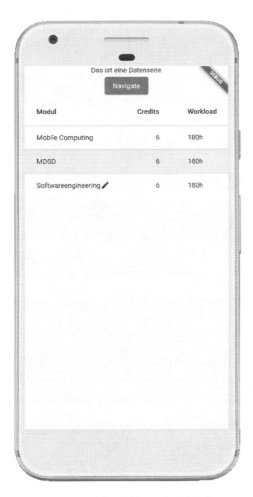

■ **Abb. 5.36** Das `DataTable`-Widget mit drei Zeilen

In dem obigen Beispiel werden ausschließlich Text-Widgets eingesetzt. Eine Zelle kann aber beliebige Widgets aufnehmen, sodass auch kompliziertere oder individuelle Steuerelemente innerhalb einer Datentabelle platziert werden können.

5.4.4 Routing und Navigation

Die bisherigen Flutter-Beispiele enthalten lediglich eine spezielle Ansicht, ohne dass die Anwender in der Lage sind, eine andere Seite zu öffnen. Die meisten Apps benötigen aber eine Vielzahl unterschiedlicher Seiten, um bestimmte Aspekte umzusetzen und die User Experience optimal zu gestalten. In ▶ Abschn. 2.3.3.4 wurde im Kontext der Fahrradverleih-App spezifiziert, dass es beispielsweise 16 unterschiedliche Ansichten gibt. Dabei handelt es sich lediglich um eine App mit einer geringen Funktionstiefe, sodass gängige Apps in der Regel mehr Seiten besitzen.

Flutters Ansatz für die Navigation orientiert sich an gängigen Webtechniken für Single-Page Applications (SPAs) für wie zum Beispiel Vue, React oder Angular. Kenntnisse aus diesem Bereich erleichtern daher das Verständnis. Beim Start einer App lädt die Laufzeitumgebung das erste Widget. Ausgehend von diesem Widget kann durch spezielle API-Funktionen ein Wechsel der dargestellten Seite initiiert werden.

Die Klasse `Navigator`

Die Navigation API wird innerhalb der Flutter-Laufzeitumgebung durch die Klasse »Navigator« bereitgestellt. Die Klasse bietet verschiedene Methoden an, um den Wechsel der aktuellen Ansicht einzuleiten. Da die Klasse zudem einen internen »Stack« beinhaltet, kann über die Funktionen »push« und »pop« bequem zwischen einer neuen Ansicht hin- und wieder zurückgesprungen werden, wie Quellcode 5.65 zeigt.

Hinweis

In der Praxis sollte diese Art der Navigation nur in Ausnahmefällen eingesetzt werden, da sie einen Nachteil besitzt, wie weiter unten erklärt wird.

```
import 'package:flutter/material.dart';
void main() {
  runApp(const MaterialApp(
    title: 'Navigationsbeispiel',
    home: ErsteAnsicht(),
  ));
}
class ErsteAnsicht extends StatelessWidget {
  const ErsteAnsicht({Key? key}) : super(key: key);
  @override
  Widget build(BuildContext context) {
    return Scaffold(
      appBar: AppBar(
        title: const Text('Erste Ansicht'),
      ),
      body: Center(
        child: ElevatedButton(
          child: const Text('Öffne Ansicht'),
```

```
              onPressed: () {
            Navigator.push(context,
                MaterialPageRoute(builder:
(context) =>

const ZweiteAnsicht()),
               );
           },
         ),
       ),
     );
   }
}
class ZweiteAnsicht extends StatelessWidget
{
    const ZweiteAnsicht({Key? key}) : su-
per(key: key);
  @override
  Widget build(BuildContext context) {
    return Scaffold(
      appBar: AppBar(
        title: const Text("Zweite Ansicht"),
      ),
      body: Center(
        child: ElevatedButton(
          onPressed: () {
            Navigator.pop(context);
          },
            child: const Text('Springe zu-
rück!'),
        ),
      ),
    );
  }
}
```

Quellcode 5.65   Verwendung der Klasse Navigator

Wie bereits erwähnt, *kann* zwar eine direkte Navigation zwischen zwei Ansichten mithilfe dieser Funktionen realisiert werden, jedoch *sollte* die Navigation zu einer konkreten Ansicht stattdessen von der **Navigationsdirektive**[19] entkoppelt sein.

Direkte Navigation vermeiden

---

19 Bei einer Navigationsdirektive handelt es sich um einen sprechenden, technischen Bezeichner.

Besitzen nämlich unterschiedliche Seiten eine Navigationsdirektive zu einer Zielseite, die sich im Laufe der Entwicklung ändert, dann müssen in der Folge alle Referenzen in allen Seiten angepasst werden (◘ Abb. 5.37). Das erzeugt einen hohen Anpassungsaufwand, und die Wartbarkeit der App leidet. Wie auch in dem Web-Framework `Vue.js` üblich, kann diese Entkopplung durch **Routen** stattfinden. Eine Route definiert einen technischen Pfad zu einer konkreten Seite. Die Navigationsdirektive referenziert demnach lediglich eine Route, ohne eine konkrete Seite zu adressieren.

Hinweis

In der Praxis hat sich bewährt, dass das gesamte Routing einer Flutter-App in einer Datei `routes.dart` untergebracht ist.

Durch die Einführung eines **Navigationsdienstes** mit einem internen **Navigationsregister** werden diese Routen durch eine App verwaltet. Anstatt eine andere Seite direkt aufzurufen, leitet die Ausgangsseite den Navigationswunsch über einen technischen Namen bzw. eine »Route« an den Dienst weiter. Dieser ermittelt aus dem Navigationsregister die aktuell konfigurierte Zielseite und öffnet sie. Die Informationen sollten dabei zentral verwaltet werden.

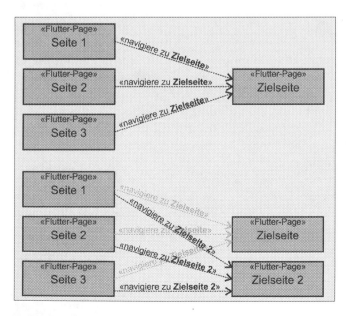

◘ **Abb. 5.37**   Direkte Navigation

Quellcode 5.66 erläutert die Navigation über Routen mithilfe des `MaterialApp`-Widgets. Zwar kommt ein Navigationsdienst auch bei diesem Beispiel nicht zum Einsatz, dennoch entkoppelt das Beispiel die Navigation zu einer Seite von der Navigationsdirektive.

```dart
import 'package:flutter/material.dart';
void main() {
  runApp(
    MaterialApp(
      title: 'Named Routes Demo',
      // Setzt die erste Route, die beim
Laden
      // der App verwendet wird.
      initialRoute: '/',
      routes: {
        '/': (context) => const ErsteAn-
sicht(),
        '/second': (context) => const Zwei-
teAnsicht(),
      },
    ),
  );
}
class ErsteAnsicht extends StatelessWidget {
  const ErsteAnsicht ({Key? key}) : su-
per(key: key);
  @override
  Widget build(BuildContext context) {
    return Scaffold(
      appBar: AppBar(
        title: const Text('Erste Ansicht'),
      ),
      body: Center(
        child: ElevatedButton(
          onPressed: () {
            Navigator.pushNamed(context, '/
second');
          },
          child: const Text('Erste Ansicht),
        ),
      ),
    );
  }
}
class ZweiteAnsicht extends StatelessWidget
{
  const ZweiteAnsicht({Key? key}) : su-
per(key: key);
  @override
```

5

```
Widget build(BuildContext context) {
  return Scaffold(
    appBar: AppBar(
      title: const Text('Zweite Ansicht'),
    ),
    body: Center(
      child: ElevatedButton(
        onPressed: () {
          Navigator.pop(context);
        },
          child: const Text('Spring zu-
rück!'),
        ),
      ),
    );
  }
}
```

Quellcode 5.66   Verwendung von Routen in der Klasse `MaterialApp`

Beispiel eines
Navigationsdienstes

Der Nachteil der obigen Herangehensweise besteht darin, dass die Navigationslogik unmittelbar innerhalb des `MaterialApp`-Widgets untergebracht und zudem statisch ist. Die Definition einer Route erfolgt durch eine Spezifikation eines Lambda-Ausdruckes:

```
'/second':   (context)   =>   const ZweiteAn-
sicht()
```

Soll beispielsweise in Abhängigkeit eines internen Zustandes für eine konkrete Navigationsdirektive eine andere Ansicht ausgewählt werden, kann der Quellcode sehr schnell unübersichtlich werden. In einer solchen Situation ist es ratsam, einen Navigationsdienst in einer separaten Datei bereitzustellen (◘ Abb. 5.38).

Anstatt innerhalb des `MaterialApp`-Widgets die Routen zu definieren, wird eine Callback-Methode (»onGeneratorRoute«) spezifiziert, die bei einem Navigationsereignis durch die Flutter-Laufzeitumgebung aufgerufen wird. Ein einfaches Implementierungsbeispiel für diese Callback-Methode ist in Quellcode 5.67 zu finden.

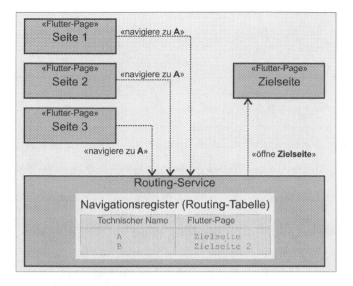

■ **Abb. 5.38** Indirekte Navigation durch einen Routing-Dienst

```
import 'package:flutter/cupertino.dart';
import 'package:flutter/material.dart';
import       'package:widget_examples/routes.
dart';
import 'package:widget_examples/routes/Home-
Page.dart';
void main() {
  runApp(MyApp());
}
class MyApp extends StatelessWidget {
  @override
  Widget build(BuildContext context) {
    return MaterialApp(
      title: 'Flutter ExpansionPanel',
      initialRoute: RouteGenerator.homePage,
      onGenerateRoute: RouteGenerator.gener-
ateRoute,
    );
  }
}
```

Quellcode 5.67 Verwendung von Routen in der Klasse `MaterialApp`

Um bei der Menge der Seiten nicht den Überblick zu ver-   Hinweis
lieren, sollte das Flutter-Projekt einheitlich strukturiert
werden. Ein möglicher, praxiserprobter Aufbau des Projektes könnte wie folgt aussehen:

- lib/
- routes/
- seite1.dart
- seite2.dart
- widgets/
- main.dart
- routes.dart

Innerhalb des /routes-Unterordners sollten alle Seiten der Flutter-App untergebracht werden. Sofern individuelle, wiederverwendbare Widgets vorhanden sind, können sie in dem /widgets-Unterordner platziert werden.

```dart
import 'package:flutter/cupertino.dart';
import 'package:flutter/material.dart';
import 'package:widget_examples/routes/Home-
Page.dart';
import 'package:widget_examples/routes/Ran-
domPage.dart';
import 'main.dart';
class RouteGenerator {
  static const String homePage = '/';
  static const String secondPage = '/sec-
ond';
  RouteGenerator._() {}
  static Route<dynamic> generateRoute(Route-
Settings settings) {
    switch(settings.name) {
      case homePage:
        return MaterialPageRoute(builder:
(_) => MyHomePage());
      case secondPage:
        return MaterialPageRoute(builder:
(_) => RandomPage());
      default:
        throw FormatException("Route not
found");
    }
  }
}
```

Quellcode 5.68   Einfacher Routing-Service mit einer Abbildungslogik

Das Beispiel ist dabei bewusst einfach gehalten. Die Routing-Regeln sind statisch und benötigen keine Kontextinformationen. Die Navigationsdirekte innerhalb einer Ansicht verwendet diese Klasse und greift auf Operationen der Klasse »Navigator« zu.

```
RouteGenerator._() {}
  static Route<dynamic> generateRoute(Route-
Settings settings) {
    switch(settings.name) {
      case homePage:
          return MaterialPageRoute(builder:
(_) => MyHomePage());
      case secondPage:
          return MaterialPageRoute(builder:
(_) => RandomPage());
      default:
          throw FormatException("Route not
found");
    }
  }
}
class _MyHomePageState extends State<MyHome-
Page> {
  @override
  Widget build(BuildContext context) {
    return Scaffold(
          appBar: AppBar(title: Text("Ein
Test")),
        body: Column(
          children: [
            ElevatedButton(onPressed: () =>
{
              Navigator.of(context)
                .pushNamed(RouteGenera-
tor.secondPage)
            },
            child: const Text("Navigate",
                          textDirection:
TextDirection.ltr,)),
          ]
        )
      );
  }
}
```

Quellcode 5.69   Verwendung des Routing-Service

Bei der Navigation können beliebige Parameter an eine andere Seite übergeben und durch den Navigationsdienst verarbeitet werden. Dazu besitzt die Operation »push-Named« eine überladene Variante, die ein Datenobjekt entgegennimmt. In Quellcode 5.70 wird eine individuelle Parameterklasse »MeinArgument« definiert, welche einen Textparameter an eine Seite weiterleitet. Geht eine

Parameterübergabe

Beispiel

Navigationsdirektive für diese Seite ein, nimmt der Navigationsdienst den Wert entgegen und leitet den Wert an die Seite über ihren Konstruktor weiter. Die Implementierung der Klasse »ParameterPage« greift auf dieses Attribut zu und stellt den Inhalt über ein Text-Widget auf der Seite dar. Vor dem Hintergrund dieses Beispiels fungiert der Navigationsdienst wie ein Controller im Kontext des MVC-Musters. Die im MVC-Muster bekannten Richtlinien bei der Dekomposition der Zuständigkeiten zwischen View und Controller können auch hier zum Einsatz kommen. Insbesondere sollte beispielsweise eine Seite von ihrer Umgebung entkoppelt sein.

In einer App sollen aktuelle Forderungen und Verbindlichkeiten, bei denen es sich um Buchungen handelt, über zwei Ansichten tabellarisch dargestellt werden. Das ERP-System bietet zwei Endpunkte, die diese Informationen zurückliefern. Um redundanten Quellcode zu vermeiden, entscheidet sich das Entwicklungsteam, lediglich eine Seite zu implementieren, die über ein Parameterobjekt angepasst wird. Das Objekt nimmt einen Titel entgegen und erlaubt auch die Definition des zu verwendenden Endpunktes:

- GET/api/alleForderungen
- GET/api/alleVerbindlichkeiten

Die Implementierung könnte auf zwei Arten umgesetzt werden. Einerseits könnte der Navigationsservice beide Informationen an die Seite weiterleiten, die anschließend selbstständig dafür verantwortlich ist, über einen REST-API-Aufruf die Daten von dem Backend-System zu ermitteln. Andererseits wäre es möglich, dass der Navigationsservice diese Daten vorab ermittelt und die Daten an die Seite weiterleitet.

```dart
import 'package:flutter/cupertino.dart';
import 'package:flutter/material.dart';
import '../routes.dart';
class MeinArgument {
  final String bezeichnung;
  MeinArgument(this.bezeichnung);
}
class ParameterPage extends StatelessWidget
{
  final String parameter;
```

```
  const ParameterPage({Key? key, required
this.parameter})
 : super(key: key);
  @override
  Widget build(BuildContext context) {
    return Scaffold(body: Center(
        child: Column(
          children: [
            Text(this.parameter,
                    textDirection: TextDirec-
tion.ltr,),
          ],
        )
    ));
  }
}
class RouteGenerator {
  static const String homePage = '/';
  static const String paramPage = '/param';
  RouteGenerator._() {}
  static Route<dynamic> generateRoute(Route-
Settings settings) {
    switch(settings.name) {
      case homePage:
          return MaterialPageRoute(builder:
(_) => MyHomePage());
      case paramPage: {
          MeinArgument text = settings.argu-
ments as MeinArgument;
          return MaterialPageRoute(builder:
(_) =>
                    ParameterPage(parameter:
text.bezeichnung));
      }
      default:
          throw FormatException("Route not
found");
    }
  }
}
ElevatedButton(onPressed: () => {
          Navigator.of(context).pushNamed-
(RouteGenerator.paramPage,
                    arguments: MeinArgu-
ment('Param A'))
      }, child: const Text("Navigate to Pa-
rameterPage with 'Param A'", textDirection:
TextDirection.ltr,)),
ElevatedButton(onPressed: () => {
          Navigator.of(context).pushNamed-
(RouteGenerator.paramPage,
```

```
                          arguments: MeinArgu-
ment('Param B'))
      }, child: const Text("Navigate to Pa-
rameterPage with 'Param B'", textDirection:
TextDirection.ltr,)),
```

Quellcode 5.70 Parameterübergabe während einer Navigationsdirektive

5.5 Kommunikation mit Backend-Systemen

Viele Apps sind auf eine Kommunikation mit Serversystemen angewiesen. Dabei findet die Datenübertragung häufig über das JSON-Format statt. Während viele Programmiersprachen und Laufzeitumgebungen die Serialisierung und Deserialisierung ihrer Objekte in dieses Format direkt unterstützen, benötigt man bei Flutter und der Programmiersprache Dart zusätzliche Hilfsmittel. Das liegt vor allen Dingen daran, dass Flutter kein Konzept der Laufzeitanalyse *(reflection)* unterstützt. In ▶ Abschn. 5.5.1 wird daher zunächst vorgestellt, wie die Verarbeitung von JSON-Daten in Flutter umgesetzt werden kann.

Express.js

Damit im Rahmen dieser Veranstaltung keine komplexe Laufzeitumgebung für Serversysteme aufgesetzt werden muss, dient ein auf Node.js basierender HTTP-Server als Datenquelle. Es müssen lediglich Node.js sowie NPM vorhanden sein, um das nachfolgende Beispiel auszuführen (Anhang V.III).

Schritte

Um einen HTTP-Server mithilfe des Express.js-Frameworks aufzusetzen, muss in einem leeren Verzeichnis zunächst ein Node.js-Projekt initiiert werden. Der Einfachheit halber können aber auch die folgenden Dateien zum Einsatz kommen. Die »package.json« enthält Metainformationen zu einem Node.js Projekt, wie zum Beispiel den Namen des Projektes sowie Angaben zur Lizenz. Darüber hinaus werden die Abhängigkeiten zu den Node.js-Paketen in dieser Datei verwaltet. Dabei wird zwischen den Laufzeit- und Entwicklungszeitabhängigkeiten unterschieden. Die Node.js-Pakete, die während der Laufzeit der Anwendung bereitstehen müssen, werden in dem Abschnitt »dependencies« definiert, während die Pakete, die lediglich während der

Entwicklungszeit benötigt werden, in dem Abschnitt »devDependencies« landen. Damit eine typsichere Entwicklung des HTTP-Servers möglich ist, verwendet das vorliegende Beispiel **Typescript** anstelle von Javascript. Um zudem zur Laufzeit eine deutliche Reduzierung der Datenmenge zu erzielen, werden die Quellcodedateien über das **Webpack**-Werkzeug komprimiert *(bundling)*.

```json
{
    "name": "nodeserver5",
    "version": "1.0.0",
    "description": "",
    "main": "index.js",
    "scripts": {
        "start": "npm-run-all --parallel build serve2",
        "serve": "node ./build/index.js",
        "serve2": "nodemon ./build/index.js localhost 4000",
        "build": "webpack",
    },
    "author": "Doga Arinir",
    "license": "MIT",
    "devDependencies": {
        "@types/express": "^4.17.13",
        "@types/node": "^16.7.2",
        "nodemon": "^2.0.12",
        "npm-run-all": "^4.1.5",
        "ts-loader": "^9.2.5",
        "typescript": "^4.3.5",
        "webpack": "^5.51.1",
        "webpack-cli": "^4.8.0",
        "webpack-node-externals": "^3.0.0"
    },
    "dependencies": {
        "express": "^4.17.1"
    }
}
```

Quellcode 5.71 Datei package.json des Servers

```json
{
    "compilerOptions": {
        "sourceMap": true,
        "module": "esnext",
        "target": "esnext",
        "strict": true,
```

```
        "experimentalDecorators": true,
        "emitDecoratorMetadata": true,
        "allowSyntheticDefaultImports": true
    }
}
```

Quellcode 5.72   Datei `tsconfig.json`

Webpack erfordert eine Konfigurationsdatei, in der die Wurzeldatei der Anwendung definiert ist. Anhand der Wurzeldatei ermittelt das Werkzeug alle anderen referenzierten Quellcodedateien und fügt diese in das finale Ergebnisdokument ein, welches im letzten Schritt komprimiert wird.

```
const path = require('path');
const    nodeExternals    =    require('web-
pack-node-externals');
const {NODE_ENV = 'production',} = process.
env;
module.exports = {
    entry: './src/index.ts',
    mode: NODE_ENV,
    target: 'node',
     watch: true,      /* wenn false, dann
kehrt webpack zurueck. Ansonsten wartet es
*/
    output: {
            path: path.resolve(__dirname,
'build'),
        filename: 'index.js'
    },
    externals: [nodeExternals()],
    module: {
        rules: [
            {
                test: /\.ts$/,
                use: 'ts-loader',
                exclude: /node_modules/
            }
        ]
    },
    resolve: {
        extensions: ['.ts', '.js'],
        modules: ['node_modules']
    }
}
```

Quellcode 5.73   Datei `webpack.config.js`

Innerhalb der »index.ts« wird der Express.js-Server initialisiert. Über die Operation »route« können Endpunkte konfiguriert werden. In dem vorliegenden Beispiel »horcht« ein Endpunkt auf der Adresse »/api/module/« auf ein eintreffendes HTTP-GET-Request. Anschließend werden drei Instanzen des Data-Transfer-Objektes »Modul« erzeugt und über die Operation »send« der Response-Instanz zurück übermittelt.

Wie in der »package.json«-Datei spezifiziert, lässt sich der Server über die Konsole mithilfe des Befehls npm run start starten und ist anschließend augenblicklich verfügbar.

Node.js im Allgemeinen und Express.js im Besonderen ist ein leichtgewichtigerer Ansatz für die Entwicklung von serverseitigen Systemen. Im Gegensatz zu einem Server auf Jakarta EE oder Spring Basis stehen deutlich weniger Funktionen innerhalb der Laufzeitumgebung zur Verfügung. Mithilfe zahlreicher Bibliotheken können dennoch auch komplexe Unternehmensanwendungen auf Basis von Node.js entwickelt werden. Das soll hier aber nicht Thema sein.

Hinweis

```typescript
import * as express from 'express';
import { Request, Response } from 'express';
const server = express();
/* Einfaches Data-Transfer-Objekt (DTO) */
class Modul {
    name: string = "";
    beschreibung: string = "";
     constructor(name: string, beschreibung:
string) {
        this.name = name;
        this.beschreibung = beschreibung;
    }
}
const {
  PORT = 3000,
} = process.env;
server.route("/api/module").get(
        (req: Request, res: Response) => {
                const ret: Modul[] = new Ar-
ray<Modul>();
                ret.push(
                new Modul("Modellgestriebene
Softwareentwicklung",
                        "FH Iserlohn,
180h, 6CP"));
                ret.push(
                new Modul("Mobile Computing",
```

5

```
                                        "FH Iserlohn,
180h, 6CP"));
                ret.push(
                    new Modul("Softwareengineer-
ing",
                                        "FH Iserlohn,
180h, 6CP"));
            res.send(ret);
        }
);
server.listen(PORT, () => {
    console.log('server started at http://lo-
calhost:'+PORT);
});
```

Quellcode 5.74   Datei index.ts

Ruft man innerhalb eines Browsers die entsprechende URL auf, dann antwortet der Server wie in ◘ Abb. 5.39 zu sehen und liefert das JSON aus Quellcode 5.75 zurück.

```
[
  {"name":"Modellgestriebene Softwareentwick-
lung",
   "beschreibung":"FH Iserlohn, 180h, 6CP"},
  {"name":"Mobile Computing",
   "beschreibung":"FH Iserlohn, 180h, 6CP"},
  {"name":"Softwareengineering",
   "beschreibung":"FH Iserlohn, 180h, 6CP"}
]
```

Quellcode 5.75   JSON-Antwort des Servers

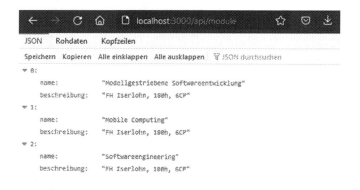

◘ **Abb. 5.39**   JSON-Response des Express.js-Servers

5.5.1 JSON-Verarbeitung mit Flutter

Wie bereits erwähnt, unterstützt die Flutter-Laufzeitumgebung keine Reflection, da die Laufzeitanalyse das sogenannte Tree Shaking (▶ Abschn. 5.4.2) erschweren würde. Dabei werden ungenutzte Quellcodebestandteile bei der finalen Kompilierung aus dem Programm entfernt. Dennoch kann über entsprechende Quellcodegenerierungsbibliotheken die Verarbeitung von JSON-Daten bequem und schnell umgesetzt werden. Doch bevor auf die etwas kompliziertere Quellcodegenerierung eingegangen wird, soll zunächst die manuelle Verarbeitung diskutiert werden.

5.5.1.1 Manuelle Verarbeitung

Bei der manuellen Verarbeitung wird eine JSON-Zeichenkette zunächst in eine `Map<String, dynamic>` (▶ Abschn. 5.3.2.1) umgewandelt, die jedes Attribut des JSON-Dokumentes als Eintrag enthält. Anschließend kann man auf diese Einträge zugreifen, um ein entsprechendes Objekt zu erzeugen. Um das JSON-Dokument aus Quellcode 5.75 in Flutter manuell einzulesen, reicht das nachfolgende Programm aus. Die Methode »jsonDecode« ist in dem Paket »dart:convert« definiert. Die Methode ist für die Umwandlung der Zeichenkette in eine `Map` verantwortlich.

Bei der manuellen Verarbeitung von JSON-Dokumenten muss man die genaue Struktur vorab kennen. Die Methode »jsonDecode« liefert bei einem Array von Objekten immer eine `List<dynamic>`-Instanz zurück. Ansonsten handelt es sich bei dem Ergebnis um eine `Map<String, dynamic>`-Instanz.

Decodierungshinweise

```
import 'package:flutter/material.dart';
import "dart:convert";
import "Modul.dart";
class Modul {
   final String name;
   final String beschreibung;
   Modul(this.name, this.beschreibung);
   factory Modul.fromJson(Map<String, dynamic> json) {
      return Modul(json["name"], json["beschreibung"]);
   }
   Map<String, dynamic> toJson() {
```

5

```
      return {"name": this.name, "beschrei-
bung": this.beschreibung};
  }
}
void main() {
  final jsonString = '[
              {"name":"Modellgestriebene
Softwareentwicklung",
              "beschreibung":"FH Iserlohn,
180h, 6CP"},
              {"name":"Mobile Computing",
              "beschreibung":"FH Iserlohn,
180h, 6CP"},
              {"name":"Softwareengineering",
              "beschreibung":"FH Iserlohn,
180h, 6CP"}]';
    List<dynamic> transformJSON = jsonDe-
code(jsonString);
    List<Modul> alleModule = List<Modul>.emp-
ty(growable: true);
    if (transformJSON != null && transformJ-
SON.length > 0) {
        for (Map<String, dynamic> value in
transformJSON) {
              Modul einModul = Modul.from-
Json(value);
          alleModule.add(einModul);
      }
    }
}
```

Quellcode 5.76   Verarbeitung der JSON-Datei

Da der Server eine Liste von Modulen zurückliefert, wird über die einzelnen Objekte iteriert und die Operation »fromJson« der Klasse »Modul« aufgerufen. Innerhalb dieser Operation ist die Umwandlungslogik gekapselt, die in dem vorliegenden Beispiel marginal ausfällt.

5.5.1.2 Automatische Verarbeitung

Bei größeren Projekten und komplexeren Fachkonzepten ist die manuelle Verarbeitung nicht tragfähig, da dadurch die Entwicklungsaufwände zu hoch wären. In solchen Fällen helfen Bibliotheken für die Quellcodegenerierung, um die Verarbeitungsfunktionalität zu realisieren. Um diese Bibliotheken in das eigene Projekt aufzunehmen, muss die Datei »pubspec.yaml« bearbeitet und um die folgenden Abhängigkeiten »json_annotation«,

»build_runner« und «json_serializable« ergänzt werden (▶ Abschn. 5.2).

```
name: server_kommunikation
description: A new Flutter project.
publish_to: 'none'
version: 1.0.0+1
environment:
  sdk: ">=2.12.0 <3.0.0"
dependencies:
  flutter:
    sdk: flutter
  json_annotation: ^4.0.1
  cupertino_icons: ^1.0.2
dev_dependencies:
  flutter_test:
    sdk: flutter
  build_runner: ^2.1.0
  json_serializable: ^4.0.0
flutter:
  uses-material-design: true
```

Quellcode 5.77 Notwendige Abhängigkeiten für die automatische Generierung der JSON-Verarbeitung (Datei »pubspec.yaml«)

Durch die Verwendung der Annotation »@JsonSeri-
alizable« spezifiziert man anschließend in jeder entsprechenden Klasse, dass die Verarbeitungslogik von
JSON-Dokumenten generiert werden soll. Dazu muss
man wie folgt vorgehen:

- Im ersten Schritt definiert man die Data-Transfer-Ob-
jekt-Klasse, welche die von einem JSON-Dokument
eingelesenen Informationen aufnehmen soll. Sofern
die JSON-Struktur kompliziert ist, können selbstverständlich auch mehrere Klassen beteiligt sein (Quellcode 5.78).
- Da der Quellcodegenerator nicht im Rahmen des konventionellen Kompilierungsvorganges automatisch gestartet wird, muss anschließend über die Kommandozeile folgender Befehl abgesetzt werden. Im Android
Studio befindet sich im unteren Bereich der Entwicklungsumgebung ein Fenster, über das man ein Kom-
mandozeilenterminal jederzeit im Arbeitsverzeichnis
des Projektes starten kann (◻ Abb. 5.40):

```
flutter pub run build_runner build
```

5

■ Der Quellcodegenerator legt eine zusätzliche Datei je ursprüngliche Klasse an. Der Dateiname wird dabei übernommen und lediglich um die Dateiendung »*.g.dart« ergänzt (Quellcode 5.79).

■ Im letzten Schritt sollte die ursprüngliche Klasse um die beiden Operationen »fromJson« und »toJson« ergänzt werden, wie sie auch bereits in der manuellen Variante eingeführt wurden. Anstatt jedoch eine eigene Implementierung anzugeben, referenziert man die generierten Verarbeitungsmethoden und kapselt somit diese innerhalb der Fachkonzeptklasse.

Hinweis

Für Programmiersprachen und Laufzeitumgebungen, die die Reflection unterstützen, wirkt dieses Vorgehen umständlich, und leider ist es das auch. Um nicht kontinuierlich über die Kommandozeile bei jeder Anpassung und Änderung an den DTO-Klassen den Generator neu zu starten, lässt sich dieser auch in einen sogenannten **Beobachter**-Modus *(watcher)* versetzen. In diesem Modus läuft der Generatordienst im Hintergrund und startet den Generierungsvorgang, sobald an den Ausgangsklassen Änderungen vorgenommen werden. Diesen Modus muss man dennoch bei jedem Start der Entwicklungsumgebung manuell über den nachfolgenden Kommandozeilenbefehl starten:

```
flutter pub run build_runner watch
```

Schlüsselwort »part of«

Mithilfe des Dart-Befehles »part of« können Dateien oder Klassen eine engere Beziehung zueinander haben und die aus der Objektorientierung bekannten Sichtbarkeiten aufheben.

```
import 'package:json_annotation/json_annota-
tion.dart';
@JsonSerializable()
class Modul {
  final String name;
  final String beschreibung;
  Modul(this.name, this.beschreibung);
}
```

Quellcode 5.78 Modul-Klasse ohne manuelle Verarbeitungslogik

```
// GENERATED CODE - DO NOT MODIFY BY HAND
part of 'modul.dart';
// ********************************************
************************
// JsonSerializableGenerator
// ********************************************
***************************
Modul _$ModulFromJson(Map<String, dynamic>
json) {
  return Modul(
    json['name'] as String,
    json['beschreibung'] as String,
  );
}
Map<String, dynamic> _$ModulToJson(Modul in-
stance)
    => <String, dynamic>{
      'name': instance.name,
      'beschreibung': instance.beschreibung,
    };
```

Quellcode 5.79 Generierte Klasse für die JSON-Verarbeitungslogik

```
import 'package:json_annotation/json_annota-
tion.dart';
/// Diese Zeile sorgt dafür, dass die Modul-
Klasse auf die privaten
/// Member-Methoden der generierten Datei
zugreifen kann.
part 'modul.g.dart';
@JsonSerializable()
class Modul {
  final String name;
  final String beschreibung;
  Modul(this.name, this.beschreibung);
```

5

```
    factory Modul.fromJson(Map<String, dyna-
mic> json)
                        => _$ModulFromJson(j-
son);
    Map<String, dynamic> toJson() => _$Modul-
ToJson(this);
    }
```

Quellcode 5.80 Anpassung an der ursprünglichen Klasse für den Zugriff und die Kapselung der generierten JSON-Verarbeitungslogik

5.5.2 Datenabruf über eine Flutter-App

Um mit einer Flutter-App Daten von einem Server abzurufen, muss das »http«-Package als Abhängigkeit hinzugefügt werden. Außerdem ist es innerhalb der Mani-
fest-Dateien der jeweiligen Plattform notwendig, die Si-
cherheitseinstellungen anzupassen (▶ Abschn. 4.7.1).

```
name: server_kommunikation
description: A new Flutter project.
publish_to: 'none'
version: 1.0.0+1
environment:
  sdk: ">=2.12.0 <3.0.0"
dependencies:
  flutter:
    sdk: flutter
  json_annotation: ^4.0.1
  cupertino_icons: ^1.0.2
  http: 0.13.3
dev_dependencies:
  flutter_test:
    sdk: flutter
  build_runner: ^2.1.0
  json_serializable: ^4.0.0
flutter:
  uses-material-design: true
```

Quellcode 5.81 Die Datei »pubspec.yaml« des Kommunikations-
beispiels

Quellcode 5.82 zeigt die Verwendung der Klasse »http«,
um auf einen lokalen oder entfernten Server zuzugreifen. In diesem Beispiel wird per »HTTP.Get« auf einen REST-API-Endpunkt zugegriffen. Dieser Endpunkt

liefert beispielhaft Veranstaltungsbezeichnungen zurück, die analog zu den Beispielen aus ▶ Abschn. 5.5.1 in Objektstrukturen umgewandelt werden.

```
Future<List<Modul>>      holeModuleVomServer()
async {
   List<Modul> alleModule = List<Modul>.emp-
ty(growable: true);
   final response =
   await   http.get(Uri.parse("http://local-
host:3000/api/module"));
   if (response.statusCode == 200) {
      List<dynamic> transformJSON = jsonDe-
code(response.body);
      if (transformJSON != null && transform-
JSON.length > 0) {
         for (Map<String, dynamic> value in
transformJSON) {
            Modul einModul = Modul.from-
Json(value);
         alleModule.add(einModul);
      }
    }
   return alleModule;
  } else {
    throw Exception("Ein Fehler ist während
der" +
                     "Serverkommunikation
aufgetreten");
  }
}
```

Quellcode 5.82 Verwendung der Klasse »http«

Mithilfe des `FutureBuilder`-Widgets werden die empfangenen Daten vom Server innerhalb einer Liste angezeigt. Dieses Widget erlaubt die Reaktion auf asynchrone Requests, indem es die Definition einer Callback-Funktion erlaubt, welche in Abhängigkeit vom Vorhandensein von Daten eine andere »build«-Methode bietet. Die Definition der Callback-Funktion erlaubt über die »builder«-Eigenschaft. Neben dem BuildContext wird der Callback-Funktion auch ein weiterer Parameter vom Typ »AsyncSnapshot« übergeben. Dieses Objekt ist das Bindeglied zu einer asynchron ausgeführten Operation. Anhand des »hasData«-Attributes lässt sich bestimmen, ob Daten aus einer Berechnung bzw. Serverkommunikation vorliegen. In diesem Szenario blendet die

Builder-Methode einen rotierenden Ladebalken ein, wenn die Daten noch nicht vorliegen sollten. Anderenfalls wird eine Instanz des DataTable-Widgets erzeugt, das die vom Server empfangenen Daten tabellarisch präsentiert.

```dart
import 'package:flutter/material.dart';
import "dart:convert";
import "modul.dart";
import 'package:http/http.dart' as http;
import "dart:async";
void main() {
  runApp(MyApp());
}
Future<List<Modul>>    holeModuleVomServer()
async {
  List<Modul> alleModule = List<Modul>.empty(growable: true);
  final response =
    await   http.get(Uri.parse("http://localhost:3000/api/module"));
  if (response.statusCode == 200) {
    List<dynamic> transformJSON = jsonDecode(response.body);
    if (transformJSON != null && transformJSON.length > 0) {
      for (Map<String, dynamic> value in transformJSON) {
        Modul einModul = Modul.fromJson(value);
        alleModule.add(einModul);
      }
    }
    return alleModule;
  } else {
    throw Exception("Ein Fehler ist während der" +
                    "Serverkommunikation aufgetreten");
  }
}
class MyApp extends StatelessWidget {
  @override
  Widget build(BuildContext context) {
    return MaterialApp(
      title: 'Flutter Demo',
      theme: ThemeData(
        primarySwatch: Colors.blue,
      ),
      home: MyHomePage(title: 'Serverkommunikation'),
```

```
      );
    }
  }
class MyHomePage extends StatefulWidget {
    MyHomePage({Key? key, required this.ti-
tle}) : super(key: key);
  final String title;
  @override
    _MyHomePageState createState() => _My-
HomePageState();
}
class _MyHomePageState extends State<MyHome-
Page> {
  late Future<List<Modul>> alleModule;
  @override
  void initState() {
    super.initState();
    alleModule = holeModuleVomServer();
  }
  @override
  Widget build(BuildContext context) {
    return Scaffold(
      appBar: AppBar(
        title: Text(widget.title),
      ),
      body: Center(
        child: Column(
          mainAxisAlignment: MainAxisAlign-
ment.center,
          children: <Widget>[
            FutureBuilder<List<Modul>>(
              future: alleModule,
                builder: (context, snap-
shot) {
                if (snapshot.hasData) {
                  List<DataRow> rows =
                              List<Data-
Row>.empty(growable: true);
                    for (Modul m in snap-
shot.data!) {
                      rows.add(
                            DataRow(cells:
<DataCell> [
                              DataCell(Tex-
t(m.name)),
                              DataCell(Tex-
t(m.beschreibung))
                            ]));
                  }
                  return DataTable(
                      columns: const<Data-
Column>[
```

5

```
                                DataColumn(label:
Text('Bezeichnung')),
                                DataColumn(label:
Text('Beschreibung'))
                        ],
                        rows: rows
                    );
                        return Text("Angekom-
men" +
                                snap-
shot.data!.toString());
                    } else if (snapshot.hasEr-
ror) {
                        return Text('${snapshot.
error}');
                    }
                    return const CircularPro-
gressIndicator();
                    }
                ),
            ],
            ),
          ),
        );
    }
}
```

Quellcode 5.83   Vollständiges Beispiel der Serverkommunikation

5.6 Implementierung der Fallstudie »Stadräder App« mit Flutter

Die Implementierung der Fallstudie »Stadträder App« erfolgt mit Version 3.3 des Flutter SDK. In dem Flutter-Projekt kann die Hierarchie der Widgets von Beginn an durch die baumartige Struktur und deklarative Syntax gut nachvollzogen werden. ❏ Abb. 5.41 zeigt eine schematische Darstellung der Verhältnisse für eine bessere Übersicht. Einstiegspunkt der Anwendung ist die Funktion `runApp` in der Datei `main.dart`, welcher das oberste Widget übergeben wird.

An dieser Stelle wird dem Framework eine neue Instanz des App-Widgets übergeben, dessen vorrangige Funktion es ist, eine `MaterialApp` zu erzeugen. Das App-Widget selbst erhält außerdem die zu verwendende Implementierung der `RadApi` übergeben. Das `MaterialApp`-Widget stellt den Rahmen für eine Flutter-

Anwendung im Material Design zur Verfügung und verwaltet die Navigator-Instanz auf Anwendungsebene. Die beiden übergeordneten Ansichten des Anwendungskonzepts werden durch die Widgets `StartupPage` und `TabsPage` repräsentiert. Beide Widgets sind über eine Route erreichbar, wodurch sie mithilfe des Navigators in der `MaterialApp` dargestellt werden können.

Das `TabsPage`-Widget stellt in dem Anwendungskonzept die Hauptansicht dar und ist somit für die Tab-Navigation am unteren Bildschirmrand und die Anzeige des aktuellen Tabs verantwortlich. Für die letztere Aufgabe wird das `IndexedStack`-Widget verwendet, welches in ihrem `children`-Property Instanzen der navigierbaren Tabs enthält und zu jeder Zeit jeweils eines davon darstellt. Die Tabs selbst sind in den Widgets `MapPage` für die Kartenansicht, `AusleihenPage` für die Liste von Ausleihen und `ProfilPage` für die Benutzerdetails implementiert.

Abschließend sind die Dialoge zur Auswahl, Ausleihe und Rückgabe von Fahrrädern als Widgets implementiert. Diese sind nicht an die Struktur der Navigation gekoppelt, sondern werden über eine spezielle Route (`CupertinoModalPopupRoute`-Klasse) direkt mit dem Navigator angezeigt. Sie unterbinden dabei Interaktionen mit der unterliegenden Oberfläche, bis sie geschlossen wurden. Dieser Aspekt wird später im Rahmen von Routen mit Argumenten und Ergebniswerten näher betrachtet.

5.6.1 Kommunikation und JSON-Parsing

Bei den Datenklassen in dem Flutter-Projekt gibt es mehrere Besonderheiten. Als Beispiel zeigt Quellcode 5.84 die Klasse Station aus dem Datenmodell.

```
class Station extends Equatable {
   final String id;
   final String bezeichnung;
   final GeopositionT position;
   final int verfuegbar;
   const Station({ required this.id, required
this.bezeichnung,
      required this.position, required this.
verfuegbar });
   @override
```

```
    List<Object?> get props => [id, bezeich-
nung, position, verfuegbar];
    Station copyWith({ String? id, String?
bezeichnung,
      GeopositionT? position, int? verfueg-
bar }) =>
      Station( id: id ?? this.id,
          bezeichnung: bezeichnung ?? this.
bezeichnung,
          position: position ?? this.position,
          verfuegbar: verfuegbar ?? this.ver-
fuegbar );
    factory Station.fromJson(Map<String, dy-
namic> json) => Station(
                id: json["id"], bezeichnung:
json["bezeichnung"],
          position: GeopositionT.fromJson(-
json["position"]),
          verfuegbar: json["verfuegbar"] );
  Map<String, dynamic> toJson() => { "id":
id, "bezeichnung": bezeichnung,
        "position": position.toJson(), "ver-
fuegbar": verfuegbar };
  }
```

Quellcode 5.84   Der Quellcode der Datenklasse Station

Alle Datenklassen sind so implementiert, dass sie ein unveränderliches Objekt liefern. Daher sind alle Felder als

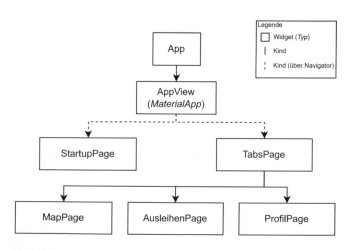

❏ **Abb. 5.41**   Schematische Darstellung der Widget-Hierarchie

final markiert, und es kann ein konstanter Konstruktor verwendet werden. Um einen einfachen Weg zu schaffen, eine Kopie von einem Objekt zu erstellen, in der nur einzelne Felder neue Werte erhalten, wird häufig eine `copy-With`-Funktion implementiert, welche genau dieses Verhalten mithilfe benannter Parameter reicht. Folgender Ausschnitt zeigt eine exemplarische Verwendung dieser Funktion:

```
final s1 = Station(id: "1", bezeichnung:
"1",
                    position: GeopositionT.
empty, verfuegbar: 3);
final s2 = s1.copyWith(verfuegbar: 2);
```

In dem Code wird durch den Aufruf der `copyWi-th`-Funktion von `s1` ein neues Objekt von Station erzeugt. Für dieses werden die Werte aller Felder übernommen, die in dem Aufruf den Wert null haben. Das Objekt in `s2` wäre bis auf das überschriebene Feld `verfuegbar` inhaltlich identisch mit `s1`. Eine Einschränkung der `copyWith`-Funktion in der gezeigten Implementierung besteht darin, dass Felder, die den Wert null annehmen können, nur mit einem neuen Wert überschreibbar sind.

Sie lassen sich durch den Aufruf nicht wieder auf null setzen; in diesem Fall bliebe in der Kopie der bisherige Wert bestehen. Eine weitere Besonderheit in dem Datenmodell ist die Implementierung von `Equatable`, einem Tool, welches das Überschreiben des = =−Operators für eigene Klassen erleichtert und damit den Vergleich von Objekten basierend auf ihren Inhalten ermöglicht. Standardmäßig vergleicht der Operator lediglich, ob es sich um dieselbe Instanz handelt. `Equatable` überschreibt für die jeweilige Klasse die `hashCode`-Funktion und den = =Operator und greift zum Vergleich zweier Objekte auf die in der überschriebenen `props`-Funktion enthaltene Liste von Feldern zurück. Zuletzt gibt es die Funktion `toJson` und die Factory `fromJson`, mit welchen Objekten in eine JSON-Map serialisiert oder von einer JSON-Map ausgehend konstruiert werden können.

Dieser Schritt geschieht manuell, da Flutter in Dart keine Reflection zulässt. Eine Automatisierung dieses Schrittes ist somit erschwert, kann aber beispielsweise durch die Verwendung von Codegeneratoren zur

Entwicklungszeit erreicht werden, auf dessen Verwendung im Rahmen dieser Implementierung verzichtet wurde. Die Definitionen der Rad-API finden sich in diesem Projekt in der Datei `rad_api.dart` und verwenden das Future Sprach-Feature von Dart, um mit async/await zu funktionieren. Eine konkrete Implementierung, welche auf das Backend zurückgreift, befindet sich zusammen mit einigen Hilfsfunktionen in der `RemoteRadApi`-Klasse. Für die HTTP-Anfragen an das Backend wird der Client aus dem offiziellen Dart-`http`-Package verwendet, dessen Antworten mithilfe der oben beschriebenen `fromJson` Factories verarbeitet werden.

5.6.2 Layout und Widgets

Layouts werden in Flutter meist durch eine deklarative Hierarchie von Widgets definiert. Die Widgets erfüllen meist genau eine Funktion, etwa Text darstellen, eine Menge von anderen Widgets über- oder nebeneinander anordnen oder aber einfach nur Padding um ein einzelnes Widget erzeugen. Häufig können Widgets als Blätter ein oder mehrere untergeordnete Widgets übergeben werden, was meist in dem `child`- oder `children`-Feld passiert:

```
Row(children: [
TextButton(onPressed:    null,    child:    Text("A")),
TextButton(onPressed:    null,    child:    Text("B"))
]);
```

In dem Ausschnitt wird ein Row-Widget erzeugt, welches eine Liste von Elementen, hier zwei der Klasse `Text-Button`, nebeneinander darstellt. Die beiden Buttons erhalten als einzelnes `child`-Element jeweils ein Text-Widget. Durch die hierarchische Struktur entstehen gerade bei komplexen Layouts häufig stark verschachtelte Bäume von Widgets, und man verliert als Entwickler schnell die Übersicht. Um solche Situationen zu vermeiden, können Widgets an logischen Punkten entweder als Funktionen oder als eigene Klasse ausgelagert werden.

5.6.3 Details zum MVVM

Das MVVM-Pattern wurde in dem Flutter-Projekt mithilfe der BLoC-Bibliothek umgesetzt. BLoC ermöglicht eine Trennung der Business-Logik von der Präsentationsschicht und bietet mit dem Paket flutter_bloc eine auf Flutter zugeschnittene Implementierung an. Im Folgenden wird die grundlegende Struktur bei der Arbeit mit der Bibliothek erläutert. Das ViewModel wird für jede Ansicht durch eine sogenannte Bloc-Klasse repräsentiert, welche in dem Projekt zugunsten der Übersicht nach grober Funktion in jeweils drei Dateien aufgeteilt ist.

Diese Aufteilung wird anhand des Beispiels der Aus-leihenPage betrachtet, dessen Klassendiagramm in ◘ Abb. 5.42 dargestellt ist. Es wird sich dabei an der tatsächlichen Reihenfolge der Arbeit an einer Bloc-Klasse orientieren. Vor der Implementierung einer Klasse wurden – in der Regel anhand des Mockups für die

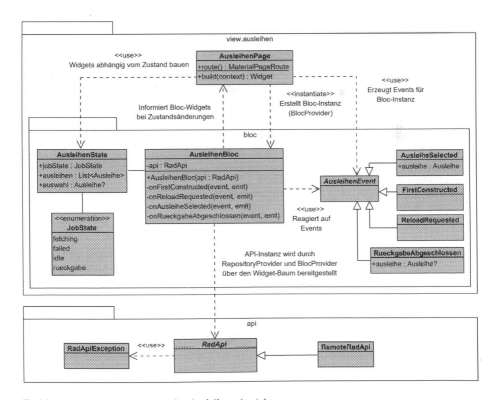

◘ **Abb. 5.42** Klassendiagramm der Ausleihen-Ansicht

5

entsprechende Ansicht – mögliche Zustände mit den dazugehörigen Eigenschaften und zu erwartende Ereignisse erfasst.

Der grobe Status der Ansicht ist für die Liste von Ausleihen in dem enum `JobState` festgelegt. Die Felder fetching und failed beziehen sich dabei vorwiegend auf das Abrufen von Daten. `idle` stellt den regulären Zustand dar, in welchem der Anwender die Liste sieht, und `rueckgabe` signalisiert, dass die Oberfläche durch den Rückgabe-Dialog blockiert ist. Aus diesem Konzept geht die Zustandsklasse `AusleihenState` hervor, welche neben dem `JobState` die Liste von Ausleihen und ein Feld »auswahl« hält, in welchem ein gegebenenfalls vom Anwender ausgewähltes Ausleiheobjekt abgelegt wird. Zusätzlich werden die erfassten Ereignisse als `AusleihenEvent`-Klassen implementiert. Diese können später unter anderem von der Präsentationsschicht (`AusleihenPage`) erzeugt und an die Bloc-Instanz übergeben werden, beispielsweise wenn der Anwender mit einem Button interagiert. Die Repräsentation als eigene Klassen erlaubt es dabei, ein Ereignis mit zusätzlichen Informationen auszustatten, etwa in dem Ereignis `AusleiheSelected`, welches Objekt ausgewählt wurde.

Die Bloc-Klasse selbst (`AusleihenBloc`) erbt von Bloc und ist mit der Zustandsklasse `AusleihenState` und Typ der Ereignisklassen `AusleihenEvent` parametrisiert. Sie hält zu jeder Zeit ein Zustandsobjekt (state) und registriert im Konstruktor für jede Art von Ereignis eine Callback-Funktion.

Diese Callback-Funktionen reagieren auf das empfangene Ereignis und können mit einer als Parameter `emit` bereitgestellten Funktion gegebenenfalls eine Zustandsänderung auslösen. Der folgende Code wird ausgeführt, wenn die `AusleihenBloc`-Instanz ein `AusleiheSelected`-Ereignis erhält. Dabei wird ein neuer Zustand erzeugt, indem der Status (`jobState`) überschrieben und die ausgewählte Ausleihe aus der Ereignisklasse weitergegeben wird:

```
_onAusleiheSelected(AusleiheSelected event,
                    Emitter<AusleihenState>
emit) {
    emit(state.copyWith(jobState: JobState.
rueckgabe,
              auswahl: event.ausleihe));
}
```

Mit dieser Architektur hält die Bloc-Klasse zu jeder Zeit einen Zustand und kann von außen durch Ereignisse beeinflusst werden, wobei der Umgang mit diesen ausschließlich intern geschieht. So übernimmt die `AusleihenBloc`-Instanz die Kommunikation mit dem Backend (über die `RadApi`-Klasse) und geht beispielsweise mit Ergebnissen von einer Radrückgabe um. Damit die Benutzungsoberfläche Inhalte abhängig vom Zustand darstellen und auf Änderungen von diesem reagieren kann, bietet die Bibliothek einige Widgets, die mit einer Bloc-Klasse zusammenarbeiten. Im Folgenden werden die drei wichtigsten für dieses Projekt vorgestellt: BlocProvider, BlocBuilder und BlocListener. Auf jeder Ansicht in diesem Projekt, die über ein eigenes ViewModel (Bloc-Klasse) verfügt, findet sich im Widget-Baum nahe der Wurzel ein BlocProvider-Widget. Es ist dafür zuständig, eine neue Instanz der Bloc-Klasse zu erstellen, und macht diese über den BuildContext für untergeordnete Widgets verfügbar. Der folgende Ausschnitt zeigt dies für die AusleihenPage:

```
class AusleihenPage extends StatelessWidget
{
    @override
    Widget build(BuildContext context) {
        return BlocProvider<AusleihenBloc>(
            create: (context) =>
                AusleihenBloc(api:
                    RepositoryProvider.of<R-
adApi>(context))
                        ..add(const FirstCon-
structed()),
                child: _AusleihenView(),
        );
    }
}
```

Die Funktion in dem Feld `create` erstellt eine neue Instanz von `AusleihenBloc`. Über den Konstruktor erhält die Bloc-Klasse eine Instanz der `RadApi` übergeben, welche in dem Ausschnitt mithilfe der `RepositoryProvider`-Klasse von außerhalb bezogen wird. Außerdem wird der Instanz direkt nach der Erstellung ein `FirstConstructed`-Ereignis übergeben, welches in der Bloc-Klasse das anfängliche Abrufen von Daten auslöst. Die hier vorbereitete Instanz kann nun von untergeordneten Widgets verwendet werden. Eine Option ist das `BlocBuilder`-Widget, welches in seiner `buil-der`-Funktion die Erstellung zustandsabhängiger Benutzungsoberflächen ermöglicht. Dafür wird neben dem `context`-Parameter auch die aktuelle Instanz der Zustandsklasse als `state` verfügbar gemacht, dessen Daten direkt in weiteren Widgets eingebunden werden können, wie dieser vereinfachte Ausschnitt zeigt:

```
BlocBuilder<AusleihenBloc, AusleihenState>(
        builder: (context, state) =>
ListView.builder(
        itemCount: state.ausleihen.
length,
        itemBuilder: (context, in-
dex) =>
        _buildItem(context, index,
state.ausleihen),
));
```

Es wird eine `ListView` erstellt, welches mit `state.ausleihen` direkten Zugriff auf die Liste von Ausleihen erhält und damit arbeiten kann. Ändert sich in der Bloc-Klasse nun der Zustand, wird die `builder`-Funktion des `BlocBuilder` automatisch erneut aufgerufen und die Benutzungsoberfläche mit aktuellen Daten dargestellt. An einigen Stellen in dem Projekt ist es jedoch erforderlich, nicht nur zustandsabhängige Widgets zu erstellen, sondern in der Oberfläche einmalig auf Zustandsänderungen zu reagieren. Dies wird beispielsweise eingesetzt, um kurze Nachrichten anzuzeigen oder auch um innerhalb der Anwendung zu navigieren, da hierfür meist ein `BuildContext` erforderlich ist. Die Bibliothek enthält für solche Fälle das `BlocListener`-Widget. Diesem wird eine Funktion übergeben, die bei jeder Änderung des Zustandes einmalig aufgerufen wird:

```
BlocListener<AusleihenBloc, AusleihenState>(
        listener: (context, state) {
                _handleNavigationEvent(con-
text, state);
        }
);
```

In dem Ausschnitt würde bei jeder Zustandsänderung eine Funktion aufgerufen werden. Der `BlocListe-ner` baut damit selbst keine zustandsabhängigen Widgets, sondern wird für einmalige Aktionen eingesetzt. Die BloC-Bibliothek bietet weitere Widgets an, welche jedoch meist Erweiterungen der hier vorgestellten Konzepte darstellen und nicht weiter behandelt werden.

5.6.4 Navigation

Die Navigation innerhalb der `MaterialApp` erfolgt in Flutter mithilfe der `Navigator`-Klasse. Dabei verfügen die navigierbaren »Seiten« in dem Projekt über eine statische Funktion, die eine passende Route generiert, welche wie folgt aussehen kann:

```
static Route<void> route() =>
MaterialPageRoute<void>(builder:    (_)    =>
const StartupPage());
```

Da die Route durch die Ziel-Seite selbst erstellt wird, ist die Zuständigkeit für die Navigation besser getrennt, und zukünftige Änderungen sind leichter umsetzbar. Die aufrufende Stelle dieser Route in dem Projekt verwendet dabei die `pushReplacement`-Funktion des Navigators, wodurch die vorherige Ansicht verworfen wird und der Anwender nicht zurücknavigieren kann:

```
Navigator.of(context).pushReplacement(Tab-
sPage.route());
```

Komplexere Routen können über Argumente und einen Rückgabetyp verfügen. Diese Funktionen werden in dem Projekt für Dialoge benötigt und sind folgendermaßen umgesetzt:

```
static   Route<Fahrrad?>   route(Station   sta-
tion) =>
                CupertinoModalPopupRoute(
                    builder: (_) => const
RadAuswahlPage(),
                    settings: RouteSet-
tings(name: routeName,
                        arguments:
station));
```

Der Route wird als Argument eine Station übergeben, und der Rückgabetyp ist ein Fahrradobjekt oder null, falls die Auswahl abgebrochen wurde. Um diesen Dialog anzuzeigen und das Ergebnis zu erhalten, findet folgender Aufruf statt:

```
var rad = await Navigator.of(context)
.push(RadAuswahlPage.route(state.auswahlSta-
tion!));
```

5

Es wird auf das Ergebnis des Navigators gewartet, und anschließend kann mit dem Rückgabewert weiterverfahren werden.

5.6.5 Umgang mit Listen

Listen werden in dem Flutter-Projekt mit dem `List-View`-Widget gebaut. Dabei wird eine besondere Variante mit `ListView.separated` oder `ListView.builder` verwendet, welche nicht zu jeder Zeit alle Elemente der Liste zeichnen. Stattdessen erhalten sie die Anzahl der Elemente und eine `builder`-Funktion, welche es der Liste ermöglichen, nur die Widgets für den im jeweiligen Moment sichtbaren Bereich darzustellen und damit den Bedarf an Ressourcen zu verringern. Dieses Beispiel zeigt eine vereinfachte Implementierung der Liste von Ausleihen:

```
ListView.separated(
    separatorBuilder: (context, index) =>
const Divider(),
  itemCount: state.ausleihen.length,
  itemBuilder: (context, index) =>
    _buildItem(context, index, state.auslei-
hen),
);
```

Die Variante mit ListView.separated erlaubt es, einen Trennstrich (Divider) zwischen den einzelnen Elementen der Liste anzuzeigen. Für das Feld itemBuilder wird eine Funktion übergeben, welche basierend auf dem Index und der Liste von Ausleihen das entsprechende Element baut. Dies reicht aus, um eine performante Liste mit einer dynamischen Anzahl von Elementen zu erhalten.

5.6.6 Eigene Views und Komponenten

Das Flutter-Projekt enthält einige Widgets, die an mehreren Stellen in der Anwendung benötigt werden. Durch das Kombinieren vorhandener Widgets entsteht schnell eine eigene, wiederverwendbare und auf Wunsch anpassbare oder erweiterbare Komponente. Wie das aussehen kann, wird anhand des `RadIcon`-Widgets in Quellcode 5.85 vorgestellt, welches anhand des Fahrradtyps das korrekte Icon auswählt und anzeigt.

```
class RadIcon extends StatelessWidget {
  const RadIcon({Key? key, required this.
typ, required this.width})
      : super(key: key);
  final FahrradTyp typ;
  final double width;
  @override
  Widget build(BuildContext context) {
    if (!zuordnung.containsKey(typ.bezeich-
nung)) {
      return Icon(Icons.pedal_bike_outlined,
/* [...] */ );
    } else {
      return SvgPicture.asset( zuordnung[-
typ.bezeichnung]!,
            /* [...] */ );
    }
  }
  static const Map<String, String> zuordnung
= { /* [...] */ };
}
```

Quellcode 5.85   Struktur des `RadIcon`-Widgets

Die Implementierung ist ähnlich aufgebaut wie die Tab-Seiten. Es ändert sich einzig die Anzahl der Argumente, die übergeben werden; für die `RadIcon`-Klasse kommen der `FahrradTyp` und die gewünschte Breite des Icons hinzu. Das eigene Widget kann an anderen Stellen in der Anwendung ohne weitere Besonderheiten eingesetzt werden:

```
RadIcon(typ: typ, width: 118)
```

Testen und Bereitstellen von Apps

Inhaltsverzeichnis

Lernziele

- Den Testprozess nach IEEE 829 kennen und in eigenen Projekten einsetzen können
- Die verschiedenen Testarten und ihre Einteilung in White-Box- und Black-Box-Tests kennen
- Usability-Tests für mobile Anwendungen durchführen und planen können
- Die Besonderheiten bei der Veröffentlichung von Apps im Playstore und Appstore kennen und den Veröffentlichungsprozess befolgen können

▪ Kurzfassung

Für die Veröffentlichung und Bereitstellung einer mobilen Anwendung sind in der Praxis umfangreiche Tests notwendig, die während der Entwicklung mit den Unit- und Komponententests beginnen und schließlich in den User-Acceptance-Tests münden. Einige Vorgehensweisen sind die gleichen wie bei der klassischen Desktop- oder Serverprogrammierung. In diesem Kapitel werden die Besonderheiten des Testens einer mobilen Anwendung und ihrer Veröffentlichung erläutert.

Nachdem die App erfolgreich entwickelt wurde, stehen die abschließende Qualitätssicherung und der Upload in den Store aus. In diesem Kapitel sollen die hierfür benötigten Schritte erläutert werden. Die Qualität einer Software ist ein entscheidendes Kriterium für eine professionelle Softwareentwicklung. Für ein zufriedenstellendes Benutzererlebnis ist sie von zentraler Bedeutung, sodass sie nicht vernachlässigt werden sollte.

6.1 Softwaretests

Gemäß der Richtlinie ISO/IEC/IEEE 29119-1 werden unter Softwaretests alle Aktivitäten zusammengefasst, die die Konformität einer Software gegenüber einer Spezifikation überprüfen. Dabei muss die Software unter definierten Bedingungen betrieben und mit Eingabedaten versorgt werden. Die durch die Software berechneten Ergebnisse werden anschließend mit den erwarteten Ergebnissen verglichen. Weichen die Ergebnisse voneinander ab, liegt ein Fehler, also eine Abweichung von einem spezifizierten Verhalten, vor. Während in den 1970er-Jahren der Anteil der Tests am Gesamtaufwand zur Herstellung

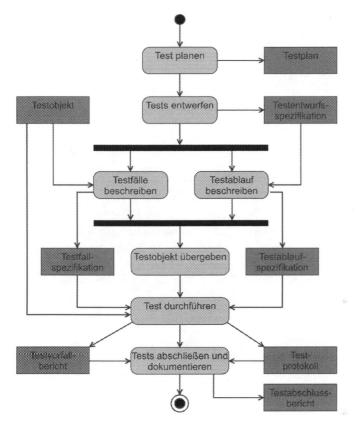

Abb. 6.1 Testprozess nach IEEE 829

der Software noch ca. 10 % betrug, liegt der betriebene Aufwand heute in der Regel bei knapp 30 %[1].

Im Standard IEEE 829[2] werden der Testprozess und die zu erstellenden Testdokumente beschrieben. Es handelt sich um einen Standard, welcher sowohl bei klassischen Prozessmodellen nach Wasserfall als auch bei agilen Entwicklungen zum Einsatz kommen kann. In Abb. 6.1 ist der Testprozess mit den zu erstellenden Testdokumenten abgebildet.

▬ Die Aktivität **Test planen** hat das Ziel, einen **Testplan** zu erstellen, aus dem die Vorgehensweise beim Testen sowie die verwendeten Arbeitsmittel hervorgehen.

---

1 Der Gesamtaufwand schließt neben der Implementierung auch die Definitionsphase mit dem Requirements Engineering sowie die Entwurfsphase mit ein.
2 IEEE 829 Standard for Software and System Test Documentation.

6

- Die **Testentwurfsspezifikation** definiert den schrittweisen Ablauf beim Testen. Damit die Qualität nicht von den Fähigkeiten und Erfahrungen eines Testers abhängt, müssen alle Testfälle und Testabläufe präzise spezifiziert werden. Dadurch soll implizites Wissen dokumentiert und zugänglich gemacht werden. Durch eine Testentwurfsspezifikation werden die Abläufe innerhalb der Qualitätssicherung skalierbar, da zusätzliches Personal jederzeit hinzugezogen werden kann.
- Die **Testfallspezifikation** definiert einen konkreten Ablaufplan mit Eingabewerten sowie den erwarteten Ausgabewerten.
- Die **Testablaufspezifikation** spezifiziert den zeitlichen Ablauf bei der Durchführung der einzelnen Tests. Da Tests bisweilen aufeinander aufbauen, indem zum Beispiel ein vorheriger Testfall einen speziellen Systemzustand hervorbringt, der für die Durchführung eines anderen Testfalles erforderlich ist, muss dem Testablauf besondere Aufmerksamkeit gewidmet werden.
- Im **Testprotokoll** müssen alle relevanten Ereignisse und Testergebnisse festgehalten werden. Sofern unerwartete Ergebnisse (auch Fehler) erkannt wurden, müssen sie im **Testvorfallbericht** dokumentiert werden.
- Der **Testabschlussbericht** fasst alle Ergebnisse zentral zusammen.

6.1.1 Herausforderungen

Mobile Apps werden auf Workstations entwickelt, indem in der Regel auch Emulatoren zum Einsatz kommen. Ein **Emulator** ist eine Software, die bestimmte Merkmale eines Endgerätes, dazu gehören beispielsweise die CPU, der verfügbare Arbeitsspeicher, das eingebaute Display und weitere Hardwareeigenschaften, emuliert.

Emulation
vs. Simulation

Um eine hohe Performanz bei der Ausführung zu erzielen, gehen Emulatoren häufig Kompromisse ein und abstrahieren bestimmte Aspekte. Dadurch arbeitet ein Emulator nicht immer akkurat und erhebt auch nicht den Anspruch, eine Simulation eines bestimmten Endgerätes zu bieten.

In der Praxis ergeben sich daraus einige Probleme, die vor der Veröffentlichung einer App berücksichtigt werden müssen. Beim Zugriff auf Standortinformationen (GPS) kommen die Signale beispielsweise in der Praxis verrauscht und nicht stetig an, wie sie innerhalb des Emulators an die Sensoren weitergegeben werden. Innerhalb von Städten kommt es vereinzelt durch Reflexionen und andere physikalische Phänomenen zu Effekten, bei der die Position um einige Hundert Meter variieren kann. Auch verhalten sich die Sensoren unterschiedlicher Hersteller nicht gleichermaßen. Ist die App nicht darauf ausgelegt, mit diesen Einschränkungen zu operieren, zeigen sich im täglichen Einsatz Probleme, die einen Einsatz der App in Gänze unmöglich machen können.

Eine App, die ausschließlich im Emulator entwickelt und getestet wurde, ist in der Regel nicht freigabefähig. Sie sollten immer bestimmte Endgeräte entsprechend ihrer Zielgruppe auswählen und die App auf diesen Endgeräten unter realen Bedingungen testen. Dazu gehört beispielsweise, dass Sie die App ohne Netzwerkverbindung oder leerem Akku testen. **Hinweis**

Durch ein Testen Ihrer App muss sichergestellt werden, dass die App nicht nur unter den kontrollierten Bedingungen eines Emulators einwandfrei funktioniert, sondern sich auch im Alltag auf richtigen Endgeräten als einsatztauglich erweist. **Bedeutung des Testens**

6.1.2 Usability-Tests

Häufig wird der Fokus bei der Durchführung von geeigneten Tests auf die primär funktionalen Aspekte der App gelegt. Bei mobilen Anwendungen sind aber eine gute Benutzerführung und die damit einhergehende Usability einer App ebenso wichtig. Daher sollte in früheren Phasen der Softwareentwicklung, zum Beispiel in der Definitionsphase, mithilfe von Prototypen die Usability einer App hinreichend getestet und gemeinsam mit dem Auftraggeber besprochen werden. Hierbei helfen sogenannte **Expertentests.** Dabei überprüfen Usability-Experten die in diesem Stadium vorhandenen **Wireframes** oder Prototypen auf Basis von Erfahrungswerten und Wissen, ob die geforderten Kriterien erfüllt sind. Die Rückmeldungen der Experten fließen schließlich in die weitere Umsetzung der Benutzungsoberfläche ein und beeinflussen damit die Spezifikation und Implementierung.

Vorgehen

Bei den Expertentests wird in der Regel ein klickbarer sogenannter **Low-Fidelity-Prototyp** eingesetzt (Vollmer, 2017, S. 218). Dieser Prototyp sollte die geplante

Navigationsstrategie und einige wichtige Anwendungsfälle realisieren, sodass die Benutzerinteraktionen und
die Benutzerführung evaluiert werden können. Experten
können auch auf Basis eines solchen Prototyps Aussagen über die Benutzerführung treffen, da sie davon abstrahieren und durch ihr Vorstellungsvermögen auf das
spätere Design schließen.

Hinweis   Ein Low-Fidelity-Prototyp konzentriert sich auf
wesentliche Aspekte in der Darstellung und Benutzerführung, ohne dass Wert auf das spätere Design gelegt wird. Damit können auch »nichtklickbare«
UI-Skizzen gemeint sein, die manuell gezeichnet werden.

In Vollmer (2017, S. 224 f.) werden einige typische
Fragestellungen bei den Usability-Tests tabellarisch aufgeführt, die hier angepasst und übernommen werden.
Sie können als Grundlage bei der Durchführung und
Planung von Usability-Tests verwendet werden. Bei der
Durchführung von Usability-Tests sollte darauf geachtet
werden, dass sowohl männliche als auch weibliche Testpersonen beteiligt sind, sofern beide Gruppen zu der Zielgruppe gehören. Im Rahmen einer heuristischen Evaluierung der identifizierten Usability-Probleme in Abhängigkeit der Anzahl der Expertentests wird eine Testgruppe
zwischen sechs und dreizehn Personen empfohlen. Dann
ist sichergestellt, dass ca. 75–90 % der Probleme identifiziert werden (◘ Tab. 6.1, 6.2, 6.3, 6.4, 6.5 und 6.6).

6.1.3 Testarten

Softwaretests können nach unterschiedlichen Dimensionen kategorisiert werden. Darunter fallen unter anderem
der Zeitpunkt der Testdurchführung sowie der Informationsstand über das zu testende Artefakt. Die im vorhergehenden Abschnitt behandelten Usability-Tests werden bereits in der Definitionsphase begutachtet und befinden sich
außerhalb der in ◘ Abb. 6.2 dargestellten Testpyramide.

Die sogenannten entwicklungsbegleitenden Tests
stellen Methoden bereit, die im Rahmen der Softwareentwicklung kontinuierlich durchgeführt werden. Die
Spitze der Testpyramide bilden die sogenannten Use-Acceptance-Tests, die gemeinsam mit den Kunden abgestimmt werden und in der Regel für die Abnahme der vertraglich vereinbarten Leistung notwendig sind. Dabei
handelt es sich daher um Tests, die nach der Fertigstellung des Softwaresystems ausgeführt werden.

☐ Tab. 6.1 Usability-Kriterien zur Navigationsstruktur

Kategorie: Navigationsstruktur		−2	−1	0	1	2
1	Die Menüstruktur ist logisch.					
2	Das Menü ist selbsterklärend.					
3	Unter den Menüpunkten findet man die erwarteten Inhalte und Funktionen.					
4	Alle gesuchten Inhalte und Funktionen werden leicht gefunden.					
5	Alle Wege sind gut nachvollziehbar.					
6	Die Anzahl der Navigationsebenen ist passend.					
7	Die Anzahl der Navigationselemente ist passend.					

☐ Tab. 6.2 Usability-Kriterien zur Bedienbarkeit

Kategorie: Allgemeine Bedienbarkeit		−2	−1	0	1	2
1	Es fällt leicht, die App zu bedienen.					
2	Es existieren genügend Hilfestellungen.					
3	Die Erklärungen und Anleitungen sind leicht verständlich.					
4	Die Erklärungen und Anleitungen sind motivierend.					
5	Die Bezeichnungen der Navigationselemente sind verständlich.					
6	Die Bezeichnungen der Navigationselemente erfüllen die Nutzererwartungen.					
7	Die Lesbarkeit der Texte ist gut (Schriftart und -größe, Zeilenabstände).					

6

◘ Tab. 6.3 Usability-Kriterien zur Produktverständlichkeit

Kategorie: Produktverständlichkeit		−2	−1	0	1	2
1	Das Thema der App ist eindeutig.					
2	Das Unternehmen (Absender, Herausgeber) ist klar und deutlich erkennbar.					
3	Die rechtsverbindlichen Informationen sind verfügbar und verständlich.					
4	Die Kenntnisnahme und Einverständniserklärung für personenbezogene Daten sind einfach und verständlich.					
5	Support-/Kontaktinformationen sind vorhanden und einfach zugänglich.					

◘ Tab. 6.4 Usability-Kriterien zu den Inhalten

Kategorie: Inhalte		−2	−1	0	1	2
1	Die allgemeinen Informationen sind vollständig und verständlich.					
2	Alle Inhalte sind sinnvoll und notwendig.					
3	Es fehlen keine Inhalte.					
4	Nachrichten und Fehlermeldungen sind verständlich und unterstützen den Anwender.					
5	Die Menge der dargestellten Informationen überfordert die Anwender nicht.					

Whitebox- vs.
Blackbox-Tests

Sofern für die Gestaltung des Tests auf die interne Struktur eines zu testenden Artefaktes zugegriffen werden kann, beispielsweise indem der Quellcode analysiert wird, spricht man von **Whitebox-Tests**[3]. Wenn man

---

3 Mit der Farbe Weiß wird eine Durchsichtigkeit assoziiert. Man »blickt« in die internen Details einer Komponente.

☐ Tab. 6.5 Usability-Kriterien zu den Funktionen und Prozessen

Kategorie: Funktionen und Prozesse		-2	-1	0	1	2
1	Die Registrierung ist einfach.					
2	Die Änderungen der Einstellungen sind einfach.					
3	Der Anwender weiß, was als Nächstes zu tun ist.					
4	Alle Funktionen sind sinnvoll und notwendig.					
5	Es fehlen keine Funktionen.					
6	Die Aufgaben gehen intuitiv hervor, und der Einsatzzweck der App ist eindeutig.					

☐ Tab. 6.6 Kriterien zum Gesamtergebnis

Gesamtergebnis		-2	-1	0	1	2
1	Die mobile App ist nützlich.					
2	Die mobile App ist attraktiv.					
3	Es macht Spaß, die mobile App zu nutzen.					
4	Der Benutzer kann der mobilen App seine persönlichen Daten anvertrauen.					

keinen Einblick in diese internen Details hat, spricht man hingegen von **Blackbox-Tests**. Die Unit-Tests und die Komponententests gehören der ersten Kategorie an, während die Ebenen oberhalb der Komponententests als Blackbox-Tests eingestuft werden. Da eine »harte« Eingrenzung dieser Testarten nicht eindeutig durchgeführt werden kann, hat sich darüber hinaus noch der Begriff der **Greybox-Tests** in der Literatur und Praxis durchgesetzt. Bei dieser Testart handelt es sich um eine Kombination aus Whitebox- und Blackbox-Tests. UI-Automationstests, die sich auf der Ebene der Integrations- und Systemtests befinden, werden in diese Kategorie eingeordnet.

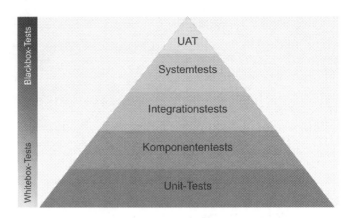

□ Abb. 6.2   Testpyramide und Einteilung nach Whitebox- und Black-box-Tests

6

6.1.3.1 Entwicklungsbegleitende Tests

Während der Softwareentwicklung müssen kontinuierlich ausgeführte Tests die Qualität in einem Softwaresystem gewährleisten. In der Regel ist die Änderungsrate einer Software während der Entwicklung sehr hoch. Ein Team von Softwareentwicklern arbeitet gemeinsam an einem Projekt. Viele Personen führen die Änderungen nebenläufig voneinander aus. In einem solchen Kontext sind manuelle Tests an der Software nicht tragfähig, da dieses Vorgehen mit einem sehr hohen Aufwand verbunden wäre. Stattdessen werden automatisierte Tests im Hintergrund und automatisch ausgeführt.

Kontinuierliche Integration *(continuous integration)*

Die **kontinuierliche Integration** ist ein Prinzip der Softwaretechnik, um während der Softwareentwicklung kontinuierlich und automatisch die Software zusammenzusetzen und dabei sogenannte Unit-Tests auszuführen. Ein Unit-Test wird dabei von Softwareentwicklern während der Umsetzung der fachlichen Funktionalität bereitgestellt. Bei Unit-Tests handelt es sich um Programme, die beispielsweise im Rahmen der objektorientierten Programmierung durch Klassen und ihre Operationen realisiert sind. Das Ziel der kontinuierlichen Integration ist es, die gleichbleibende Qualität in einem Softwaresystem sicherzustellen. In der Regel wird die Testdurchführung durch Buildserver gesteuert, die mit dem zentralen Versionsverwaltungssystem verbunden sind.

Ein **Versionsverwaltungssystem** ist ein revisionssicherer, zentraler Speicher. Jede Änderung an einem Dokument wird mit dem Datum und der Person gespeichert.

Dadurch können zu einem beliebigen Zeitpunkt alle Versionsstände eines Dokumentes wiederhergestellt werden. In der Regel können Entwickler einen Kommentar mit der Änderung verknüpfen. Dadurch lassen sich die historisch durchgeführten Veränderungen nachvollziehen. Ein Versionsverwaltungssystem ist das **Rückgrat** einer modernen Softwareentwicklung.

Ändert ein Softwareentwickler den Quellcode und »checkt«[4] seine Version des Quellcodes in einem Versionsverwaltungssystem »ein«, wird dieses Ereignis von einem Buildserver registriert. Im Hintergrund wird der aktuelle Stand des Softwaresystems in einem leeren Verzeichnis »ausgecheckt« und anschließend kompiliert. Sofern Fehler die Kompilierung verhindern, bricht der Vorgang ab, und das Entwicklungsteam erhält in der Regel per E-Mail eine Benachrichtigung. Anderenfalls führt der Buildserver die mit der Software bereitgestellten Unit-Tests aus. Schlägt einer dieser Tests fehl, erhalten alle Entwickler ein Testprotokoll. Änderungen, die die Integrität und Qualität der Software beeinflussen, können dadurch erkannt werden.

Jede professionell organisierte Softwareentwicklungsabteilung sollte die Prinzipien der kontinuierlichen Integration aus dem »Dreiklang« bestehend als Quellcodeverwaltungssystem, Buildserver und Unit-Tests berücksichtigen und in den Softwareerstellungsprozess einpflegen.

Das Test Driven Design geht dabei einen Schritt weiter und verlangt von den Entwicklern, dass eine Funktionalität nur dann implementiert werden darf, wenn zuvor ein Unit-Test umgesetzt ist, der aufgrund der fehlenden Implementierung fehlschlägt. Die Entwicklung beginnt im TDD daher mit der Umsetzung eines Unit-Tests.

Test Driven Design (TTD)

Eine gute Performanz ist bei Apps für das allgemeine Benutzungserlebnis von großer Bedeutung. Durch die besondere Art der Mensch-Maschine-Schnittstelle, die bei Apps zum Einsatz kommt, sind Reaktionszeiten von mehreren Sekunden nicht tragfähig. Die Gestensteuerung und das Material Design basieren beispielsweise darauf,

Performanztests

---

4   Die Begriffe »Einchecken« und »Auschecken« bedeuten, die lokalen Änderungen an dem Quellcode auf einer zentralen, revisionssicheren Datenbank hochzuladen bzw. von diesem zentralen Speicher lokal abzuspeichern.

dass die Anwender eine direkte Rückmeldung darauf erhalten, was durch die Interaktion mit dem Endgerät als Aktion ausgeführt wird. Es muss durch geeignete Tests sichergestellt werden, dass die spezifizierten *nicht*funktionalen Anforderungen erfüllt werden. Da die Reaktionszeit bei Apps nicht durch die Aktivitäten innerhalb der App beeinflusst wird, sondern durch eine Kommunikation mit einem Server bestimmt sein kann, ist die Prüfung der Gesamtleistung oftmals komplex. Diese Tests sollten daher unter definierten Bedingungen durchgeführt werden, wobei die Rahmenbedingungen im Vorfeld mit den Auftraggebern besprochen und schriftlich festgehalten werden müssen. Die Performanztests müssen beispielsweise unter folgenden Bedingungen auf verschiedenen Endgeräten ausgeführt werden:

- Test der Reaktionszeiten bei
  - vollem und leerem Akku,
  - hoher und schmaler Bandbreite im Mobilfunknetz
  - hoher und niedriger Hintergrundaktivität, welche durch eine andere App ausgelöst werden kann

Strikter Modus bei Android

Der sogenannte strikte Modus stellt bei Android ein Werkzeug für Entwickler zur Verfügung, um bestimmte Aspekte, die durch die Telemetrie der Android-Laufzeitumgebung bei der Ausführung einer App aufgezeichnet werden, zur Verfügung zu stellen. Dadurch kann beispielsweise erkannt werden, ob ein Netzwerk- bzw. Datenzugriff über den Hauptthread der App stattfindet, welche ausschließlich für UI-Aufgaben verwendet werden sollte.

```
public void onCreate() {
    if (DEVELOPER_MODE) {
    StrictMode.setThreadPolicy(
      new StrictMode.ThreadPolicy.Builder()
       .detectDiskReads()
       .detectDiskWrites()
        // or .detectAll() for all detectable
problems
         .detectNetwork()
          .penaltyLog()

           .build());      StrictMode.setVmPol-
icy(
      new StrictMode.VmPolicy.Builder()
       .detectLeakedSqlLiteObjects()
       .detectLeakedClosableObjects()
       .penaltyLog()
       .penaltyDeath()
```

```
      .build());
   }
   super.onCreate();

   }Quellcode  6.1Aktivierung  des  Strict
Mode in Android
```

Der Quellcode 6.1 zeigt, wie man den strikten Modus aktiviert und entscheidet, was bei einem erkannten Zugriff protokolliert werden soll. Die Operation `penalty-Log()` erlaubt die Ausgabe, während man mit der App arbeitet.

6.1.3.2 Tests nach der Fertigstellung

Nach der Fertigstellung eines Softwaresystems muss das spezifizierte Gewerk kundenseitig abgenommen werden. Im Rahmen der User-Acceptance-Tests werden die funktionalen und nichtfunktionalen Anforderungen abgeglichen. Bevor diese Tests im Rahmen einer Abnahme durchgeführt werden, sind – insbesondere vor dem Hintergrund mobiler Anwendungen – weitere Tests von Bedeutung.

Mobile Anwendungen werden auf einem mobilen Endgerät ausgeführt, welches nur begrenzte Energieressourcen besitzt. Der Energieverbrauch einer App sollte daher immer ermittelt werden. Da während der Softwareentwicklung Emulatoren zum Einsatz kommen und Softwaretests auch nicht über den ganzen Tag verteilt stattfinden, werden ausführliche Tests des Energieverbrauches häufig in der Praxis ignoriert. Jedoch ist ein gutes Energiemanagement nicht nur die Aufgabe des mobilen Betriebssystems, sondern muss in der Regel auch bereits in der App Berücksichtigung finden. Greift man beispielsweise zu häufig auf Sensorinformationen wie das GPS-Modul zu, reduziert dies die Akkulaufzeit. Ein mobiles Endgerät, welches aufgrund einer App nicht durch den gewöhnlichen Tag hält, reduziert das Benutzungserlebnis erheblich. Die meisten Anwender nehmen so ein Verhalten nicht in Kauf und wechseln zu einer anderen App oder beschweren sich.

Test des Energieverbrauches

Ein Stresstest einer App besteht darin, neben einer »gewöhnlichen« Nutzung auch eine ungewöhnliche Situation zu testen. Dabei sollte die App auch dann einwandfrei funktionieren, wenn das mobile Endgerät beispielsweise Anrufe, Textnachrichten, Push-Benachrichtigungen

Stresstests

6

Installations- und
Update-Tests

erhält und zusätzlich unlogische oder viele Benutzereingaben verarbeitet. Es stehen sowohl für Android als auch
für iOS entsprechende Werkzeuge zur Verfügung, die einen Stresstest automatisch durchführen können. Der **UI/
App Exerciser Monkey** für Android erzeugt zufällige Ereignisse. Dazu zählen beispielsweise:

- Anrufe und Textnachrichten
- UI-Swipe-Gesten
- Rotation des Endgerätes, um zwischen dem
  Landscape- und Porträtmodus zu wechseln
- Stummschaltung der Lautsprecher
- der Wechsel in den Flugmodus

In iOS gab es ein vergleichbares Werkzeug mit dem Namen »UI AutoMonkey«, welches jedoch von Apple als
veraltet *(deprecated)* markiert wurde, da es Javascript
verwendet.

Eine native App wird über den Appstore oder Playstore bezogen und auf dem Endgerät installiert. Je nach
Gerät können dabei unterschiedliche Probleme auftreten, sodass die Installation der App auf verschiedenen Endgeräten sowie auch die Aktualisierung getestet
werden sollten. Insbesondere sollte auch den Tests der
Aktualisierung besondere Aufmerksamkeit gewidmet
werden. Nach einer Aktualisierung darf beispielsweise
die lokale Datenbank einer App – sofern vorhanden –
nicht beeinträchtigt werden. Alle Einstellungen der Anwender müssen nach einem Update beibehalten werden.
Das trifft auch auf Anmeldedaten des Benutzers zu.
Da die Anwender nicht immer jeden Versionswechsel
auf ihrem Endgerät einspielen, muss auch sichergestellt
werden, dass ungewöhnliche Installations- und Up-
date-Pfade das Gesamtsystem nicht beeinträchtigen.

Es kann in den meisten Fällen nicht für jeden Aktu-
alisierungspfad überprüft werden, ob der Wechsel unterstützt wird. Dennoch ist es üblich, dass eine Aktualisierung von mindestens der letzten drei Versionen auf die
aktuelle Version unterstützt wird.

6.2 Veröffentlichung

Die Veröffentlichung einer mobilen App bedeutet, sie für
den Nutzerkreis verfügbar zu machen. Dazu ist es zunächst wichtig, die App so aufzubereiten, dass alle nicht

Release-relevanten Informationen aus dem Auslieferungspaket entfernt werden. Man spricht von einem sogenannten **Release Build** der mobilen App. In der Regel wird bei einer nativen App der Quellcode optimiert. Dabei werden beispielsweise zusätzliche Informationen entfernt, die für das Debugging der App während der Entwicklung benötigt werden. Dadurch reduzieren sich die Lade- und die Ausführungszeit.

Da der Benutzerkreis einer App sehr unterschiedlich sein kann, weichen die Veröffentlichungswege auch voneinander ab. So wird beispielsweise eine App, die nur unternehmensintern zum Einsatz kommen soll, nicht über die gängigen Stores der Firmen Apple oder Google veröffentlicht. Darüber hinaus existieren neben den Standardstores auch Appstores anderer Anbieter. Amazon hat beispielsweise mit eigenen Geräten auf Android-Basis ein unabhängiges Ökosystem geschaffen und sich damit von Googles Playstore entkoppelt. Soll die App innerhalb dieses Ökosystems bereitstehen, müssen auch die Freigabeprozesse von Amazon berücksichtigt werden. Es existieren aber weltweit auch noch andere Appstores, die sich zum Teil an eigene Benutzerkreise richten und lediglich ein ausgewähltes Sortiment im Portfolio haben. **Aptoide** ist hier als Beispiel für einen anderen bekannten Appstore zu nennen.

6.2.1 Veröffentlichungsprozesse

Alle Anbieter von Appstores haben eigene Qualitäts- und Freigabeprozesse, die man für eine erfolgreiche Veröffentlichung der eigenen App beachten muss. Diese Kriterien sollen den Kunden einer bestimmten Plattform ein einheitliches Maß bieten. Zwar wissen die Kunden, dass einzelne Apps nicht von den Plattformbetreibern wie Apple oder Google entwickelt werden, in der Regel nehmen die Kunden jedoch diese Unternehmen in die Verantwortung.

Funktionieren Apps auf einer bestimmten Plattform nicht oder haben Qualitätsprobleme, dann sinkt auch die Gesamtzufriedenheit der Kunden für eine bestimmte Plattform. Daher sind die Unternehmen bemüht, hier einheitliche Qualitätsstandards durchzusetzen und bisweilen auch rigoros durchzugreifen, sofern ein App-Entwickler die Vorgaben nicht beachtet. Insbesondere müssen die Entwickler die UI-Richtlinien berücksichtigen, sodass sich ein einheitliches »Bild« für die Benutzer innerhalb einer Plattform ergibt. Gerade zu Beginn des Mobile Computing waren die angewendeten Richtlinien nicht allen Entwicklern bewusst und wurden als öffentliche Kritik geäußert. Jedoch stehen die Kriterienkataloge mittlerweile der Entwicklungsgemeinde zur Verfügung.

6.2.1.1 Google Playstore

Für die Veröffentlichung im Playstore wird zunächst ein Entwickler-Account benötigt, der auch für die Identifikation der Organisation dient. Im Gegensatz zu Apple verursacht dieser Account lediglich Einmalkosten in Höhe von ca. 25 US-Dollar (Stand Juli 2021).

Prozess

Im ersten Schritt muss ein signiertes Auslieferungspaket (apk-Datei) erzeugt werden, was man über die Android-Studio-Entwicklungsumgebung initiiert. Dieses Paket wird über die Google-Playstore-Weboberfläche hochgeladen. Während dieses Vorganges müssen darüber hinaus noch weitere Informationen und Dateien bereitgestellt werden. Zu den Pflichtangaben gehören neben einer Kurzbeschreibung und vollständigen Beschreibung auch Screenshots und Piktogramme für das App-Icon im Format 512 mal 512 Pixel. Für eine grobe Vorkategorisierung muss angegeben werden, ob es sich bei der App um ein Spiel oder um eine sonstige App handelt. Je nach Vorauswahl kann für die Anwendung dann eine Kategorie gewählt werden, in welcher die App eingeordnet wird. Für die Suche und das Finden des eigenen Angebotes sind die »Metainformationen« sehr wichtig.

Um eine Altersempfehlung abgeben zu können, wird die Einstufung des Inhalts der Anwendung benötigt. Hierbei handelt es sich um einen Fragebogen. Weiterhin können optional noch Kontaktdaten hinterlegt werden, damit die Anwender mit dem Hersteller der App in direkten Kontakt treten können.

Updates

Für Updates einer mobilen App werden neben dem neuen APK mit inkrementierter Build-Nummer, korrekter Signatur und gleichem Paketnamen noch Informationstexte benötigt, die den Inhalt des Updates für die Anwender erläutern.

Nach Bestätigung der Bereitstellung einer mobilen App wird diese von der Plattform in den Playstore geladen und ist nach kurzer Zeit für die Anwender freigeschaltet. Google prüft und entfernt Apps teilweise nach der Veröffentlichung nach einer eingegangenen Beanstandung oder bei internen Prüfungen.

6

6.2.1.2 **Apple Appstore**

Auch für die Veröffentlichung im Apple Appstore ist ein Entwickler-Account notwendig. Das sogenannte **iOS Developer Program** ist ein kostenpflichtiges Angebot des Unternehmens. Es wird aktuell mit 99 US-Dollar pro Jahr (Stand Juli 2021) bepreist und kostet damit deutlich mehr als bei Google. In der Jahresgebühr ist eine Reihe von Vorteilen und Lizenzen für Werkzeuge enthalten. So können beispielsweise Vorabversionen von Apples Softwareangebot installiert werden. Auch steht ein Testwerkzeug, das sogenannte **TestFlight**, zur Verfügung, um die eigene App auf verschiedenen Endgeräten zu testen.

Um eine App zu veröffentlichen, wird auf das Appstore-Connect-Portal zugegriffen. Hier sind alle Verwaltungsfunktionen bereitgestellt. Im ersten Schritt sollten die Entwicklungsrichtlinien zur Kenntnis genommen werden; zudem sollte überprüft werden, ob die eigene App dagegen verstößt. Apple hat im Markt den Ruf, deutlich härter gegen Entwickler vorzugehen, die die Richtlinien unterwandern oder nicht einhalten. Das Angebot des Herstellers wird bei erkannten Verstößen sofort aus dem Sortiment entfernt oder erst gar nicht veröffentlicht.

Prozess

Damit der Ursprung der mobilen App eindeutig identifiziert werden kann, wird das Auslieferungspaket mit einem privaten eindeutigen Schlüssel signiert. Dieses Zertifikat muss zuvor über das Portal heruntergeladen und innerhalb der XCode-Entwicklungsumgebung installiert werden. Anschließend müssen während des Upload-Vorganges auch bei Apple die üblichen Informationen wie Kurzbeschreibungen, vollständige Beschreibungen, Screenshots und App-Icons hinterlegt werden.

6.3 **Mobile-App-Tracking**

Wie bereits in ▶ Kap. 1, ist der Markt mobiler Apps sehr schnelllebig. Die Hersteller sind einer großen, weltweiten Konkurrenz ausgesetzt. Werden mobile Apps für den Massenmarkt entwickelt, muss kontinuierlich darauf geachtet werden, dass die Kundenzufriedenheit nicht sinkt und dadurch die eigenen Kunden abwandern.

Die systematische Beobachtung der Kundenbedürfnisse wird insbesondere von großen Unternehmen nicht nur im Massenmarkt durchgeführt, sondern kommt

Bedürfnisse beobachten

6

auch bei klassischen Apps für Unternehmen zum Einsatz. Das Ziel ist es, Verhaltens- und Interaktionsmuster für Anwender zu erkennen, die in die Weiterentwicklung einfließen können und inkrementell zu einer Verbesserung des Nutzungserlebnisses führen.

Unter dem Begriff des **Mobile-App-Trackings** werden Techniken und Methoden subsumiert, die der »systematischen, kontinuierlichen Verfolgung des Benutzerverhaltens bei der Anwendung der mobilen App zum Zwecke eines kontinuierlichen Verbesserungsprozesses« dienen (vgl. Vollmer, 2017, S. 266).

Durch das Mobile-App-Tracking werden unter anderem

- die Anzahl der Aufrufe einer bestimmten Seite gezählt,
- die Navigationsrichtung zwischen verschiedenen Seiten erfasst,
- die Verweildauer innerhalb einer Seite und die auf dieser Seite verwendeten Gesten protokolliert sowie
- die Absprungpunkte aus der App registriert.

Beim Mobile-App-Tracking beginnt man zunächst damit, eindeutige quantifizierbare Ziele zu definieren, die sich über entsprechende Kennzahlen ermitteln und messen lassen. Eine wichtige Kennzahl ist dabei beispielsweise die Anzahl der Installationen einer mobilen App aufgeteilt in unterschiedliche Endgeräte und Betriebssysteme. Manchmal werden zusätzlich auch die Mobilfunkanbieter erfasst. Ansonsten sind der eigenen Fantasie hinsichtlich der erfassten Telemetriedaten keine Grenzen gesetzt. So können zusätzlich auch Statistiken über Fehlermeldungen und unerwartete Ereignisse, die zu Abstürzen führen, registriert werden.

Die erfassten Kennzahlen dienen der Bewertung der mobilen App und werden im Rahmen von Untersuchungen verwendet, um die Weiterentwicklung der zu steuern. Daher macht es in der Regel keinen Sinn, das App-Tracking über den gesamten Lebenszyklus einer App durchzuführen. Stattdessen wird sie in der Praxis lediglich in der ersten Hälfte des Produktlebenszyklus eingesetzt, um auf die Weiterentwicklung Einfluss nehmen zu können. Neben der Einflussnahme in die Entwicklung in Form eines kontinuierlichen Verbesserungsprozesses können auch weitere Aktivitäten aus den Daten resultieren. Bei dem sogenannten Behavioral-Tracking können Benutzergruppen automatisch anhand des Benutzerverhaltens erkannt werden. Dadurch kann innerhalb der App auf unterschiedliche Art und Weise mit den Anwendern kommuniziert werden (auch Smart-Messaging genannt).

Es stehen im Markt verschiedene Werkzeuge zur Verfügung, um die Kennzahlenerfassung und -analyse weitestgehend zu automatisieren. Einige dieser Werkzeuge sind auch kostenfrei, andere werden hingegen nur als kommerzielle Systeme vertrieben. Die folgende Liste zeigt eine Auswahl dieser Tools:

Werkzeuge für das Mobile-App-Tracking

- **Adobe Analytics Cloud:** Konzentriert sich auf größere Unternehmen. Über maschinelles Lernen und künstliche Intelligenz können aufgrund der Eingabedaten verschiedene Benutzergruppen und ihr Verhalten kategorisiert werden.
- **AppsFlyer:** Es handelt sich eher um ein Marketingwerkzeug, um die Zielgruppe der App zu adressieren und den Umsatz zu optimieren.
- **App Annie:** Reiht sich ebenfalls in die Gruppe der Marketingwerkzeuge ein. Dieses Werkzeug hilft dabei, den Nutzerkreis besser zu verstehen. Zudem ermöglicht es durch eine Analyse der Wettbewerber und der gesammelten Marktdaten, neue Märkte und Partner zu identifizieren.
- **Flurry Analytics:** Wird von Yahoo maßgeblich mitentwickelt. Bietet über ein Dashboard die Analyse des Nutzerverhaltens an.

6.4 Zusammenfassung

Die Konzeption, Entwicklung sowie die Qualitätssicherung und Freigabe einer mobilen App ist ein komplexes Unterfangen und erfordert in der Regel speziell geschultes Personal. Da in der Regel jede mobile Plattform ein eigenes Ökosystem mit entsprechenden Beschaffungskanälen bereitstellt, müssen die Besonderheiten bei der Freigabe und Veröffentlichung einer App berücksichtigt und dürfen insbesondere auch aufwandsseitig nicht unterschätzt werden.

6.5 Übungsaufgabe

- **Übungsaufgabe 6.1**

Beantworten Sie die folgenden Fragen:

a) Welche Unterschiede gibt es zwischen dem Developer Build und dem Release Build bei mobilen Apps?
b) Wie können Sie eine App nach der Freigabe veröffentlichen?
c) Welche Kennzahlen stehen Ihnen bei der Analyse des Benutzerverhaltens zur Verfügung?
d) Welche besonderen Herausforderungen liegen beim Testen einer mobilen App vor, die bei klassischen Softwaresystemen in dieser Form nicht vorhanden sind?
e) Welche Testarten stehen Ihnen entwicklungsbegleitend zur Verfügung?

6

Serviceteil

Gesamtglossar

.NET-Sprachen Mit der Einführung der .NET-Plattform wurde eine Reihe von neuen Programmiersprachen entwickelt. Einer der Gründe für diese Entwicklung war, dass die Ablaufumgebung der .NET-Plattform keinen nativen Code, sondern einen speziellen Zwischencode ausführt, der in einer mit Assembler vergleichbaren Sprache, der CIL (Common Intermediate Language), definiert ist. Alle Programme in .NET-Programmiersprachen werden zunächst in diese Zwischensprache übersetzt, um anschließend während des Programmablaufes durch einen JIT-Compiler in nativen Code umgewandelt zu werden. Wichtige .NET-Programmiersprachen sind C# und VB.NET.

Abgeleitetes Attribut Wird in der UML als ein Attribut interpretiert, dessen Wert sich aus den anderen, bereits vorhandenen Attributen innerhalb einer Klasse berechnet. Einige Programmiersprachen wie C# oder → Dart besitzen Sprachmerkmale, die die Definition von abgeleiteten Attributen unterstützen.

Android Es handelt sich sowohl um ein mobiles Betriebssystem als auch ein Ökosystem für mobile Geräte. Das Betriebssystem wurde maßgeblich von Andy Rubin entwickelt, dessen Unternehmen im Jahr 2003 von Google aufgekauft wurde.

Anforderung *(requirement)* Definiert eine Eigenschaft bzw. eine Fähigkeit eines Softwaresystems.

Anwendungssoftware Wird von einem Anwender verwendet, um eine bestimmte Aufgabe zu erfüllen. Anwendungssoftware wird auf Basis bzw. für eine → Systemsoftware (Betriebssystem) entwickelt.

App In der Regel ist mit diesem Begriff eine sogenannte Mobile App gemeint, also eine → Anwendungssoftware, welche auf einem mobilen Betriebssystem wie → Android oder iOS betrieben wird.

Artefakt Im softwaretechnischen Sinn ein beliebiges, messbares bzw. wiedererkennbares Gebilde, das in einer bestimmten → Artefaktsprache vorliegt. Beispiele: Pflichtenheft, Klasse, Operation, Dateien, → Frameworks, Referenzarchitekturen.

Artefaktsprache Sprache oder Notation, in der ein → Artefakt definiert ist. Die Artefaktsprache eines Klassendiagramms ist beispielsweise die UML.

Attributierte Programmierung Wird von einigen → Frameworks angeboten, um gewisse quer schneidenden → Belange deklarativ ausdrücken zu können. Beispiele sind Belange wie die Synchronisation oder die rollenbasierte Sicherheit.

Belang (*concern*) Ein spezifisches Interesse eines Projektbeteiligten an einer Sache, bezogen auf ein bestimmtes System oder eine bestimmte Angelegenheit. Belange treten im Softwareentwicklungsprozess in unterschiedlichen Formen zu verschiedenen Phasen auf.

Callback-Funktion Funktion, die beispielsweise nach einem bestimmten Ereignis ausgeführt werden soll. Eine Schaltfläche, die von einem Anwender angeklickt wird, löst intern ein Ereignis aus. Registrierte Ereignisabhörer können auf ein solches Ereignis über ihre Callback-Funktion reagieren.

Computersystem Zusammengehörende Einheit aus →Anwendungssoftware, →Systemsoftware und Hardware.

CSS (Cascading Style Sheets) Werden in Zusammenhang mit HTML-Dokumenten verwendet, um Layoutinformationen zu HTML-Elementen zu definieren. Dadurch können das Aussehen und der Inhalt eines HTML-Dokumentes getrennt werden.

Dart Moderne objektorientierte Programmiersprache, die in Flutter verwendet wird. Die Laufzeitumgebung arbeitet mit einem →Garbage Collector, sodass sich Entwickler keine Gedanken um die Speicherbereinigung machen müssen. Dabei kommt aber eine Technik zum Einsatz, die keine globalen Sperren auf Speicherebene benötigen. Dadurch können Animationen ruckelfrei auch bei hohen Bildschirmwiederholungsfrequenzen abgespielt werden. Dart besitzt zudem deklarative Sprachmerkmale, die es möglich machen, auf andere deklarative Sprachen bei der Definition von Oberflächen, wie zum Beispiel XML, zu verzichten.

Dart-CLI (Command-Line Interpreter) Kommandozeileninterpreter der Programmiersprache →Dart.

Debugging Fehleranalyse eines in Ausführung befindlichen Programmes. Der Begriff leitet sich historisch von dem englischen Wort für Käfer (*bug*) ab. In den Anfangszeiten waren Computer sehr groß, sodass Käfer in empfindliche Bereiche der Maschine hineinkrabbeln konnten. Wenn die Käfer dabei heiße Komponenten des Computers berührten, verglühten sie in der Regel und zerstörten aber auch befindliche Bauteile des Rechenautomaten. Das »Entkäfern« (*debugging*) eines Computers war daher sinnbildlich für Fehlersuche und Ursachenforschung, wenn etwas nicht wie erwartet funktionierte.

FLOPS (Floating Point Operations Per Second) Anzahl von Gleitkommaoperationen pro Sekunde, die durch einen Prozessor ausgeführt werden kann. Durch diese Maßeinheit kann die Rechenleistung unterschiedlicher Prozessoren gemessen und miteinander verglichen werden.

Framework Menge aus kooperierenden Klassen, die für einen bestimmten Zweck mit dem Ziel der Wiederverwendung entworfen und implementiert wurde. Beispiele: STL, .NET-Klassenbibliothek, Java-Klassenbibliothek.

Funktionale Anforderung *(functional requirement)* Umfasst – im Gegensatz zu einer nichtfunktionalen Anforderung – eine reine Geschäfts- bzw. Fachkonzeptlogik eines Softwaresystems.

Garbage Collector Ist für die automatische Speicherbereinigung zuständig, also die Freigabe unbenutzter Speicherbereiche. Moderne objektorientierte Programmiersprachen, wie zum Beispiel Java, C# oder → Dart, verfügen über einen Garbage Collector, der intern einen Verfügbarkeitsgraphen verwaltet, welche durch ein Programm erzeugten Objekte über Referenzen erreicht werden können. Sobald nicht erreichbare Objekte erkannt werden, gibt der Garbage Collector diese Speicherbereiche automatisch und für den Entwickler transparent frei. Die aus der älteren Programmiersprache C++ bekannten Techniken zur selbstständigen Speicherfreigabe (z. B. Smartpointers) entfallen.

Generat Ergebnis eines → Generators.

Generator (Codegenerator) Programm, welches aus einer Eingabe einen Quellcode erzeugt. Das Ergebnis dieses Vorgangs wird als Generat bezeichnet.

Gesten Ein mobiles Endgerät wird heute über eine Touch-Bedienung gesteuert, bei der der Anwender seine Hand bzw. Finger für die Interaktion mit dem → Computersystem verwendet. Die Hersteller haben sich mit der Einführung von Touch-Display verschiedene Gesten ausgedacht, um bestimmte Funktionen des mobilen Endgerätes zu steuern. Zieht man beispielsweise den Bildschirm nach oben oder unten, kann man den dargestellten Inhalt scrollen. Spreizt man seine Finger entlang des Bildschirmes, kann man den Bildschirminhalt zoomen. Diese Art von Interaktionen werden als Gesten bezeichnet.

Gestensteuerung Interaktion mit einem → Computersystem durch die Verwendung von → Gesten.

GFLOP (Giga FLOPS) 1 GFLOP entspricht 10^9 → FLOPS.

Gradle Build-Automationswerkzeug, welches in Java entwickelt wurde, aber nicht nur für das Kompilieren und Bereitstellen von Java-Projekten geeignet ist. Es gilt als schneller und flexibler als Maven. Bei den Gradle-Skripten handelt es sich im Gegensatz zu den Konfigurationsdateien von Maven um direkt ausführbaren Quellcode.

HTTP (Hypertext Transfer Protokoll) Zustandsloses Protokoll zur Übertragung von Inhalten (HTML-Seiten, → CSS-, Javascript- und Bilddateien) vom Browser zum

Webserver und umgekehrt. Das Protokoll wurde von der IETF (Internet Engineering Task Force) sowie dem W3C (World Wide Web Consortium) standardisiert.

JavaCC (Java Compiler Compiler) Parser- und Scanner-Generator für LL(k)-Grammatiken. Der generierte Code liegt in der Programmiersprache Java vor.

Komponente *(component)* Zweckbestimmte, abgeschlossene und meist binäre Softwareeinheit, die eine bestimmte Funktionalität über wohldefinierte Schnittstellen nach außen zur Verfügung stellt. → Komponentenplattform.

Komponentenbasierte Programmierung Ansatz, der die Wiederverwendung von vorgefertigten Softwarebausteinen bzw. → Komponenten in den Entwicklungsprozess integriert.

Komponentenmodell Spezifikation der physischen und logischen Architektur von → Komponenten. Spezifikation der Architektur, Struktur und Interaktion von Softwarebausteinen. Komponentenmodelle können auf unterschiedlichen Ebenen spezifiziert werden, zum Beispiel auf binärer Ebene oder auf der Ebene einer Programmiersprache.

Komponentenplattform Implementiert ein spezifiziertes → Komponentenmodell. Bezeichnet den Rahmen, in dem → Komponenten eingesetzt werden können.

Lazy Loading Technik, die die Ausführung bestimmter Funktionen so lange hinauszögert, bis das erforderliche Ergebnis benötigt wird. Lazy Loading kommt sowohl auf der Serverseite als auch auf der Clientseite zum Einsatz. Auf der Serverseite wird die Technik beispielsweise innerhalb von OR-Mappern verwendet, um das Laden bestimmter Datenbankzeilen nur dann auszuführen, wenn auf die betroffenen, referenzierten Datensätze zugegriffen wird. Auf der Clientseite wird Lazy Loading eingesetzt, um die Menge an Oberflächenelementen einer Benutzungsoberfläche zu minimieren. Klappt der Benutzer einen Expander auf oder klickt auf einen Tab-Reiter, werden die in diesem Container befindlichen Steuerelemente instanziiert.

Mainframe Großcomputer. Zu Beginn des Computerzeitalters waren Computer sehr große und teure Geräte, welche ganze Hallen ausfüllen konnten. Diese Maschinen wurden von geschulten Experten benutzt, wobei sich mehrere Anwender einen Mainframe teilen.

Metamodell → Modell, dessen Instanz selbst Modelle sind. Beschreibt die Struktur bzw. Notation eines konkreten Modells. Das Metamodell des UML-Klassendiagramms definiert, dass das Klassendiagramm aus einzelnen Klassen, Schnittstellen, Paketen, Attributen, Assoziationen und Operationen besteht und dass Klassen Vererbungsbeziehungen untereinander haben können. Aus Metamodellen lassen sich domänenspezifische Sprachen bzw. ihre Syntax ableiten.

Modell Abstraktion der Wirklichkeit. Es gibt mathematische, physikalische, ökonomische und viele andere Arten von Modellen. Sie alle versuchen, die gegebenen und beobachteten Sachverhalte aus der Wirklichkeit hinreichend genau zu beschreiben. In der Softwaretechnik gibt es Prozessmodelle, Domänenmodelle, die einen bestimmten Problembereich beschreiben, sowie Systemmodelle, wie zum Beispiel Architekturmodelle.

Nebenläufige Programmierung Bezeichnet in der Informatik ein Programmiermodell, bei dem mehrere Threads von einem Prozessor ausgeführt werden. Die Grundlage bilden sogenannte Multitasking-Betriebssysteme, die über Hardware- und Betriebssystemfunktionen dafür sorgen, dass die CPU abwechselnd die Anweisungen unterschiedlicher Threads ausführt. Die Komponente, die der CPU eine entsprechende Rechenzeit zuweist und dies für alle Threads plant, heißt Scheduler.

Opcode Hardwarenaher Befehl eines Prozessors, der durch eine Zahl repräsentiert wird. Die Gesamtmenge aller möglichen Opcodes umfasst den Befehlssatz eines Prozessors.

Personal Computer Multifunktions- bzw. Mehrzweckcomputer, der hauptsächlich nur von einem Anwender bedient wurde. Der Begriff »Personal Computer« wurde erstmals in den 1980er-Jahren eingeführt und sollte deutlich machen, dass es sich im Gegensatz zu → Mainframes um → Computersysteme handelt, die von nicht speziell ausgebildeten Experten verwendet werden konnten.

Reflection Mechanismus, der einem Programm erlaubt, zur Laufzeit Informationen über sich zu erhalten. Einige Programmiersprachen wie beispielsweise Java spezifizieren diesen Mechanismus bereits über ihren Sprachumfang. Man unterscheidet zwischen der strukturellen Reflection und der dynamischen Reflection. Bei der strukturellen Reflection können Informationen über die Programmstruktur, wie zum Beispiel Vererbungshierarchien, Attribute und Operationen, abgefragt werden. Die dynamische Reflection ermöglicht den Zugriff auf Verhaltensinformationen. Dazu zählen beispielsweise Operationsaufrufe, Variablenzugriffe und Objekterzeugungen.

Smartphone Bestimmte, höherwertige Klasse an Mobiltelefonen, welche die klassischen Mobiltelefone um eine Vielzahl an Funktionen erweitern. Smartphones erlauben das Lesen von E-Mails, das Surfen über einen integrierten Webbrowser, der den Darstellungsmöglichkeiten von desktopbasierten Webbrowsern in nichts nachsteht. Smartphones besitzen ein Betriebssystem, welches den Gedanken einer Plattformökonomie umsetzt und den Erwerb von digitalen Produkten, wie zum Beispiels → Apps, Audio- und Videodateien, sehr einfach möglich macht.

System-on-a-Chip Funktional vollständiger, integrierter Schaltkreis, der bestimmte Aufgaben ohne Zuhilfenahme weiterer → Komponenten erfüllen kann. Im Gegensatz zu einer CPU, die beispielsweise noch mit einem Arbeitsspeicher und zusätzlichen Chips für die Grafik-, Audio- sowie Ein- und Ausgabeverarbeitung verbunden werden muss, handelt es sich bei einem System-on-a-Chip um einen monolithischen integrierten Schaltkreis. Dieses Entwurfsprinzip für integrierte Schaltkreise kommt häufig in sehr kompakten Endgeräten, wie zum Beispiel Mobiltelefonen oder → Tabletcomputern, zum Einsatz.

Systemsoftware Kategorie von Software, die für den Betrieb von Computern notwendig ist, damit auch nicht spezielle Experten mit einem Computer arbeiten können. Der Begriff wird seit den 1980er-Jahren synonym zum Betriebssystem verwendet. Jedoch werden beispielsweise auch Compiler zur Gattung der Systemsoftware gezählt.

Tabletcomputer Tragbares, in der Regel sehr flaches Endgerät, der als → Personal Computer verwendet werden kann, um alltägliche Aufgaben zu bewältigen (z. B. das Lesen von E-Mails oder die Verwendung eines Browsers).

Usability (Gebrauchstauglichkeit) Gibt Auskunft darüber, inwiefern ein Softwaresystem durch ihre Anwender innerhalb eines bestimmten Nutzungskontextes eingesetzt werden kann. Im Einzelnen betrifft dies Kriterien wie die Aufgabenangemessenheit, Selbstbeschreibungsfähigkeit, Steuerbarkeit, Erwartungskonformität, Fehlertoleranz u. v. m.

User Experience (Nutzererfahrung) Beschreibt alle Eindrücke und Erlebnisse, die einem Anwender während des Einsatzes eines Softwaresystems mit der Mensch-Maschine-Schnittstelle widerfährt. Je besser die Usability eines Softwaresystems ist, desto besser ist auch die User Experience.

Wireframe (reframe, auch Skizze oder UI-Prototyp) Wird in frühen Phasen der Softwareentwicklung verwendet, um die Benutzungsoberfläche zu spezifizieren. Das Ziel ist nicht, einen Designprototyp zu entwickeln, der das endgültige Aussehen eines Softwaresystems widerspiegelt. Stattdessen konzentriert man sich bei einem Wireframe um die grundlegende Strukturierung der Benutzungsoberfläche (Menüs, Navigationsmöglichkeiten, dargestellte Inhalte etc.).

WYSIWYG (What You See Is What You Get) Prinzip, welches besagt, dass das Ergebnis der Arbeit dem entspricht, was dem Benutzer auf seinem Bildschirm unmittelbar präsentiert wird. Die Druckvorschau unter Word oder das direkte Editieren eines HTML-Dokumentes mit einem entsprechenden Werkzeug setzen dieses Prinzip in Anwendungen um.

Literatur

Android I, P. (2021a). *Android.* ▶ https://developer.android.com/guide/platform/images/android-stack_2x.png. Zugegriffen: 9. Febr. 2021.

Android II, L. (2021b). *Android.* ▶ https://developer.android.com/guide/topics/ui/declaring-layout. Zugegriffen: 2. März 2021.

Android III, F. (2021c). *Android.* ▶ https://developer.android.com/guide/fragments. Zugegriffen: 7. März 2021.

AndroMDA. (2018a). *AndroMDA.* ▶ http://andromda.sourceforge.net/andromda-documentation/getting-started-java/index.html. Zugegriffen: 12. Nov. 2018.

AndroMDAb. (2018b). *AndroMDA.* ▶ http://andromda.sourceforge.net/andromda-documentation/getting-started-java/application-architecture.html. Zugegriffen: 12. Nov. 2018.

Apache Velocity. (2019). ▶ http://velocity.apache.org. Zugegriffen: 4. Jan. 2019.

Arinir, D. (2007). *Multidimensionale Separierung der Belange in der Softwareentwicklung durch Feature-Komponenten.* W3L.

Balzert, H. (1993). Der JANUS-Dialogexperte: Vom Fachkonzept zur Dialogstruktur. *Softwaretechnik-Trends. Proceedings der GI-Fachtagung Softwaretechnik '93, Dortmund,* S. 62–72.

Balzert, H. (2005). *Java 5: Der Einstieg in die Programmierung: Strukturiert & prozedural programmieren.* W3L.

Balzert, H. (2006). *Java 6: Objektorientiert Programmieren: Von der objektorientierten Analyse bis zur objektorientierten Programmierung.* W3L.

Balzert, H. (2009). *Lehrbuch der Softwaretechnik. Basiskonzepte und Requirements Engineering* (3. Aufl.). Spektrum Akademischer Verlag.

Balzert, H. (2011). *Lehrbuch der Softwaretechnik. Entwurf, Implementierung, Installation und Betrieb* (3. Aufl.). Spektrum Akademischer Verlag.

Balzert, H. (2013). *UML 2 in 5 Tagen – Der schnelle Einstieg in die Objektorientierung* (3. Aufl.). W3L.

Balzert, H., Hofmann, F., & Niemann, C. (1995). Vom Programmieren zum Generieren – Auf dem Weg zur automatisierten Anwendungsentwicklung. *Proceedings der GI-Fachtagung Softwaretechnik '95, Braunschweig,* S. 126–136.

Baumeister, H., & Koch, N. (1999). Towards a UML Extension for Hypermedia Design. *UML '99 – The Unified Modeling Language – Beyond the Standard* (Second International Conference Fort Collins, CO, USA), 614–629.

Beck, K., & Andres, C. (2004). *Extreme programming explained* (2. Aufl.). Addison-Wesley.

Bichler, L. (2004). *Codegeneratoren für MOF-basierte Modellierungssprachen.* Universität der Bundeswehr München.

Boehm, B. W. (1984). Software Engineering Economics. *IEEE Transactions on Software Engineering,* S. 4–21.

Bollmann, T., & Zeppenfeld, K. (2015). *Mobile Computing* (2. Aufl.). W3L.

Brooks, F. (1987). No silver bullet: Essence and accidents of software engineering. *Computer, 20* (4), 10–19.

Czarnecke, K., & Eisenecker, U. (2000). *Generative programming. Methods, tools and applications.* Addison-Wesley.

Czarnecki, K., & Helsen, S. (2003). Classification of Model Transformation Approaches. *OOPSLA '03, Workshop on Generative Techniques in Context of Model-Driven Architecture.*

Delta Software Technology (2019). ▶ https://delta-software.com. ▶ https://delta-software.com/en/our-offer/services/documentation/emerging-technologies/send/24-emerging-technologies/129-angie-introduction.html. Zugegriffen: 5. Jan. 2019.

Efftinge, S. (2007). *openArchitectureWare User Guide. Version 4.3.1.* ▶ http://www.openarchitectureware.org/pub/documentation/4.3.1/openArchitectureWare-4.3.1-Reference.pdf. Zugegriffen: 12. Juni 2012.

Flutter, G. (2021). *Flutter.* ▶ https://flutter.dev/docs/resources/architectural-overview. Zugegriffen: 14. Aug. 2021.

Fowler, M. (2003). *Patterns für Enterprise-Application-Architekturen.* mitp.

Framework 7. (2021). *Framework 7.* ► https://framework7.io/. Zugegriffen: 21. Febr. 2021.

Gamma, E., Helm, R., Johnson, R., & Vlissides, J. (2004). *Entwurfsmuster. Elemente wiederverwendbarer objektorientierter Software.* Addison-Wesley.

Gartner. (2014). ► http://www.gartner.com/it-glossary/enterprise-applications/. Zugegriffen: 16. Nov. 2014.

Gerndt, K., & Bremus, T. (2015). *Single Page Applications – Webapplikationen auf Steroiden.* Software & Support Media Group.

Hofmann, F. (1998). *Grafische Benutzungsoberflächen. Generierung aus OOA-Modellen.* Spektrum Akademischer Verlag.

IEEE. (2000a). *IEEE Recommended Practice for Architectural Description of Software-Intensive Systems.* ► http://standards.ieee.org/findstds/standard/1471-2000.html. Zugegriffen: 3. Apr. 2013.

IEEE. (2000b). *Systems and software engineering – Architecture description.* ► http://www.isoarchitecture. org/42010. Zugegriffen: 15. Juni 2013.

Iyengar, S. (20. 11 2001). *Oracle, Java metadata interface specification.* ► http://download.oracle.com/otn-pub/jcp/7791-jmi-1.0-prd-spec-oth-JSpec/jmi-1_0-prd-spec-update.pdf?AuthParam=1540127794_ cc242056b0b10a36ac4709f61b389c48. Zugegriffen: 21. Okt. 2018.

Jacobson, I., Booch, G., & Rumbaugh, J. (2005). *The unified software development process.* Addison-Wesley.

Johnson, R. (2002). *Expert one-on-one J2EE design and development.* Wiley.

Kano, N., Tsuji, S., Seraku, N., & Takahashi, F. (1984). Attractive quality and must-be quality. *The Journal of the Japanese Society for Quality Control, 39–44.*

Kempa, M., & Mann, Z. A. (2004). Model driven architecture. *Informatik Spektrum* (4), 298–302.

Koch, N., Knapp, A., Zhang, G., & Baumeister, H. (2008). UML-Based web engineering: An approach based on standards. *Web engineering: Modelling and implementing Web Applications* (S. 157–191). Springer.

Krannich, D.-I.D. (2010). *Mobile System Design – Herausforderungen, Anforderungen und Lösungsansätze für Design, Implementierung und Usability-Testing Mobiler Systeme.* Books on Demand GmbH.

Kroiss, C., Koch, N., & Knapp, A. (2009). UWE4JSF: A Model-Driven Generation Approach for Web Applications. *Web Engineering, 9th International Conference, ICWE,* S. 493–496.

Miller, J., & Mukerji, J. (2003). *MDA Guide Version 1.0.1.* ► https://www.omg.org/news/meetings/ workshops/UML_2003_Manual/00-2_MDA_Guide_v1.0.1.pdf. Zugegriffen: 20. Okt. 2018.

Nielsen, J. (1993). *Usability Engineering.* Morgen Kaufmann.

Nuseibeh, B. (2001). Weaving Together Requirements and Architecture. *IEEE Computer 34* (2001), 115–117.

Object Management Group. (2011). *OMG Unified Modeling Language (OMG UML), Infrastructure.* ► http://www.omg.org/spec/UML/2.4.1/Superstructure. Zugegriffen: 25. März 2012.

Object Management Group. (2012). *Business Process Model and Notation (BPMN).* ► http://www.omg. org/spec/BPMN/2.0/PDF. Zugegriffen: 10. Aug. 2012.

Object Management Group. (1.05 2017). *OMG Systems Modeling Language (OMG SysML).* ► http:// www.omg.org/spec/SysML/1.5/PDF. Zugegriffen: 14. Okt. 2018.

OnsenUI. (2021). *OnsenUI.* ► https://onsen.io/. Zugegriffen: 21. Febr. 2021.

Pohl, K., & Rupp, C. (2015). *Basiswissen Requirements Engineering* (4. Aufl.). dpunkt.verlag.

Rempp, G., Akermann, M., Löffler, M., & Lehmann, J. (2011). *Model Driven SOA: Anwendungsorientierte Methodik und Vorgehen in der Praxis.* Springer.

Schulz, D. (2012). *MDA-Frameworks: AndroMDA.* ► http://www.wi1.uni-muenster.de/pi/lehre/ws0506/ seminar/02_andromda.pdf. Zugegriffen: 12. Aug. 2012.

Schwaber, K., & Beedle, M. (2002). *Agile software development with Scrum.* Prentice Hall.

Schwinger, W., & Koch, N. (2006). Modelling of Web Applications. *Web Engineering. The Discipline of Systematic Development of Web Applications.* Wiley, S. 39–64.

Stachowiak, H. (1973). *Allgemeine Modelltheorie.* Springer.

Stahl, T., Völter, M., Efftinge, S., & Haase, A. (2007). *Modellgetriebene Softwareentwicklung. Techniken, Engineering, Management* (2. Aufl.). dpunkt.verlag.

Statista I, A. A. (2021a). *Statista Anzahl der Apps im Appstore.* ► https://www.statista.com/statistics/268251/number-of-apps-in-the-itunes-app-store-since-2008/. Zugegriffen: 8. Febr. 2021.

Statista II, B. (2021b). *Statista Mobile Betriebssysteme.* ► https://de.statista.com/statistik/daten/studie/184335/umfrage/marktanteil-der-mobilen-betriebssysteme-weltweit-seit-2009/. Zugegriffen: 8. Febr. 2021.

Statista III, I. (2021c). *Statista Internetnutzung nach Endgeräten.* ► https://de.statista.com/statistik/daten/studie/1118965/umfrage/endgeraete-zur-internetnutzung-in-deutschland-nach-altersgruppen/. Zugegriffen: 7. Jan. 2021.

Statista IV, A. (2021d). *Statista Androidversionen.* ► https://de.statista.com/statistik/daten/studie/180113/umfrage/anteil-der-verschiedenen-android-versionen-auf-geraeten-mit-android-os/. Zugegriffen: 13. Febr. 2021.

Strahringer, S. (1998). Ein sprachbasierter Metamodellbegriff und seine Verallgemeinerung durch das Konzept des Metaisierungsprinzips. Münster: Modellierung '98, Proceedings des GI-Workshops.

The Standish Group International (2009). *CHAOS summary 2009. The 10 laws of CHAOS.* The Standish Group International.

Velie, B. (9 2007). Model-to-Model Transformationen in openArchitectureWare. *Transformationen in der modellgetriebenen Software-Entwicklung,* S. 82–100.

Vollmer, G. (2017). *Mobile App Engineering.* dpunkt.verlag.

Wasserman, A. I. (2010). Software Engineering Issues for Mobile Application Development. *Proceedings of the FSE/SDP Workshop on the Future of Software Engineering Research (FoSER 2010),* S. 397–400.

WHO, D. (2021). *WHO.* ► https://www.who.int/teams/noncommunicable-diseases/sensory-functions-disability-and-rehabilitation/world-report-on-disability. Zugegriffen: 25. Apr. 2021.

Wikipedia, I. M. (2021). *Wikipedia.* ► https://de.wikipedia.org/wiki/Mach_(Kernel. Zugegriffen: 10. Febr. 2021.

Winkler, J. (1992). *Objectivism: ,class' considered harmful.* CACM, 35, S. 128–130: Technical correspondence.

Zeppenfeld, K., & Wolters, R. (2006). *Generative Software-Entwicklung mit der MDA.* Spektrum Akademischer Verlag.

Zhang, Y., & Patel, S. (2011). Agile Model-Driven Development in Practice. Combining model-driven development practices with agile techniques can significantly reduce software development cycle time and increase productivity and quality. *IEEE Computer* (2), 84–91.

Zhang, Z. (2015). *Konzeption und Realisierung einer Referenzarchitektur für die einfachere Entwicklung von MDSD-Generatorsystemen mit dem Schwerpunkt auf Unternehmensanwendungen.* Ruhr-Universität Bochum.

Stichwortverzeichnis

Printed in the United States
by Baker & Taylor Publisher Services